普通高等教育“十三五”规划教材

矿业项目建设与经营管理

邓海波　刘润清　陈 攀　陈湘清　编著

北 京
冶 金 工 业 出 版 社
2018

内 容 提 要

本书详细阐述了矿业项目建设与经营管理的相关知识，主要内容包括项目建设与国民经济，项目立项、建设、经营过程及相关法律法规，矿业企业的成本、销售收入、利润、进出口加工贸易和期货套期保值交易，矿业权价款和转让价的费用估算，项目建设资金筹集管理，价格、造价和矿业项目投资估算，矿业项目可行性研究，项目设计概算、施工图预算、标底价和竣工结算，项目建设管理，矿业企业经营管理。本书引用了更新至2018年的矿业相关法律法规、技术标准和经济数据，案例丰富，章末附有习题，便于读者掌握所学知识。

本书除可用作高等院校矿物加工工程、采矿工程、矿物资源工程和地质工程等专业的相关课程教材外，还可供相关专业的技术人员和管理人员参考。

图书在版编目(CIP)数据

矿业项目建设与经营管理/邓海波等编著. —北京：冶金工业出版社，2018.10
普通高等教育“十三五”规划教材
ISBN 978-7-5024-7888-9

Ⅰ.①矿… Ⅱ.①邓… Ⅲ.①矿业工程—工程项目管理—高等学校—教材 Ⅳ.①F407.1

中国版本图书馆CIP数据核字（2018）第216184号

出 版 人　谭学余
地　　址　北京市东城区嵩祝院北巷39号　邮编　100009　电话　(010)64027926
网　　址　www.cnmip.com.cn　电子信箱　yjcbs@cnmip.com.cn
责任编辑　杨　敏　美术编辑　吕欣童　版式设计　禹　蕊
责任校对　郭惠兰　责任印制　牛晓波
ISBN 978-7-5024-7888-9
冶金工业出版社出版发行；各地新华书店经销；三河市双峰印刷装订有限公司印刷
2018年10月第1版，2018年10月第1次印刷
787mm×1092mm　1/16；20印张；482千字；306页
49.00元

冶金工业出版社　投稿电话　(010)64027932　投稿信箱　tougao@cnmip.com.cn
冶金工业出版社营销中心　电话　(010)64044283　传真　(010)64027893
冶金书店　地址　北京市东四西大街46号(100010)　电话　(010)65289081(兼传真)
冶金工业出版社天猫旗舰店　yjgycbs.tmall.com
（本书如有印装质量问题，本社营销中心负责退换）

前　言

项目建设是介于工程学科与经济学科之间的一门边缘（交叉）学科，它是把工程技术先进适用性与经济合理性有机地结合的一门学科，是工程项目讲究节省或节约之道的一门学科，是对工程技术政策、工程技术措施和工程技术方案进行经济评价的一门学科。

生产，是人类从事的最基本的活动，是一切社会财富的源泉。不从事生产，人类就无法生存，社会就不能发展。企业经营管理是对企业整个生产经营活动进行决策、计划、组织、控制、协调，并对企业成员进行激励，以实现企业任务和目标一系列工作的总称。

大学理工科学生未来将主要服务于生产企业，日常生产中除了将面对技术领域的问题外，还将面对诸多的经济和社会领域问题，需要一定的知识储备来解决。因此，国家教育政策推崇培养复合型人才，并加大素质教育的投入。

一般认为，大学理工科学生的知识面应当包括三个方面，即专业技术基础、人文精神和经济知识，以形成“三位一体”的扎实的知识基础。因此，在教学培养方案中有意识地适当加入与专业相关的经济类课程，在理工科学生头脑中引入一些经济学科、管理学科、法律学科和文科学生的知识结构和思维方式，构建其宽厚的市场经济视野，塑造学生“立足本职、胸怀祖国、放眼世界”的情怀，对培养具有工程技术背景的经济管理人才是非常必要的。

随着经济的快速发展，企业对复合型人才的需求不断增加，从高级工程师中培养选拔高级管理人员和负责人成为必然趋势。高级管理人员和企业负责人的责任主要包括决策、资源配置、革新，对其个人要求是一定要有良好的社会责任感、开拓的远见和较高的组织执行力。相关学科研究认为，现代高级管理人员的必需知识组成结构应包括三个方面，即理性技能（对各部门之间关系的认识能力和总揽全局的能力）、处理社会人际关系技能和技术技能。这为大学理工科专业学生的培养提出了新的和更高的要求。

理工科专业学生通过学习与专业相关的经济类课程，可构建更大的知识面，也意味着可能获得更多的发展机会、更大的工作平台和对国家社会发展更多的贡献。

目前，普通高等院校有针对土木工程专业开设的“项目建设”课程及教材，以及针对管理专业开设的“企业管理”课程及教材，但此类通用课程教材与矿业类专业相关程度不大。针对矿业工程类专业的具体情况和需求，开设相关的“矿业项目建设与经营管理”课程和编写相关教材，是具有较大的学科建设意义的。

在矿业工程类专业开设和学习“矿业项目建设与经营管理”课程的意义在于：

（1）本课程是矿业工程专业学科的组成部分；

（2）本课程是技术经济、工厂设计、毕业设计等课程的平行课；

（3）本课程是现代工程技术人员的必需知识组成；

（4）符合面向21世纪中国加入WTO和人民币进入SDR后实行社会主义市场经济的中国社会和企业的需要；

（5）可为培养具有工程技术背景的经济管理人才铺垫相关的经济管理知识平台。

“矿业项目建设与经营管理”与矿业工程类专业的平行课程“矿物加工技术经济”均属经济类专业基础课程，为保证教材体系的完整，部分内容有少量交叉，但在两门课程设置和大纲制定时，注意到了两者侧重点的区分和内容的扩展互补。

作者依托专业背景、科研实践和多年的教学经验，构建了本教材的特色。在矿业类专业基础课教材中，本教材首次介绍了矿业项目审批流程、矿产品加工贸易、企业期货套期保值交易、期货投机性交易风险、矿业权评估案例计算、采矿权交易实例、矿业项目投资估算案例、矿业企业经营管理等最新实用内容，在多方面具有一定的创新。本教材在编写中注重理论性与实用性的结合，介绍了相关的基本经济学概念，注重了相关社会经济知识面的应用拓展，引用了最新的矿业相关法律法规和技术标准，采纳了最新的技术经济数据，采用案例教学逐章编列了多个实际案例，各章节的重要公式内容均编列了相应的计算例题，逐章编列了习题以便学生课后思考练习，逐章注明了众多参考文献出处供读者拓展阅读和参考理解。

本教材由邓海波、刘润清、陈攀、陈湘清编著。具体编写分工为：刘润清负责编写第2章，陈攀负责编写第7章，陈湘清负责编写第10章，邓海波负责编写其余各章并统稿。

感谢中南大学多届矿物加工专业本科生和研究生对“矿业项目建设与经营管理”课程大纲设置的建设性意见，以及在教材编写过程中所做的诸多文字校改工作。

感谢中南大学2017精品教材项目的支持。

由于作者水平有限，书中不足之处，恳请读者批评指正。

作 者

2018年7月

目　录

1 矿业项目建设与国民经济

1.1 项目建设与国家社会经济发展

1.1.1 项目建设对人类社会发展的意义与重要性

1.1.1.1 什么是建设项目

国家和社会的进步和发展，需要建设大量的工程项目活动，来提供庞大完善的基础设施、高质量水平的生产设施，以满足人民日益提高的生活物质和环境需求。

绝大多数工程项目的投资，都是国家或公司（企业）和个人为实现将来的利益目标（达到预定或发展目标）所做出的承诺。

按照人类可持续发展和和谐社会的要求，任何一项工程建设活动，不仅要追求最佳的经济效果，同时还要追求最佳的生态环境效果和社会效果，以适应经济、生态环境和社会协调发展的要求。

建设项目源于人类有组织的活动。人类有组织的活动可分为两类：

（1）作业（operations），即连续不断、周而复始的活动，如企业日常生产产品的活动。

（2）项目（projects），即临时性、一次性的活动，如建设一个工厂、开发一种新产品等。广义的项目包括一切符合项目定义、具备项目特点的一次性任务。项目既可以是有形的，如开发新产品、修建高速公路等；也可以是无形的，如人员培训、政策调整等。

狭义的项目主要是指建设项目。建设项目是指需要一定量的资金，经过决策和实施（设计、施工等）的一系列程序，在一定的约束条件下以形成固定资产的明确目标的一次性任务。

1.1.1.2 建设项目的特点

建设项目是在一个总体设计范围内，由一个或几个单项工程组成，在经济上统一核算，行政上有独立组织，实行统一管理的建设单位。与一般广义的项目比较，建设项目的特点是：

（1）投资大。建设项目往往规模比较大，需要大量的资金支持，一些大型的工程项目有时要数十亿、几百亿元乃至上千亿元（人民币元，国际代码 CNY，国内常称 RMB，下同）。图 1-1 是投资总额达 2104 亿元（2010 年价格）的中国南水北调中线的水源地丹江口水利枢纽工程。

（2）建设周期长。由于建设项目规模大、技术复杂、涉及的专业面宽，因此从项目设想到施工建设、投入运营，往往需要比较长的时间。

（3）具有固定性。建设产品一般要求固定的建设地点，不能移动。

图 1-1 南水北调工程水源地丹江口水利枢纽工程

由于建设项目种类繁多，为了适应科学管理的需要，从不同角度反映建设项目的性质、结构、比例关系，项目可以根据不同标志分类。比如，按照项目规模，分为大型项目、中型项目、小型项目；按照项目建设性质，分为技术改造项目和基本建设项目；按照投资的目的分为竞争性项目、基础性项目和公益性项目。

竞争性项目一般投资收益比较高，但风险较大，竞争性比较强，一般由企业法人投资建设。基础性项目包括基础设施和一部分基础工业项目，这类项目往往具有自然垄断性，建设周期长，投资额大而收益低，一般需要政府的政策进行扶持。公益性项目包括科技、教育、卫生、环保、国防、政府机构办公设施等，这类项目具有公共产品属性，其投资目的主要是追求社会效益，一般由政府投资建设。

1.1.1.3 项目建设可维持人类社会的存在运转

“封建社会”是西方社会学家划分的一种社会形态，特指西欧的中世纪。广义上的封建社会则是由马克思定义的，指的是以地主阶级剥削农民为经济基础的社会形态，中世纪的欧洲和公元前 475 年至公元 1840 年的中国就是这种社会形态。封建社会形成的自然经济是以土地为基础，农业与手工业结合，以家庭为生产单位，具有自我封闭性、独立性，以满足自身需要为主的经济结构组织。

封建社会运转的基本形态是农耕，以满足自身需要为主，主要是简单再生产，易于维持。其所需要维持社会存在运转的项目建设主要包括种子、农具、土地和水利等。但是，简单再生产的模式决定了封建社会的封闭性和经济停滞性。人类生产创造的财富除了维持简单再生产的投入和劳动者的生存外，大部分财富均被封建地主统治阶层剥夺并被以奢侈生活方式消费。以中国为例，封建社会持续了 2000 多年，但生产、经济和社会生活水平进展均极为缓慢。

1.1.1.4 项目建设可促进人类社会的上升发展

资本主义社会指的是以资本家占有生产资料和雇佣劳动为经济基础的社会形态。资本主义社会运转的基本形态是工业化商品生产和扩大再生产。资本占有者通过雇佣劳动形式获取剩余价值，但与封建地主不同，这些剩余价值除少部分用于其奢侈消费外，大部分出于追求利润的原因用于资本积累和扩大再生产项目建造，形成新的社会固定资产。资本的原始积累往往是血腥的，而扩大再生产项目建造的结果是生产、经济和社会生活水平进展均极为迅速。

1848 年，马克思在《共产党宣言》第一章中曾写到：“资产阶级在它的不到一百年的阶级统治中所创造的生产力，比过去一切世代创造的全部生产力还要多，还要大。自然力的征服，机器的采用，化学在工业和农业中的应用，轮船的行驶，铁路的通行，电报的使用，整个大陆的开垦，河川的通航，仿佛用法术从地下呼唤出来的大量人口，——过去哪一个世纪料想到在社会劳动里蕴藏有这样的生产力呢？”

1.1.2 西方国家早期工业革命、存在问题、后期社会革命和现代改良

1.1.2.1 英国工业革命

英国资产阶级革命后，从17世纪中叶到18世纪近一百年间，英国通过圈地运动保证和发展了毛纺织业。1764年，珍妮纺纱机的发明，是工业革命兴起的标志。英国工业革命以棉纺织业的技术革新为始，以1769年瓦特蒸汽机的发明和广泛使用为枢纽，以19世纪机器制造业机械化的实现为基本完成的标志。工业革命使英国社会结构和生产关系发生重大改变，生产力迅速提高。1856年贝塞麦转炉的发明使钢产量大幅上升，1871年，英国钢年产量为33.4万吨。英国依托其兰开夏郡的煤田、格拉斯哥的钢铁厂和曼彻斯特的纺织厂等工业项目，生产了大量的钢铁、蒸汽机、军舰、纺织机械和纺织品。崛起的英国奉行“仗剑经商”的国策，以强大的军事力量为依托，执行商品对外倾销获利，并直接对外进行殖民统治获利，建立起了一个横跨全球的“日不落”霸权帝国。

1.1.2.2 德国产业革命

德国产业革命是19世纪以机器为主体的工厂制度代替以手工技术为基础的工场手工业的过程，亦称德国工业革命。德国工业革命也是从纺织工业开始的。1848年资本主义革命以后，近代大工业在资本主义制度下基本上确立起来，轻工业和重工业都迅速增长。1871年德国统一后，在普鲁士军国主义影响下，通过国家政策推动重工业及军火企业公司的发展，并走向争夺殖民地和世界称霸的道路。其有代表性的工业建设项目为鲁尔区的煤田、克虏伯钢铁公司及其克虏伯炮厂、西门子电气。第一次世界大战爆发前夕的1913年，德国钢产量为1832万吨，仅次于美国，居世界第二。

1.1.2.3 美国工业革命

1776年7月4日美国通过《独立宣言》。1787年，美国第一个把专利权保护写入《联邦宪法》，创新精神由此以国家根本大法的形式庄严地予以保护。1793年，罗得岛上建起了第一座装有阿克莱特纺织机的工厂，这一年被定为美国工业革命的开端。1865年南北战争后美国经济开始腾飞。“发明大王”爱迪生一生中有2000多项发明专利，电灯的发明影响深远。特斯拉发明的交流电力系统的应用，使美国开启了电气时代，并由此率先进入了第二次工业革命。1894年，美国工业产值已跃居世界首位，出现了“铁路大王”范德比尔特、“钢铁大王”卡内基、“石油大王”洛克菲勒、“银行和钢铁大王”摩根、“汽车大王”福特、“火药大王”杜邦等大财阀公司寡头。1900年世界钢产量2850万吨，其中美国占1035万吨。

1.1.2.4 日本明治维新与工业化

1853年，美国海军黑船舰队打开了日本闭关锁国的国门。1867年明治天皇即位，随即废除幕府统一全国，发布实施各种社会、文化、经济改革措施，史称“明治维新”。政治上，废藩置县建立中央集权式的政治体制；社会管理体制方面，废除“士、农、工、商”身份制度，建立户籍制度；社会文化方面，提倡“文明开化”，提倡学习西方社会文化及习惯，翻译西方著作；经济上，推行近代资本主义的股份公司制度、设立中央银行和引进西方近代工业技术；教育方面，实行强制性近代义务教育；军事方面，建立国家常备军。明治维新使日本迅速崛起，但其是一种自上而下的维新，保留了相当的封建残余，最

终走上了军国主义道路。从19世纪80年代开始，日本出口导向型的纺织轻工业进入高速发展时期，与其配套的机械、煤炭业也相应发展。1894年中日甲午战争，日本获胜并获巨额战争赔款2.3亿两白银（1894年1两库平银=37.3克，约合1894年的2.5日元），相当于当时日本7年的财政收入，为其工业化注入了巨额资金。其后日本重工业迅速扩张，1901年位于九州市的八幡制铁所容积为160m^{3}的高炉开始投产，次年日本钢产量突破5万吨。造船业也迅速发展，1908年已可建造万吨级的轮船。1936年日本年钢产量达531万吨，居世界第六位。

1.1.2.5 资本主义早期工业化发展过程中的问题

（1）资本主义早期工业化发展过程中，对内，寡头垄断，剥削劳工，贫富两极分化，社会矛盾强烈。

（2）对外，盘剥殖民地，世界两极分化，经济军事侵略，引发世界战争。

（3）完全自由市场经济体制产生的无序竞争引发周期性的世界经济危机，如1929~1933年的世界大萧条。

1.1.2.6 后期社会革命的各种探索实践

A 共产主义

作为经济学家的卡尔·马克思（Karl Marx）撰写了《资本论》，对资本主义社会运行规律进行了批判性分析。1848年马克思和恩格斯在《共产党宣言》中提出，共产主义应由具备高度发达生产技术和能力的资本主义社会脱胎而出，其核心思想是消除私有制，实现社会大同，人民自觉生产，财富按需分配。共产主义可以认为是人类社会的理想形态描述和追求。

B 社会主义

社会主义注重社会公平，按劳分配。典型类型有：

（1）国家高度管制下的计划经济，如苏联（1917~1991）、前东欧各社会主义国家。苏联由沙皇俄国封建社会的基础经由革命产生。其前期实现重工业化效率高，后期制度运转僵化，国民经济生产效率低，在与美国的冷战竞争中消亡。

（2）国家指导下的市场经济，如中国、越南，由半封建半殖民地的社会基础经由革命产生。中国经济改革开放前模仿苏联体制计划经济，改革开放后逐步转型为市场经济。兼顾公平与效率，一直保持高经济增长率和市场灵活性，成为世界经济的领头羊。

C 社会民主主义

社会民主主义实行民主政体和市场经济体制下的高税收、高福利政策，注重社会保障与福利，但吸引投资和社会生产主动性不高，典型的如近现代北欧国家瑞典、丹麦、挪威、芬兰。

1.1.2.7 现代资本主义社会改良的各种探索实践

现代资本主义吸取早期资本主义时期的经验和教训，经历了大量的调整和改良，以适应社会环境的要求，并获得发展，例如：

（1）通过“反托拉斯法”抑制寡头集团垄断，保护和促进市场竞争，采用自由主义经济学家亚当·斯密（Adam Smith）的“看不见的手”经济自由主义理论为基础，实现资源配置的市场化，其代表著作为《国富论》，直译名为《国民财富的性质和原因的研究》。

（2）实行资本社会化，即采用现代股份制企业制度面向全社会参股持股，扶持和壮大中产阶层，缓和劳资矛盾。

（3）采用个人所得税、遗产税和赠予税等制度形式，抑制财富的畸形集中和贫富过分悬殊。

（4）建立社会保障体系如失业、养老和医疗保险，缓和及调节社会矛盾。

（5）实行必要的、有效的宏观调控。采用需求学派宏观经济学家凯恩斯（Keynes）经济理论，其代表著作为《就业、利息和货币通论》，其核心是反对完全的经济自由主义，主张国家干预，即国家采用扩张性的经济政策，通过增加总需求促进经济增长，如通过国家投资公共项目和扩张性财政预算（赤字预算）来拉动经济，利用税收和利率杠杆调整来引导经济。凯恩斯经济理论具有短期迅速有效性，但存在长期边际递减效应，典型案例如1929年世界经济大萧条之后的美国1933年罗斯福新政。

（6）减税和减少国家干预。供给学派经济学家芒德尔（Robert A. Mundell）、拉弗（Arthur Laffer）和万尼斯基等人对近现代美国政府的经济政策的影响很大。1981年，新上台的里根总统提出的“经济复兴计划”开头就声明，他的计划与过去美国政府以需求学派为指导思想的政策彻底决裂，改以供给学派理论为依据。主要论点和主张为：大幅度降低个人和企业纳税的税率，以增加个人储蓄能力和提高对企业的投资能力和投资积极性；取消国家对经济的过多干预，加强劳动和商品市场上的竞争；实行货币管理，使货币的增长与经济的增长相适应。里根总统的减税政策改善了“滞胀”问题，但其代价却是巨额的财政赤字，其后不自觉中倾向了凯恩斯学派。

（7）采用亚当·斯密的“看不见的手”长期经济自由主义理论，以及与凯恩斯的短期“国家干预”经济理论相结合，进行经济自由主义与国家干预结合调控经济，形成现代市场经济理论。

（8）经济关系的国际化。现代市场经济是一种开放经济，它使各国经济本着互惠互利、扬长避短的原则进入国际大循环。资本和经济关系的国际化形成的国际或地区经济共同体，将促进经济发展和增强抵御经济风险的能力。

现代资本主义的典型国家有美国、德国、法国、英国、日本、澳大利亚等。

1.1.3 近代中国的实业救国努力和新中国的发展进步

1.1.3.1 近代中国的洋务运动与国防建设

经过1840年鸦片战争的失败，中国封建统治者痛定思痛，意欲图强，提出“师夷长技以制夷”“以中国之伦常名教为原本，辅以诸国富强之术”和“中学为体、西学为用”。这些举措奠定了后来洋务运动的宗旨。

1861年以后，洋务派登上清朝的政治舞台。洋务运动前期，洋务派以“自强”和“求富”为旗号，采用西方先进生产技术，创办了一批近代军事工业。在李鸿章、张之洞等洋务派大员的主持下，江南制造局、金陵制造局、福州船政局、天津机器局、汉阳兵工厂等一批大型近代化军事工业项目相继问世。随着军事工业的创办，洋务派认识到，强大的国防基础在于整个国家经济的发展，要求能源、钢铁等工业与之配套。同时，为了维护民族利益，也必须发展民族经济。于是，他们提出了求富的口号，民用工业和新式交通运输业也发展起来了。其间典型的官办民族工业项目有上海轮船招商局、兰州织呢局、上海机器织布局、开平矿务局、汉冶萍煤铁厂矿公司，等等。

由于洋务运动反对对封建思想和制度进行变革，无意学习资本主义的政治经济制度，只主张学习西方技术，在思想上故步自封，在管理上采用官商合一的官僚体制经营企业，经营上亏损严重。

北洋海军的建立，是洋务运动军事方面的最高成果之一。但在1894年中日甲午战争中，由于整个封建国家的腐败，北洋海军全军覆没，标志着清朝海军实力的完全丧失。中国战败并向日本支付战争赔款2.3亿两白银，约相当于当时中国4年的财政收入，负担严重，无力再进行国家主导的工业化项目投资，中国的第一次工业化努力过程被打断，也标志着洋务运动的破产。

1.1.3.2 实业救国

1894年中日甲午战争中国失败赔款2.3亿两白银，以及1900年八国联军入侵庚子赔款4.5亿两白银后，由于国家无力再主导进行工业化项目投资建设，清政府改变“重农抑商”的政策，放宽对民间设厂的限制。中国近代民族资产阶级一些代表人物，如张謇、康有为、梁启超等，提出了实业救国的思想，即以发展资本主义工商业（即实业）作为救国救民主要途径。

张謇是中国近代实业救国论的最有影响的代表人物，他认为：“救国为目前之急，……譬之树然，教育犹花，海陆军犹果也，而其根本则在实业。”张謇本人身体力行，建立近代纺织工业和棉纺织原料供应基地，创办中国第一所纺织学校和师范学校，为中国民族工业和教育事业的发展壮大做出了重要贡献。

辛亥革命时期，报刊竞相宣传“实业救国”，并提出国家振兴实业“要道”5条：改良各种行政机关、调整和统一度量货币、疏通货物流通渠道、收集才智之民归实业界、制定特别保护奖励法规；提出要扩大出口贸易、实行关税保护政策等具体办法，从而形成了比较完整的“实业救国”论。实业救国论反映了民族资产阶级企图在半殖民地半封建社会条件下发展资本主义生产的幻想，但对采取革命手段解决中国社会主要矛盾和改变落后生产关系不支持。

1911年辛亥革命推翻清政府，建立中华民国，随后的北洋军阀政府统治时期，军阀混战，国力衰弱，经济发展停滞。

1927年国民党政府北伐推翻北洋军阀政府成功，名义上统一了全国。其后，中国民族经济利用国外殖民资本经济大萧条的时机获得了喘息和发展。在所谓的“民国黄金十年”间，虽然工业部门增长率达到8%，但增长的起点很低，整个工业部门在国内生产中所占比例增长不大。日本全面侵华战争爆发前夕的1936年，中国钢产量仅为5万吨，而同期日本钢产量为531万吨。

随着1937年日本全面侵华战争爆发，中国的第二次工业化努力过程被打断，实业救国论也成为幻想。中国人民在抗战中直接和间接经济损失约合6000亿美元（1945年价格，35美元/盎司黄金）。

1.1.3.3 新中国建立初期的经济快速发展、出现的问题与教训

1949年，在经历了多年的战争与革命后，中国共产党领导人民推翻了半封建半殖民

地统治，中华人民共和国政府在北京成立，毛泽东主席宣布“中国人民站起来了”。新中国建立之后，由于被卷入朝鲜战争等原因，面对西方资本主义国家的全面封锁，只能一边倒地倒向以苏联为首的社会主义阵营。苏联在“一五计划”（1953~1957 年）时期援建了中国 156 个大型工业建设项目，包括钢铁、有色金属、石油、机械、汽车、造船、军工等等，这一系列的项目曾帮助了中国工业和经济的快速发展。与此同时，新中国的经济模式也全盘照搬了苏联的高度集权的计划经济管理模式，并认为这是社会主义经济的唯一模式。计划经济的优点是可以集中国家有限的财力在某些领域突击办大事，经济发展前期实现重工业化的效率高。“一五计划”的项目建设和经济快速发展奠定了新中国的工业基础，建立起了基本配套齐全的工业体系。

1958 年，不顾经济发展规律的“大跃进”运动，以“全民大炼钢铁”和“人民公社一平二调”为表现形式，代表了牺牲农业发展工业的政策，其结果严重地损害了中国经济。1959~1961 年三年经济困难时期，国家社会和人民生活受到了严重损害。其后 1962~1965 年间，国家进行了大幅度的工业政策调整，下马了大批在建工业项目，农业政策调整为“三级所有、队为基础”，经济有所收效，国民经济基本恢复。但是，随后的“文革”时期（1966~1976 年），“左”倾思潮占据统治地位，全国动乱，国民经济停滞和运行困难。

1.1.3.4 改革开放、党的基本路线与中国梦

1977 年清理极左帮派组织及其思潮，拨乱反正，并正式宣布“文革”结束。出于对“文革”及以往经济工作问题的反思，加之当时中国与苏联之间的国家对立状态与意识形态批判，中国认识到了苏联的高度管制下的计划经济体制并不适用于中国经济，必须实行改革。

经济改革的起步来自中国农民。中国的农业经济曾长期模仿苏联的集体农庄模式，甚至更极端地发展成为政社合一的人民公社模式，体制僵化长期未能解决中国的吃饭问题。1978 年土地家庭承包联产责任制自民间产生，安徽、四川等地采用包干到户、到组的生产方式，取得了明显的效果。

1978 年 12 月，中共十一届三中全会召开，开启了改革开放历史新时期。全会提出了将党的工作重点转移到经济方面。中国改革开放的总设计师邓小平主导了改革开放的全过程，指出“发展才是硬道理”。1979 年，党中央批准建立深圳、珠海、厦门、汕头经济特区，对外经济开放起步。1983 年党中央发文指出农村联产承包制是在党的领导下中国农民的伟大创造。1984 年，党的十二届三中全会确认中国社会主义经济是公有制基础上的有计划的商品经济，这是全面进行经济体制改革的纲领性文献。1986 年全民所有制企业改革启动，试行租赁、承包和股份制经营。

1987 年中共十三大提出了党在社会主义初级阶段“一个中心、两个基本点”的基本路线：领导和团结全国各族人民，以经济建设为中心，坚持四项基本原则，坚持改革开放，自力更生，艰苦创业，为把我国建设成为富强、民主、文明的社会主义国家而奋斗。邓小平在 1992 年视察中国南方时指出：“基本路线要管一百年，动摇不得。”

1992 年，江泽民总书记主持的中共十四大第一次明确提出了建立社会主义市场经济体制的目标模式。1997 年中共十五大提出“非公有制经济是社会主义市场经济的重要组成部分”。2001 年中国加入世界贸易组织（WTO）。2004 年根据中共十六大报告建议，全国人大将保护公民的私有财产权修订列入宪法。2006 年胡锦涛总书记提出构建社会主义

和谐社会。2013 年中共十八届三中全会通过深化改革的决定，将市场在资源配置中的作用由过去的“基础性作用”改定为“决定性作用”。

2012 年，习近平总书记提出“中国梦”，并指出：“实现中华民族伟大复兴，就是中华民族近代以来最伟大梦想。到中国共产党成立 100 年时全面建成小康社会的目标一定能实现，到新中国成立 100 年时建成富强民主文明和谐的社会主义现代化国家的目标一定能实现，中华民族伟大复兴的梦想一定能实现。”2017 年中共十九大召开，习近平在报告中指出，在实现‘两个一百年’奋斗目标的新长征路上，要坚定新时期中国特色社会主义的道路自信、理论自信、制度自信和文化自信。

1.1.3.5 新中国各行各业的发展与成就

中国国家统计局发布报告指出，中国自改革开放以来，国民经济蓬勃发展，经济总量连上新台阶。1979 年至 2012 年，中国经济年均增速达 9.8%，而同期的世界经济年均增速只有 2.8%。经过中国人民的勤奋努力，2010 年中国已跃升为世界第二大经济体，见图 1-2。

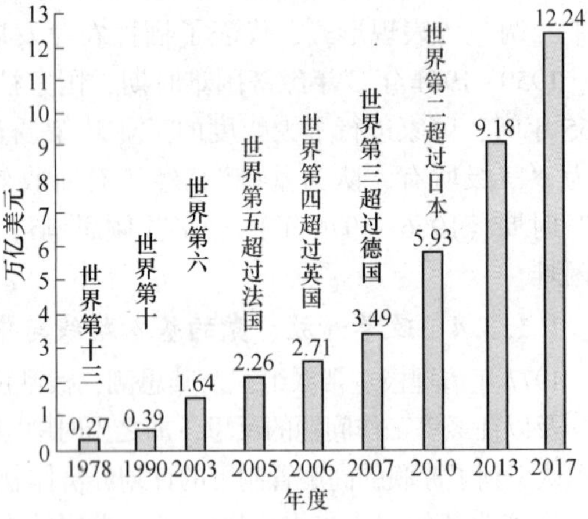

图 1-2 中国改革开放以来国内生产总值 GDP 居世界排名情况

至 2017 年的中国主要工业品产量的增长见表 1-1。中国已建立起完整的工业体系，成为世界最大制造业经济体，粮食、布匹、水泥、煤炭、钢铁、有色金属、黄金、基础化工品、汽车、发电设备、家电产品等的产量均居世界首位。中国的发展已经取得了举世瞩目的成就，由此带动了中国人民生活水平稳步提高，国家面貌发生了天翻地覆的变化。

但是，中国的人均 GDP 距离发达国家还有较大差距，城镇化水平还较低，还有大量的基础设施建设需完备，工业化还处于中后期。中国制定了《中国制造 2025》规划，努力争取成为制造业强国。习近平总书记指出“空谈误国，实干兴邦”。要实现 21 世纪中期达到中等发达国家水平的目标，还需全国人民不忘初心，撸起袖子加油干，共同努力建设，继续奋斗在路上。

1.1.4 促进新中国大发展的大工程和超级大工程项目

1.1.4.1 21 世纪初新中国 5 大工程

A 三峡工程

三峡工程是世界上规模最大的水利枢纽工程，兼具防洪、发电、航运等综合效益。1994 年动工兴建，2013 年扩建地下电站完工。水电总装机容量达到 2250 万千瓦，2014 年全年发电量达 988 亿千瓦时，相当于减少 4900 多万吨原煤发电消耗。2013 年国家审计局公布审计后的三峡工程竣工财务决算，实际总金额为 2078.7 亿元，其中枢纽工程 873.6 亿元，输变电工程 348.6 亿元，移民资金 856.5 亿元。

表 1-1 1949~2017 年中国主要工业品产量的增长

	1949	1959	1969	1979	1989	1999	2004	2009	2010	2011	2012	2013	2014	2015	2016	2017
粗钢/万吨	16	1122	1333	3448	6124	12426	27280	56803	62696	68388	71716	77904	82270	80383	80837	83173
有色金属/万吨	1	20	24	113	222	695	1430	2650	3093	3434	3672	4055	4380	5156	5310	5501
原煤/万吨	3243	36900	26600	63500	104000	136400	195600	305000	324000	352000	365000	368000	387000	375000	341000	352000
原油/万吨	12	373	2174	10615	13700	16000	17500	18949	20300	20288	20748	20992	21143	21456	19969	19151
天然气/亿立方米	0	1	20	145	150	243	410	852	968	1031	1072	1171	1302	1346	1369	1480
水泥/万吨	66	1172	1600	7390	20700	57300	97000	165000	188000	209000	221000	242000	248000	236000	241000	234000
硫酸/万吨	4	106	243	700	1141	2237	3994	5960	7091	7466	7686	8123	8846	8976	8889	9213
纯碱/万吨	9	60	110	149	298	766	1302	1938	2029	2308	2409	2435	2514	2592	2588	2677
烧碱/万吨	2	37	70	183	350	580	1060	1832	2088	2466	2696	2859	3059	3021	3284	3365
乙烯/万吨	0	0	2	44	165	435	627	1066	1419	1528	1487	1623	1699	1715	1781	1822
化肥（折 100%）/万吨	1	27	175	1065	1855	3251	4469	6600	6741	6217	7296	7037	6887	7432	7129	6184
汽车/万台	0	1	5	19	57	183	507	1380	1827	1842	1928	2212	2373	2450	2812	2902
布/亿米	11	76	82	122	186	250	420	740	800	834	841	883	894	893	907	868
发电量/亿千瓦时	43	423	940	2820	5820	12393	37147	37147	42065	47130	49378	54316	56497	58106	61425	64951

注：1. 1979 年后资料来源：全国年度统计公报，中国国家统计局网站，http：//data. stats. gov. cn，均四舍五入取整数。
2. 1949、1959、1969 年数据引自互联网。

B 南水北调工程

南水北调工程是旨在缓解中国华北和西北地区水资源短缺的国家战略性工程，分东线、中线、西线三条调水线。东线工程由长江年抽水148亿立方米北送至华北地区，分三期主体工程，预算投资420亿元（2001年价格），2013年一期工程建成通水。中线工程从湖北丹江口水库每年引水95亿立方米自流供给北方的20多座大中城市，一期工程2014年建成通水，已累计投资2103亿元（2001年价格）。中线工程的“引汉济渭”工程正在建设中。西线工程规划分三期，由长江上游向黄河上游补水170亿立方米，预计投资3000亿元，目前还未开工建设。

C 西气东输工程

西气东输工程建设大直径1016mm天然气输气道管，东西横贯新疆至上海等9个省区，一、二线工程干支线加上境外管线，长度达到15000多公里，累计投资超过2900亿元。西气东输工程将保证中国清洁能源供应，同时将大大加快新疆及中西部沿线地区的经济发展，相应增加财政收入和就业机会。2012年西气东输三线工程开建，总长度7000多公里，总投资1250亿元，目前正在建设中。

D 西电东送工程

“西电东送”指开发贵州、云南、广西、四川、内蒙古、山西、陕西等西部省区的水电、煤电等电力资源，将其输送到电力紧缺的东部地区，变运煤为送电。西电东送工程是中国实施西部大开发战略，将西部地区资源优势转化为经济优势的重大举措，由南、中、北三大通道构成，从2001年到2010年总投资在5300亿元以上。其后特高压输电网工程建设延续至今。

E 青藏铁路工程

青藏铁路北起青海西宁，南至西藏拉萨，全长1956km，其中海拔4000m以上的路段960km，被誉为“天路”。工程总投资330亿元，2006年正式通车运营，2014年延伸至日喀则线开通，2021年预计延伸至林芝。青藏铁路对增进各民族团结进步和边疆繁荣发展将产生广泛而深远的影响。

1.1.4.2 中国正实施的超级大工程项目

A 中国移动互联网

根据国务院审议通过的《“十三五”国家信息化规划》和《关于促进移动互联网健康有序发展的意见》，中国已投资2万亿元用于4G网络和光纤宽带建设，建成了世界最大的移动互联网。到2020年，中国还将投资1.2万亿元，建成5G网络。

B 全国铁路网

根据国务院2004年审议通过的《中长期铁路网规划（2004）》，规划到2020年全国铁路营业里程将达到12万公里以上，其中建立“四纵四横”高速客运专线达到1.6万公里以上。中国铁路投资规模为“十一五”（2006~2010年）2万亿元，“十二五”（2011~2015年）2.8万亿元。

2016年国务院审议通过修改后的《中长期铁路网规划（2016）》，规划目标为到2020年铁路网规模达到15万公里，其中高速铁路3万公里；到2025年，铁路网规模达到17.5万公里左右，其中高速铁路3.8万公里左右，建立起“八纵八横”高速铁路网。实现该目标的年投资额约 8000 亿元，至 2030 年中国铁路网估算将新增投资 12 万亿元。

C 中国高速公路网

中国高速公路网采用放射线与纵横网格相结合布局方案，由 7 条首都放射线、11 条南北纵线和 18 条东西横线组成，简称为“71118”网，总规模约 11.8 万公里。中国交通网中的很多项目都是超级工程项目，如规划中的渤海跨海通道、台湾海峡通道、琼州海峡通道等。据《国家公路网规划（2013 年~2030 年）》，期间新增投资 4.7 万亿元，其中高速公路 2.5 万亿元，国道 2.2 万亿元。

D 城市轨道交通

2016 年底我国有 30 个城市拥有地铁、城铁和磁浮，总里程达到 3800 公里，预计到 2020 年全国拥有轨道交通的城市将达到 50 个，总里程近 7000 公里，总投资约需 4 万亿元。

E 城市地下综合管廊

城市地下综合管廊是指在城市地下用于集中敷设电力、通信、广电、给排水、热力、燃气等市政管线的公共隧道，大中小城市均需新建。2016 年起我国每年城市地下管廊开工建设均在 2000 公里以上，国家住建部估算单位投资约 1.2 亿元/公里，至 2025 年全国总投资可达 2.5 万亿元以上。

F 特高压输电网

特高压输电网指采用 1000~1100kV 直流或交流电网输送电能，实现大功率的远距离输电，以及远距离的电力系统互联，依托大电网发展风电和太阳能等新能源。2015 年以后，随着“五交八直”特高压工程的加快推进，新增特高压电网投资将达到 4500 亿元，加上各级电网共投资 1.5 万亿元。

G 国家可再生能源（风电、太阳能、水电）基地

中国 2016 年 9 月向联合国交存了巴黎气候协定的批准文书，并发布《能源生产和消费革命战略（2016~2030）》承诺：中国计划 2020 年左右能源消费总量控制在 50 亿吨标准煤以内，2030 年左右能源消费总量控制在 60 亿吨标准煤以内，其中非化石能源占能源消费总量比重达到 20%左右，二氧化碳排放达到峰值，且将努力早日达峰。

（1）2014 年发表的《中国可再生能源发展路线图 2050》研究报告提出，风电发展规划，预计 2020 年装机 2 亿千瓦，2030 年 4 亿千瓦，2050 年 10 亿千瓦，风电累计投资 12 万亿元（2010 年价格）。

（2）同（1）太阳能发展规划，预计 2020 年光伏发电装机 1 亿千瓦，2030 年 4 亿千瓦，2050 年 10 亿千瓦，按光伏系统初级投资每千瓦约 1.5 万元计算，至 2050 年累计投资约 15 万亿元（2015 年价格）。

（3）据 1989 年发表的《中国十二大水电基地规划》，到 2050 年将建成水电总装机容量 21047 万千瓦，年发电量为 9945 亿千瓦时，总投资约 2 万亿元（1989 年价格）。

H 国家环境保护工程

国家环境保护工程包括“大气污染防治行动计划”“水污染防治行动计划”和“重金属污染防治规划”等等。《国家环境保护“十二五”规划》中，全社会环保投资约 3.4 万亿元。“十三五”期间环保投资约 5 万亿元。

I 中国林业重点生态工程

中国林业重点生态工程包括天然林保护工程、“三北”和长江中下游地区等重点防护林体系建设工程、退耕还林还草工程、环北京地区防沙治沙工程、野生动植物保护及自然保护区建设工程，以及重点地区以速生丰产用材林为主的林业产业建设工程。规划造林面积超过 11 亿亩，总投资将超过 7000 亿元。以三北防护林工程为例，工程总投资约 590 亿元（1980 年价格）。

J 中国水资源工程

根据《中国国民经济和社会发展第十三个五年规划纲要》第 31 章强化水安全保障，应加快完善水利基础设施，推进水资源科学开发和合理调配，强化水安全保障。水资源合理调配是投资巨大的基础工程。以新疆引额济克（乌）北水南调工程为例，北疆的额尔齐斯河是外流入北冰洋的国际河流，年出境流量约 100 亿立方米，可调水量约 30 亿立方米。引额济克工程一期引水至克拉玛依市，年调水量 5.6 亿立方米，已完成；二期将延至乌鲁木齐，工程总投资约 183 亿元（1997 年价格）。

1.1.4.3 未来中国超级大工程项目设想

（1）北水南调。北水南调包括：

1）东北地区的黑水南调、嫩水南调、松水南调、鸭绿江南调等工程。

2）西北地区的新疆引伊济塔工程，在天山山脉挖掘引水隧道，将北疆较丰沛的伊犁河水引入南疆塔里木河流域，增加南疆的绿洲和可耕地，最终可能流入罗布泊。

（2）雅鲁藏布江大拐弯巨型水电站群。雅江大拐弯上游汇集了尼洋河后年径流量达 601 亿立方米，大拐弯入口的派区（海拔 2900 多米）至墨脱背崩河段（海拔 680m）长度约 250km，落差达 2200 多米。拟截弯取直开掘长约 20km 的隧洞引水至墨脱河谷，可兴建装机总容量达 5000 万千瓦的多座巨型水电站群，年发电量可超过 3000 亿千瓦时。

（3）大西线调水。从西藏的雅鲁藏布江调水，沿青藏铁路走向抽水提升翻越海拔 5231m 的唐古拉山口，再自流输送（可沿途利用落差发电弥补抽水用电）至青海省黄河上游，并可能延伸至甘肃省河西走廊，最终可能到达新疆。

（4）黄河人工改道。黄河是高泥沙含量河流，下游形成悬河，历史上多次决口危害巨大。黄河目前流入我国内海渤海。可考虑黄河人工改道大部分分流经黄河历史河道流入黄海，可解决下游悬河危害和渤海湾淤积减少等问题，同时可在黄海外海淤积造陆增加国土。

大项目、大工程的建设对国家发展和国计民生极其重要，它将给项目建设所在地带来包含大量高级人才职位的工作机会，会拉动建设地区的经济增长，从而带来大量税收和地方财政收入。

显然，所有这些正在实施的（或设想的）超级大工程项目，都必须以矿业行业提供的各种金属和非金属材料作为基础。

1.2 矿业项目与国民经济

1.2.1 与矿产资源相关的经济学基础

1.2.1.1 矿产资源与国家财富

矿产资源是国家实力的重要体现。恩格斯曾指出：“政治经济学家常说，劳动是一切财富的源泉。其实劳动和自然界一起才是一切财富的源泉，自然界为劳动提供材料，劳动把材料变为财富。”

1995 年，世界银行提出了衡量评价国家财富的标准，认为国家财富包括产出资产、自然资产和无形资产，而可持续发展潜力可理解为创造和保持财富的能力。自然资产包括土地、森林和矿产资源等，且产出资产中无处不有矿产资源的因素，因此矿产资源的赋存量自然体现了一个国家实力的强弱。2013 年我国翻译出版的《世界银行研究报告：变化中的国家财富—对可持续发展能力的测量》，对全球各国国家财富和发展可持续性进行综合评估，具有很高参考价值。

世界各国在矿产资源上各有其得天独厚之处，如俄罗斯的天然气储量世界第一，美国的煤炭和钼矿储量世界第一，中国的稀土、钨矿、锡矿、锑矿、铋矿、钒矿和钛矿储量世界第一，澳大利亚的铅矿、锌矿、镍矿和铀矿储量世界第一，南非的黄金、铂金、铬矿、锰矿和萤石储量世界第一，中东的沙特阿拉伯和美洲的委内瑞拉被称为“石油之国”，南美洲的墨西哥、秘鲁和玻利维亚被称为“白银之国”，智利和赞比亚被称为“铜矿之国”，巴西是“铁矿之国”，加拿大是“钾盐之国”，摩洛哥是“磷矿之国”，几内亚是“铝土之国”，中国是“煤炭之国”等等。

1.2.1.2 矿产资源耗竭理论与矿产替代品

矿产资源若不被开发，则只是潜在的国家财富。在国家的经济活动中，矿产资源被开发利用而实现本身价值成为现实的社会财富，同时在支撑工农业生产过程中转化成各行业产出产品和资产的价值。

矿业经济学研究中有一个矿产资源耗竭理论。该理论认为，矿产资源具有特殊性，属于不会折旧的资产。矿产生产成本具有明显的特殊性。它不仅包括劳动与资本成本，而且包括资源使用机会成本，即因开发而使生产者失去了以后开发利用该资源的机会。若未来该资源有可能用于高端用途，未来生产的边际利润现值大于当前生产的边际利润，则矿业厂商有可能限产或推迟生产，这会有利于避免资源被滥用于低端用途，使资源得到合理的利用和保护。

某种矿产若被完全开采耗尽，称为资源耗竭。对资源耗竭和产量减少的预期，购买愿望会加强，所以，矿产的未来价格可能会高于当前价格。与此同时，对低品位资源利用的技术进步和大规模生产方式的发展，又有可能使矿产的未来价格低于当前价格。

技术进步和环境保护的要求还有可能使矿产替代品市场产生。若某种矿产最终将被完全替代，没有需求，如同资源耗尽，此种状况称为经济耗竭。例如巴黎气候协议对碳排放量的限制，促进了水电、风电和光电等可再生能源产业迅速发展，导致煤炭资源的消费量和产量均开始下降。未来若受控核聚变技术能实现商业应用，则煤炭资源可能会失去需求，形同经济耗竭。

在市场调节的情况下，矿产资源保护得以自动实现，人们不必担心某种资源开发耗竭。若社会用尽某种矿产，则是因为社会已经从该矿产的使用中获得了最大效益，而有效的可用替代品已在科技进步中出现了。

1.2.1.3 矿业生产规模经济理论

经济学中有一个生产规模经济理论，其基本观点是：当生产规模较小时，扩大规模，产量提高的速率会大于成本上升的速率，即规模收益递增。规模经济的产生，是由于较大的生产规模，有利于充分发挥技术装备的效能，便于专业化协作的发展，能降低单位产品的销售、管理成本。

与此同时，生产规模经济理论还认为，当规模过大时，会出现规模收益递减。规模收益由递增向递减过渡时的生产规模，称为最小有效规模。只有大于最小有效规模，厂商才能赢利。

在矿业生产中，同样可以应用得出矿业生产规模经济理论，其基本观点是：对于特定的矿床，存在最佳生产规模及生产年限问题。

1.2.1.4 矿床边界品位经济理论

所谓边界品位，是指矿石中按其有用矿物含量可以作为开采储量的最低限度。

边界品位定得过高，则矿石储量减少；而边界品位定得过低，则加工费用增加。两者均会导致矿业生产的经济效益不佳。

边界品位理论将矿石的处理过程分为三个阶段：采矿、选矿和冶炼。

对于每一个阶段，都存在一个品位，其使可回收矿产的提取成本恰好等于此矿产的销售收入，这个品位称为盈亏品位。

如果某一具体矿床或企业仅受一个阶段的制约，则该阶段的盈亏品位便是最低边界品位。

若生产能力受一个以上阶段的制约，需考察两个阶段的平衡边界品位，即让两个制约阶段同时达到最大生产能力和总经济效益最高的边界品位。

矿业企业一般都有采矿和选矿两个阶段，此时应考虑采选平衡边界品位。

对于因冶炼成本高、要求提供高品位精矿的冶炼企业，矿业企业为生产高品位精矿往往可能会降低选矿回收率，此时应综合考虑选冶平衡边界品位。

1.2.2 矿业项目在国民经济中的地位与作用

1.2.2.1 国民经济的产业划分

国民经济（national economy），是指一个现代国家范围内各社会生产部门、流通部门和其他经济部门所构成的互相联系的总体，如工业、农业、建筑业、运输业、邮电业、商业、对外贸易、服务业等，都是国民经济的组成部分。

中国采用与国际接轨的原则，提出修订了《国民经济行业分类》（GB/T 4754—2011）。国家统计局依据该项国家标准，发布了国民经济统计的《三次产业划分规定》，三次产业的范围和具体范畴为：

（1）第一产业是指农、林、牧、渔业（不含农、林、牧、渔服务业），这是为人类生产提供食品和衣物的基础产业。

（2）第二产业是指采矿业（不含开采辅助活动），制造业（不含金属制品、机械和设备修理业），电力、热力、燃气及水生产和供应业，建筑业。采矿业是人类生产提供能源、金属、非金属矿物原料和农业矿物肥料的基础资源原材料产业。制造业是指将各种制造资源（如物料、能源、设备、工具、资金、技术、信息和人力等），按照市场要求，通过制造过程，转化为可供人们使用的大型工具、工业品与生活消费产品的行业。制造业直接体现了一个国家的生产力水平，是区别发展中国家和发达国家的重要因素，制造业在世界发达国家的国民经济中占有重要份额。

(3) 第三产业即服务业，是指除第一产业、第二产业以外的其他行业。服务业指生产和销售服务产品的生产部门和企业的集合。服务产品与其他产业产品相比，具有非实物性、不可储存性和生产与消费同时性等特征。一般而言，发展中国家的服务业不发达，发达国家的服务业发达，如美国、日本、欧盟国家的服务业一般占国内生产总值（GDP）的80%以上。

1.2.2.2 矿业在国民经济中的地位与作用

矿业是国民经济的基础产业，是为国民经济各部门提供燃料、原料和材料的产业。从生产过程看，它包括了矿产勘查、采矿、选矿和冶金各环节的生产单位；从产业覆盖面看，它涉及煤炭、石油与天然气、钢铁、有色金属、化工、建材、核工业、地质勘查等众多行业。

矿产资源作为第一产业和第二产业的劳动对象，通过生产被消耗掉，转化为与土地分离的社会产品。在我国，90%的能源、80%以上的工业原材料和70%以上的农业生产资料，都来自矿产资源。显然，如果说农产品是人类的粮食，那么矿产品就理当成为工农业的粮食。水、土、矿是自然资源中支撑现代经济和社会可持续发展的最重要的基础性资源，对人类社会具有生死攸关的意义。

一般认为，矿业对于人类社会进步和经济增长具有重要的推动作用。尤其是产业革命以来，全世界的经济以前所未有的速度飞快增长，其物质基础是矿物燃料和金属材料，是矿业为经济高速增长提供了有力支持。矿业对于国民经济的发展，具有广泛而重要的作用，主要表现在以下几个方面：

(1) 保证作用。矿业为国民经济的各个部门和人民生活提供必需的能源和矿物原料，矿物原料是工业的“粮食”，矿物燃料是国民经济的“血液”，有了它们才能保证国民经济正常运行。离开矿产品，国民经济将陷于瘫痪，现代化生产将完全停顿。

(2) 拉动作用。矿业在整个社会生产中处于产业链的最前端，矿业的发展将对整个社会生产具有广泛而强劲的拉动作用。一个国家和一个地区的经济发展，开始阶段一般是优先开发利用本国或本地区的资源，把资源变为财富，把资源优势变为经济优势。矿产的开发，将带动矿产品的加工、制造、利用、运输、贸易等一系列后序产业的发展。矿产开发将促进机械、电力、化工、建筑、交通运输等相关产业的发展。通过这些产业的发展和传递作用，对整个国民经济或地区经济产生广泛的影响。

(3) 辐射作用。矿产资源的开发，将以矿业为主导，以矿区为中心，并辐射周围而形成独具特色的经济社区，有些并逐渐发展成为矿业城市。由于矿产地一般在经济不发达的山区或穷乡僻壤，这些矿区或矿业城市的形成和发展，对于国家工业化和城市化进程，特别是不发达地区的经济发展，产生了巨大的推动作用。

(4) 就业效应。就业对于国民经济繁荣和国家稳定至关重要。矿业一般是劳动密集型产业，提供了广泛的就业机会，特别是在资金缺乏与技术落后的发展中国家尤显重要。矿业的就业效应包括其本身直接就业机会，以及因开发矿产而兴办的各种生产与服务业所提供的间接就业机会。

(5) 出口创汇。由于矿产资源地域分布的不均衡性，矿产资源丰富的国家通过出口矿产品换取外汇，对国民经济发展做出贡献，特别是发展中国家，矿产及其加工品常常是其主要出口货物。

鉴于矿业在国民经济中的基础地位，以及矿产品作为能源和矿物原料在经济发展与人民生活中所具有的极其重要而又无可替代的作用，因而矿业的发展对推动经济增长具有十分重要的意义。两者之间的关系是，经济发展对矿产品的大量需求推动了矿业的发展，而矿业的发展一方面用能源和矿物原料对经济增长起到了支持和保证作用，另一方面矿业的发展通过其对其他经济部门的拉动、传递和辐射效应，进一步刺激和推动了整个经济的增长。

发达国家经济发展的历程表明，工业化初期一般要消耗大量能源和各种矿物原料，工业化是建立在矿产品的大量消耗基础之上的。各国在工业化初期阶段对矿产品的大量需求同经济结构的转换有关：一是国民经济由以农业为主转向以工业为主，即由以农业生产和以农产品原料加工制造为主转向以工业生产和以矿物原料的加工制造为主，能源由人力、畜力、风力和水力为主转向以矿物能源为主；二是在工业结构中一般以冶金、机电、采矿、化工、铁路等重工业为主，这些部门都要消耗大量的能源和矿物原料，要求矿业有较快的发展以支持经济的持续增长。

随着经济的进一步发展和科学技术的进步，发达国家的经济结构发生了变化，先是制造业的比重越来越大，而后是电子工业、信息产业、服务业的比重逐渐上升，而消耗大量能源和矿物原料的传统工业在国民经济中的比重大大下降。这种变化导致经济发展对矿物原料的需求增速和强度下降，但矿物原料需求的绝对值仍然是巨大的。

例如，美国自 1868 年开始现代化进程，1868~1880 年产业革命时期，美国钢铁产量以年均 40%左右的速度增长。1881~1920 年初期工业化过程中，美国钢铁产量以年均 10%的速度增长，比英国、德国、法国等欧洲国家都要快。1899 年美国粗钢年产量达到了 1081 万吨，居世界第一。太平洋战争爆发的 1941 年，美国的钢产量为 7516 万吨，而同年度日本的钢产量仅为 685 万吨，由于二战被称为钢铁时代的战争，仅由此即可推断日本战败之必然。1953 年，美国突破了年产钢亿吨大关，在世界范围内长期处于遥遥领先的地位。1956~1975 年工业化完成和以后的时期，美国钢铁产量以年均 0. 5%的速度微幅增长。1973 年其年产钢达到 13680 万吨，是目前为止美国钢铁工业历史上最高的产钢纪录。自此以后，美国粗钢产量开始缓慢滑落，再也没有恢复到这一水平。2013 年美国钢产量为 8690 万吨。可以说，在 20 世纪 70 年代以前，钢铁工业一直是美国经济中的重要支柱产业，其后则演变为美国经济中的重要基础产业。2018 年 3 月美国总统特朗普签署法令，宣布将对进口钢铁和铝分别征收 25%和 10%的关税，意图使钢铁和铝等制造业回归。

中国自 1978 年改革开放以来，历经 40 年的快速发展，已经是一个工业大国，其制造业规模几乎相当于美国、日本和德国制造业的总和。目前以“中国制造 2025”为目标的产业升级正在进行中，信息产业、服务业占国民经济的比重也在逐渐上升。中国特色社会主义的道路和制度也逐渐获得包括中国国内精英和西方经济学界学者在内的世界广泛认可。

综上所述，矿产资源在社会经济发展中占有举足轻重的地位，它对人类文明社会的发展发挥着强大的作用力。

1. 2. 3 矿产资源的地质勘探与储量分类

1. 2. 3. 1 矿产资源及其分类

自然资源是指在一定时间、地点条件下，能够产生经济价值，以提高人类当前和未来福利的自然环境因素和条件。自然资源包括土地、森林、河流、水产、能源、矿产等。经济学家们常把自然资源分为两大类来研究：一类是可再生资源（renewable resources），诸如土地、森林、河流等；另一类是不可再生资源（non-renewable resources），也称为“可耗竭资源”（exhaustible resources），如矿产资源。

矿产资源是一种自然资源，可定义为赋存于地壳内或地壳上天然产出的固态、气态、液态物质的富集物，用目前可行的或潜在可行的技术手段可以经济地开采和提取矿产品。

在人类漫长的发展史中，矿产资源的利用程度，不仅仅反映人类已达到的科学技术水平，而且也是划分人类文明史的标志。人类历史上的石器时代、青铜器时代、铁器时代，以及蒸汽、电气和原子能时代的划分，均体现了矿产资源在人类生活中的利用程度。

中国矿产资源的管理部门是国土资源部（2018 年 3 月改建为自然资源部）。我国矿产资源统计中，根据矿产资源用途不同，将其划分为 10 类。

（1）能源矿产：煤、石油、油页岩、天然气、天然气水合物（可燃冰）、铀、钍等。

（2）黑色金属矿产：铁、锰、铬、钒、钛等。

（3）有色金属矿产：铜、铅、锌、铝、镍、钴、钨、锡、铋、钼等。

（4）稀有金属矿产：铍、锂、铌、钽、锆、镉、镓、铟、稀土等。

（5）贵金属矿产：金、银、铂、钯、钌、锇、铱、铑等。

（6）冶金辅助原料：熔剂用石灰岩、白云岩、硅石、菱镁矿、耐火黏土等。

（7）化工原料：硫铁矿、自然硫、磷、钾盐、明矾石、化工用石灰岩、泥炭等。

（8）特种类：压电水晶、冰洲石、金刚石、蓝石棉、熔炼水晶、光学萤石等。

（9）建材及其他类：云母、石棉、高岭土、石墨、石膏、滑石、水泥用石灰岩等。

（10）水气矿产：地下水、地下热水、二氧化碳气等。

在《〈中华人民共和国矿产资源法〉实施细则》的附件中，矿产资源分类细目为四大类：（1）能源矿产；（2）金属矿产；（3）非金属矿产；（4）水气矿产。

1.2.3.2 矿产资源的地质勘探

矿床是由地质作用形成的有开采利用价值的有用矿物的聚集地。寻找矿床主要依托地质普查、物探和化探发现矿化点，再通过地质钻探发现矿床，图 1-3 是矿床地质钻探示意图。

当初步发现矿床后，还需通过地质详查探明矿床矿石和金属储量，以及矿床的具体几何形状和产状。一般是通过呈网格状分布设计的多钻孔地质钻探，获取不同地点和深度的岩芯，再经岩矿鉴定和化验分析，了解矿床矿石和金属储量分布。将地质详查钻探资料与其他地质资料一并综合分析，构建出矿床几何形状和产状图，再加工成数字矿床图，为矿山开采设计提供详细直接和直观的依据。图 1-4 是某矿山的数字矿床图，根据其矿体的具体几何形状和产状，其矿山开采设计包括了露采和井下开采两部分。

2007 年，中国设立了中央地质勘查基金。在基金项目组织实施方面，优先支持国家确定的重点矿种、重要成矿区带的地质工作，引导和拉动社会资金投入矿产资源勘查。

1.2.3.3 中国的矿产资源储量分类标准

A 中国原用的矿产资源储量分类旧标准

我国的矿产资源储量分类标准，曾长期沿用参照苏联标准。1959 年公布实施的《固体矿产储量分类暂行规范（总则）》，将固体矿储量分为四类（开采储量、设计储量、远景储量、地质储量）五级（A_1、A_2、B、C_1、C_2）。其中开采储量一般为 A_1 级，设计储量一般为 A_2、B、C_1 级，远景和地质储量即为 C_2 级。

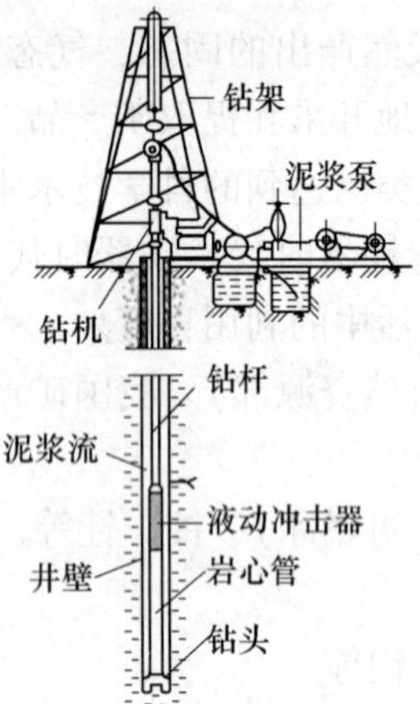

图 1-3 矿床地质钻探示意图

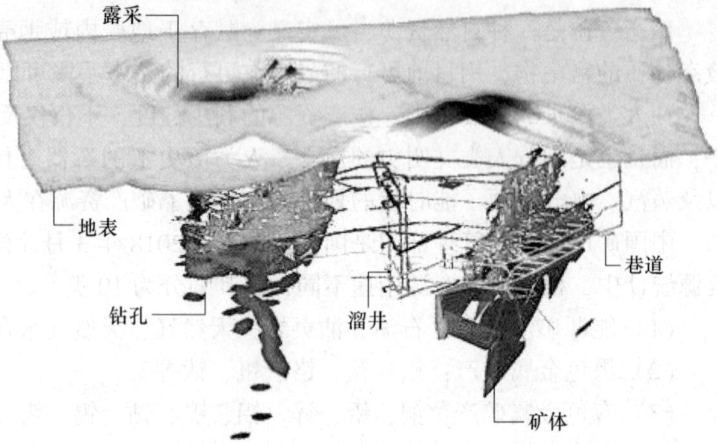

图 1-4 某矿山的数字矿床图

1977 年公布实施的《金属矿床地质勘探规范总则（试行）》和《非金属矿床地质勘探规范总则（试行）》，将矿产储量划分为 ABCD 四级：A 级是开采储量，用于生产计划，系开采巷道或用钻孔配合开采巷道或钻探网所控制的储量；B 级 C 级是设计储量，用于矿山设计和生产计划，系经过详细勘探，用坑道、钻孔圈定的储量或钻采网所控制的储量；D 级为远景地质储量，仅作为编制矿山企业远景发展规划和进一步勘探的参考，系采用稀疏的勘探工程和地质资料，结合已知矿产的成矿地质条件所预测的储量。

中国以往的矿产储量表习惯地将已控制的 A、B、C、D 级储量之和列为探明储量（proven reserves）：

$$探明储量=A+B+C+D \tag{1-1}$$

B 中国现用的矿产资源储量分类新标准

为适应国际标准和国际交流，我国参考《联合国国际储量/资源分类框架》，结合中国国情，制订了《固体矿产资源储量分类标准》GB/T 17766—1999，于 1999 年 12 月实施。新标准分类依据矿产资源经过矿产勘查所获得的不同地质可靠程度和经相应的可行性评价所获不同的经济意义，是固体矿产资源/储量分类的主要依据。据此，固体矿产资源/储量可分为储量、基础储量、资源量三大类十六种类型，分别用三维形式（图 1-5）和矩阵形式（表 1-2）表示。

图 1-5 三维形式用了（EFG）3 个轴，分别定义为经济轴、可行性轴、地质轴，并给以编码，编码意义为：（1）编码的第 1 位数表示经济意义，其中 1 代表经济的，2M 代表边际经济的，2S 代表次边际经济的，3 代表内蕴经济的；（2）编码的第 2 位数表示可行性评价阶段，其中，1 代表可行性研究，2 代表预可行性研究，3 代表概略研究；（3）编码的第 3 位数表示地质可靠程度，其中 1 代表探明的，2 代表控制的，3 代表推断的，4 代表预测的。

GB/T 17766—1999 新标准各类矿产资源储量的含义分别为：

（1）储量。储量是基础储量中的经济可采部分，又可分为可采储量（111）、探明的预可采储量（121）及控制的预可采储量（122）3 个类型。储量是经过详查或勘探，达到控制或探明的程度，在进行了预可行性或可行性研究，扣除了设计和采矿损失，能实际采出的矿产资源数量，经济上表现为在生产期内，每年的平均内部收益率高于行业基准内部收益率。

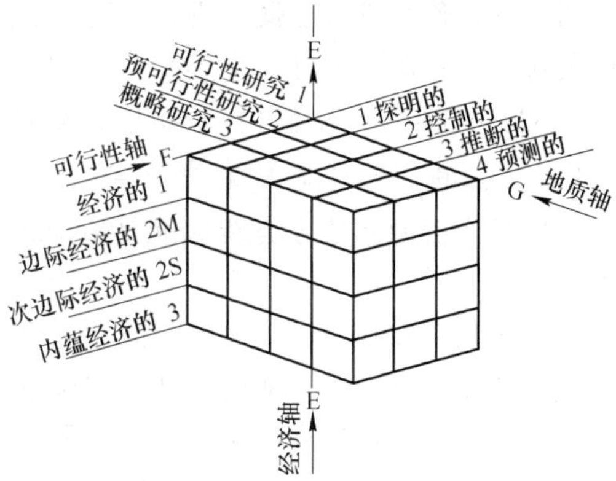

图 1-5　固体矿产资源/储量分类框架图

表 1-2　固体矿产资源/储量分类表

分类类型 地质可靠程度 / 经济意义	查明矿产资源			潜在矿产资源
	探明的	控制的	推断的	预测的
经济的	可采储量（111）			
	基础储量（111b）			
	预可采储量（121）	预可采储量（122）		
	基础储量（121b）	基础储量（122b）		
边际经济的	基础储量（2M11）			
	基础储量（2M21）	基础储量（2M22）		
次边际经济的	资源量（2S11）			
	资源量（2S21）	资源量（2S22）		
内蕴经济的	资源量（331）	资源量（332）	资源量（333）	资源量（334）?

注：表中所用编码（111-334），第 1 位数表示经济意义：1—经济的，2M—边际经济的，2S—次边际经济的，3—内蕴经济的，? —经济意义未定的；第 2 位数表示可行性评价阶段：1—可行性研究，2—预可行性研究，3—概略研究，第 3 位数表示地质可靠程度：1—探明的，2—控制的，3—推断的，4—预测的，b—未扣除设计，采矿损失的可采储量。

（2）基础储量。基础储量是经过详查或勘探，达到控制和探明的程度，在进行了预可行性或可行性研究后，经济意义属于经济的或边际经济的那部分矿产资源。基础储量据评价后的经济意义，可分为经济基础储量和边际经济基础储量。经济基础储量是每年的内部收益率大于行业基准内部收益率并扣除设计和采矿损失之前的那部分基础储量，可分为 3 个类型：探明的（可研）经济基础储量（111b）、探明的（预可研）经济基础储量（121b）、控制的经济基础储量（122b）。边际经济基础储量，是平均内部收益率介于行业基准内部收益率与零之间的那部分基础储量，也分 3 个类型：探明的（可研）边际经济基础储量（2M11）、探明的（预可研）边际经济基础储量（2M21）、控制的边际经济基础储量（2M22）。

（3）资源量。资源量可分为 3 部分：内蕴经济的资源量、次边际经济资源量、预测的资源量。内蕴经济的资源量，即自普查至勘探期间，地质可靠程度达到了推断至探明的，可行性评价只进行了概略研究，尚分不清其真实的经济意义的资源量，统归为内蕴经济的资源量。资源量可分 3 个类型：探明的内蕴经济资源量（331）、控制的内蕴经济资源量（332）、推断的内蕴经济资源量（333）。

C 中国新旧矿产资源储量分类分级对比

中国矿产资源储量分类新标准是适应市场经济要求、与国际惯例接轨的一种全新的标准。

由于中国存在很多以往采用旧标准的地质资料和矿产储量统计资料，在参考使用中希望能换算成新标准。严格地讲，新、旧标准的矿产资源储量类（级）别是不能一一对比的，但新标准在修订过程中又充分考虑了我国的国情，所以，新、旧分类标准的内容仍有一定的联系，可以大致、相当地对比。为了把旧标准的矿产资源储量转换成新标准，中国国土资源部于 1999 年制定了《固体矿产资源储量套改技术要求》方案，对新旧标准矿产资源储量套改作了明确规定，并于 2001 年修订。根据该方案的有关规定，对于开采和基建矿区的新旧标准矿产资源储量对比归纳见表 1-3。

表 1-3 开采和基建矿区的新旧标准矿产资源储量对比归纳

旧标准储量分级		新标准资源储量分类及编码		
		勘探	详查	普查
表内矿	A+B	111b		
	C	111b	122b	
	D	122b	122b 或 333	333
表外矿	A+B	2S11 或 2S21		
	C	2S22	2S22	
	D	2S22	2S22	2S22

由于在新标准中储量是基础储量的一部分，对比式（1-1），显然在中国新的矿产储量表中，探明储量为基础储量与资源量之和：

$$探明储量 = 基础储量 + 资源量 \tag{1-2}$$

在矿业生产过程中，矿产探明储量会不断消耗，同时与矿业生产并行开展的矿山地质工作可能又会探明新的储量。为实际反映国家和矿山的矿产资源现状，定义在截止国家要求统一上报的某一时间，已开采矿山还拥有的尚未利用的储量为保有储量（preserved reserves），即：

$$保有储量 = 原探明储量 + 新探明储量 - 已采量 - 其他损耗量 \tag{1-3}$$

到 2003 年，国土资源部根据统一的套改技术要求，将原《矿产储量表》上的保有储量转换成新分类标准下的基础储量和资源量。2007 年国土资源部启动了“全国矿产资源利用现状调查”专项，全面开展矿产资源领域的国情调查，按新标准摸清家底。截至 2011 年底，全国完成了 28 个主要矿种共计 21600 个矿区的矿产资源利用状况核查工作，并对石油、天然气、煤、铁、铜等重要矿种的核查成果进行了全国汇总。调查形成了全国各矿种和矿区的“品位-吨位图”，也就是说，某一品质级别的矿产，都可以找到其在全国存量。

应用地质学“类比法”，通过部分矿种典型矿床类型矿山资源储量的地质-经济概略评价模型的建立，替代了需要大量矿山开发利用及相关经济数据才能测算出成本的经济评价方法，解决了矿山相关数据保密、获取难，整个矿区或未开发利用矿区经济评价无法进行的难题。在此基础上形成的成本-吨位图，是此次调查获得的另一项重要技术创新。图 1-6 是中国动力煤的成本-储量曲线。

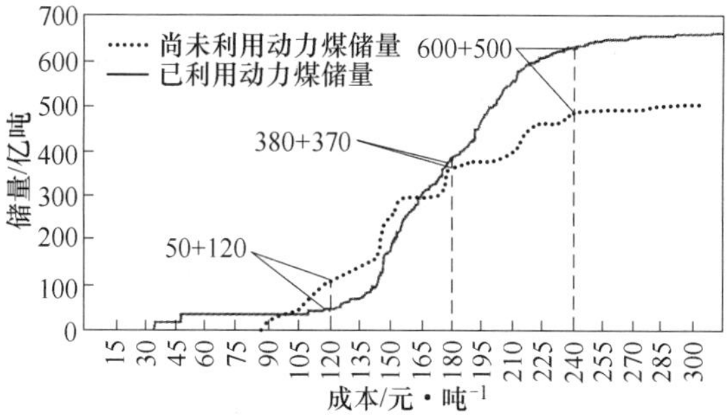

图 1-6　中国动力煤的成本-储量曲线

1.2.4　中国矿产资源储量和矿业可持续发展

1.2.4.1　中国大陆和沿海专属经济区的矿产资源储量

中国国土面积广大，成矿地质条件优越，是一个矿产资源大国。中国国土资源部从 2011 年起组织编制年度《中国矿产资源报告》。综合《中国矿产资源报告（2011)》和《中国矿产资源报告（2017)》的统计资料，中国多种矿产保有储量居世界前列，见表 1-4。

此外，表 1-4 未列出的中国稀土资源储量居世界第一，主要分布在内蒙古、江西和广西等地。

表 1-4 未列出的新兴地热能源矿产干热岩埋藏于地下 3~10km，是没有水或蒸汽的致密不渗透的高温岩体，温度在 150℃以上，可广泛用于发电、供暖、强化石油开采等等。2017 年 9 月中国在青海共和盆地 3705m 深处钻获 236℃的高温干热岩体。按干热岩资源量 2%的国际标准估算可采资源量，中国干热岩体可采资源量约 17 万亿吨标准煤。干热岩开发利用或将改写世界未来能源版图。

表 1-4　中国主要矿产查明保有资源储量变化（2010~2016）

矿产	单位	2010 年	2016 年	2010~2016 增减变化/%
煤炭	亿吨	13408.3	15980.01	19.2
石油	亿吨	31.7	35.01	10.4
天然气	亿立方米	37793.2	54365.46	43.8
煤层气	亿立方米	1318.4	3344.04	153.6
页岩气	亿立方米	—	1224.13	—
铁矿	矿石亿吨	727	840.63	15.6
锰矿	矿石亿吨	8.86	15.51	75.1
铬铁矿	矿石万吨	1490.5	1233.19	-17.3
钒矿	V_2O_5万吨	4381.9	6401.77	46.1
钛矿	TiO_2亿吨	7.2	7.86	9.2
铜矿	金属万吨	8040.7	10110.63	25.7

续表 1-4

矿产	单位	2010 年	2016 年	2010~2016 增减变化/%
铅矿	金属万吨	5509.1	8546.77	55.1
锌矿	金属万吨	11596.2	17798.89	53.5
铝土矿	矿石亿吨	37.5	48.52	29.4
镍矿	金属万吨	938	1118.37	19.2
钴矿	金属万吨	68.2	67.25	-1.4
钨矿	WO_3万吨	591	1015.95	71.9
锡矿	金属万吨	431.9	445.32	3.1
钼矿	金属万吨	1401.8	2882.41	105.6
锑矿	金属万吨	255	307.24	20.5
金矿	金属吨	6864.8	12166.98	77.2
银矿	金属万吨	17.2	27.5	59.9
铂族金属	金属吨	334.6	365.5	9.2
锶矿	天青石万吨	4375.4	5515.64	26.1
锂矿	氧化物万吨	—	961.46	—
菱镁矿	矿石亿吨	36.4	30.9	-15.1
萤石	矿物亿吨	1.8	2.22	23.3
耐火黏土	矿石亿吨	24.6	25.81	4.9
硫铁矿	矿石亿吨	56.9	60.4	6.2
磷矿	矿石亿吨	186.3	244.1	31.0
钾盐	KCl 亿吨	9.3	10.6	14.0
重晶石	矿石亿吨	2.9	3.5	20.7
石膏	矿石亿吨	769.1	972.6	26.5
高岭土	矿石亿吨	21.0	33.9	61.4
膨润土	矿石亿吨	28.0	29.7	6.1
玻璃硅质原料	矿石亿吨	64.7	83.2	28.6
水泥用灰岩	矿石亿吨	1021.0	1343.3	31.6

注：石油、天然气、煤层气、页岩气为剩余技术可采储量，其他矿产为当年保有的资源储量。

据《联合国海洋法公约》，沿海国家享有 200 海里宽的专属经济区，这一区域内沿海国对其自然资源（矿产、渔业等）享有主权权利和其他管辖权，而其他国家享有航行、飞越自由等。专属经济区若有重叠则由当事国协商划分。

在中国沿海专属经济区大陆架海洋矿产开发方面，中国海洋石油和天然气 2016 年产量为 4.769 亿桶油当量（相当于 0.66 亿吨油当量）。天然气水合物亦称可燃冰，是一种新型能源矿产，2017 年中国建造了 4.4 万吨级的全球最大的半潜式海上石油钻井平台“蓝鲸 2 号”，在南海实现了首次世界上天然气水合物的试采，获得了稳定产出的天然气流。据国土资源部初步预测，我国专属经济区海域天然气水合物资源量约 800 亿吨油当量。

1.2.4.2 中国已获取的大洋海底矿产资源专属勘探权和保留矿区

此外，在世界各大洋公共海域，也有丰富的矿产资源，这些也是世界未来发展可利用的潜在资源。1994 年《联合国海洋法公约》生效，同年联合国国际海底管理局成立。国际海底管理局是管理国际海底区域及其资源的权威组织，其主要职能是制定海底开发活动及保护海洋环境所需要的规则、规章和程序；处理先驱勘探投资者的申请登记并监督已核准勘探工作计划的履行；促进、鼓励和审查深海海底采矿活动，从而保障人类未来的矿产资源需求。

中国是《联合国海洋法公约》缔约国，并当选国际海底管理局理事国。2016 年《中华人民共和国深海海底区域资源勘探开发法》颁布实施。

我国在国家海洋局（2018 年 3 月并入新组建的自然资源部）下设有中国大洋矿产资源研究开发协会（简称大洋协会），统一安排国家专项资助的大洋专项重大项目和大洋科学考察。至 2017 年，中国已组织了 45 航次的大洋科学考察，取得了众多的研究成果。

在太平洋、印度洋、大西洋等大洋中部深海区，蕴藏有海洋多金属结核和富钴结壳，这些多金属结核还在不断地沉积生长，见图 1-7。其主要金属平均品位为：Mn，24%；Fe，14%；Ni，0.99%；Cu，0.53%；Co，0.35%；据调查总储量约为 3 万亿吨。中国大洋协会已于 1991 年向联合国国际海底管理局申请在东北太平洋登记到一块面积为 15 万平方千米的多金属结核矿区，经过科学考察后，2001 年获得 7.5 万平方千米的优质保留矿区（即合同区）。此外，2013 年中国大洋协会还在西太平洋获得的 0.3 万平方千米富钴结壳专属勘探矿区。

一些有实力的中国企业也看到了深海资源的巨大潜力和商机，踏入深海勘探领域。2014 年位列世界 500 强企业的中国五矿集团公司在西太平洋申请获得的 7.3 万平方千米多金属结核矿区。

海底热液多金属硫化物（海底黑烟囱，见图 1-8）也是重要的有色金属潜在资源，因为陆地上的一些巨型有色金属硫化矿的成因即为远古海底黑烟囱。2011 年国际海底管理局批准中国在西南印度洋国际海底区域获得了 1 万平方千米具有专属勘探权的多金属硫化物资源矿区，并在未来开发该资源时享有优先开采权。

图 1-7 中国大洋考察捞获的海洋多金属结核样品

图 1-8 中国大洋考察捞取海底黑烟囱样品

中国马尾造船厂正在建造全球首艘载重 4.5 万吨的深海采矿船，该船将配备采矿设备、水下机器人、甲板起重机和直升机坪等设施，可在水深 2500m 的海底采矿并输送至船上贮存转运，2018 年建成投入使用。

但是，中国人口众多，预计到 2030 年前后人口总数达到峰值约 14.5 亿，中国人均占有矿产资源量在世界排名是很低的。因此，中国必须要走资源节约、环境友好和技术创新的发展道路。

［例 1-1］　**远古海底热液多金属硫化物成矿的中国凡口铅锌矿及其定向增发股票融资技术改造**

凡口铅锌矿位于广东省仁化县，是亚洲最大的铅锌矿，矿山累计探明矿石量 5470 万吨，铅锌金属量 835 万吨。如此巨量的富矿集中赋存于不到 $1km^2$ 的狭小范围，其独特地质现象引起了中外地质学界的广泛瞩目和极大兴趣。据研究，其成因系远古海底黑烟囱历经数十万年喷发热液堆积铅锌硫化矿物，再由碳酸盐岩层覆盖沧海桑田抬升而成。

凡口铅锌矿隶属于上市公司中金岭南有色金属股份有限公司，已建有 5500t/d 选矿厂，年产铅锌精矿含量金属 18 万吨、伴生银含量金属约 90t、硫精矿 76 万吨。2014 年中金岭南公司定向增发股票，增发价格 7. 10 元/股，拟定增 12. 72 亿元，将用于凡口铅锌矿选矿厂技术升级改造工程项目、广西中金岭南矿业有限责任公司铅锌采选 3000t/d 扩产改造项目和补充流动资金。

2016 年，凡口铅锌矿新建选矿厂技术升级改造工程项目开工，项目投资 7. 6 亿元，由长沙有色冶金设计研究院负责设计和项目建设总承包，将于 2018 年完成。

1. 2. 4. 3　原生矿山与城市矿山

金属矿产资源的开发使用并不意味其消失，根据物质不灭定律，其只是转变了形态和分布。随着原生金属矿产资源的开发使用，社会积蓄的金属量也相应增加，在其到达使用寿命后即可报废拆解回收。由于再生资源循环回收行业和技术的发展进步，未来原生金属矿山数量和产量会下降，而“城市矿山”数量和产量会上升，见图 1-9。

图 1-9　城市矿山：报废汽车的破碎拆解金属回收

1. 2. 4. 4　中国矿业可持续发展展望

中国的大规模工业化过程起始于 20 世纪 50 年代初期中华人民共和国成立，半个多世纪以来，国民经济的发展和工业化进程，对各种矿产品提出了巨大需求，我国基本上依靠开发利用本国的矿产资源，满足了这种需求。矿产资源的开发利用，对我国国民经济的高速发展起到了多方面的巨大作用。一方面，保证了国民经济发展对矿产品的巨大需求；另一方面，对发展地区经济、改善工业布局、扩大就业、出口创汇等做出了重要贡献。

中国的矿业工程项目建设在 20 世纪后半期获得了巨大的发展，中国已建成矿业项目数量和各种矿产品产量均居世界前列，成为了居世界前列的名副其实的矿业大国。进入 21 世纪以来，中国矿业项目建设仍保持着强劲的发展势头。图 1-10 是 2004 年底建成投产的安徽铜陵有色金属集团股份有限公司冬瓜山铜矿项目，总投资额 16. 7 亿元，其中选矿厂 3 亿元。冬瓜山铜矿采用千米深竖井采矿、全尾矿废石胶结充填、半自磨-球磨碎磨工艺和选矿 DCS 自动控制

图 1-10　安徽铜陵冬瓜山铜矿 13000t/d 选矿厂

系统等新技术工艺，选矿厂装备有大型设备如 ϕ8.45m×4m 半自磨机、ϕ5.03m×8m 球磨机和 130m^3浮选机。

据2013中国国际矿业大会（CHINA MINING）发言人消息，我国投入的矿物原料已达100亿吨/年。

初步匡算，2013年中国矿物原料原矿消耗（亿吨/年）包括：水泥原料用石灰岩24.2；煤炭40.0（进口3.3）；石油5.0（进口2.8）；天然气1.6亿吨油当量（1744亿立方米，进口534）；自产铁矿石14.5（产出铁精矿3.9）；进口铁精矿8.2；有色金属矿石3.5（铝土矿0.8、铜矿2、其他0.7）；黄金矿石2.0；化工矿石2.0（磷0.9，硫0.3，萤石0.1，钾盐0.1，原盐0.6），等等。

中国的高水平工业化、城镇化还未完成，中国经济还保持着上升的强劲势头，中国对矿物原料的需求还未到达峰值。中国矿业还有很大的发展空间，并将在可预见的相当长的时期内保持作为国民经济中的重要支柱产业和基础产业的地位。

中国矿业如何在21世纪中保持可持续发展，如何在为促进国家的现代化建设做出贡献的同时，将矿业企业建设成为环境友好、效益良好和社会和谐的新型企业？作为矿业工程专业的学生，应认真思考这些问题，并以此为激励自己努力学习的动力，在掌握好专业技术知识的同时，进一步学习了解经济、社会知识，全面提升自身素质，扩大知识面，从而增强社会适应能力和拓宽潜在就业领域，为将来在工作中的发展打下良好的基础。这也是开设“矿业项目建设与经营管理”课程的初衷和目的所在。

1.2.5 矿业企业及其主体专业采矿和选矿

1.2.5.1 矿业企业

矿业企业是以矿产的开采加工和经营为主业的企业。按照开采对象的不同，一般分为石油和天然气开采业、煤炭开采业、金属矿开采业和其他矿开采业四大类。

在金属矿开采业中，按照企业生产链的延伸情况，分为采选冶联合企业（产品为金属），采选联合企业（产品为精矿）和只进行采矿的企业（产品为矿石），其中采选联合企业居多数。

1.2.5.2 采矿

采矿是开采矿产资源的生产活动。固体矿产的开采一般分为露天开采和地下开采。

露天开采时，先对覆盖在矿体上的岩层进行剥离，然后将矿体划分为许多水平分层（台阶），自上而下逐层开采，形成锅底状的露采坑。露天开采的生产成本低，回采率高，安全性好，但只适用于埋藏浅的厚大矿体。在露天开采中，最重要的参数是剥采比，即露天开采境界内岩石总量与矿石总量的比值，而剥采比又与矿体深度和露采坑帮坡角相关。

埋藏深的矿体只能采用地下开采，也称为井下开采、坑采。地下开采时，从地面开掘一系列井巷通达矿体，将矿体划分为若干个水平阶段，自上而下逐段开采。地下开采的生产成本高，回采率低，安全性略低。金属矿山的地下开采方法主要有空场采矿法、留矿法、崩落法和削壁充填法，其中削壁充填法的矿石损失率和贫化率均较低。

在采矿过程中不可避免地要混入一部分岩石或未达到工业利用标准的低品位矿石。

$$Q_c = Q_k + Q_y \tag{1-4}$$

式中 Q_c——实际采出矿石量，t；

Q_k——实际采出矿石量中的纯矿石量，t；

Q_y——实际采出矿石量中的岩石量，t。

不论是露天开采或地下开采，在采矿时不可能采出全部矿石，总要损失一部分，叫做矿石损失。开采范围内采出的矿石工业储量与消耗的矿石工业储量之比，叫做矿石回采率，用 H_k 表示。

$$H_k = \frac{Q_k}{Q} \times 100\% \tag{1-5}$$

式中 H_k——矿石回采率，%；

Q——消耗工业储量，t。

矿石回采率 H_k 与矿石损失率 S_k 的关系为

$$H_k = 1 - S_k \tag{1-6}$$

例如，对露天开采煤矿，煤层厚度≥6m 者回采率要求≥95%。对井工开采煤矿，当煤层厚度分别为≤1.3m、1.3~3.5m 和≥3.5m 时，回采率分别要求≥85%、≥80%和≥75%。

据相关资料统计，我国露天开采金属矿山的回采率≥95%。地下开采金属矿山的回采率一般在 80%~95%，其中铁矿约 80%、铜矿约 90%、铅锌矿约 92%。

实际采出矿石中混入岩石造成采出矿石品位的降低，叫做矿石贫化。矿石工业储量品位与采出矿石品位两者之差与工业储量品位之比，叫做矿石贫化率，用 P 表示。

$$P = \frac{\alpha_0 - \alpha}{\alpha_0} \times 100\% \tag{1-7}$$

式中 P——矿石贫化率，%；

α——采出矿石的品位，%；

α_0——工业储量的品位，%。

据相关资料统计，我国地下开采金属矿山的贫化率一般在 6%~30%。

当混入岩石无金属品位时，岩石混入率等于矿石贫化率，此时实际采出矿石量中的纯矿石量 Q_k 可用金属平衡方法计算：

$$Q_k = \frac{\alpha}{\alpha_0} Q_c \tag{1-8}$$

为保证采矿生产的正常和连续进行，矿山应备有一定的贮备矿量。矿床开采过程中按开拓掘进的程度及采矿准备程度，分别圈定贮备矿量保有时间：开拓矿量（3~5 年）、采准矿量（6~12 月）和备采矿量（3~6 月），称为三级矿量。

［例 1-2］ 某铜矿，2016 年实际采出矿石 110 万吨，采出矿石含铜品位 0.80%，消耗工业储量 120 万吨，工业储量矿石含铜品位 0.90%。计算其矿石贫化率和回采率。

解：矿石贫化率 $P = \frac{\alpha_0 - \alpha}{\alpha_0} \times 100\% = \frac{0.90\% - 0.80\%}{0.90\%} \times 100\% = 11.11\%$

设造成实际采出矿石贫化混入的全是脉石，含铜品位0，则

实际采出矿石中纯矿石量 $Q_{\mathrm{k}} = \dfrac{\alpha}{\alpha_0}Q_{\mathrm{c}} = \dfrac{0.80\%}{0.90\%} \times 110 = 97.78$（万吨）

矿石回采率 $H_{\mathrm{k}} = \dfrac{Q_{\mathrm{k}}}{Q} \times 100\% = \dfrac{97.78}{120} \times 100\% = 81.48\%$

1.2.5.3 选矿

选矿是采矿的后继工序。

选矿是应用物理、化学或其他方法对矿石进行加工处理，将矿石中的有用矿物与脉石分开，或将多种有用矿物相互分开，使有用成分富集并达到冶炼或其他进一步加工利用要求的生产过程。

主要的选矿方法有浮选、重选、磁选和电选，其基本原理如下所述。

浮选是利用添加特定浮选药剂造成不同矿物颗粒间表面润湿性差异，使目的矿物颗粒表面具备疏水性，从而可黏附于气泡上浮，达到与其他矿物分离的一种选别技术。浮选方法可应用于大多数矿石种类，如有色金属硫化矿、化工矿、煤矿等。主要的浮选设备有浮选机、浮选柱。

重选是利用不同物料颗粒间的密度差异进行分离的技术，适用于有用矿物与脉石间密度差异较大的矿石，如金矿、钨矿、锡矿、煤矿等。主要的重选设备有跳汰机、摇床、螺旋溜槽、重介质选矿机和离心选矿机。

磁选是利用不同物料颗粒间的磁性差异进行分离的技术。弱磁选主要应用于矿物磁性强的磁铁矿、磁黄铁矿分选，主要设备为弱磁选机（0.1~0.2T）；强磁选主要用于矿物磁性弱的赤铁矿、锰矿、黑钨矿等的分选，主要设备为强磁选机（0.6~1.8T）。

电选是利用不同物料颗粒间的导电性差异进行分离的技术。电选设备为高压电选机，因需物料干燥，且须单层给矿处理能力小，应用较窄，主要应用于钛铁矿和金红石的分选，如海滨砂矿的重选粗精矿的精选。

矿石的选矿处理过程是在选矿厂中完成的。一般都包括以下三个最基本的工艺过程：

（1）分选前的准备作业，包括原矿（原煤）的破碎、筛分、磨矿、分级等工序。本过程的目的是使有用矿物与脉石矿物单体分离，使各种有用矿物相互间单体解离，并获得适合分选工艺与设备的矿石粒度和便于流动输送的悬浮矿浆。

（2）分选作业。借助于浮选、重选、磁选、电选和其他选矿方法将有用矿物同脉石分离，并使有用矿物相互分离获得最终选矿产品精矿和废弃尾矿。

（3）选后产品的处理作业，包括各种精矿、尾矿产品的脱水，细粒物料的沉淀浓缩、过滤、干燥和洗水澄清循环复用等。

选矿厂最重要的技术指标是选矿回收率和精矿品位。对单一有用组分矿石，有

$$\gamma = \frac{(\alpha - \vartheta)}{(\beta - \vartheta)} \times 100\% \tag{1-9}$$

$$\varepsilon = \frac{\beta\gamma}{\alpha} = \frac{\beta(\alpha - \vartheta)}{\alpha(\beta - \vartheta)} \times 100\% \tag{1-10}$$

式中　γ——精矿产率，精矿产物质量与原矿质量之比，%；

ε——选矿回收率，回收进入精矿中的有价成分质量与原矿中的有价成分质量之比，%；

β——精矿品位，精矿中有价成分含量（质量分数），%；

α——原矿品位，原矿中有价成分含量（质量分数），%；

ϑ——尾矿品位，尾矿中有价成分含量（质量分数），%。

[例 1-3] 某铜矿，2014 年实际采出矿石含铜品位 $\alpha=0.80\%$，选出铜精矿含铜品位 $\beta=20\%$，尾矿品位 $\vartheta=0.10\%$。计算其选矿回收率 ε 和精矿产率 γ。

解： 选矿回收率 $\varepsilon = \dfrac{\beta(\alpha - \vartheta)}{\alpha(\beta - \vartheta)} \times 100\% = \dfrac{20(0.8 - 0.1)}{0.8(20 - 0.1)} \times 100\% = 87.94\%$

精矿产率 $\gamma = \dfrac{(\alpha - \vartheta)}{(\beta - \vartheta)} \times 100\% = \dfrac{0.8 - 0.1}{20 - 0.1} \times 100\% = 3.52\%$

[例 1-4] 某铜矿设计生产规模 $T=165$ 万吨/年，设计原矿含铜品位 $\alpha=1.0\%$，选出铜精矿含铜品位 $\beta=20\%$，选矿回收率 $\varepsilon=90\%$，求精矿产率 γ 和年产铜精矿量。

解： 由式（1-10），精矿产率 $\gamma = \dfrac{\varepsilon\alpha}{\beta} = \dfrac{90\% \times 1.0\%}{20\%} = 4.50\%$

年产铜精矿量 $=T\gamma = 165\times4.50\% = 7.425$（万吨/年）

习　题

1-1 描述工程项目的特征。

1-2 人类文明社会发展与项目建设的关系。

1-3 建设必需的工程项目，对国民经济和企业本身的发展有何意义？

1-4 比较中国的发展崛起历程与其他世界大国发展崛起历程。

1-5 课堂讨论：我所了解（设想）的促进我的家乡过去、现在和未来发展的建设项目。

1-6 国民经济的第一产业、第二产业和第三产业是如何划分的？各有何地位和作用？

1-7 什么是衡量评价国家财富的标准？

1-8 为什么不必担心某种矿产资源被开采耗竭？如何理解矿产资源开发过程中的财富实现和转化形式？

1-9 矿业项目建设在国民经济发展中的作用。

1-10 简述矿产资源的地质勘探过程。

1-11 简述我国矿产储量分类标准。

1-12 简述中国矿产资源储量的大体情况。

1-13 试分析大洋海底矿产资源的开发前景。

1-14 简述矿业项目中的主体专业：采矿、选矿。

参 考 文 献

[1] 李南. 工程经济学 [M]. 北京：科学出版社，2000.

[2] 国务院南水北调工程建设委员会办公室. 中国南水北调网站，http：//www. nsbd. gov. cn/.

[3] 马克思，恩格斯. 共产党宣言 [M]. 北京：中央编译出版社，2005.

[4] 中央电视台《大国崛起》节目组. 大国崛起—英国 [M]. 北京：中国民主法制出版社，2006.

[5] 中央电视台《大国崛起》节目组. 大国崛起—德国 [M]. 北京：中国民主法制出版社，2006.
[6] 中央电视台《大国崛起》节目组. 大国崛起—美国 [M]. 北京：中国民主法制出版社，2006.
[7] 中央电视台《大国崛起》节目组. 大国崛起—日本 [M]. 北京：中国民主法制出版社，2006.
[8] 央视财经频道. 精品财经记录，资本的故事-透视美国经济 2-美国制造 [EB/OL]. 央视网 [2017-03-21]. http：//tv. cctv. com/cctv2/.
[9] (英) 亚当·斯密. 国富论 [M]. 北京：中央编译出版社，2010.
[10] (英) 凯恩斯. 就业、利息和货币通论 [M]. 南京：译林出版社，2011.
[11] 中共中央党史研究室. 中国共产党历史第二卷 (1949-1978) [M]. 北京：中共党史出版社，2011.
[12] 顾亚奇，常仕本，章晓宇. 伟大的历程：中国改革开放 30 年 [M]. 北京：中信出版社，2008.
[13]《中共中央关于全面深化改革若干重大问题的决定》[EB/OL]. 新华社，[2013-11-15]. www. xinhuanet. com.
[14] 中国国家统计局. 1979，…，2017 年度国民经济和社会发展统计公报 [EB/OL]. http：//www. stats. gov. cn/.
[15] 国发〔2015〕28 号. 国务院关于印发《中国制造 2025》的通知 [EB/OL]. 中国政府网，www. gov. cn/.
[16] 国发〔2016〕73 号. 国务院关于印发《“十三五”国家信息化规划》的通知 [EB/OL]. 中国政府网，www. gov. cn/.
[17] 发改基础 [2016] 1536 号，关于印发《中长期铁路网规划》的通知 [EB/OL]. 中国政府网，www. gov. cn/.
[18] 国家公路网规划 (2013 年-2030 年) [EB/OL]. 中国交通运输部网站，http：//www. moc. gov. cn/.
[19] 国办发〔2015〕61 号. 关于推进城市地下综合管廊建设的指导意见 [EB/OL]. 中国政府网，www. gov. cn/.
[20] 国家能源局. 能源生产和消费革命战略 (2016—2030) [EB/OL]. 国家能源局网站，http：//nea. gov. cn/.
[21] 国家发改委可再生能源发展中心. 中国可再生能源发展路线图 2050 [EB/OL]. http：//www. cred. org. cn.
[22] 国务院批准实施六大林业重点工程 [N]. 人民日报，2001-02-16 (1).
[23]《中国国民经济和社会发展第十三个五年规划纲要》[EB/OL]. 新华社，2016-03-17. www. xinhuanet. com /.
[24] 央视综合频道. 辉煌中国 1：圆梦工程 [EB/OL]. 央视网，2017-09-19. http：//tv. cctv. com/cctv1/.
[25] 恩格斯. 自然辩证法—劳动在从猿到人转变过程中的作用 [M]. 北京：人民出版社，1984.
[26] 国际复兴开发银行，世界银行. 变化中的国家财富—对可持续发展能力的测量 [M]. 北京：新华出版社，2013.
[27] Rickard T A，Ingalls W R，Hoover H C. The Economics of Mining [M]. Sagwan Press，2009.
[28] 李仲学，赵怡晴，李翠平. 矿业经济学 [M]. 2 版：北京：冶金工业出版社，2011.
[29] 国家统计局，中国标准化研究院. GB/T 4754—2017. 国民经济行业分类 [S]. 北京：中国标准出版社，2017.
[30]《世界钢铁统计数据 (2014 年版)》[EB/OL]. 国际钢铁协会网站，http：//www. worldsteel. org/.
[31] 特朗普正式签署关税法令，进口钢铝分别征收 25%和 10%关税 [EB/OL]. 搜狐财经，2018-03-09. http：//business. sohu. com/.
[32] Martin Wolf. 我参加了“25 年来最坦率”讨论，中国精英怎样看世界？[EB/OL]. 观察者网，[2018-05-03]. http：//www. guancha. cn/.

［33］中国地质总局，冶金工业部. 金属矿床地质勘探规范总则（试行）［S］. 北京：地质出版社，1977.
［34］国土资源部储量司，等. GB/T 17766—1999 固体矿产资源储量分类标准［S］. 北京：中国标准出版社，1999.
［35］财建［2011］2号. 关于印发《中央地质勘查基金管理办法》的通知［EB/OL］. 中国政府网，www. gov. cn/.
［36］国土资发［2001］66号. 关于印发《固体矿产资源储量套改技术要求》的通知［EB/OL］. 中国国土资源部网站，http：//www. mlr. gov. cn/.
［37］封远汉. 固体矿产资源储量新旧分类标准对比［J］. 南方国土资源，2005（2）：43~45.
［38］中国国土资源部. 中国矿产资源报告（2011）［M］. 北京：地质出版社，2011.
［39］中国国土资源部. 中国矿产资源报告（2017）［M］. 北京：地质出版社，2017.
［40］央视财经频道. 中国第一：新能源，新世界［EB/OL］. 央视网，2017-06-10. http：//tv. cctv. com/cctv2/.
［41］央视新闻频道. 我国干热岩勘查取得重大突破［EB/OL］. 央视网，2017-09-06. http：//tv. cctv. com/cctv13/.
［42］中华人民共和国主席令（2016）第42号，《中华人民共和国深海海底区域资源勘探开发法》［EB/OL］. 中国政府网，http：//www. gov. cn/.
［43］大洋45航次第一航段科考作业圆满收官［EB/OL］. 中国大洋矿产资源研究开发协会网站，2017-08-15. http：// www. comra. org/.
［44］胡能勇. 我国获得一块"渤海"般大小的大洋矿区［J］. 国土资源导刊，2001，37（2）：17.
［45］中国获得西太平洋富钴结壳矿区专属勘探权［EB/OL］. 新华社，2013-07-19. http：// www. xinhuanet. com/.
［46］我国在印度洋获得专属勘探多金属硫化物资源矿区［EB/OL］. 国家海洋局网站，2011-08-05. http：// www. soa. gov. cn/.
［47］五矿集团获东太平洋7万多平方公里专属勘探矿区［EB/OL］. 新华社，2014-07-21. www. xinhuanet. com/.
［48］中国五矿集团公司官网. http：//www. minmetals. com. cn/.
［49］中国建4.5万吨采矿船可开采2500米深海稀有金属［EB/OL］. 参考消息，2017-09-07. www. cankaoxiaoxi. com.
［50］张忠安. 中金岭南定向增发提价改项目［N/OL］. 广州日报-大洋网，［2014-08-06］. http：//news. dayoo. com/.
［51］凡口铅锌矿选矿厂技术升级改造工程项目开工仪式隆重举行［N/OL］. 深圳市中金岭南有色金属股份有限公司网站，2016-12-29. http：// www. nonfemet. com/.
［52］孙笑非，钱易，温宗国，等. 我国"城市矿山"开发利用战略研究［J］. 中国工程科学，2017，19（04）：97~102.
［53］侯建兴. 冬瓜山铜矿初步设计概算编制的几点体会［J］. 有色矿山，2003（3）：35~37.
［54］2013中国国际矿业大会（CHINA MINING）［EB/OL］. 中国国土资源部网站，http：//www. mlr. gov. cn/.
［55］陈国山. 采矿概论［M］. 北京：冶金工业出版社，2008.
［56］国家发改委令（2012）17号，《生产煤矿回采率管理暂行规定》［EB/OL］. 中国政府网，www. gov. cn/.
［57］王淀佐，邱冠周，胡岳华. 资源加工学［M］. 北京：科学出版社，2005.
［58］胡岳华，冯其明. 矿物资源加工技术与设备［M］. 北京：科学出版社，2006.

2 矿业项目立项、建设、经营过程及相关法律法规

依法治国是中国共产党提出的执政理念，也成为中国社会的基本理念。同样，依法建设和依法生产经营也应该成为中国企业的基本理念。本章主要介绍与矿业相关的中国法律法规。有关矿产品进出口的法律法规参见本书 3.5.2 小节。

在中国投资经营的外资企业必须遵守中国的相关法律法规。同样，在外国投资经营的中资企业必须遵守所在国的相关法律法规。与矿业相关的国外法律法规参见本章参考文献[1]、[2]。

2.1 矿业项目立项建设及生产经营过程的相关法律法规

2.1.1 与矿业项目立项建设过程相关的法律法规

矿业项目立项建设过程环节多，审批部门多，牵涉到的相关法律法规也较多。一般先从申办矿业公司获取执照和购入采矿权开始，到项目建成竣工获得安全生产许可证告一段落。

2.1.1.1 《中华人民共和国公司法》

2013 年，中华人民共和国主席令第 8 号颁布，公布施行修订后的《中华人民共和国公司法》。

第三条规定，公司是企业法人，有独立的法人财产，享有法人财产权。公司以其全部财产对公司的债务承担责任。

第七条规定，依法设立的公司，由公司登记机关发给公司营业执照。公司营业执照签发日期为公司成立日期。公司营业执照应当载明公司的名称、住所、注册资本、实收资本、经营范围、法定代表人姓名等事项。

2.1.1.2 《中华人民共和国矿产资源法》

1996 年，中华人民共和国主席颁布第 74 号令，公布施行《中华人民共和国矿产资源法》。

《矿产资源法》第三条规定，矿产资源属于国家所有，地表或者地下的矿产资源的国家所有权，不因其所依附的土地的所有权或者使用权的不同而改变。勘查、开采矿产资源，必须依法分别申请、经批准取得探矿权、采矿权，并办理登记。

第五条规定，国家实行探矿权、采矿权有偿取得的制度。

第十五条规定，设立矿山企业，必须符合国家规定的资质条件，并依照法律和国家有关规定，由审批机关对其矿区范围、矿山设计或者开采方案、生产技术条件、安全措施和环境保护措施等进行审查；审查合格的，方予批准。

第二十九条规定，开采矿产资源，必须采取合理的开采顺序、开采方法和选矿工艺。

矿山企业的开采回采率、采矿贫化率和选矿回收率应当达到设计要求。

第三十二条规定，开采矿产资源，必须遵守有关环境保护的法律规定，防止污染环境，应当节约用地。耕地、草原、林地因采矿受到破坏的，矿山企业应当因地制宜地采取复垦利用、植树种草或者其他利用措施。

2.1.1.3 《中华人民共和国自然保护区条例》

1994年公布、2011年修订的《中华人民共和国自然保护区条例》第二十六条规定，禁止在自然保护区内进行开矿等活动；但是，法律、行政法规另有规定的除外。

2012年中共十八大做出“大力推进生态文明建设”的战略决策，2016年以后以国家环保督查的形式对违规在自然保护区内设立矿权进行了严格清理，如甘肃祁连山、新疆卡拉麦里等地。

2017年国土资源部发文要求年底前完成各类保护区等生态红线禁建范围内矿业权的调查摸底和分类梳理，为保护区内矿业权稳妥有序退出做好基础工作。

2.1.1.4 《矿产资源开采登记管理办法》

1996年，中华人民共和国国务院颁布第241号令，公布施行《矿产资源开采登记管理办法》。

第四条规定，采矿权申请人在提出采矿权申请前，应当根据经批准的地质勘查储量报告，向登记管理机关申请划定矿区范围。需要申请立项，设立矿山企业的，应当根据划定的矿区范围，按照国家规定办理有关手续。

第五条规定，采矿权申请人申请办理采矿许可证时，应当向登记管理机关提交下列资料：

（一）申请登记书和矿区范围图；

（二）采矿权申请人资质条件的证明；

（三）矿产资源开发利用方案；

（四）依法设立矿山企业的批准文件；

（五）开采矿产资源的环境影响评价报告；

（六）国务院地质矿产主管部门规定提交的其他资料。

第七条规定，采矿许可证有效期，按照矿山建设规模确定：大型以上的，采矿许可证有效期最长为30年；中型的，采矿许可证有效期最长为20年；小型的，采矿许可证有效期最长为10年。采矿许可证有效期满，需要继续采矿的，采矿权人应当到登记管理机关办理延续登记手续。

第九条规定，国家实行采矿权有偿取得的制度。采矿权使用费，按照矿区范围的面积逐年缴纳，标准为每平方公里每年1000元。

第十条规定，申请国家出资勘查并已经探明矿产地的采矿权的，采矿权申请人除依照本办法第九条的规定缴纳采矿权使用费外，还应当缴纳经评估确认的国家出资勘查形成的采矿权价款；采矿权价款按照国家有关规定，可以一次缴纳，也可以分期缴纳。

国家出资勘查形成的采矿权价款，由国务院地质矿产主管部门会同国务院国有资产管理部门认定的评估机构进行评估；评估结果由国务院地质矿产主管部门确认。

第十三条规定，采矿权可以通过招标投标的方式有偿取得。登记管理机关依照本办法第三条规定的权限确定招标的矿区范围，发布招标公告，提出投标要求和截止日期；但是，对境外招标的矿区范围由国务院地质矿产主管部门确定。登记管理机关组织评标，采取择优原则确定中标人。中标人缴纳本办法第九条、第十条规定的费用后，办理登记手续，领取采矿许可证，成为采矿权人，并履行标书中承诺的义务。

2.1.1.5 《关于深化探矿权采矿权有偿取得制度改革有关问题的通知》

2006年，财政部、国土资源部颁布第694号通知：《关于深化探矿权采矿权有偿取得制度改革有关问题的通知》。

一、探矿权、采矿权全面实行有偿取得制度。国家出让新设探矿权、采矿权，除按规定允许以申请在先方式或以协议方式出让的以外，一律以招标、拍卖、挂牌等市场竞争方式出让。

二、探矿权、采矿权人应按照国家有关规定及时足额向国家缴纳探矿权、采矿权价款，除本通知另有规定外，探矿权、采矿权价款一律不再转增国家资本金或以折股形式缴纳。

三、对本通知发布之前探矿权、采矿权人无偿占有属于国家出资（包括中央财政出资、地方财政出资或中央财政和地方财政共同出资，下同）探明矿产地的探矿权和无偿取得的采矿权，由国土资源管理部门会同财政部门进行清理，并对清理后的探矿权、采矿权进行评估，其中：采矿权按照剩余资源储量进行评估。探矿权、采矿权人按照探矿权、采矿权审批登记管理机关确认、核准或备案的价款评估结果，首先应当以资金方式向国家缴纳探矿权、采矿权价款；对以资金方式向国家缴纳探矿权、采矿权价款确有困难的，可遵循探矿权、采矿权人自愿原则，按照本通知有关规定报经批准后，以折股方式缴纳。

六、探矿权、采矿权价款经批准以折股方式缴纳的，其股份按拟折股的价款额占企业净资产的比例进行计算。

2.1.1.6 《探矿权采矿权转让管理办法》

1998年，中华人民共和国国务院颁布第242号令，公布施行《探矿权采矿权转让管理办法》。

第三条规定，除按照下列规定可以转让外，探矿权、采矿权不得转让：

（一）探矿权人有权在划定的勘查作业区内进行规定的勘查作业，有权优先取得勘查作业区内矿产资源的采矿权。探矿权人在完成规定的最低勘查投入后，经依法批准，可以将探矿权转让他人。

（二）已经取得采矿权的矿山企业，因企业合并、分立，与他人合资、合作经营，或者因企业资产出售以及有其他变更企业资产产权的情形，需要变更采矿权主体的，经依法批准，可以将采矿权转让他人采矿。

第四条规定，国务院地质矿产主管部门和省、自治区、直辖市人民政府地质矿产主管部门是探矿权、采矿权转让的审批管理机关，国务院地质矿产主管部门负责由其审批发证的探矿权、采矿权转让的审批，省、自治区、直辖市人民政府地质矿产主管部门负责本条第二款规定以外的探矿权、采矿权转让的审批。

第六条规定，转让采矿权，应当具备下列条件：矿山企业投入采矿生产满1年；采矿权属无争议；按照国家有关规定已经缴纳采矿权使用费、采矿权价款、矿产资源补偿费和资源税；国务院地质矿产主管部门规定的其他条件。

第八条规定，探矿权人或者采矿权人在申请转让矿权时，应当向审批管理机关提交下列资料：

（一）转让申请书；

（二）转让人与受让人签订的转让合同；

（三）受让人资质条件的证明文件；

（四）转让人具备本办法第五条或者第六条规定的转让条件的证明；

（五）矿产资源勘查或者开采情况的报告；

（六）审批管理机关要求提交的其他有关资料。国有矿山企业转让采矿权时，还应当提交有关主管部门同意转让采矿权的批准文件。

第九条规定，转让国家出资勘查所形成的探矿权、采矿权的，必须进行评估。探矿权、采矿权转让的评估工作，由国务院地质矿产主管部门会同国务院国有资产管理部门认定的评估机构进行；评估结果由国务院地质矿产主管部门确认。

2.1.1.7 《中华人民共和国环境影响评价法》

2002年，中华人民共和国主席颁布77号令，公布施行《中华人民共和国环境影响评价法》。

第二条规定，本法所称环境影响评价，是指对规划和建设项目实施后可能造成的环境影响进行分析、预测和评估，提出预防或者减轻不良环境影响的对策和措施，进行跟踪监测的方法与制度。

第三条规定，在中华人民共和国领域建设对环境有影响的项目，应当依照本法进行环境影响评价。

第三章第十七条规定，建设项目的环境影响报告书应当包括下列内容：

（一）建设项目概况；

（二）建设项目周围环境现状；

（三）建设项目对环境可能造成影响的分析、预测和评估；

（四）建设项目环境保护措施及其技术、经济论证；

（五）建设项目对环境影响的经济损益分析；

（六）对建设项目实施环境监测的建议；

（七）环境影响评价的结论。

第二十条规定，环境影响评价文件中的环境影响报告书或者环境影响报告表，应当由具有相应环境影响评价资质的机构编制。

第二十五条规定，建设项目的环境影响评价文件未经法律规定的审批部门审查或者审查后未予批准的，该项目审批部门不得批准其建设，建设单位不得开工建设。

2.1.1.8 《国务院关于调整固定资产投资项目资本金比例的通知》

2009年，中华人民共和国国务院颁布国发〔2009〕27号：《国务院关于调整固定资产投资项目资本金比例的通知》。通知指出，固定资产投资项目资本金制度既是宏观调控手段，也是风险约束机制。为保持国民经济平稳较快增长，国务院决定对固定资产投资项目资本金比例进行适当调整。

通知第一条规定，各行业固定资产投资项目的最低资本金比例按以下规定执行：

钢铁、电解铝项目，最低资本金比例为40%。水泥项目，最低资本金比例为35%。

煤炭、电石、铁合金、烧碱、焦炭、黄磷、玉米深加工、机场、港口、沿海及内河航运项目，最低资本金比例为30%。

铁路、公路、城市轨道交通、化肥（钾肥除外）项目，最低资本金比例为25%。

2.1.1.9 《企业投资项目核准暂行办法》

2004年，中华人民共和国国家发展和改革委员会颁布发改委令第19号，发布施行《企业投资项目核准暂行办法》。

《企业投资项目核准暂行办法》第二章第五条规定，项目申报单位应向项目核准机关提交项目申请报告一式5份。项目申请报告应由具备相应工程咨询资格的机构编制，其中由国务院投资主管部门核准的项目，其项目申请报告应由具备甲级工程咨询资格的机构编制。

第六条规定，项目申请报告应主要包括以下内容：

（一）项目申报单位情况。

（二）拟建项目情况。

（三）建设用地与相关规划。

（四）资源利用和能源耗用分析。

（五）生态环境影响分析。

（六）经济和社会效果分析。

第八条规定，项目申报单位在向项目核准机关报送申请报告时，需根据国家法律法规的规定附送以下文件：

（一）城市规划行政主管部门出具的城市规划意见；

（二）国土资源行政主管部门出具的项目用地预审意见；

（三）环境保护行政主管部门出具的环境影响评价文件的审批意见；

（四）根据有关法律法规应提交的其他文件。

第十条规定，企业投资建设应由地方政府投资主管部门核准的项目，向相应的项目核准机关提交项目申请报告。国务院有关行业主管部门隶属单位投资建设可直接向国务院有关行业主管部门提交项目申请报告。中央管理企业投资建设可直接向国务院投资主管部门提交项目申请报告。企业投资建设应由国务院核准的项目，应经国务院投资主管部门提出审核意见，向国务院报送项目申请报告。

第十五条规定，项目核准机关应在受理项目申请报告后20个工作日内，做出对项目申请报告是否核准的决定并向社会公布。项目核准机关委托咨询评估、征求公众意见和进行专家评议的，所需时间不计算在前款规定的期限内。

第十八条规定，项目核准机关主要根据以下条件对项目进行审查：

（一）符合国家法律法规；

（二）符合国民经济和社会发展规划、行业规划、产业政策、行业准入标准和土地利用总体规划；

（三）符合国家宏观调控政策；

（四）地区布局合理；

（五）主要产品未对国内市场形成垄断；

（六）未影响我国经济安全；

（七）合理开发并有效利用了资源；

（八）生态环境和自然文化遗产得到有效保护；

（九）未对公众利益，特别是项目建设地的公众利益产生重大不利影响。

第十九条规定，项目申报单位依据项目核准文件，依法办理土地使用、资源利用、城市规划、安全生产、设备进口和减免税确认等手续。

2.1.1.10 《建设用地审查报批管理办法》

1999 年，中华人民共和国国土资源部颁布第 49 号令，为加强土地管理，规范建设用地审查报批工作，根据《中华人民共和国土地管理法》《中华人民共和国土地管理法实施条例》，制定本办法。

第五条规定，在土地利用总体规划确定的城市建设用地范围外单独选址的建设项目使用土地的，建设单位应当向土地所在地的市、县人民政府土地行政主管部门提出用地申请。

建设单位提出用地申请时，应当填写《建设用地申请表》，并附具下列材料：

（一）建设单位有关资质证明；

（二）项目可行性研究报告批复或者其他有关批准文件；

（三）土地行政主管部门出具的建设项目用地预审报告；

（四）初步设计或者其他有关批准文件；

（五）建设项目总平面布置图；

（六）占用耕地的，必须提出补充耕地方案；

（七）建设项目位于地质灾害易发区的，应当提供地质灾害危险性评估报告。

表 2-1 是某些经办人整理的矿业项目建设用地申请所需的文件材料汇总举例。

表 2-1 矿业项目建设用地申请所需的文件材料

序号	申报文件名称	备　注
1	建设项目用地预审申请表	
2	建设项目立项文件（投资主管部门下达的项目建议书批复）	
3	规划用地红线图（原件）、建设项目区位图（土地利用总体规划局部图）	
4	建设规划行政主管部门出具的选址意见书及附图	复印件
5	建设项目可行性研究报告、校准或备案项目申请报告	
6	工商企业营业执照、纳税证明	复印件
7	矿井设计方案总平面图	
8	项目所在位置地形数据光盘	
9	项目所在地国土资源部门出具的初审意见表	
10	标明项目用地范围的乡（镇）土地利用总体规划局部图	
11	项目所在县级农业行政主管部门的审查意见	

2.1.1.11 《中华人民共和国招标投标法实施条例》

2011 年，中华人民共和国国务院颁布国务院令第 613 号：为了规范招标投标活动，根据《中华人民共和国招标投标法》，制定本条例。

第八条规定，国有资金占控股或者主导地位的依法必须进行招标的项目，应当公开招标。

第十五条规定，公开招标的项目，应当依照招标投标法和本条例的规定发布招标公告、编制招标文件。招标人采用资格预审办法对潜在投标人进行资格审查的，应当发布资格预审公告、编制资格预审文件。

第二十七条规定，招标人可以自行决定是否编制标底。一个招标项目只能有一个标底。标底必须保密。招标人设有最高投标限价的，应当在招标文件中明确最高投标限价或者最高投标限价的计算方法。招标人不得规定最低投标限价。

第四十四条规定，招标人应当按照招标文件规定的时间、地点开标。投标人少于3个的，不得开标；招标人应当重新招标。

2.1.1.12　《建设工程质量管理条例》

2000年，中华人民共和国国务院颁布国务院令第279号：为了加强对建设工程质量的管理，保证建设工程质量，保护人民生命和财产安全，根据《中华人民共和国建筑法》，制定本条例。

《建设工程质量管理条例》第三条规定，建设单位、勘察单位、设计单位、施工单位、工程监理单位依法对建设工程质量负责。

第五条规定，从事建设工程活动，必须严格执行基本建设程序，坚持先勘察、后设计、再施工的原则。县级以上人民政府及其有关部门不得超越权限审批建设项目或者擅自简化基本建设程序。

第十三条规定，建设单位在领取施工许可证或者开工报告前，应当按照国家有关规定办理工程质量监督手续。

第十六条规定，建设单位收到建设工程竣工报告后，应当组织设计、施工、工程监理等有关单位进行竣工验收。建设工程竣工验收应当具备下列条件：

（一）完成建设工程设计和合同约定的各项内容；

（二）有完整的技术档案和施工管理资料；

（三）有工程使用的主要建筑材料、建筑构配件和设备的进场试验报告；

（四）有勘察、设计、施工、工程监理等单位分别签署的质量合格文件；

（五）有施工单位签署的工程保修书。

建设工程经验收合格的，方可交付使用。

2.1.1.13　《安全生产许可证条例》

2004年，中华人民共和国国务院颁布国务院令第397号：为了严格规范安全生产条件，进一步加强安全生产监督管理，防止和减少生产安全事故，根据《中华人民共和国安全生产法》的有关规定，制定本条例。

《安全生产许可证条例》第二条规定，国家对矿山企业、建筑施工企业和危险化学品、烟花爆竹、民用爆破器材生产企业实行安全生产许可制度。企业未取得安全生产许可证的，不得从事生产活动。

第三条规定，国务院安全生产监督管理部门负责中央管理的非煤矿矿山企业和危险化学品、烟花爆竹生产企业安全生产许可证的颁发和管理。省、自治区、直辖市人民政府安全生产监督管理部门负责前款规定以外的非煤矿矿山企业和危险化学品、烟花爆竹生产企业安全生产许可证的颁发和管理。

国家煤矿安全监察机构负责中央管理的煤矿企业安全生产许可证的颁发和管理。在省、自治区、直辖市设立的煤矿安全监察机构负责前款规定以外的其他煤矿企业安全生产许可证的颁发和管理。

第六条规定，企业取得安全生产许可证，应当具备下列安全生产条件：建立、健全安全生产责任制，制定完备的安全生产规章制度和操作规程；安全投入符合安全生产要求；设置安全生产管理机构，配备专职安全生产管理人员；主要负责人和安全生产管理人员经考核合格；特种作业人员经有关业务主管部门考核合格，取得特种作业操作资格证书；从业人员经安全生产教育和培训合格；依法参加工伤保险，为从业人员缴纳保险费；厂房、作业场所和安全设施、设备、工艺符合有关安全生产法律、法规、标准和规程要求；有职业危害防治措施，并为从业人员配备符合国家标准或者行业标准的劳动防护用品；依法进行安全评价；有重大危险源检测、评估、监控措施和应急预案；有生产安全事故应急救援预案、应急救援组织或者应急救援人员，配备必要的应急救援器材、设备；法律、法规规定的其他条件。

2.1.2 与矿业项目生产经营过程相关的法律法规

矿业项目建成投产后，矿业公司主要从事矿产品的生产和销售业务，获取合法的利润。矿业公司生产过程牵涉到的相关法律法规主要是矿山安全法、安全生产法、环境保护法。矿业公司经营过程牵涉到的相关法律法规主要是规范企业应向国家交纳的各种税费，包括资源税、资源补偿费、增值税、增值税附加、企业所得税。

2.1.2.1 《中华人民共和国安全生产法》

《中华人民共和国安全生产法》2002 年颁布，2014 年做了修订。全法共七章，分别为总则、生产经营的安全生产保障、从业人员的安全生产权利义务、安全生产的监督管理、生产安全事故的应急救援与调查处理、法律责任、附则。

第四条规定，生产经营单位必须遵守本法和其他有关安全生产的法律、法规，加强安全生产管理，建立、健全安全生产责任制和安全生产规章制度，改善安全生产条件，推进安全生产标准化建设，提高安全生产水平，确保安全生产。

第十八条规定，生产经营单位的主要负责人对本单位安全生产工作负有下列职责：建立、健全本单位安全生产责任制；组织制定本单位安全生产规章制度和操作规程；组织制定实施本单位安全生产教育和培训计划；保证本单位安全生产投入的有效实施；督促、检查本单位的安全生产工作，及时消除生产安全事故隐患；组织制定并实施本单位的生产安全事故应急救援预案；及时、如实报告生产安全事故。

第二十一条规定，矿山、金属冶炼、建筑施工、道路运输单位和危险物品的生产、经营、储存单位，应当设置安全生产管理机构或者配备专职安全生产管理人员。

第二十五条规定，生产经营单位应当对从业人员进行安全生产教育和培训，保证从业人员具备必要的安全生产知识，熟悉有关的安全生产规章制度和安全操作规程，掌握本岗位的安全操作技能，了解事故应急处理措施，知悉自身在安全生产方面的权利和义务。未经安全生产教育和培训合格的从业人员，不得上岗作业。

2.1.2.2 《中华人民共和国矿山安全法》

中华人民共和国主席颁布（1992）65 号令，公布施行《中华人民共和国矿山安全法》。全法共八章，分别为总则、矿山建设的安全保障、矿山开采的安全保障、矿山企业的安全管理、矿山安全的监督和管理、矿山事故处理、法律责任、附则。

第三条规定，矿山企业必须具有保障安全生产的设施，建立、健全安全管理制度，采取有效措施改善职工劳动条件，加强矿山安全管理工作，保证安全生产。

第七条规定，矿山建设工程的安全设施必须和主体工程同时设计、同时施工、同时投入生产和使用。

第十八条规定，矿山企业必须对下列危害安全的事故隐患采取预防措施：冒顶、片帮、边坡滑落和地表塌陷；瓦斯爆炸、煤尘爆炸；冲击地压、瓦斯突出、井喷；地面和井下的火灾、水害；爆破器材和爆破作业发生的危害；粉尘、有毒有害气体、放射性物质和其他灾害物质引起的危害；其他危害。

第十九条规定，矿山企业对使用机械、电气设备，排土场、矸石山、尾矿库和矿山闭坑后可能引起的危害，应当采取预防措施。

2.1.2.3 《中华人民共和国环境保护法》和《中华人民共和国环境保护税法》

《中华人民共和国环境保护法》1989 年颁布，2014 年做了第八次修订。全法共七章，分别为总则、监督管理、保护和改善环境、防治污染和其他公害、信息公开和公众参与、法律责任、附则。

第六条规定，一切单位和个人都有保护环境的义务，并有权对污染和破坏环境的单位和个人进行检举和控告。

第二十四条规定，产生环境污染和其他公害的单位，必须把环境保护工作纳入计划，建立环境保护责任制度；采取有效措施，防治在生产建设或者其他活动中产生的废气、废水、废渣、粉尘、恶臭气体、放射性物质以及噪声、振动、电磁波辐射等对环境的污染和危害。

第二十七条规定，排放污染物的企业事业单位，必须依照国务院环境保护行政主管部门的规定申报登记。

第二十八条规定，排放污染物超过国家或者地方规定的污染物排放标准的企业事业单位，依照国家规定缴纳超标准排污费，并负责治理。水污染防治法另有规定的，依照水污染防治法的规定执行。

第三十九条规定，对限期治理逾期未完成治理的企业事业单位，除依照国家规定加收超标准排污费外，可以根据所造成危害后果处以罚款，或者责令停业、关闭。

《中华人民共和国环境保护税法》2016 年通过，2018 年实施，主要内容是将《中华人民共和国环境保护法》中规定的超标准排污费改为环境保护税。其税目税额规定：固体废弃物中的尾矿为 15 元/吨；水污染物中的每污染当量（1 千克 COD）为 1.2 元。其第四条规定，企业事业单位和其他生产经营者向依法设立的污水集中处理排放应税污染物的、在符合国家和地方环境保护标准的设施场所贮存或者处置固体废物的，不属于直接向环境排放污染物，不缴纳相应污染物的环境保护税。

2.1.2.4 《中华人民共和国资源税暂行条例》和 2016《资源税税目税率幅度表》

资源税是一种财产性收益，它是矿产资源国家所有权在经济上的实现形式。2011 年，中华人民共和国财政部令第 66 号颁布《中华人民共和国资源税暂行条例》。其中规定的资源税征收税率计税单位除原油和天然气是按销售额从价计征外，其余矿种均为按不同矿种和矿山等级以矿石产量作为计税单位从量计征。

具体矿种的资源税税率也可根据实际情况调整。例如，为了扶持钢铁基础产业，铁矿石资源税已调整过多次，1994 年是按 60%征收，2002 年是按 40%征收。到 2012 年为了抑制钢铁行业产能过剩，比例又提高到 80%。2015 年国务院常务会议确定，为改善铁矿石企业生产经营环境、促进结构调整、支持上下游产业协调发展和升级、保障国家资源供应安全，自 2015 年 5 月 1 日起，依法适当下调铁矿石资源税征收比例，减至按规定税额的 40%征收。

国务院常务会议还确定，将煤炭、稀土、钨、钼资源税由从量计征改为从价计征，并按照不增加企业税负的原则合理确定税率，见表 2-2。同时进一步清理规范收费，将煤炭、稀土、钨、钼的矿产资源补偿费费率降为零。

表 2-2　从价计征的原油、天然气、煤炭、稀土、钨、钼等 6 个资源品目资源税税率表

税　　目		税　率	计税单位
一、原油		6%	销售额
二、天然气		6%	销售额
三、煤炭		2%~10%	销售额
六、有色金属原矿中的稀土、钨、钼矿	（一）稀土矿	中重稀土：27% 轻稀土：内蒙古 11.5%；四川 9.5%；山东 7.5%	销售额
	（五）钨矿石	6.5%	销售额
	（八）钼矿石	11%	销售额

注：所称销售额为不含税销售额，纳税人销售应税产品向购买方收取的全部价款和价外费用，但不包括收取的增值税销项税额。

2016 年 5 月，财政部、国家税务总局发布《关于全面推进资源税改革的通知》（财税〔2016〕53 号）和《资源税税目税率幅度表》，自 2016 年 7 月起，将全部资源品目矿产资源补偿费费率降为零，相当于并入资源税。资源税按照从价计征为主、从量计征为辅的原则，由各省级财税部门对《资源税税目税率幅度表》中的资源品目税率建议，报省级人民政府同意后报送财政部、国家税务总局。按照现行财政管理体制，此次纳入改革的矿产资源税收入全部为地方财政收入。对已实施从价计征的原油、天然气、煤炭、稀土、钨、钼等 6 个资源品目资源税政策暂不调整，仍按原办法执行，见表 2-2。表 2-3 是 2016 年 7 月以后从价计征的中国资源税税目税率幅度表。

表 2-3　2016 年 7 月以后从价计征的中国资源税税目税率幅度表

序号	税　　目		征税对象	税率幅度
1	金属矿	铁矿	精矿	1%~6%
2		金矿	金锭	1%~4%
3		铜矿	精矿	2%~8%
4		铝土矿	原矿	3%~9%
5		铅锌矿	精矿	2%~6%
6		镍矿	精矿	2%~6%
7		锡矿	精矿	2%~6%
8		未列举名称的其他金属矿产品	原矿或精矿	税率不超过 20%

续表 2-3

序号	税目		征税对象	税率幅度
9	非金属矿	石墨	精矿	3%～10%
10		硅藻土	精矿	1%～6%
11		高岭土	原矿	1%～6%
12		萤石	精矿	1%～6%
13		石灰石	原矿	1%～6%
14		硫铁矿	精矿	1%～6%
15		磷矿	原矿	3%～8%
16		氯化钾	精矿	3%～8%
17		硫酸钾	精矿	6%～12%
18		井矿盐	氯化钠初级产品	1%～6%
19		湖盐	氯化钠初级产品	1%～6%
20		提取地下卤水晒制的盐	氯化钠初级产品	3%～15%
21		煤层（成）气	原矿	1%～2%
22		黏土、砂石	原矿	每吨或立方米 0.1～5 元
23		未列举名称的其他非金属矿产品	原矿或精矿	从量税率每吨或立方米不超过 30 元；从价税率不超过 20%
24	海盐		氯化钠初级产品	1%～5%

2016 年 7 月以后从价计征的中国资源税征收计算公式为：

$$资源税 = 矿产品不含税销售收入 \times 具体矿山核定资源税税率 \tag{2-1}$$

式（2-1）中的不含税销售收入，根据新修订《中华人民共和国资源税暂行条例实施细则》规定，是不包括收取的增值税销项税额的不含税销售额。不含税销售额与含税销售额的关系见式（2-6）。

2017 年 2 月，国税总局公告宣布，对依法在建筑物下、铁路下、水体下通过充填开采方式采出的矿产资源，资源税减征 50%。对实际开采年限在 15 年（含）以上的衰竭期矿山开采的矿产资源，资源税减征 30%。

总体而言，资源税在中国是一个小税种，2016 年在有半年时间是将资源补偿费并入的情况下，中国资源税也仅有 951 亿元，占 2016 年全国税收收入 130354 亿元的 0.73%。中国主要侧重于资源税对矿产资源合理开发和利用的引导。

资源税的征收幅度，世界各国根据其矿业政策、矿产储量和生产需求情况均有不同。例如，澳大利亚在 2012 年通过了 30%的资源税法案，以使国家财政从该国的铁矿出口中受益。俄罗斯 2011 年石油出口关税曾高达 65%，自 2015 年开始大幅降低石油出口税，提高矿产资源税，旨在降低俄罗斯财政对石油出口税的依赖，减少国际油价对俄罗斯财政的影响。

[例 2-1] 某铁矿规模为年采选含 Fe 品位 32%的铁矿石 2200 万吨，选矿回收率 70%，年产 Fe 品位 65%的铁精矿 742 万吨，始建时按当时从量计征方法核定的标准资源

税率为21.75元/吨原矿。2008年政策资源税按40%征收；2012年后按80%征收；2015年5月后调整按40%征收；2016年7月后改从价计征方法，参照表2-3核定资源税税率为按精矿不含税销售额的4%征收。求：（1）2012年后的年缴纳资源税额；（2）2015年5月调整后的年缴纳资源税额；（3）若2017年65%铁精矿的不含税销售额平均为500元/吨精矿，求年缴纳资源税额。

解：（1）2200×21.75×80% = 38280（万元/年）

（2）2200×21.75×40% = 19140（万元/年）

（3）742×500×4% = 14840（万元/年）

2.1.2.5 《矿产资源补偿费征收管理规定》

矿产资源补偿费是一种财产性收益，它是矿产资源国家所有权在经济上的实现形式。1994年2月27日国务院令第150号发布《矿产资源补偿费征收管理规定》。1997年国务院第222号令发布的《国务院关于修改〈矿产资源补偿费征收管理规定〉的决定》。

规定第五条，矿产资源补偿费按照下列方式计算：

$$征收矿产资源补偿费金额 = 矿产品不含税销售收入 \times 补偿费费率 \times 开采回采率系数 \tag{2-2}$$

$$开采回采率系数 = 核定开采回采率 \div 实际开采回采率 \tag{2-3}$$

规定第十条，矿产资源补偿费由中央和地方共享，中央与省、直辖市的分成比例为5∶5；中央与自治区的分成比例为4∶6。地矿主管部门会同同级财政部门负责征收。

规定第十一条，矿产资源补偿费纳入国家预算，实行专项管理，主要用于矿产资源勘查。

规定附录：矿产资源补偿费费率表，见表2-4。

表2-4 矿产资源补偿费费率表（2016年7月以前）

矿　　种	补偿费费率/%
石油、天然气、煤炭、煤成气、石煤、油砂	1
天然沥青、油页岩	2
铀、钍	3
铁、锰、铬、钒、钛	2
铜、铅、锌、铝土矿、镍、钴、钨、锡、铋、钼、汞、锑、镁	2
金、银、铂、钯、钌、锇、铱、铑	4
铌、钽、铍、锂、锆、锶、铷、铯	3
镧、铈、镨、钕、钐、铕、钇、钆、铽、镝、钬、铒、铥、镱、镥	3
离子型稀土	4
钪、锗、镓、铟、铊、铼、镉、硒、碲	3
宝石、玉石、宝石级金刚石	4
非金属矿	2

2016年7月起，根据财税〔2016〕53号《关于全面推进资源税改革的通知》，中国

已将全部资源品目矿产资源补偿费费率降为零，即将矿产资源补偿费等收费基金适当并入资源税，取缔违规、越权设立的各项收费基金，进一步理顺税费关系。

［**例 2-2**］ 萤石是重要的氟化工原料，图 2-1 是中化蓝天湖南宜章界牌岭多金属萤石矿露天采矿、选矿厂（110 万吨/年）和尾矿库。设某萤石矿年开采原矿 100 万吨，原矿 CaF_2品位 35%。选矿方法为洗矿-浮选，回收率 78%，产出含 CaF_2品位 97%的萤石精矿出售。求：

（1）某萤石矿的年产浮选萤石精矿量。

（2）设 2015 年萤石精矿（FC-97）不含增值税的出厂价格为 1510 元/吨精矿，从量计征资源税税率为 20 元/吨原矿，从价计征矿产资源补偿费率为 2%，求 2015 年应纳资源税和矿产资源补偿费。

（3）设 2017 年价格不变仍为 1510 元/吨精矿，2016 年后改为按表 2-3 核定从价计征资源税税率为 4%，矿产资源补偿费率为零。求 2017 年应纳资源税和矿产资源补偿费。

解：（1）由式（1-10）有：

$$\text{精矿产率}\ \gamma = \frac{\varepsilon\alpha}{\beta} \times 100\% = \frac{78\% \times 35\%}{97\%} \times 100\% = 28.14\%$$

$$\text{年产浮选萤石精矿量} = 100 \times 28.14\% = 28.14(\text{万吨})$$

(2) $2015\ \text{资源税} = 100\ \text{万吨}/\text{年} \times 20\ \text{元}/\text{吨} = 2000(\text{万元}/\text{年})$

$$2015\ \text{矿产资源补偿费} = 28.14\ \text{万吨}/\text{年} \times 1510\ \text{元}/\text{吨} \times 2\% = 849.8(\text{万元}/\text{年})$$

（3）由式（2-1）和式（2-2）有：

$$2017\ \text{资源税} = 28.14\ \text{万吨}/\text{年} \times 1510\ \text{元}/\text{吨} \times 4\% = 1699.6(\text{万元}/\text{年})$$

$$2017\ \text{矿产资源补偿费} = 28.14\ \text{万吨}/\text{年} \times 1510\ \text{元}/\text{吨} \times 0 = 0$$

图 2-1 中化蓝天湖南宜章界牌岭多金属萤石矿露天采矿、选矿厂和尾矿库（110 万吨/年）

2.1.2.6 《中华人民共和国增值税暂行条例》、实施细则和增值税税额计算

2008 年国务院第 538 号令发布修订后的《中华人民共和国增值税暂行条例》，2017 年修订。2007 年财政部第 38 号令发布《中华人民共和国增值税暂行条例实施细则》。

增值税是以商品（含应税劳务）在流转过程中产生的增值额作为计税依据而征收的一种流转税，属于价外税。增值税是理论上最完善的税种之一，世界上有 100 多个国家征收增值税或类似税种。国内增值税已经成为中国最主要的税种之一，由国家税务局负责征收，税收收入中 75%为中央财政收入，25%为地方收入。2016 年我国国内增值税收入为 40712 亿元，占当年全部税收收入的比重为 31.23%，占当年 GDP 的比重为 5.48%。进口环节的增值税则由海关负责征收，收入全部为中央财政收入。

增值税划分纳税人为一般纳税人（年应税销售额超过 50 万元者）、小规模纳税人两种。小规模纳税人的税率为3%，采用简易办法征收增值税，其进项税不允许抵扣。一般纳税人标准税率17%，低税率13%，2012年又新增11%、6%两档低税率和0税率。交通运输业、建筑业等适用11%税率，其他部分现代服务业适用6%税率。2017年7月起取消13%的增值税税率，原适用者并入11%税率。2018年3月国务院常务会议决定制造业等增值税税率从17%降至16%，交通运输业、建筑业等增值税税率从11%降至10%，并将一般纳税人年销售额标准由50万元上调至500万元。

对于出口货物适用零税率，一般采用先按标准税率征收，然后按实际出口报关货单申报退税。考虑到货物进口国都会对进口货物征收进口关税和进口增值税，出口退税主要是通过退还出口货物的国内已纳税款来平衡国内产品的税收负担，使本国产品以不含税成本进入国际市场，与国外产品在同等条件下进行竞争，从而增强竞争能力，扩大出口创汇。

只要是在我国海关报关进口的应税货物，均应按照规定缴纳进口环节的增值税。我国的进口环节增值税税率为17%，其进项税允许抵扣。

《中华人民共和国增值税暂行条例》第四条规定，一般纳税人销售货物或者应税劳务，应纳增值税额计算公式为：

$$\text{应纳增值税税额} = \text{当期销项税额} - \text{当期进项税额} \tag{2-4}$$

第五条规定，纳税人销售货物或者应税劳务，按照销售额和本条例第二条规定的税率计算并向购买方收取的增值税额，为销项税额。销项税额计算公式：

$$\text{销项税额} = \text{销售额} \times \text{税率} \tag{2-5}$$

第六条规定，销售额为纳税人销售货物或者应税劳务向购买方收取的全部价款和价外费用，但是不包括收取的销项税额。也就是说，税法中定义的销售额是不含税销售额：

$$\text{不含税销售额} = \text{含税销售额} - \text{销项税额} \tag{2-6}$$

当交易是商业对商业时，货物标价价格不必含税。当销售货物交易是商业对顾客时，货物标价价格必须含税。因此，货物价格有不含税价格和含税价格的区分，其换算公式为：

$$\text{不含税价格} = \text{含税价格} \div (1 + \text{税率}) \tag{2-7}$$

《中华人民共和国增值税暂行条例实施细则》第十四条规定，一般纳税人销售货物或者应税劳务，采用销售额和销项税额合并定价方法的，按下列公式计算销售额：

$$\text{不含税销售额} = \text{含税销售额} \div (1 + \text{税率}) \tag{2-8}$$

《中华人民共和国增值税暂行条例》第八条规定，纳税人购进货物或者接受应税劳务支付或者负担的增值税额，为进项税额。2016年5月，随着我国“营改增”工作的推进，现行营业税纳税人全部改征增值税，其中建筑业和房地产业适用11%税率。国家税务总局制定了《不动产进项税额分期抵扣暂行办法》，规定按固定资产核算的不动产和不动产在建工程，其进项税额可分2年从销项税额中抵扣。增值税计算中进项税额的计算式为：

$$\text{进项税额} = (\text{外购原料、燃料、动力、不动产等进项额}) \times \text{税率} \tag{2-9}$$

如式（2-4），进项税额准予从销项税额中抵扣，主要指从销售方取得的增值税专用发票上注明的增值税额。增值税专用发票是扣税凭证。图 2-2 是增值税专用发票示例。

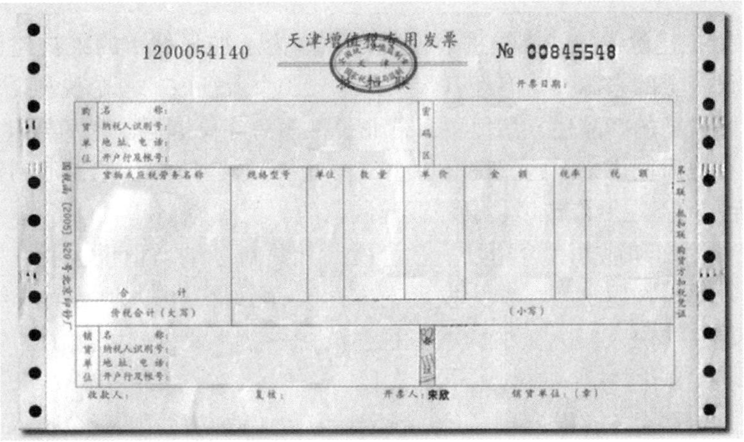

图 2-2 增值税专用发票示例

相应地，在进项交易中也有不含税进项额和含税进项额的区分。某些场合当进项交易采用含税进项额时，增值税计算中进项税额的计算式为：

$$\text{不含税进项额} = \text{含税进项额} - \text{进项税额} \tag{2-10}$$

对式（2-6）和式（2-10）进一步分析和解释，可知增值税属于价外税。当采用不含税价格体系时，纳税人在销售产品收入的现金流入为不含税销售额，销售产品的同时向购买方收取的增值税额即销项税额，相当于代国家收取，不视为纳税人的现金流入。同样，纳税人购进货物的现金流出为不含税进项额，同时向进货方支付的增值税额即进项税额，可以在纳税人向国家缴纳增值税时获得抵扣，不视为纳税人的现金流出。

在矿业方面，1994 年 5 月起国家将金属矿、非金属矿采选产品的税率由 17% 调整为 13%。这一政策对采掘业的稳定和发展起到了一定的作用，但也出现一些问题，主要有：一是对不可再生的矿产资源适用低税率，不符合资源节约、环境保护的要求；二是减少了资源开采地的税收收入，削弱资源开采地提供公共产品的能力。2008 年国家将金属矿、非金属矿采选产品的增值税税率恢复到 17%。

[例 2-3] 某矿业公司 4 月份购买原材料、水电和零配件等支付含税进项款 100 万元，取得含 17% 增值税专用进项发票。销售精矿产品含税销售额为 900 万元。求应纳增值税税额。

解：由式（2-7）、式（2-5）和式（2-10）有：

销项税额 = 900 ÷ (1 + 17%) × 17% = 130.77(万元)

进项税额 = 100 ÷ (1 + 17%) × 17% = 14.53(万元)

由式（2-4）有：

应纳增值税税额 = 130.77 − 14.53 = 116.24(万元)

2.1.2.7 增值税附加及相关法规和税额计算

有关增值税附加的相关法规有：国发［1985］19 号《中华人民共和国城市维护建设税暂行条例》、国务院令［2005］448 号《国务院关于修改〈征收教育费附加的暂行规定〉的决定》和财政部财综［2010］98号《关于统一地方教育附加政策有关问题的通知》。

(1) 城市维护建设税。城市维护建设税是我国为了加强城市的维护建设，扩大和稳定城市维护建设资金的来源，对有经营收入的单位和个人征收的一个税种。城市维护建设税以纳税人实际缴纳的产品税、增值税、营业税税额为计税依据，分别与以上税种同时缴纳。纳税人所在地为城市市区的，税率为7%；纳税人所在地为县城、建制镇的，税率为5%；纳税人所在地不在城市市区、县城或建制镇的，税率为1%。

(2) 教育费附加和地方教育附加。教育费附加是对缴纳增值税、消费税、营业税的单位和个人征收的一种附加费，作为发展地方性教育事业，扩大地方教育经费的资金来源。教育费附加以纳税人实际缴纳的增值税、消费税、营业税的税额为计费依据，费率为3%。

地方教育附加是指各省根据国家有关规定，为增加地方教育的资金投入开征的一项地方政府性基金。该收入主要用于各地方的教育经费的投入补充。地方教育附加以纳税人实际缴纳的增值税、消费税、营业税的税额为计费依据，费率为2%。

$$\text{增值税附加} = \text{城建税} + \text{教育费附加} + \text{地方教育附加} = \text{增值税} \times (\text{城建税率} + 3\% + 2\%) \tag{2-11}$$

[例2-4] 计算例2-3的增值税附加，按矿业公司所在地在城镇外，取城建税率为1%。

解：
$$\begin{aligned}\text{增值税附加} &= \text{增值税} \times (1\% + 3\% + 2\%) \\ &= 116.24 \times 6\% = 6.97(\text{万元})\end{aligned}$$

2.1.2.8 《中华人民共和国企业所得税法》和实施条例

所得税指以单位（法人）或个人（自然人）在一定时期内的纯所得额为征税对象的各个税种。

在2007年前，我国企业所得税税率为33%。在我国改革开放初期为鼓励引进外资，对外商投资企业和外国企业的所得税均有较大减免优惠，如“两免三减半”；对设在经济特区者减按15%的税率征税，等等。

随着我国改革开放的深入和经济水平的提高，2007年全国人大通过《中华人民共和国企业所得税法》，决定所有企业统一执行国民待遇，企业所得税税率统一为25%。国务院同年公布了《中华人民共和国企业所得税法实施条例》。企业所得税额计算公式为：

$$\text{企业所得税额} = \text{应纳税所得额} \times \text{企业所得税税率} \tag{2-12}$$

企业所得税法第十条规定，企业实际发生的与取得收入有关的、合理的支出，包括成本、费用、税金、损失和其他支出，准予在计算应纳税所得额时扣除。

企业所得税法实施条例规定，企业应纳税所得额的确定，是企业的收入总额（不含增值税额）减去成本（不含增值税额）、费用、销售税金和附加、损失以及准予扣除项目的金额。成本是纳税人为生产、经营商品和提供劳务等所发生的各项直接耗费和各项间接费用。费用是指纳税人为生产经营商品和提供劳务等所发生的销售费用、管理费用和财务费用，但已经计入成本的有关费用除外。销售税金和附加是指企业发生的除企业所得税和允许抵扣的增值税以外的各项税金及其附加。损失是指纳税人生产经营过程中的各项营业外支出、经营亏损和投资损失等。准予扣除项目包括合理的工资薪金和按国家规定缴纳的各项员工保险费、公积金，以及生产借款利息等等多项，但已经计入成本的有关费用除外。

第十一条规定，在计算应纳税所得额时，企业按照规定计算的固定资产折旧，准予扣除。

第十八条规定，企业纳税年度发生的亏损，准予向以后年度结转，用以后年度的所得弥补，但结转年限最长不得超过五年。

第二十七条规定，企业的下列所得，可以免征、减征企业所得税：从事农、林、牧、渔业项目的所得；从事国家重点扶持的公共基础设施项目投资经营的所得；从事符合条件的环境保护、节能节水项目的所得；符合条件的技术转让所得。

第二十八条规定，符合条件的小型微利企业，减按20%的税率征收企业所得税。国家需要重点扶持的高新技术企业，减按15%的税率征收企业所得税。

高新技术企业的认定，根据《高新技术企业认定管理办法》确定。

根据2006年的《财政部、国家税务总局关于企业技术创新有关企业所得税优惠政策的通知》，为鼓励企业对技术开发的投入，在按规定实行100%扣除基础上，允许再按当年实际发生额的50%在企业所得税税前加计扣除。自2017年起，技术开发费可在企业所得税税前加计扣除额度提高至75%。

2017年财政部等颁发《关于提高科技型中小企业研究开发费用税前加计扣除比例的通知》，科技型中小企业的企业研发费用在按规定缴纳企业所得税税前实行100%扣除基础上，允许加计扣除比例提高到75%。2018年7月23日，国务院决定将该项政策适用扩大至所有企业，初步测算全年可减税650亿元。

综合以上各项，式（2-12）中的应纳税所得额的计算公式为：

应纳税所得额=年度收入总额-不征税和免税收入-成本-费用-销售税金和附加(不含企业所得税和允许抵扣的增值税)-损失-扣除-允许弥补的前5年亏损 (2-13)

式（2-13）中，年度收入总额为不含增值税收入额，成本也为不含增值税成本额。不含税销售额与含税销售额的换算参见式（2-7）。

因为允许抵扣的增值税是价外税，价外税不影响企业所得税的计算，参见本书例3-5、例4-5和例4-6。其他不得抵扣的增值税（详见《中华人民共和国增值税暂行条例》第十条），就应当要转记到成本。

[例2-5] 某有色金属公司在生产经营中注重新技术研发，年投入企业研究和技术开发费4000万元，获得多项发明专利，被国家认定为高新技术企业。求：(1) 该企业在确定年应纳税所得额时的企业研发成本加计扣除额；(2) 该企业核定年应纳税所得额30000万元（已扣除按150%计的研发成本），请计算其认定为高新技术企业前后和2017年研发成本加计提高后的应纳企业所得税。

解：(1) 确定年应纳税所得额时的企业研发成本加计扣除额：

2017年前 = 4000 × 50% = 2000(万元)

2017年后 = 4000 × 75% = 3000(万元)

(2) 原应纳企业所得税=30000×25%=7500 (万元)

认定为高新技术企业后应纳企业所得税 = 30000 × 15% = 4500(万元)

认定后2017年的应纳企业所得税 = [30000 - 4000 × (75% - 50%)] × 15% = 4050(万元)

认定前后获减免企业所得税 = 7500 - 4050 = 3450(万元)

征收企业所得税是世界各国财政收入的重要来源。在中国，企业所得税是仅次于增值税的国内第二大税种。2016年我国企业所得税收入为28850亿元，占当年全部税收收入的比重为22.13%，占当年GDP的比重为3.88%。

但是，近年来供给学派宏观经济学对发达国家影响很大，世界范围内掀起了一轮“减税潮”，即对企业减税，以促进企业公司回流、恢复本国制造业的发展和增加本国就业，刺激经济发展，进而促进税基做大。例如，2017年12月美国特朗普政府签署通过税改法案，其关键内容包括大幅降低企业所得税率，由35%降至21%，年减税额达1.5万亿美元。在英国，特里莎梅政府也在推动出台减税政策，拟在2020年前将企业所得税率由20%降至17%。

国际税收竞争将驱动资本、技术等流动性生产要素从高税国流向低税国，这使得我国企业所得税“减税”成了热门话题。中国要求在2018年确保全年减轻市场主体税费负担1.1万亿元以上。

所谓小型微利企业，是指从事国家非限制和禁止行业，且满足工业企业年度应纳税所得额不超过50万元，从业人数不超过100人，资产总额不超过3000万元。据统计中国的小微企业贡献了全国80%的就业和50%的税收。中国宣布自2017年1月1日至2019年12月31日，将小型微利企业的年应纳税所得额上限由30万元提高至50万元，对年应纳税所得额低于50万元（含50万元）的小型微利企业，其所得税按50%计入应纳税所得额，按20%的税率缴纳企业所得税。其后中国又宣布自2018年1月1日至2020年12月31日，将小型微利企业的年应纳税所得额上限由50万元提高至100万元。

[例2-6] 某企业年应纳税所得额100万元，求其原应纳企业所得税额。按2018年新规定，该企业被认定为小微企业，求其应纳企业所得税额。

解：2018年以前原应纳企业所得税额 = 100 × 25% = 25(万元)

2018年按新规认定为小微企业后应纳企业所得税额 = 100 × 50% × 20% = 10(万元)

有关企业增值税、增值税附加和企业所得税的更多参考计算案例，参见本书的例3-5、例4-5和例4-6。

2.2 项目立项申报审批程序和建设程序

2.2.1 矿业项目建设的一般申报审批程序

矿业项目建设的一般审批程序流程可用图2-3表示。

2.2.2 非煤矿山建设项目申报审批程序

(1) 建设单位获取采矿权。

(2) 建设单位申请划定矿区边界范围。建设单位申请划定矿区边界申报材料一览表见表2-5。

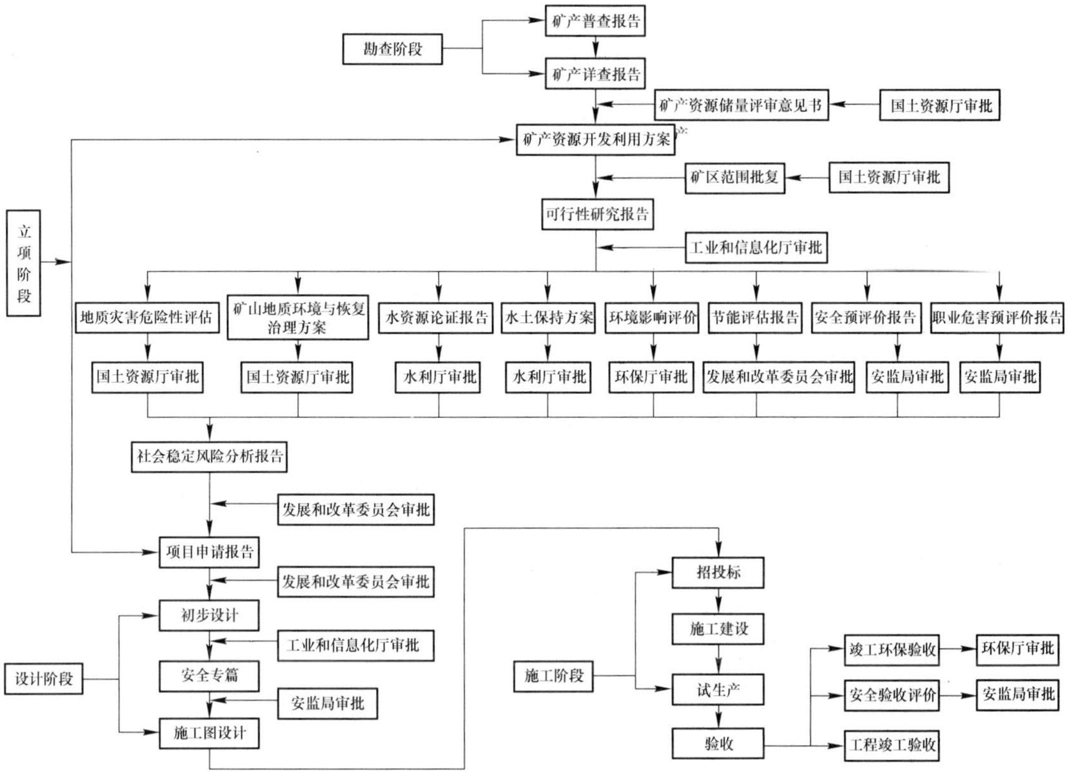

图 2-3　矿业项目建设的一般审批程序流程图

表 2-5　申请划定矿区边界申报材料一览表

序号	申报资料名称	备　注
1	矿区范围划定申请报告	
2	划定矿区范围申请登记书	
3	矿井开发利用初步方案	项目立项用
4	矿山建设投资安排及资金来源证明材料	
5	矿区范围图	
6	精查地质报告	
7	矿产资源储量评审意见和备案证明	
8	地质资料汇交证明	接收地质资料的证明
9	营业执照	企业法人
10	申请矿区范围和资源储量计算坐标叠合图	
11	下一级国土资源部门意见	
12	矿权批复文件和价款缴纳证明	

（3）建设单位报送立项申请书、可行性研究报告、地质报告及所在地乡镇政府的意见。

（4）建设单位依据可行性研究报告和资源利用方案申请有资质的安全评价机构进行安全预评价，并将安全预评价报告报安监部门备案。

（5）建设单位报送矿山开采初步设计，其安全设施设计经市级安监局组织专家组评审、批复同意后，建设部门方可开工建设。

（6）建设单位凭《采矿许可证》和安监部门同意建设的批复文件，向工商部门申请办理营业执照，向公安部门申请《爆破作业单位许可证》，向供电部门申请建设用电。

（7）建设项目竣工后，建设单位席委托有资质的评价机构进行安全验收评价，并向安监部门报送安全预评价报告书。

（8）市级安监部门组织专家组对矿山安全设施进行审查和验收，取得合格批复后，填报《非煤矿山安全生产许可证申请书》及相关材料。

2.2.3 煤炭建设项目申报及建设审批程序

煤炭项目建设涉及主管部门众多，在不同项目申报及建设阶段，需要提交各种不同的项目支持文件。

2.2.3.1 煤炭探矿权申请阶段

（1）取得煤炭项目勘查许可证。

1）招标选择地质勘探施工单位，勘查单位提出勘查设计，报省国土资源厅（现自然资源厅，下同）审批后实施，同步选择地质监理单位，开展监理业务。

2）根据工作安排及各阶段的不同需要，分别进行普查、详查。

3）各阶段成果经储量评审中心出具评审意见书后，获得省国土资源厅或国土资源部（现自然资源部，下同）备案证明。

普查及必要的详查完成后，省级发改委委托编制矿区总体规划报经国家发改委批复，作为审批煤炭建设项目的重要依据；省级国土资源厅委托编制矿业权设置方案，报国土资源部批复，作为审批煤炭探矿权、采矿权的依据。

（2）《矿井地质勘探报告》。

1）项目单位协调勘探部门与设计院确定首采区具体范围。

2）将编制好的报告，地质储量评审机构评审后连同评审意见书报送国土资源部，取得部颁发的资源储量评审备案证明。

2.2.3.2 煤炭建设项目筹备阶段

（1）《矿井及选煤厂初步可行性研究报告》。

1）给设计部门提供基础资料：详查地质报告，其他按设计院收资目录要求的资料。

2）取得支持性文件，主要包含：《矿产资源勘查许可证（探矿权证）》《项目建设申请用电协议书》《项目建设申请用水批复函》。

3）委托土地勘测部门进行项目用地勘测定界，获取《项目用地勘测定界报告》，并在此基础上开展土地预审、压覆矿产资源、地质灾害评价等工作。

4）由业主委托煤炭咨询公司进行评审，以获取初步可行性研究报告审查意见。

（2）煤炭项目立项及审批。建设项目立项前期工作包括发改部门的项目审批、核准或备案批复文件；环保部门的环境影响评价文件批复；规划部门的选址意见书、规划设计条件通知书、建设用地规划许可证、建设工程规划许可证；国土部门的土地预审意见、建设用地批准书、国有土地使用权出让合同、划拨用地决定书、国有土地使用证；地震部门的地震安全性评价批复；水务部门的水土保持方案审批、取水许可、节水措施方案审查；财政部门的政府采购项目批准书和招标最高限价评审；公共资源交易中心的项目招投标；人防部门的结合民用建筑修建防空地下室审批；住建部门的工程报建意见书、施工图设计文件审查合格书、外进企业入境备案、中标结果备案、施工监理合同备案、质量监督手续、安全监督手续、施工许可证；消防部门的设计审核或备案；行政执法部门的施工放验线等内容。

项目立项及审批阶段，在地质报告批复后，委托有资质的设计单位开展以下工作：

1）编制项目预可研（立项报告）。业主行文申请进入省级煤炭规划的立项报告，通过县、州报省级人民政府审批。

2）编制项目可行性研究报告。

3）编制项目初步设计。

以上2）~3）项设计文件工作完成后，分别通过县、州煤炭主管部门初审后，报省级煤炭工业管理局审批。

4）安全预评价、安全专篇。

5）环境影响评价报告。

6）水土保持报告。

7）项目核准申请。在取得城市规划意见、土地预审意见、环评，水保批复等支持性文件后，报发改委核准。

（3）取得煤矿采矿许可证。

1）划定矿区范围。

①根据矿业权属、拟建矿山项目的建设规模、服务年限、矿产资源综合利用初步方案确定。

②根据预划范围意见，编制矿产资源综合利用方案。

③地质灾害评价报告。

④采矿权价款评估。

2）取得项目核准文件。

3）编制《矿产资源开发方案》并经批复。

4）申请办理采矿许可证。

2.2.3.3 煤炭建设项目实施阶段

（1）初步设计及安全专篇批准后可开展的工作。

1）施工图文件的设计。

2）工程监理单位的选择。

3）工程施工单位的选择。

4）工程质量监督的委托。

5）取得开工报告的批复。

（2）开工前期准备阶段。

1）五通一平（水、电、路、通讯、排污、平场）。

2）施工井筒检查钻孔。

3）委托工业场地详勘，为施工图设计做准备。

4）编制整个项目施工组织设计。

5）工程招标（矿建施工单位、土建施工单位、安装施工单位、监理单位）。

6）物资设备招标订货等。

（3）项目开工备案。

1）符合国家产业政策、发展建设规划、土地供应政策和市场准入标准。

2）已经完成审批、核准或备案手续。实行审批制的政府投资项目已经批准可行性研究报告，其中需审批初步设计及概算的项目已经批准初步设计及概算；实行核准制的企业投资项目，已经核准项目申请报告；实行备案制的企业投资项目，已经完成备案手续。

3）项目选址和布局必须符合城乡规划，并依照城乡规划法办理相关规划许可手续。

4）需要申请使用土地的项目必须依法取得用地批准手续，并已经签订国有土地有偿使用合同或取得国有土地划拨决定书。其中，工业、商业、旅游、娱乐和商品住宅等经营性投资项目，应当依法以招标、拍卖或挂牌出让方式取得土地。

5）已经按照建设项目环境影响评价分类管理、分级审批的规定完成环境影响评价审批。

6）已经按照规定完成固定资产投资项目节能评估和审查。

7）建筑工程开工前，建设单位依照建筑法的有关规定，已经取得施工许可证或者开工报告，并采取保证建设项目工程质量安全的具体措施。

8）符合国家法律法规的其他相关要求。

煤矿建设项目开工前，建设单位应将项目核准、初步设计和安全设施设计批复文件，采矿许可证，设计、施工和监理单位资质证，施工企业安全生产许可证，中标文件，工程质量监督手续，保证安全施工的措施，以及拟开工日期等，向省级发展改革委、煤炭行业管理部门、煤矿安全监管部门和煤矿安全监察机构告知备案，有关部门应出具备案回执。

2.2.3.4　煤炭建设项目的竣工验收

煤矿项目按设计要求建成后，建设单位应组织有关单位编制联合试运转（含试生产）方案及安全保障措施，方可进行联合试运转。试运转结束后，应编制联合试运转总结报告，向有关部门申请安全、环保、消防等专项验收。各专项验收合格后，方可进行建设项目竣工验收。期间应进行以下工作：

①工程质量验收，验收单位：煤炭中心质检站。

②安全条件和设施验收，验收单位：煤炭安监局，合格后取得安全生产许可证。

③环保验收。

④消防验收。

⑤工程综合验收。

⑥申请办理煤炭生产许可证。

2.2.4　项目建设基本程序

项目建设程序是建设工作中所必须遵循的先后顺序，是经济客观规律在项目建设中的具体体现。项目建设程序大致可以分为五个阶段。

2.2.4.1 投资决策与建设准备阶段

A 项目建议书

项目建议书是项目建设程序中的最初阶段工作，是国家选择计划建设项目的依据。项目建议书由国务院各部门、各省、自治区、直辖市、计划单列省辖市以及各企事业单位根据国民经济和社会发展的长远规划、行业发展规划、地区发展规划的要求和市场需要，经过调查、预测、分析研究后提出报有关项目建设管理部门审批的工作。项目建议书应包括以下主要内容：

（1）建设项目提出的必要性和依据。若是引进技术和进口设备的项目，要说明国内外技术差距的概况以及进口设备的理由。

（2）产品方案、拟建规模和建设地点的初步设想。

（3）资源情况、建设条件、协作关系和引进国别、厂商的初步分析。

（4）投资估算和资金筹措设想。利用外资项目要说明利用外资的可能性，以及偿还贷款能力的测算。

（5）项目的进度安排。

（6）经济效益和社会效益的初步估计。

B 项目建设可行性研究

经审查同意的项目建议书的项目，即可进行项目建设可行性研究的论证工作。它是根据国民经济长期发展规划、地区行业经济发展规划的基本要求与市场需要，对拟建项目在工艺和技术上是否先进可靠与适用，在经济上是否合理有效，对社会是否有利，在环境上是否允许，在建造能力上是否具备等各方面进行系统的分析论证，提出研究结果，进行方案优选。从而提出拟建项目是否值得投资建设和怎样建设的意见，为项目投资决策提供可靠的依据。可行性研究报告按有关规定，一般要求具备以下主要内容：

（1）总论，包括项目提出的背景、投资的必要性和经济效益、研究工作的依据和范围。

（2）需求预测和拟建规模，包括国内外需求情况的预测、产品销售预测、价格分析，进入国际市场的前景；国内现有项目及在建项目生产能力和估计；项目在规模、产品方案和发展方向上的技术经济比较与分析。

（3）资源、原材料、燃料及公用设施分析，包括原料、辅助材料、燃料的种类、数量、来源和供应可能；所需公用设施的数量、供应方式与供应条件等的分析。

（4）建厂条件和厂址方案，建厂的地理位置，气象、水文、地质、地形条件和社会经济现状；交通、运输及水、电、气的现状和发展趋势；以及厂址比较与选择的意见。

（5）设计方案，包括项目的构成范围、技术来源和生产方法、主要技术工艺和设备选型方案的比较、引进技术、设备的来源国别；全厂布置方案的初步选择和土建工程量情况，公用辅助设施和厂内外交通运输方式的比较和初步选择。

（6）环境保护，调查环境现状，预测项目对环境的影响，提出环境保护和三废治理的初步方案。

（7）项目生产管理的组织设置、劳动定员和人员培训计划。

（8）项目建设实施进度的建议。

(9) 投资估算和资金筹措，包括主体工程和协作工程所需的投资；项目建成后生产流动资金的估算；资金来源、筹措方式及贷款的偿付方式。

(10) 项目经济评价，包括财务评价与国民经济评价及综合评价。可行性研究是项目计划编制和审批设计任务书、签订设计合同的依据，是筹措资金和向银行申请贷款的依据，是与建设项目有关的各部门签订协作合同的依据，是作为从国外引进技术、引进设备、与国外厂商谈判和签约的依据，是编制新技术、新设备需要计划和大型专用设备生产与安排的依据，是安排计划、开展各项建设前期工作的参考，是补充地形、地质勘探和补充工业试验的依据。

C 项目评估

我国项目建设可行性研究一般由有资质的工程咨询机构或设计单位承担，为确保可行性研究报告的科学性与可靠性，对于建设项目可行性研究报告一般要经主管部门授权的工程咨询机构对其进行评估；银行贷款项目，贷款银行一般也要对项目进行评估。项目评估的内容就是可行性研究的内容。经评估认可的项目可行性研究报告，才能作编制项目设计任务书的依据。

D 编制设计任务书

项目设计任务书又称计划任务书，利用外资引进技术项目则称为批准的可行性研究报告。因此，设计任务书的主要内容，就是可行性研究报告的主要内容，它是项目决策的依据，应按规定深度做到一定的准确性，应能满足大型、专用设备预订货的要求；投资估算和初步概算的出入不得大于10%，否则将对项目重新进行决策。

按隶属关系，大型项目的设计任务书由国家发改委批准，中小型项目一般由地方或主管部门审批。

E 建设准备

大中型建设项目设计任务书批准之后，主管部门可根据任务书要求的建设进度和工作的实际情况，落实项目法人，实行项目法人责任制，负责建设准备工作。项目法人是指由投资方派代表组成，从建设项目的筹划、筹资、设计、建设实施直到生产经营、归还贷款及债券本息等全面负责并承担投资风险的项目管理班子。

建设准备工作的主要内容是：工程、水文地质勘察；收集设计基础资料；组织设计文件的编审；根据经过批准的设计任务书和设计文件，提报物资计划，组织大型专用设备预安排和特殊材料预订货，落实地方建筑材料的供应；办理征地拆迁手续；落实水、电、路等外部条件。

2.2.4.2 工程设计与计划安排阶段

大中型项目的工程勘察设计一般由项目法人以招标方式委托。一般采用两阶段设计，即初步设计和施工图设计。重大项目和特殊项目，可根据行业特点，增加技术设计阶段。对于具备条件的和项目法人的需要，亦可以采用工程总承包方式（设计施工一条龙承包）。

工业项目初步设计的主要内容包括：设计指导思想，建设规模、产品方案或纲领，总体布置，工艺流程，设备选型，主要设备清单和材料用量，劳动定员，主要技术经济指标，主要建筑物、构筑物、公用设施，综合利用及“三废”治理，生活区建设、占地面积和征地数量，建设工期，总概算等的文件说明和图纸。

建设项目设计，要积极采用先进合理的技术经济指标，积极采用成熟的新技术。新技术的采用，应坚持一切经过试验的原则，在产品定型或有了工厂试验的技术鉴定后才能进行设计。

设计概算是控制建设项目总投资的主要依据。初步设计阶段，应当根据实际情况编制总概算（及综合概算和单位工程概算）；有技术设计阶段的，还应当编制修正总概算。

必须严格保证设计质量，每项设计要做多方案比较，合理确定设计方案；设计必须有充分的基础资料，基础资料要准确；设计所采用的各种数据和技术条件要正确可靠；设计所采用的设备、材料和所要求的施工条件要切合实际；设计文件的深度要符合建设和生产要求。

大中型建设项目的初步设计和设计概算，由国务院主管部门或省级地方建设主管部门审批。初步设计和总概算未经批准的项目，一般不能进行施工图设计。

建设项目，必须有经过批准的初步设计和总概算，进行综合平衡后，才能列入年度计划。要合理地安排分年投资，注意配套项目的同步建设与互相衔接。必须做好建设准备，具备开工条件后，才能申请报建和进行工程施工招标。

项目法人报建应通过审计机关的审计。审计的主要内容是：资金来源是否正当、落实，项目建设开工前各项支出是否符合国家的有关规定，资金是否存入规定的专业银行；是否列入基本建设计划，报建手续是否合规合法；是否符合报建条件和产业政策。

2.2.4.3　施工招标投标阶段

工程招标投标制是我国建筑业和基本建设管理的运行机制。2000 年 1 月，《中华人民共和国招标投标法》正式实施。

招标采购由于其充分的市场竞争行为可优化资源的配置，故而能给招标者带来最佳的经济利益，对投标者也起到了优胜劣汰的强大鞭策作用，所以它一诞生就具有强大的生命力。

工程建设项目招标投标亦即业主和承包商就某一特定工程进行商业交易和经济技术合作的行为过程。工程施工任务按照一定的招投标程序，在承发包中引进竞争机制，由项目法人择优选择施工单位。工程招标使工程造价得到了比较合理的控制，从根本上改变了长期以来先干后算的局面。同时，在竞争中推动了施工企业的管理，施工企业为了赢得社会信誉，增强了质量意识，提高了合同履约率，缩短了建设周期，较快地发挥了投资效益。

2.2.4.4　工程施工安装阶段

施工阶段，要求施工单位做好各项施工准备工作，由监理机构组织项目建设有关单位做好设计图纸与技术的交底，由施工单位在正式开工前编制施工组织设计、分部分项工程的施工方案并报送监理机构审查。

施工过程中，施工单位必须严格按照设计施工图施工，在确保工程质量的前提下，降低工程成本，按期完成施工任务。施工中因工程需要变更时，应取得设计单位同意。施工单位要按照施工顺序合理组织施工。地下工程和隐蔽工程，特别是基础和结构的关键部位，一定要经过检验合格，并做好原始记录，才能进行下一道工序。对不符合质量要求的工程，要及时采取措施，不留隐患。不合格的工程不得交工。

2.2.4.5 生产准备与竣工验收、交付生产

A 生产准备

项目法人要根据建设项目或主要单项工程生产技术的特点，及时抓好生产准备工作，保证工程建成后能及时投产。生产准备工作的主要内容是：

(1) 招收和培训必要的生产人员，组织生产人员参加设备的安装、调试和工程验收，特别要掌握好生产技术和工艺流程。

(2) 落实原材料、协作产品、燃料、水、电、汽等的来源和其他协作配合条件。

(3) 组织工装、器具、备品、备件等的制造和订货。

(4) 组建强有力的生产管理机构，制订必要的管理制度，收集生产技术资料、产品样品等。

B 竣工验收、交付生产

所有建设项目，按批准的设计文件所规定的内容建完，工业项目经负荷运转和试生产考核，能够生产合格产品；非工业项目符合设计要求，能够正常使用，都要及时组织验收。大型建设项目，由国家建设部组织验收；中小型项目，按隶属关系，由国务院主管部门或省、市、自治区负责组织验收。

竣工项目验收前，项目法人委托的监理机构要组织设计、施工等工程建设有关单位进行初验。项目法人要向主管部门提出竣工验收报告，并系统整理技术资料，绘制竣工图，分类立卷，在竣工验收时作为技术档案，移交生产部门保存。项目法人要认真清理所有财产和物资，编好工程竣工决算，报上级主管部门审查。

竣工验收后，应迅速办理固定资产交付使用的转账手续，加强固定资产的管理。项目法人与施工单位要加强工程保修阶段的责任管理。

习　题

2-1 与矿业项目立项和建设过程相关的法律法规有哪些？

2-2 矿业公司如何设立？

2-3 采矿权使用费与采矿权价款有何不同？

2-4 非煤矿山建设项目申报审批程序主要有哪些？

2-5 为什么煤矿建设项目申报及建设审批程序多且要求严格？

2-6 项目建设的主要程序有哪些？

2-7 与矿业项目生产经营过程相关的法律法规有哪些？

2-8 资源税与矿产资源补偿费有何联系与区别？

2-9 不含税销售额与含税销售额有何区别？

2-10 某硫化锑矿年开采原矿 50 万吨，原矿 Sb 品位 2.0%，按表 2-3 核定本矿资源税税率为 8%。选矿方法为浮选，浮选尾矿 Sb 品位 0.2%，产出含 Sb 品位 51.0% 的锑精矿出售。经查询，含 Sb 品位 50%~55% 的锑矿产品，2016 年 9 月份的出厂价格（不含税销售价）为 345 元/吨度，折合 34500 元/吨锑金属，取该价格为年平均价。求该矿浮选回收率、年产锑精矿量、年产锑矿含量锑金属量、年不含税价销售总值、应纳资源税和矿产资源补偿费。

2-11 某贸易公司位于市区，本年度购入汽车一批，进项不含税价款500万元，以650万元不含税价款销售。计算其应交增值税和增值税附加。

2-12 企业在交纳企业所得税前可扣除项有哪些?

2-13 什么是高新技术企业?什么是小型微利企业?各可享受哪些企业所得税减免优惠?

2-14 某公司的本年度销售收入总额为5000万元，去掉所有扣除额后应纳税所得额为1000万元，计算其应交所得税额。

2-15 课堂讨论：从宏观经济角度，分析讨论政府减税与社会经济发展及国家财政收入之间的关系。

参 考 文 献

[1] Theodore Francis; Wagenen. International Mining Law [M]. BiblioLife, 2008.

[2] John; Southalan. Mining Law and Policy: International Perspectives [M]. Federation Press, 2012.

[3] 中华人民共和国主席令（2013）8号,《中华人民共和国公司法》[EB/OL]. 中国政府网，http://www.gov.cn/.

[4] 中华人民共和国主席令（1996）74号,《中华人民共和国矿产资源法》[EB/OL]. 中国政府网，http://www.gov.cn/.

[5] 国土资发（2017）77号，关于印发《自然保护区内矿业权清理工作方案》的通知 [EB/OL]. 国土资源部网站，http://www.mlr.gov.cn/.

[6] 国务院令〔1998〕第241号,《矿产资源开采登记管理办法》[EB/OL]. 中国政府网，http://www.gov.cn/.

[7] 国务院令〔1998〕第242号,《探矿权采矿权转让管理办法》[EB/OL]. 中国政府网，http://www.gov.cn/.

[8] 财政部、国土资源部财建694号〔2006〕第694号,《财政部国土资源部关于深化探矿权采矿权有偿取得制度改革有关问题的通知》[EB/OL]. 中国政府网，http://www.gov.cn/.

[9] 国土资发（2008）174号《矿业权评估管理办法（试行）》[EB/OL]. 国土资源部网站，http://www.mlr.gov.cn/.

[10] 中华人民共和国主席令（2002）77号,《中华人民共和国环境影响评价法》[EB/OL]. 中国政府网，http://www.gov.cn/.

[11] 国务院国发〔1996〕35号.《国务院关于调整固定资产投资项目资本金比例的通知》[EB/OL]. http://www.gov.cn/.

[12] 发改委令〔2004〕第19号,《企业投资项目核准暂行办法》[EB/OL]. 中国政府网，http://www.gov.cn/.

[13] 国土资源部〔1999〕第49号令,《建设用地审查报批管理办法》[EB/OL]. 中国政府网，http://www.gov.cn/.

[14] 国务院令〔2011〕第613号,《中华人民共和国招标投标法实施条例》[EB/OL]. 中国政府网，http://www.gov.cn/.

[15] 国务院令〔2000〕第279号,《建设工程质量管理条例》[EB/OL]. 中国政府网，http://www.gov.cn/.

[16] 国务院令〔2004〕第397号,《安全生产许可证条例》[EB/OL]. 中国政府网，http://www.gov.cn/.

[17] 中华人民共和国主席令（2002）第13号,《中华人民共和国安全生产法》[EB/OL]. 中国政府网，http://www.gov.cn/.

[18] 中华人民共和国主席令（1992）第65号,《中华人民共和国矿山安全法》[EB/OL]. 中国政府网，http://www.gov.cn/.

[19] 中华人民共和国主席令（1989）第 22 号，《中华人民共和国环境保护法》[EB/OL]. 中国政府网，http：//www. gov. cn.
[20] 中华人民共和国主席令（2016）第 61 号，《中华人民共和国环境保护税法》[EB/OL]. 中国政府网，http：//www. gov. cn.
[21] 国务院令〔1997〕第 605 号，《国务院关于修改〈中华人民共和国资源税暂行条例〉的决定》[EB/OL]. 中国政府网，http：//www. gov. cn/.
[22] 财税［2014］72 号，《财政部国家税务总局关于实施煤炭资源税改革的通知》[EB/OL]. 中国政府网，http：//www. gov. cn/.
[23] 财税［2015］46 号，《财政部 国家税务总局关于调整铁矿石资源税适用税额标准的通知》[EB/OL]. 中国政府网，http：//www. gov. cn/.
[24] 财税［2015］52 号，《财政部 国家税务总局关于实施稀土、钨、钼资源税从价计征改革的通知》[EB/OL]. 中国政府网，http：//www. gov. cn/.
[25] 财税［2016］53 号，《财政部 国家税务总局关于全面推进资源税改革的通知》[EB/OL]. 中国政府网，http：//www. gov. cn/.
[26] 国家税务总局 国土资源部公告［2017］2 号，《关于落实资源税改革优惠政策若干事项的公告》[EB/OL]. 中国政府网，http：//www. gov. cn/.
[27] 国土资源部. 2016 中国矿产资源报告［M］. 北京：地质出版社，2016.
[28] 中国财政部国库司，2016 年财政收支情况［EB/OL］. 中国财政部网站，http：//www. mof. gov. cn/.
[29] 央视财经频道. 澳大利亚通过 30%矿产资源税法案［EB/OL］. 央视网，2012-03-20. http：//tv. cctv. com/cctv2.
[30] 俄罗斯连续 3 个月下调石油出口税［EB/OL］. 新华网，2015-03-02. http：// xinhuanet. com.
[31] 国务院令（1997）第 222 号，《国务院关于修改〈矿产资源补偿费征收管理规定〉的决定》[EB/OL]. 中国政府网，http：//www. gov. cn/.
[32] 萤石精矿 FC-97 国内生产者价格 2015-08-20～2015-11-20［EB/OL］. 萤石产业网，http：//fluorite. 100ppi. com.
[33] 国务院令（2008）第 538 号，《中华人民共和国增值税暂行条例》[EB/OL]. 中国政府网，http：//www. gov. cn/.
[34] 财政部令（2007）第 38 号，《中华人民共和国增值税暂行条例实施细则》[EB/OL]. 中国财政部网站，http：//www. mof. gov. cn/.
[35] 财政部，国家税务总局，财税［2017］37 号，《关于简并增值税税率有关政策的通知》[EB/OL]. 中国财政部网站，http：//www. mof. gov. cn/.
[36] 财政部，国家税务总局，财税［2018］32 号，《关于调整增值税税率的通知》[EB/OL]. 中国财政部网站，http：//www. mof. gov. cn/.
[37] 国务院通知（1985-03-25），《批转财政部关于对进出口产品征退产品税或增值税报告的通知》[EB/OL]. 中国政府网，http：//www. gov. cn/.
[38] 国家税务总局公告（2016）第 15 号，《不动产进项税额分期抵扣暂行办法》[EB/OL]. http：//www. gov. cn/.
[39] 财政部，国家税务总局，财税［2008］171 号，《关于金属矿非金属矿采选产品增值税税率的通知》[EB/OL]. 中国财政部网站，http：//www. mof. gov. cn/.
[40] 国发［1985］19 号，《中华人民共和国城市维护建设税暂行条例》[EB/OL]. 中国政府网，http：//www. gov. cn/.
[41] 国务院令［2005］448 号，《国务院关于修改〈征收教育费附加的暂行规定〉的决定》[EB/OL].

中国政府网，http：//www. gov. cn/.
［42］财政部财综［2010］98号，《关于统一地方教育附加政策有关问题的通知》［EB/OL］. 中国政府网，http：//www. gov. cn.
［43］中华人民共和国主席令（2007）第63号，《中华人民共和国企业所得税法》［EB/OL］. 中国国家税务总局网站，http：//www. chinatax. gov. cn/.
［44］国务院令［2007］512号，《中华人民共和国企业所得税法实施条例》［EB/OL］. 中国政府网，http：//www. gov. cn/.
［45］国科发火〔2008〕172号，关于印发《高新技术企业认定管理办法》的通知［EB/OL］. 中国科技部网站，http：//www. most. gov. cn/.
［46］财税〔2006〕88号，《财政部、国家税务总局关于企业技术创新有关企业所得税优惠政策的通知》［EB/OL］. 中国国家税务总局网站，http：//www. chinatax. gov. cn/.
［47］财税〔2017〕34号，《关于提高科技型中小企业研究开发费用税前加计扣除比例的通知》［EB/OL］. 中国国家税务总局网站，http：//www. chinatax. gov. cn/.
［48］杨志勇. 特朗普减税-中国企业所得税也应该下调［EB/OL］.［EB/OL］. 经济观察报，2017-04-29. http：//www. eeo. com. cn.
［49］张文靓. 美国历史性税改来了！美国大幅减税对中国影响有哪些？［EB/OL］. 云掌财经，2017-12-04. http：//finance. 123. com. cn/.
［50］特朗普签 1.5 万亿美元税改法案 美国史上最大税改落地［EB/OL］. 凤凰财经，2017-12-23. http：// finance. ifeng. com/.
［51］U. S. Department of the Treasury ，Tax Policy［EB/OL］. https：//www. treasury. gov/.
［52］75%加计扣除研发费用扩围至所有企业［EB/OL］. 税屋网，2018－07－24，http：//www. shui5. cn/.
［53］财税〔2017〕43号，《关于扩大小型微利企业所得税优惠政策范围的通知》［EB/OL］. 中国政府网，http：//www. gov. cn.
［54］国家再推 7 项减税措施支持创业创新和小微企业发展［EB/OL］. 中国政府网，2018-04-25. http：//www. gov. cn.
［55］央行行长：小微企业贡献了80%的就业50%的税收必须要支持［EB/OL］. 凤凰财经 2018-06-14，http：// finance. ifeng. com/.
［56］连民杰. 非煤矿山基本建设管理程序［M］. 北京：冶金工业出版社，2013.
［57］姜晓. 煤矿建设项目程序及内容管理［M］. 北京：煤炭工业出版社，2013.
［58］范小强. 煤炭建设项目的基本流程［EB/OL］. 新浪博客，2012-11-25. http：//blog. sina. com. cn/s/blog.
［59］2016年9月中国锑精矿出厂价格［EB/OL］. 中国金属新闻网，http：//www. metalnews. cn/.

3 矿业企业的成本、价格、销售收入、利润、进出口加工贸易和期货套期保值交易

3.1 与成本、需求和价格相关的经济学基础

3.1.1 企业生产经营目标、会计准则、产品成本核算制度和价格体系

3.1.1.1 企业经营目标

企业一般是指以营利为目的，以实现投资人、客户、员工、社会大众的利益最大化为使命，运用各种生产要素（土地、劳动力、资本和技术等），通过向市场提供产品或服务换取收入，实行自主经营、自负盈亏、独立核算的具有法人资格的社会经济组织。

企业经营的最大目标就是要盈利。为此需要通过各种技术创新手段来增加产出和收入，同时需尽量降低成本等支出。现代经济学理论认为，企业本质上是“一种资源配置的机制”，其能够实现整个社会经济资源的优化配置，降低整个社会的“交易成本”。

企业的合法利润是指依法交纳国家法律法规制定的各种税费后，生产经营仍有盈利的部分，即税后利润。如前所述，企业收入在交纳企业所得税前，可依法扣除成本、固定资产折旧等项目后再纳税。

3.1.1.2 企业会计准则和产品成本核算制度

依据《中华人民共和国会计法》，中国财政部颁发了财政部令［2006］第 33 号《企业会计准则》，以及财会［2013］17 号《企业产品成本核算制度（试行）》。

《企业会计准则》对企业资产、负债、所有者权益、收入、费用、利润、会计计量等项目的定义和具体操作制度做了明确的规定，并制定了《企业会计准则第 1 号—存货》等 41 项具体准则。

《企业产品成本核算制度（试行）》所称的产品，是指企业日常生产经营活动中持有以备出售的产成品、商品、提供的劳务或服务。产品成本，是指企业在生产产品过程中所发生的材料费用、职工薪酬等，以及不能直接计入而按一定标准分配计入的各种间接费用。

3.1.1.3 含税价格体系与不含税价格体系

有关含税价格与不含税价格的关系换算见式（2-7）。含税价清晰明了易于掌握，是我国在未建立增值税制度前曾长期使用的模式。对于成本和销售收入的会计核算，应当同时对成本和销售收入采用含税价格体系，或者同时采用不含税价格体系，并标注说明。

随着我国增值税制度的建立完善，2006 年起根据新企业会计准则，规定需采用不含税价格体系，企业的销售收入和成本核算也都是采用不含税价格。

由于增值税属于价外税，当采用不含税价格体系时，纳税人在销售产品收入的现金流

入为不含税销售额，销售产品的同时向购买方收取的增值税额即销项税额相当于代国家收取，不视为纳税人的现金流入。同样，纳税人购进货物的现金流出为不含税进项额，同时向进货方支付的增值税额即进项税额，可以在纳税人向国家缴纳增值税时获得抵扣，不视为纳税人的现金流出。

当成本价格采用不含税进项额时，可称为不含税价成本。以下的成本除特别说明外，均指不含税价成本。

3.1.2 企业生产经营过程中的成本

3.1.2.1 总成本

成本是企业生产和销售一定种类与数量产品以耗费资源用货币计量的经济价值。

总成本（total cost）是指企业生产某种产品或提供某种劳务而发生的总耗费，即在一定时期内（财务、经济评价中按年计算）为生产和销售所有产品而花费的全部费用。

总成本一般由生产成本和期间费用构成，即：

$$总成本 = 生产成本 + 期间费用 \tag{3-1}$$

3.1.2.2 生产成本

生产成本（production cost）亦称制造成本，是指生产活动的成本，即企业为生产产品而发生的成本。生产成本是生产过程中各种资源利用情况的货币表示，是衡量企业技术和管理水平的重要指标。生产成本由直接材料、直接人工和制造费用三部分组成：

$$生产成本 = 直接材料 + 直接人工 + 制造费用 \tag{3-2}$$

A 直接材料费

直接材料费是指在生产过程中的劳动对象，通过加工使之成为半成品或成品，它们的使用价值随之变成了另一种使用价值。

B 直接人工费

直接人工费是指生产过程中所耗费的人力资源，可用工资额和福利费等计算。

C 制造费用

制造费用是指企业为生产产品和提供劳务而发生的各项间接成本。制造费用包括产品生产成本中除直接材料和直接工资以外的其余一切生产成本，主要包括企业各个生产单位（车间、分厂）为组织和管理生产所发生的一切费用，以及各个生产单位所发生的固定资产使用费（折旧费）和修理费。生产过程中使用的厂房、机器、车辆及设备的耗用，一部分是通过折旧方式计入成本，另一部分是通过维修、定额费用、机物料耗用和辅料耗用等方式计入成本。

$$制造费用 = 折旧费 + 修理费 + 其他制造费用 \tag{3-3}$$

a 折旧费

折旧费是定期地计入成本费用中的固定资产的转移价值。折旧费体现为企业系统内部的现金转移，企业通过计提折旧费收回固定资产投资。生产车间计提的固定资产折旧，借记制造费用科目，贷记“累计折旧”科目。折旧费计入成本，可减少企业所得税支出。

《企业所得税法实施条例》规定：固定资产在计算折旧前，应当估计残值，从固定资产原值中减除，预计净残值率在原价的5%以内，由企业自行确定。固定资产的预计净残值一经确定，不得变更。

$$固定资产残值 = 固定资产原值 \times 预计净残值率 \tag{3-4}$$

$$计提的固定资产折旧费总值 = 固定资产原值 - 固定资产残值 \tag{3-5}$$

折旧费计提方法中常用的为使用年限法，它是指按预计的使用年限平均分摊固定资产价值的一种方法。这种方法若以时间为横坐标，金额为纵坐标，累计折旧额在图形上呈现为一条上升的直线，所以称它为“直线法”。使用直线法时，固定资产年折旧率与折旧年限之间的计算关系为：

$$固定资产年折旧率 = \frac{1 - 预计净残值率}{折旧年限} \times 100\% \tag{3-6}$$

由于折旧费的计提标准直接影响国家税收，所以国家对于折旧年限和折旧费的计提方法有明确的规定。《中华人民共和国企业所得税法实施条例》规定的固定资产折旧年限见表3-1。

表3-1 固定资产折旧年限

固定资产分类	房屋、建筑物	飞机、火车、轮船、机器、机械和其他生产设备	与生产经营活动有关的器具、工具、家具等	飞机、火车、轮船以外的运输工具	电子设备
折旧年限/年	20	10	4	4	3

若预计净残值率定为原价的5%，每年计提固定资产折旧额的计算关系为：

$$年折旧额 = 固定资产原值 \times 折旧率 = 固定资产原值 \times (1 - 5\%) / 折旧年限 \tag{3-7}$$

通常的矿山企业，除选矿厂（包括尾矿设施）、独立机修厂等附属工厂以及大型较复杂的供水和外部运输车间的固定资产计提折旧外，其采矿系统（坑采的井巷工程或露采的剥离工程）的固定资产应按矿石产量和国家规定的计提标准提取维简费（“维持简单再生产费用”的简称），不再计提折旧。

b 修理费

修理费指生产部门的机器设备修理维护费和机物料消耗，包括大修费和维修费。

企业设备大修理是指通过更换，恢复其主要零部件，恢复设备原有精度、性能和生产效率而进行的全面修理。

维修费指对固定资产（建筑物和设备等）的日常维修和保养所需的费用，包括维修工人工资和维修所需材料等费用。修理费在原会计准则中要采用预提的方法计入产品成本，从销售收入中回收形成大修费基金和维修费基金。

c 其他制造费用

其他制造费用指各个生产单位（车间、分厂）为组织和管理生产所发生的除折旧费和修理费外的一切费用，如生产车间管理和技术人员的工资福利、办公费等。

3.1.2.3 费用

费用，亦称期间费用（period cost），是指企业本期发生的、不能直接或间接归入生产成本，而是直接计入当期损益的各项费用，包括销售费用、管理费用和财务费用等三大费用。

A 销售费用

销售费用是企业在销售过程中所发生的费用，具体包括应由企业负担的运输费、包装费、保险费、销售佣金和服务费用，专设销售机构人员的工资、福利、差旅和办公费等。

B 管理费用

管理费用是企业管理和组织生产经营活动所发生的各项费用，具体包括：开办摊销费，管理人员的工资、福利、差旅和办公费，业务招待费，工会经费（按应付工资2%计提）。职工教育经费（按应付工资2.5%计提，2018年起将一般企业的职工教育经费税前扣除限额与高新技术企业的限额统一提高至8%），住房公积金，养老保险，失业保险，医疗保险，生育保险，工伤保险，技术咨询费，无形资产费，等等。其中的养老保险、失业保险、医疗保险、生育保险、工伤保险和住房公积金统称为“五险一金”，由《中华人民共和国社会保险法》和《住房公积金管理条例》规范，保障公民在年老、疾病、工伤、失业、生育和住房等情况下依法从国家和社会获得物质帮助的权利。养老保险设有参保人员个人账户。住房公积金个人账户可在职工购买修缮住房和退休时提取。2017年19届全国人大建议降低企业“五险一金”的缴纳比例，以增强实体经济活力。“五险一金”以职工上月基本工资为基数，各地缴纳比例略有差异。表3-2是湖北省2018年“五险一金”缴纳比例。

表3-2 湖北省2018年“五险一金”缴纳比例（占工资百分数）

名　称	单位缴纳	个人缴纳	合　计
养老保险	20%	8%	28%
医疗保险	10%	2%	12%
工伤保险	0.2%~1.9%	0	0.2%~1.9%
生育保险	1%	0	1%
失业保险	1%	0.5%	1.5%
住房公积金	7%	7%	14%
总　计			56.7%~57.9%

管理费用中的摊销费，是指对除固定资产之外，其他可以长期使用的经营性资产按照其使用年限每年分摊购置成本的会计处理办法，与固定资产折旧类似。摊销费用计入管理费用中减少当期利润，但摊销是系统内部的现金转移，未流向系统之外，对经营性现金流没有影响。常见的摊销资产如大型软件、土地使用权、商誉等无形资产和开办费，其效用长，故成本也应分摊到各年，一般不超过10年。摊销的费用相对于折旧费用要小很多，因此摊销和折旧一般会放在一起披露而不加区分。

C 财务费用

财务费用是企业为进行资金筹集等理财活动而发生的各项费用，主要包括利息净支出而发生的各项费用。利息净支出是指企业支付流动资金负债和经营期间长期负债应计的利息，包括：（1）企业向银行借入的各种短期借款支付的利息；（2）向银行以外的机构所借的各种借款支付的利息；（3）应付票据贴现利息，如商业汇票贴现利息和应付债券利息等。

企业筹建期间的借款，如果用于建设，该项借款利息在建设期内的，应计入工程成本，作为固定资产原价的一部分，工程交付使用并办理竣工决算手续以后继续发生的利息，直接计入财务费用；如果用于其他方面所发生的利息，可作为开办费，待开办后分期摊销。企业开始生产经营以后，如果为扩大生产经营和进行更新改造需要增加固定资产而向银行借入的长期借款，在建设期内的，其利息也应计入工程成本。除此之外，作财务费用处理。

3.1.2.4 经营成本

经营成本是项目评价中所使用的特定概念。经营成本使用的是“付现成本费用”的概念，即扣除“非付现支出”后的成本费用，亦即项目运营期的主要现金流出，见式(3-8)。有关总成本、生产成本、费用和经营成本几者之间的关系参见图3-1。

$$经营成本 = 总成本费用 - 折旧费 - 摊销费 - 利息净支出 \tag{3-8}$$

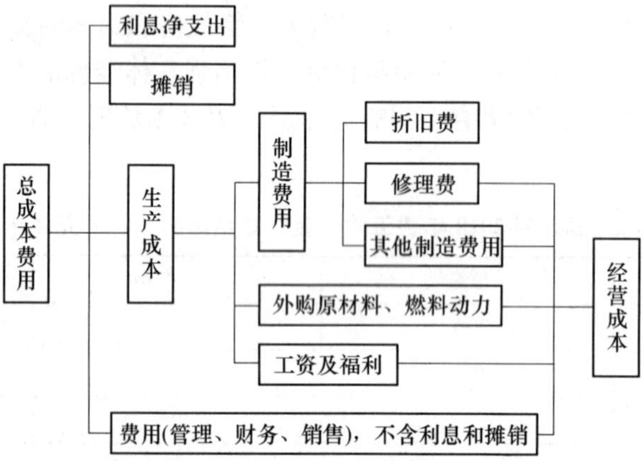

图3-1 总成本、生产成本和经营成本之间的关系

付现成本费用指的是企业在经营期以现金支付的成本费用。非付现成本费用指的是企业在经营期不以现金支付的成本费用。由于总成本费用中的折旧和摊销等是系统内部的现金转移，未流向系统之外，即未产生现金流出，所以经营成本表达式为总成本费用扣除这些费用。同时，企业借款利息净支出是每月计提，这是权责发生制的要求和体现。每月计提，实际上并未支付，而是到期时支付。因此，不属于付现成本。所以，作为表示企业现金流出项的，应当是经营成本，而不是总成本费用。在会计报表中常计算单列出经营成本，见表3-3。

[例3-1] 某企业年产产品10万吨，产品不含税单位成本1600元/吨。企业固定资产总值5亿元，若折旧年限平均取16年，求：(1) 年总成本费用；(2) 年折旧费；(3) 年经营成本。

解：(1) 年总成本费用 $=10\times10^4\times1600=1.60\times10^8$ 元/年

(2) 由式 (3-7)，年折旧费 $=5\times10^8\times(1-5\%)/16=0.30\times10^8$ 元/年

(3) 年经营成本 $=1.60\times10^8-0.30\times10^8=1.30\times10^8$ 元/年

3.1.2.5 总成本费用和估算表格

将前面介绍的总成本的各个具体组成汇总，有：

总成本 = 材料费 + 人工费 + 制造费 + 折旧 + 摊销 + 销售费 + 管理费 + 财务费用 (3-9)

在工程项目的总成本计算和分析方面，常采用表格汇总的形式。表3-3是采用生产成本加期间费用法的总成本费用估算表。表3-4是采用生产要素法的总成本费用估算表。

表3-3 总成本费用估算表（生产成本加期间费用法） （万元）

序号	项 目	合计	计 算 期									
			1	2	3	4	5	6	7	8	9	10
1	生产成本											
1.1	直接材料费											
1.2	直接燃料及动力费											
1.3	直接工资及福利费											
1.4	制造费用											
1.4.1	折旧费											
1.4.2	修理费											
1.4.3	其他制造费用											
2	管理费用											
2.1	无形资产摊销											
2.2	其他资产摊销											
2.3	其他管理费用											
3	财务费用											
3.1	利息支出											
3.1.1	长期借款利息											
3.1.2	流动资金借款利息											
3.1.3	短期借款利息											
4	营业费用											
5	总成本费用合计（1+2+3+4）											
5.1	其中：可变成本											
5.2	固定成本											
6	经营成本（5−1.4.1−2.1−3.1）											

表3-4 总成本费用估算表（生产要素法） （万元）

序号	项 目	合计	计 算 期									
			1	2	3	4	5	6	7	8	9	10
1	外购原材料											
2	外购燃料及动力费											

续表 3-4

序号	项　目	合计	计　算　期									
			1	2	3	4	5	6	7	8	9	10
3	工资及福利费											
4	修理费											
5	其他费用											
6	经营成本（1+2+3+4+5）											
7	折旧费											
8	摊销费											
9	利息支出											
10	总成本费用总计（6+7+8+9）											
	其中：可变成本											
	固定成本											

3.1.3 矿产品需求与价格间的关系

需求是指消费者在特定时期内，每一价格水平上愿意并且能够购买的某种商品或劳务的数量。

商品的需求量与价格间相互影响。一般而言，需求量随价格的涨落而减增，即当价格上升时，需求量减少；而当价格下降时，需求量增加。另一方面，价格随需求量的增减而涨落，即需求量增加时，价格上升；而当需求量减少时，价格下降。商品的需求量与价格间的这种相互作用规律，称为需求规律。

需求函数是指需求量与影响该量的诸因素之间关系的一种数学表达式，见式（3-10）：

$$Q_d = D(P) \tag{3-10}$$

式中 Q_d——需求量；

P——价格；

D——需求函数。

在其他因素保持不变的条件下，需求量对价格的依赖关系可用曲线来表示，称此曲线为需求曲线，见图 3-2。由需求曲线可见，商品的需求量随价格的升高而降低。

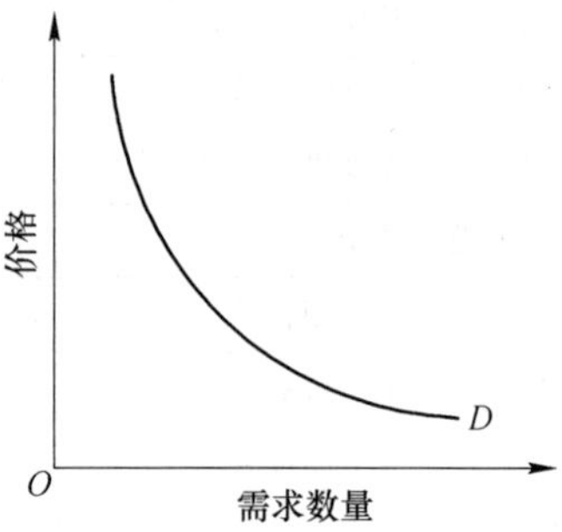

图 3-2　需求曲线

消费者在商品市场上的购买决策和购买活动，称为消费行为。消费行为决定商品的需求规律。在经济学中，消费行为对需求的影响是通过边际效用分析方法来研究的。

所谓商品的效用，是指消费者从该商品的消费中获得的满足程度，而边际效用是指消费者每增加一个单位消费品所引起的总效用的变化。

消费理论认为，随着消费者购买的某商品数量的增大，其从每一单位商品所得到的追加效用减小。简言之，随着某种商品消费数量的增加，该商品的边际效用趋于减小，这被称为边际效用递减规律。运用此规律，可以解释需求量随价格呈相反方向变化这一现象。具体地说，消费者购买和消费某种商品的数量越大，所得到的追加效用越小。依据效用最大假设，该消费者对多购买此商品所愿意付出的价格也就越低。所以，价格越高，需求量越小；价格越低，需求量越大。

实现矿产资源有效利用的可能方式之一是通过市场调节。在此，一个重要的假设是市场价格能够准确地反映供求的实际状况。这种条件下，长期价格趋势会导致原料替代和技术变化，以使需求适应供给成本的变化。

具体地说，当矿产价格上升时，表明需求大于供给，该矿产的消费者将寻求廉价替代品，以抑制生产成本的升高。替代使某矿产的需求减少，从而使该矿产得以更多地用于满足难以替代、高价格的需求。所以，若价格信号准确，市场调节将导致矿产的有效利用。

矿产品替代方式主要有：

(1) 减少现有产品中矿产的使用量，如通过改变合金结构来减少永久磁铁中价格较贵的镍使用量；

(2) 以不同的原料生产现有产品，如在军工子弹生产中以廉价的钢替代价格较贵的铜、在高压传输线中以廉价的铝替代价格较贵的铜；

(3) 以不同的产品替代现有产品，如以通讯光缆替代远程有线电话、用煤加氢制油替代原油；

(4) 以不同的生产生活方式替代现有产品，如以可再生能源水电、风电、光电等替代石油、煤炭等化石能源。

简而言之，若某矿产品供给减少，价格上升，便会有替代品市场产生。若价格继续上升，该矿产最终将被完全替代，没有需求，如同资源耗尽，此种状况称为经济耗竭。因此，现有矿产品为保证需求市场，往往会控制销售价格，使其低于可能出现的竞争替代品的生产成本，例如原油价格一般都低于煤加氢制油生产成本（约 90 美元/桶）。

3.2 矿业企业成本

3.2.1 采矿项目的原矿生产成本

原矿生产成本即出矿成本，元/吨原矿。不同的开拓方式（露采、平硐、斜井、竖井）、采矿方法、排水量大小等，均影响采矿成本。目前一般坑采成本为 20~70 元/吨，露天采矿成本低一些。原矿生产成本构成为：

$$原矿生产成本 = 辅助材料费 + 燃料费 + 动力费 + 人工工资费 + 制造费用（元/吨原矿） \tag{3-11}$$

3.2.1.1 辅助材料费、燃料费、动力费、人工工资费

采矿工作原料为矿体，采矿成本中不计其价值，选矿成本中原料为原矿石。辅助材料是指采准、回采、破碎、通风、排水、充填等环节使用的炸药、雷管、导火索、导爆索、钎钢、坑木、硬质合金等材料。其计算采用当地单价乘以单位消耗量，如外购，则应考虑运杂费用。

动力、燃料费：动力、燃料费是指生产工艺过程中消耗的电力、压气及汽油、柴油、煤油的费用。单位电耗按设备本身功率和工作时间确定，价格按国家现行规定计算。燃料费按单价乘以单位消耗量确定。

生产工人工资及附加费：生产工人工资及附加费是指从事矿山生产直接生产工人和辅助人员（不包括机修和非生产性工人）工资和国家规定按工资总额一定比例提取的企业福利待遇。企业生产工人基本工资能照类似企业并结合当地情况选取。

3.2.1.2 制造费用

原矿生产成本中的制造费用一般由大修费和维修费、维简费、车间管理费、安全费、资源税和资源补偿费构成。

A 大修费和维修费

大修费是按概算投资能形成固定资产的投资额（扣除机修部分的固定资产及基建剥离费、土地购置费、拆迁费）提取大修费，大修理费率一般为1.5%~2.0%。

维修费指对固定资产（建筑物和设备等）的日常维修和保养所需的费用，包括维修工人工资和维修所需材料等费用，维修费率一般为6%~8%。

B 维简费

矿山维持简单再生产所需的费用（简称维简费）是矿山持续生产所必须进行的开拓掘进、生产探矿、设备更新等费用的来源。矿山维简费的提取标准和依据见表3-5。

表3-5 矿山维简费的提取标准和依据

矿山类型	维简费提取标准/元·吨$^{-1}$	依据
非金属矿（瓷土、石膏、石墨、石棉）	8	建材经财发（1991）81号
化学矿山（磷、硫、硼、矾）	14~18	财企（2009）240号
冶金矿山	15~18	财企（2004）324号
煤矿	8.5~10.5	财建［2004］119号

财会字［1993］第22号《财政部关于印发〈工业企业会计制度若干问题的补充规定〉的通知》规定，矿山企业提取维简费时，应按实际提取的金额，借记有关费用科目，按固定资产的折旧方法计算的折旧贷记“累计折旧”科目。照此规定，矿山企业已提取维简费的固定资产，不能再提取折旧；已经提取折旧的，也不能在所得税前扣除。

但是，维简费不同于折旧，其包含两块：已形成的采矿系统固定资产的折旧和维持简单再生产所需资金支出。前者属折旧性质，因采矿系统资产已在发生时计入现金流出项中的固定资产投资上，故其折旧属预提待摊性质的系统内部的现金转移、而非实际产生的系统对外现金流出，不做现金流出项计到经营成本中；后者虽属预提性质，提取时并不产生系统对外现金流出，但提取的这部分资金是用于矿山生产过程中包括深部开拓延伸等的固定资产性支出（更新投资）和诸如生产探矿、技改等费用支出，这些支出发生时产生系统对外现金流出，应做现金流出项计到更新投资和经营成本中。

如何确定折旧性质的维简费与更新性质的维简费比例、如何确定固定资产性支出和费用性支出一直是一个难题，煤矿设计常采用维简费（安全费用分离前）各按50%分别列入折旧、经营成本（生产期不再列采矿系统更新资金，煤炭工业部基本建设司煤基函字

[1997] 第156号)。在设计和矿业权评估中的方案比较时一般仍采用折旧计算成本。对计提维简费的金属矿，按评估计算的服务年限内采出原矿量和采矿系统固定资产投资，计算单位矿石折旧性质的维简费比例，作为系统内部的现金转移。扣除折旧性质维简费后的其余部分即为更新性质的维简费，作为现金流出。

C 车间管理费

车间管理费指车间在组织和管理生产过程中发生的各种管理费用，包括车间管理人员工资、工资附加费、车间办公费、水电费和化验费等。

D 安全费

安全生产费用（简称安全费用）是指企业按照规定标准提取，在成本中列支，专门用于完善和改进企业安全生产条件的资金。矿山安全费的提取标准和依据见表3-6。

表3-6 矿山安全费的提取标准和依据

矿山类型	安全费提取标准/元·吨$^{-1}$	依据
非金属矿	露天矿2，地下矿4	财企（2012）16号 关于印发《企业安全生产费用提取和使用管理办法》的通知
金属矿山	露天矿5，地下矿10	
石油	17	
煤矿	露天矿5，井工矿15，高瓦斯矿30，	

安全费用按照“企业提取、政府监管、确保需要、规范使用”的原则进行财务管理。安全费主要用于完善、改造和维护安全防护设备、设施支出，其中矿山企业安全设备设施是指矿山综合防尘、地质监控、防灭火、防治水、危险气体监测、通风系统，支护及防治边帮滑坡设备、机电设备、供配电系统、运输（提升）系统以及尾矿库（坝）等。

E 资源税和资源补偿费

(1) 资源税。资源税是以各种应税自然资源为课税对象、为了调节资源级差收入并体现国有资源有偿使用而征收的一种税。资源税税目税率表见表2-2和表2-3，计算见式(2-1)。

(2) 矿产资源补偿费。矿产资源补偿费是一种财产性收益，它是矿产资源国家所有权在经济上的实现形式。矿产资源补偿费计算见式（2-2)，矿产资源补偿费率见表2-4。

将以上的辅助材料费、燃料费、动力费、人工工资费和制造费用汇总，即得出原矿生产成本。表3-7是某2200万吨/年铁矿项目的原矿生产成本计算实例。

表3-7 某2200万吨/年铁矿原矿生产成本计算

序号	成本项目	单位费用
1	辅助材料	14.04
2	燃料	0.00
3	动力	1.21
4	人工工资	1.36
5	制造费用	
	维修费	2.86

续表 3-7

序号	成本项目	单位费用
	维简费	18.00
	其他制造费	19.70
	其中：安全费用	5.00
	资源税	8.70
	小计	40.56
	单位原矿生产成本	57.17

2016 年 7 月以后中国资源税征收方式由原来的从量计征改为从价计征，不再列入原矿成本，转列入销售税金。

一般矿业企业的采矿车间，只编制原矿生产成本，矿业企业总的管理费、财务费和销售费在选矿精矿总成本中再统一摊入。也有矿业企业只有采矿生产，或采矿厂和选矿厂分别独立核算的，这时就需编制含企业管理费等期间费用的原矿成本了，见表 3-8。

表 3-8 原矿总成本费用估算表（制造成本法）

序号	成本项目	20××年	20××年
1	生产成本 （∑1.1~1.9 项）		
1.1	外购材料		
1.2	外购燃料及动力		
1.3	工资及福利费		
1.4	折旧费		
1.5	维简费		
1.5.1	其中：折旧性质的维简费		
1.5.2	更新性质的维简费		
1.6	井巷工程基金		
1.7	煤炭生产安全费用（安全费用）		
1.8	修理费		
1.9	其他制造费用		
2	管理费用		
2.1	其中：（后续地勘投资的）摊销费		
3	营业费用		
4	财务费用（利息支出）		
5	总成本费用（1+2+3+4 项）		
6	经营成本（5-1.4-1.5.1-1.6-2.1-4 项）		

3.2.2 矿业项目采选总成本和采选折合原矿石单位总成本

矿业项目采选总成本由原矿费、选矿辅助材料费、选矿燃料动力费、选矿工资、选矿制造成本、管理费、销售费和财务费用所组成。

采选总成本＝原矿费+辅助材料+燃料动力+工资+制造费用+管理费+销售费+财务费用 （3-12）

由于选矿厂的年精矿产量往往随入选原矿品位和选矿回收率变动，而年原矿处理量往往相对固定，选矿厂通常还应计算处理一吨原矿石所分摊的全部生产成本，称为采选折合原矿石单位总成本（元/吨矿），也是常用的选矿成本表示方法，在日常生产和成本评价中广为使用。

采选折合原矿石单位总成本＝年采选总成本/年处理原矿量 （3-13）

表3-9为引自《矿业权评估参数确定指导意见》的采选（冶）折合原矿石单位总成本（生产矿山参考数据），可供设计和矿业权评估时参考。

表3-9 采选（冶）折合原矿石单位总成本（生产矿山参考数据） （元/吨）

矿种	2002	2003	2004	2005	2006	2007	区间
煤	91	75.7	81	133.5	170	211	70~220
铁	87.8	145	219	152	—	—	85~220
铜	52	70.6	242.6	136	—	—	70~250
金	—	300	254.8	238	274	—	250~300
铅锌	—	340	—	442	473	—	350~450

注：1. 表中数据是归纳统计2001~2007年2064份全国矿业权评估报告主要参数及信息后所得数据。
2. 各矿种“生产矿山”的样本数量分别为：煤炭1013；铁97；铜46；金65；铅锌24。
3. “—”表示无样本或样本数量小于等于3；区间值是根据统计的最大值和最小值适当扩大或缩小后的结果。

3.2.3 选矿项目的精矿成本

3.2.3.1 精矿成本的计算方法

项目财务评价中的总成本费用是指项目在一年内为生产和销售产品所花费的全部费用。总成本费用包括生产成本、管理费用、财务费用和销售费用。

选矿厂的产品是精矿，生产成本通常是用精矿成本（元/吨精矿）来表示。精矿成本是选矿厂生产经营各方面工作质量的一个综合性指标，精矿成本的高低，全面体现出企业增产节约的经济效果，直接表示选矿厂的利润水平高低。

计算精矿成本前，通常需要先计算采选总成本。

精矿成本 = 年采选总成本 / 年产精矿量 （3-14）

如果已经计算采选折合原矿石单位总成本和已知精矿产率γ，则可以很容易地换算出精矿成本：

精矿成本 = 采选折合原矿石单位总成本 /γ （3-15）

式中，γ为精矿产率（%），见式（1-9）。

矿山企业的选矿厂，编制精矿成本和采选折合原矿石单位总成本。对于技术条件很复杂，特别是采用新工艺、新设备或先进技术的大、中型选矿厂，则必须编制生产作业成本，以利于与传统的方法对比和全面分析。此外，应将折旧费和大、中、小修理费成本单独列出，以便考核。

计算多种产品的成本时，凡能直接计入某种产品成本的费用，均应先行计入。在多产品成本计算中，凡不能直接分开计入的共同性生产费用和制造费用，企业管理费等间接费，一般可按产品产值比例进行分摊。表 3-10 是某年开采规模 2200 万吨的铁矿选矿铁精矿成本计算表举例。

表 3-10　某 2200 万吨/年铁矿选矿铁精矿成本计算表举例

序号	成本项目	单位费用
1	原料费	169.54
2	辅助材料	101.62
3	燃料	9.38
4	外购动力	51.86
5	人工工资	2.97
6	制造费用	61.84
	单位生产成本	397.20
	其中：选矿加工费	227.66
7	管理费	22.38
8	销售费用	6.00
9	财务费用	32.43
	单位铁精矿成本费用	458.01

3.2.3.2　精矿成本的具体构成

A　生产成本

（1）原矿费。原矿费是单位原矿销售价，元/吨原矿。矿业企业自有矿山的选矿厂的原矿费，采用企业内部原矿生产成本，在精矿总成本中再统一摊入全企业（采矿和选矿）的管理费、财务费和销售费。外购其他矿山企业矿石的独立核算选矿厂，其原矿费按市场价支付，并应索取增值税发票，以便进行选矿厂的成本核算和增值税抵扣。

（2）辅助材料费。辅助材料系指生产过程中耗用的破碎机衬板、筛网、胶带、磨矿机衬板、钢球、浮选机叶轮和盖板、各种药剂、滤布以及润滑油脂等项材料。材料价格采用含运杂费和计入运输消耗的到厂价。设计中可按出厂价加价 10%左右考虑。其他零星材料费，可按约占上述辅助材料费总额的 5%~10%估算，列入辅助材料费用项目。

（3）燃料。燃料包括生产过程中耗用的煤、燃料油和蒸汽等。外购燃料的计价数量，均包运输损耗。

（4）动力和用水。

1）电力耗用量包括生产用电量和生产照明用电量（如果供水、供风和供汽的单价采用单位成本作价算时，其用电量不应计入生产用电量中，以免重复）。设计成本中电费单价根据电源确定。企业自建发电站供电时，按供电成本计算电费；由区域电力网供电时，采用水电部门规定的二部电价法计价，属电力网供电系统大宗工业用电供电，按规定计算电费。

2）生产用水，分新水与回水（或称循环水）两种。新水用水量乘上供水单价即得用水费用。采用回水时，水费要单独计算。

(5) 生产工人工资。生产工人工资是指直接从事选矿生产的生产工人和辅助生产工人的基本工资和辅助工资。它包括标准工资，各种工资性津贴，以及允许计入成本的奖金，如原料节约、技术改进和合理化建议等，但不包括其他各种奖金、超过标准工资的计件工资、浮动工资，以及专业机修、维修人员的工资。工资水平可参照类似企业选矿车间成本中的“生产工人工资”来确定。职工福利基金，主要用于职工集体福利事业，如福利补助、医药卫生补助等各项支出的专项基金。设计选厂的职工福利基金，可按前述生产工人工资的14%计算。

(6) 制造费用（与原成本核算制度中的车间经费内容相似）。制造费系指企业为组织和管理生产所发生的各项费用，包括折旧费、修理费和其他费用等。

1) 矿山企业固定资产折旧费一般采用平均年限法。对于选矿子项，可将选矿厂全部固定资产在预计使用服务年限中平均分摊。折旧费是企业系统内部的现金转移，其进入成本，可减少所得税额。

2) 修理费。选矿厂大修理费和中、小修理费是根据主管部门下达的大修理提成率和实际发生的维修费用确定的。大修理费用设有专项基金，包括大修理所发生的全部费用，中、小修理费用不包括维修人员的工资，因已计入车间经费内工资项目中。目前，有色金属选矿厂实际大修理费率为2%~3%，中、小修理费用率为2.5%~3.5%，乘以固定资产原值即可求得该两项费用。

B 管理费

管理费用是企业管理和组织生产经营活动所发生的各项费用，详见3.1.3小节。

C 销售费

销售费用是指将精矿由矿山选厂运至冶炼厂交货地点的一切费用。摊至每吨原矿的精矿销售费用一般约为10~30元/吨。

D 财务费用

财务费用是企业为进行资金筹集等理财活动而发生的各项费用，主要包括利息净支出。

将以上的所有费用汇总得出选矿总成本，再除以年产精矿量，即得出精矿成本，见式(3-14)。精矿成本的组成和计算通常采用列表计算的方法，见表3-11。

表3-11 精矿成本的组成

序号与项目	单位	数量	单价	金额	项目构成说明
1. 生产成本 1.1 原矿费 (包括原矿运输)					1=1.1+1.2+1.3+1.4+1.5+1.6
1.2 辅助材料 1.2.1 钢球 1.2.2 衬板 1.2.3 胶带 1.2.4 油脂 1.2.5 滤布 1.2.6 药剂					1.2=1.2.1+1.2.2+1.2.3+1.2.4 +1.2.5+1.2.6

续表 3-11

序号与项目	单位	数量	单价	金额	项目构成说明
1.3 燃料 1.3.1 煤					
1.4 动力，水 1.4.1 电 1.4.2 水					1.4=1.4.1+1.4.2
1.5 生产工人工资及附加工资					
1.6 制造费 1.6.1 折旧费 1.6.2 维修费 1.6.3 其他					1.6=1.6.1+1.6.2+1.6.3
2. 管理费 2.1 摊销费 2.2 其他					2=2.1+2.2
3. 财务费 3.1 利息支出 3.2 其他					3=3.1+3.2
4. 销售费					
总成本（工厂成本）					=1+2+3+4

3.3 矿产品和金属产品的价格与销售收入

3.3.1 矿产品销售收入计算

矿产品的销售收入决定了矿业企业的经济效益。

根据企业生产能力、采选（冶）技术指标等可计算各种产品产量（即销售量）；根据各种产品产量及其销售价格，可计算销售收入，即：

$$年销售收入=\Sigma（年产品产量\times销售价格） \tag{3-16}$$

销售价格分为不含增值税销售价格和含增值税销售价格两种，其关系为：

$$不含税销售价格=含税销售价格\div（1+税率） \tag{3-17}$$

根据规定，我国会计报表中的销售收入计算采用的是不含增值税销售价格，我国的增值税和企业所得税计算也是不含增值税销售收入。由于我国期货和现货市场长期采用的是含税价格，因此在使用相关数据时应换算成不含税价格，见表 3-12。

对于金属矿产品，销售收入中的计价方式有三种：（1）以原矿计价；（2）以精矿计价；（3）以精矿中金属量计价。目前有色金属矿产品常用第（3）种方法。

需要注意的是，由于矿产品种类多、规格繁杂，计价标准也不一致，因此，在进行销售收入计算时，应注意品位、品级、规格与计价标准相一致。

通常，产地不同矿产品价格不同。矿业权评估中，应当考虑矿产品实际的或潜在的销售市场范围内的价格水平。矿产地不同还涉及矿产品的流通环节，运输量大、单位重量价值相对较小的矿产品（如煤、铁等），不同地区的矿产品价格受运输费用的影响较大。参考矿产品集散地价格还应当考虑矿产地与集散地之间的交通条件以及运输费用等。

同时还需注意，对于有共伴生多组分矿产的，精矿产品可能有多种，应分别计算各精矿产品的销售收入。例如铅锌矿伴生银，若其选矿产品铅精矿和锌精矿含银均达计价标准，应分别对铅精矿含银和锌精矿含银计算销售收入。

对某些精矿产品中可能有多种可计价的有用组分的，应分别计算精矿中各有用组分的销售收入。例如铜精矿，除铜精矿含铜计价外，若其含金、含硫均达计价标准，应分别计算铜精矿含铜、含金、含硫的销售收入。

3.3.2 基本金属及矿产品的销售价格、精矿计价系数和价格指数

3.3.2.1 国内市场主要基本金属的历年含税价格

基本金属是指国民经济和社会各方面使用量相对较多、使用范围较广的常用金属，一般包括铁、铜、铝、铅、锌、镍、锡等。表 3-12 是 2004~2017 年中国国内市场主要基本金属的含税价格。

表 3-12 2004~2017 年中国国内市场主要基本金属的含税价格 （元/吨）

品种 \ 年	2004	2005	2006	2007	2008	2009	2010	2011	2012	2013	2014	2015	2016	2017
螺纹钢 Rb	3594	3300	3500	3703	3721	3702	4852	4570	3720	3400	2630	1848	2954	4215
铜 Cu	29410	40150	64990	57820	28020	54960	67210	54850	57350	51240	47620	36650	45210	55430
铝 Al	15760	19200	21300	17600	10645	16175	16035	15775	15065	14225	13330	10940	12765	15020
锌 Zn	11500	17000	28000	18560	9305	18215	18220	14675	15250	15045	16530	13305	20755	25650
铅 Pb	9443	12000	14500	19500	8900	16100	17100	15015	15030	13960	13040	13150	17720	19105
镍 Ni	112472	106163	186386	326222	180900	115339	166228	171877	126132	105661	115383	68700	84000	95810
锡 Sn	70194	63679	82098	121643	143648	108977	146305	189044	157722	147211	139167	92630	146480	142640
黄金 Au/元·克$^{-1}$	115	133	157	206	189	241	303	319	333	240	239	224	262	272
白银 Ag/元·千克$^{-1}$	1950	2249	3627	3780	2433	4235	6433	6338	6153	4097	3399	3225	3994	3782

注：1. 主要数据查询来自上海期货交易所（SHFE）网站交易数据，均为含增值税的价格。

2. 各年度均为年末 12 月 30 日即将到期交割的次月期货合约（现货）结算参考价。

3. 2006 年以前锌、2010 年以前铅、2014 年以前镍和锡的价格数据查询来自互联网。

4. 2007 年以前黄金、2011 年以前白银的价格数据查询来自上海黄金交易所网站。

3.3.2.2 黑色金属矿产品的销售和铁矿石价格指数

黑色金属指铁、锰、铬及其合金。黑色金属以外的金属称为有色金属。

金属矿产中，铁矿石（粉矿、精矿）是最大宗的进出口交易商品，一般按品级不同按吨计价。生产1t粗钢约需含铁品位60%的铁精矿1.8t，所以铁矿石的价格与螺纹钢现货价格密切相关。实际期货交易中，铁矿石是指含铁品位大于62%的矿石或精矿。表3-13是2004~2017年中国含铁品位62%铁矿石价格（含税）变化情况。

表 3-13　2004~2017 年中国含铁品位 62%铁矿石价格（含税）变化情况　（元/吨）

年度	2004	2005	2006	2007	2008	2009	2010	2011	2012	2013	2014	2015	2016	2017
62%铁矿石	385	607	613	970	684	692	1230	1005	940	923	526	354	646	488

注：1. 2013~2017年数据查询来自大连商品交易所（DCE）网站，均为年末12月30日即将到期次月期货（现货）合约结算参考价，含增值税。

2. 2004~2012年数据来自互联网，为中国海关每年12月份铁矿石进口均价（美元），加17%进口增值税，再乘以当时美元与人民币汇率。

常用铁矿石价格指数指导铁矿石交易，近年来钢厂使用的铁矿石指数有三个：普氏指数、TSI指数和MBIO指数，均为国外铁矿石出口大公司制定。由于中国是世界上最大的铁矿石进口国，2011年中国钢铁工业协会等也推出了中国铁矿石价格指数（CIOPI），由“国产铁矿石价格指数”和“进口铁矿石价格指数”两个分项指数组成，均以1994年4月份的价格为基数（100点），并逐日公布铁矿石价格走势。图3-3是CIOPI的2015~2016年铁矿石价格走势图。

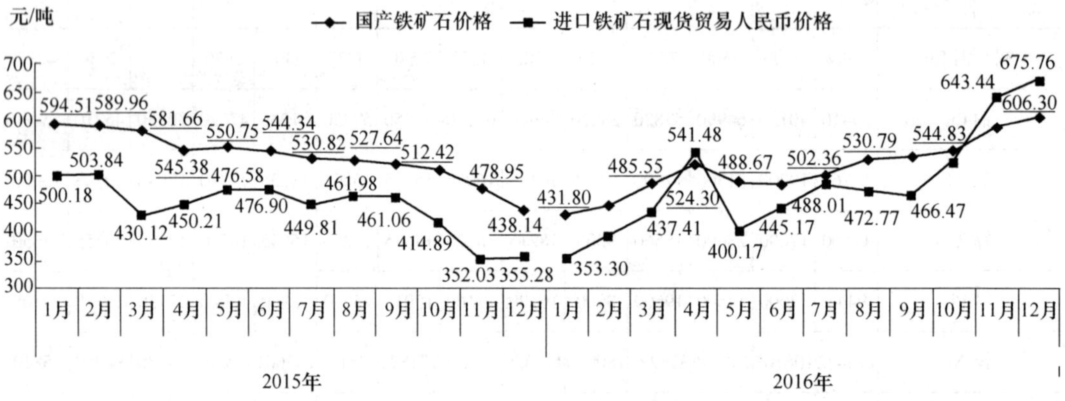

图 3-3　CIOPI 的 2015~2016 年国产和进口铁矿石价格走势图

此外，新华社也推出了新华铁矿石价格指数，每周二公布。“新华-中国铁矿石价格指数”是由新华社遍布全球的信息采集网络进行数据采集、加工和分析，结合相关领域专家的观点得出的结果。其主要特点是包含了中国港口铁矿石库存量。

3.3.2.3 有色金属精矿产品的销售和精矿计价系数

精矿计价系数是指精矿含量金属售价与该金属现货售价（当月期货价）之比。

$$精矿计价系数 = \frac{不同品级精矿含量金属销售价}{基本金属当月期货价} \times 100\% \tag{3-18}$$

有色金属矿产品精矿的销售，一般是按精矿品位和数量计算出其含量金属量，再按不同金属品种和精矿品位品级，综合考虑冶炼回收率和成本消耗，取不同的精矿计价系数，计算精矿含量金属售价。

$$有色金属精矿销售收入 = 精矿含量金属量 \times 精矿计价系数 \times 基本金属当月期货价 \tag{3-19}$$

表 3-14 是中国国内市场主流铜精矿成交计价系数，表 3-15 是中国国内市场铅精矿计价系数，表 3-16 是中国国内市场锌精矿计价系数。

表 3-14　中国国内市场主流铜精矿成交计价系数

铜精矿品位/%	计价系数/%	备　注
16～18	77～78	站台交货，含税
20	82～83	港口交货，含税
21	84～84.5	港口交货，含税
22～24	85～86	港口交货，含税

表 3-15　中国国内市场铅精矿计价系数（按长江有色金属网铅价计算）

铅精矿品位/%	计价系数/%	铅精矿品位/%	计价系数/%
10～20	45	40～50	65
20～30	50	50～60	75
30～35	55	60～70	80
35～40	60	70～75	85

表 3-16　中国国内市场锌精矿计价系数（按长江有色金属网锌价计算）

锌精矿品位/%	计价系数/%	锌精矿品位/%	计价系数/%
25～35	60	45～50	70
35～45	65	50～55	75

[例 3-2]　某铅锌矿 2014 年共生产铅精矿 10000t，铅精矿 Pb 品位 61%；生产锌精矿 12000t，锌精矿 Zn 品位 44%。求：(1) 年含量金属产量；(2) 年含税价总销售收入（万元）；(3) 在保持锌回收率不变，即锌含量金属产量不变的前提下，将锌精矿 Zn 品位提高至 46%后的年含税价总销售收入。

解：(1) 铅含量金属产量：$M_{Pb}=10000\times61\%=6100$ (t/a)

锌含量金属产量：$M_{Zn}=12000\times44\%=5280$ (t/a)

(2) 查表 3-12，2014 年铅含税价 1.304 万元/吨，锌含税价 1.653 万元/吨。

查表 3-15 和表 3-16，品位 61%铅精矿计价系数 80%，品位 44%锌精矿计价系数 65%，

所以，年含税价总销售收入 $=6100\times1.304\times80\%+5280\times1.653\times65\%=12036.6$ (万元/年)

(3) 查表 3-16，品位 46%锌精矿计价系数 70%，按保持回收率锌含量金属产量不变仍为 5280t。

年含税价总销售收入 $=6100\times1.304\times80\%+5280\times1.653\times70\%=12473.0$ (万元/年)

3.3.2.4 能源和非金属矿产品的销售价格计价

在能源矿产中，原油系根据其品级按吨（或桶，1 桶 = 159L）计价。国际原油期货市场价格一般采用美元计价，原油价格除了受生产和消费趋势影响外，金融资本的炒作冲击影响也很大。

液化天然气（liquefied natural gas，简称 LNG）按吨计价，热值 55540kJ/kg。

管道天然气按体积计价，按热值折算标准油气当量 1255m^3 天然气 = 1t 原油，管道天然气与液化天然气的换算值为 1379m^3 天然气 = 1tLNG，在汇总时折算为吨。

煤炭产品是根据其品种牌号（如炼焦煤、动力煤、无烟煤等）和发热值不同按吨计价。标准煤热值为 29271kJ/kg（即 7000kcal/kg）。我国动力煤期货是在郑州商品交易所上市。

$$煤矿产品销售收入=\sum(不同牌号煤产量\times不同牌号煤价格) \tag{3-20}$$

非金属矿和化工矿产品一般按品级不同按吨计价，如二级一等硫铁矿要求有效 S 含量不低于 35%。

建材矿产中的水泥灰岩为直接按吨计价。

3.3.3 基本金属和矿产品的销售价格变动趋势的预测

对基本金属和矿产品的销售价格变动趋势的预测，发生在矿业权评估、矿业企业经营计划、矿业企业交易评估和基本金属及矿产品期货交易的过程中。

矿产品市场供求关系是矿产品市场价格的决定因素。矿产品市场需求取决于国际和国内两个市场，其需求量取决于经济发展的速度、水平、阶段等多个方面。

建议使用定性分析法和定量分析法确定矿产品市场价格。定性分析是在获取充分市场价格信息的基础上，运用经验对价格总体趋势的运行方向作出基本判断的方法。定量分析是在对获取充分市场价格信息的基础上，运用一定的预测方法，对矿产品市场价格作出的数量判断。定量分析的方法通常有回归分析预测法和时间序列分析预测法。

3.3.3.1 回归分析预测法

市场价格与其影响因素之间一般存在某种因果关系。回归分析预测法是通过对价格监测数据的统计分析和处理，研究、确定价格和其影响因素之间相关关系的方法，具体做法如下：

(1) 收集资料、筛选变量。挑选对预测对象起主要影响的因素作为自变量。

(2) 画散点图。将收集到的自变量 X 和因变量 Y 分别画在坐标平面图上。

(3) 根据散点图确定相应的回归方程，如一元线性方程、指数型方程、多元线性方程等。

(4) 计算回归方程中的参数，一般用最小二乘法。

(5) 进行相关检验。用计算相关系数的大小来判断自变量和因变量的相关程度。

(6) 进行统计误差检验，预测误差，判断方程的可靠性。

(7) 再应用回归预测模型计算预测值，并对预测值进行综合分析，确定最后的预测值。

3.3.3.2 时间序列分析预测法

根据历史价格的监测数据，寻找其随时间变化的规律，建立时间序列模型，以此推断未来一定时期价格的预测方法。其基本思想是，过去变化的规律会持续到未来，即未来是过去的延伸。时间序列分析预测法通常有时间序列平滑法、趋势外推预测法和季节变动预测法。

A 时间序列平滑法

时间序列平滑法是利用时间序列资料进行短期预测的一种方法。平滑的目的是消除时间序列数据的极端值，以某些较为平滑的中间值作为预测的依据。一般采用历史监测数据的简单移动平均法或加权移动平均法的方法进行预测。简单移动平均法的计算公式为：

$$F_t = (A_{t-1} + A_{t-2} + A_{t-3} + \cdots + A_{t-n})/n \tag{3-21}$$

式中 F_t——对下一期的预测值；

n——移动平均的时期个数；

A_{t-1}——前期实际值；

A_{t-2}，A_{t-3}和 A_{t-n}——前两期、前三期直至前 n 期的实际值。

加权移动平均法的计算公式为：

$$F_t = w_1A_{t-1} + w_2A_{t-2} + w_3A_{t-3} + \cdots + w_nA_{t-n} \tag{3-22}$$

式中 w_1——第 $t-1$ 期实际销售价格的权重，比例最小；

w_2——第 $t-2$ 期实际销售价格的权重，比例次小；

w_n——第 $t-n$ 期实际销售价格的权重，比例最大；

n——预测的时期数。

$$w_1 + w_2 + \cdots + w_n = 1 \tag{3-23}$$

经验法和试算法是选择权重的最简单的方法。一般而言，最近期的数据最能预示未来的情况，因而权重应大些。

B 趋势外推预测法

当预测价格依时间变化呈现某种上升或下降的趋向，并且无明显的季节波动，又能找到一条合适的函数曲线反映这种变化趋势时，可以以时间为自变量、时间序列价格数值为因变量，建立趋势模型进行价格预测。

C 季节变动预测法

季节变动是指价格由于自然条件、生产条件和生活习惯等因素的影响，随着季节的转变而呈现的周期性变动。这种周期通常为1年。季节变动的特点是有规律性的，每年重复出现，其表现为逐年同月（或季）有相同的变化方向和大致相同的变化幅度。

以时间序列分析预测确定矿产品市场价格，主要考虑过去矿产品价格时间序列的长短、价格变动的幅度等因素。矿业权评估中，应当充分考虑并合理处理历史上大的价格波动。

[**例3-3**] 查表3-12，2009年末、2010年末、2011年末铜的含税价分别为54960元/吨、67210元/吨、54850元/吨。试采用时间序列平滑法中的简单移动平均法和加权移动平均法，分别预测2012年末的铜含税价。

解：(1) 采用简单移动平均法的算术平均计算外推。

2012年末铜含税预测价=（54960+67210+54850）÷3=59007（元/吨）

(2) 采用加权移动平均法的加权平均计算外推，远期价权数小、近期价权数大，总权数为1.0。

取2009权数0.1、2010权数0.2、2011权数0.7。

2012年末铜含税预测价=54960×0.1+67210×0.2+54850×0.7=57333（元/吨）

查表3-12，2012年末铜含税价实际为57350元/吨。显然，加权移动平均法较为符合实际。

3.4 企业利润

3.4.1 企业的税前利润和税后利润（净利润）

利润是指企业在一定会计期间的经营成果。利润是衡量企业优劣的重要标志，一个优质的企业应当具有一定的盈利能力，利润结构基本合理，利润具有较强的获取现金的能力。

利润按其形成过程，分为税前利润和税后利润。税前利润也称利润总额，基本计算公式为：

税前利润=收入-成本-费用-销售税金和附加（不含企业所得税和允许抵扣的增值税）

（3-24）

式中　收入——不含税收入；

成本——不含税价格成本；

费用——生产经营商品和提供劳务等所发生的销售费用、管理费用和财务费用；

销售税金和附加——企业发生的除企业所得税和允许抵扣的增值税以外的各项税金及其附加。

销售税金及附加是根据商品买卖或劳动服务的流转额征收的税金，属于流转税的范畴，包括营业税、消费税、资源税、城市维护建设税和教育费附加等，见式（3-25）。

销售税金和附加=营业税+消费税+资源税+城市维护建设税+教育费附加（3-25）

在会计学和税务报表中有关收入（包括产品销售收入、营业收入等）是指不含税收入，同时支出消耗成本也应换算成不含税价格成本。因为允许抵扣的增值税是价外税，价外税不影响利润和企业所得税的计算，参见本书例3-5、例4-2和例4-3。

我国在实行增值税制度前曾长期采用含税价格体系，目前国内的期货和现货市场仍还在习惯使用，导致社会上有很多人对不含税价格体系不甚了了，易于混淆。如果使用的是含税价销售收入和含税价总成本，应先换算成不含税价。如果直接使用含税价格体系，式（3-24）则应表现为：

税前利润＝含税价收入－含税价成本－费用－税金和附加（不含企业所得税，含允许抵扣的增值税）

（3-26）

式（3-24）和式（3-26）的计算结果是一致的，参见例3-5、例4-5和例4-6。

税前利润减去企业所得税，即为税后利润，也称净利润，计算公式为：

税后利润＝税前利润－企业所得税 （3-27）

企业所得税计算参见式（2-12）。

对矿业企业，其生产总成本计算参见式（3-11）。参照式（2-13）、式（3-24）和式（3-27），矿业企业主营业务税后利润（净利润）计算式为：

矿业企业税后利润＝矿产品销售收入－生产成本－费用－销售税金和附加

（不含企业所得税和允许抵扣的增值税）－企业所得税 （3-28）

有关税后利润与销售收入、销售税金、总成本、企业所得税之间的关系可形象表示见图3-4。

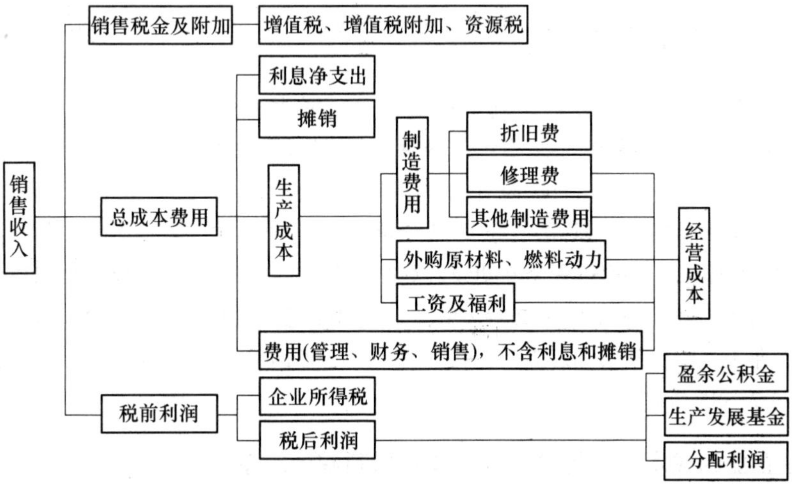

图3-4 税后利润与销售收入、销售税金、总成本、企业所得税之间的关系

由式（3-24）、式（3-28）和图3-4可见，企业要获得利润，必须增加销售收入和降低总成本。规模效益和技术创新是增加销售收入和降低生产总成本的主要手段。

［例3-4］ **紫金矿业——复活的金山**

在中国的有色金属行业，陈景河已是一个响当当的人物。他参与创建的紫金矿业，把被一些专家认为没有开发价值的紫金山金矿，打造成了中国黄金生产领域的一个奇迹。

1982 年，陈景河参与勘探发现了紫金山金矿，但当时金价低、选冶技术水平低，国家岩金矿石的金品位标准为大于 2.8g/t，国家工业部门的专家在进行试验后，预计紫金山金矿的金总储量达到标准的只有 5.45t 左右，而且矿石品位低，开采后不能盈利。

1992 年，陈景河放弃了在福建地质矿产局的铁饭碗，调职到上杭县矿产公司。他认为，紫金山金矿的低品位矿储量远远不止 5.45t，通过压缩成本，仍然具备开发潜力。他根据矿石风化裂隙发育和含泥高的特点，大胆采用了投资额低、生产成本低的堆浸工艺，用 700 万元创造企业年处理 5 万吨矿石的能力。1993 年，成功投产后的上杭县矿产公司正式更名为福建省上杭县紫金矿业总公司。

为了进一步降低成本，陈景河和紫金矿业的技术人员，经过了多次反复实验，攻克了矿业界的多项技术难题。2000 年形成了 20000t/d 的金矿采选规模，采矿项目采用露天采矿和溜井放矿技术，原矿成本仅 40 元/吨；选矿项目采用了“破碎→洗矿→块矿堆浸、泥矿搅拌炭浸”工艺（见图 3-5），选矿成本仅 6.45 元/吨，入选矿石平均品位 0.9 g/t，边界品位低至 0.5 g/t。

图 3-5 紫金山金矿“破碎→洗矿→块矿堆浸、泥矿搅拌炭浸”工艺现场图

通过这一系列增规模降成本手段，紫金山金矿的开发成本，是当时行业平均水平的10%~20%，大大提高了矿山的开采价值，金品位低至 0.2g/t 的贫矿亦可利用。在此基础上，紫金山金矿储量大增，优势显现，预计可开采黄金增加到 300t 以上，创造了“越挖越多”的奇迹。

2000 年，紫金山金矿总资产达到了约 6 亿元，该年度生产黄金 4.12t，年度销售收入 2.98 亿元，年净利润 0.48 亿元，已经是 8 年前初创时的 200 倍。

2005 年，紫金山金铜矿被确认为首批“国家矿山公园”和“国家级工业旅游示范点”。

2004 年开始开采铜矿，采用“分步优先浮铜再选硫”的浮选工艺，产出铜精矿和硫精矿。紫金山金铜矿自 1993 年金矿开采以来至 2017 年底累计产金 204.82t（金矿实产金），金矿最高时年处理 3772.18 万吨/年，最高年产金 18.06 吨/年。自 2004 年铜矿开采以来至 2017 年底累计产铜 32.79 万吨（不含硫化铜）。2017 年，紫金山金铜矿产金 3.875t，产铜 7.585 万吨。

3.4.2 矿业企业的成本、销售额、税费和税后利润计算案例

［例 3-5］ **某铜矿项目的成本、销售额、税费和税后利润计算**

拟建设一个铜矿矿业项目，包含 5000t 原矿/天的井下采矿场和选矿厂，年生产时间 330 天，设计服务年限 $M=20$ 年。设铜矿原矿含 Cu 品位 1.0%，铜选矿回收率 90%，所产铜精矿 Cu 品位 20%。设电解铜含税价 50000 元/吨 Cu，含 Cu 品位 20%的铜精矿计价系数为 82%，产品增值税税率 17%，增值税附加（城建税和教育费附加）为增值税的 6%，

企业所得税税率25%。根据表2-3本矿铜矿资源税税率核定为5%，矿产资源补偿费费率0。总采选折合原矿石单位总成本参照表3-9取188元/吨矿，其中含税价原矿成本71元/吨矿（不含资源税，含矿山维简费18，安全费9，辅材费14，燃料动力费12，采矿工资10，车间修理费8，单位：元/吨矿），选矿工艺不含原矿的含税价成本117元/吨矿（含辅材费16，水电费33，选矿工资14，单列选矿和其他固定资产折旧费11.8，选矿车间修理费8，企业管理费26.2，销售费8，单位：元/吨矿）。成本中的采矿和选矿的辅材、燃料动力、水电、修理和销售费（合计：14+12+8+16+33+8+8=99）均为含税价，有进项增值税发票可抵扣。请逐项列表计算求该铜矿的年成本、销售额、税费和税后利润。

解：为表述清晰和便于理解，采用不含税价格和含税价格体系并列，计算列表如表3-17所示。

表3-17 某铜矿项目的成本、销售额、税费和税后利润计算表

序号	各项技术经济指标	计算式	计算结果	单位	计算依据
1	年产出和处理原矿量	5000×330/10000	165.0	万吨/年	
2	年原矿量所含Cu金属量	165×1%	1.650	万吨/年	
3	年产铜精矿所含Cu金属量	165×1%×90%	1.485	万吨/年	式（1-10）
4	年产铜精矿量	165×1%×90%÷20%	7.425	万吨/年	式（1-10）
5	采选折合原矿石单位总成本	71+117	188.0	元/吨矿	式（3-12）
6	年含税采选总成本	165×188	31020.0	万元/年	式（3-13）
7	年不含税采选总成本	165×[(188-99)+99÷(1+17%)]	28646.5	万元/年	式（2-7）
8	不含税精矿成本	28646.5÷7.425	3858.1	元/吨精	式（3-14）
9	年含税销售额	14850t Cu×5.0万元/吨Cu×82%	60885.0	万元/年	式（3-16），表3-12
10	年不含税销售额	60885.0÷（1+17%）	52038.5	万元/年	式（2-8）
11	销项税额	52038.5×17%	8846.5	万元/年	式（2-5）
12	进项税额	165×99÷（1+17%）×17%	2373.5	万元/年	式（2-9），式（2-7），可抵扣进项额99
13	应交增值税	8846.5-2373.5	6473.0	万元/年	式（2-4）
14	应交增值税附加	6473.0×6%	388.4	万元/年	式（2-11）
15	应交资源税和资源补偿费	52038.5×5%	2601.9	万元/年	式（2-1），表2-3
16	销售税金和附加小计	388.4+2601.9	2990.3	万元/年	式（3-25）
17a	税前利润（不含税价格体系）	52038.5-28646.5-2990.3	20401.7	万元/年	式（3-24）
17b	税前利润（含税价格体系）	60885.0-31020.0-2990.3-6473.0	20401.7	万元/年	式（3-26）
18	应交企业所得税	20401.7×25%	5100.4	万元/年	式（2-12）
19	税后利润	20401.7-5100.4	15301.3	万元/年	式（3-27）

由表3-17的计算结果可见，税前利润采用式（3-24）和式（3-26）的计算结果是一致的，即采用不含税价格体系和含税价格体系分别计算的该矿相应的税前利润、应交企业

所得税和税后利润是一致的。表 3-17 估算结果该铜矿的年税后利润为 15301.3 万元/年。

3.5 基本金属和矿产品的进出口贸易和加工贸易

3.5.1 贸易自由化、贸易保护主义、贸易顺差与贸易逆差

贸易自由化是指一国对外国商品和服务的进口所采取的限制逐步减少，为进口商品和服务提供贸易优惠待遇的过程，并且主张以市场为主导。世界贸易组织（WTO）就是以全球贸易自由化为宗旨的组织，中国于 2001 年加入了 WTO。

贸易自由化的理论基础来源于亚当·斯密和大卫·李嘉图的比较优势理论。该理论认为，对于一个国家来说，不仅在其具有超过其他国家的绝对优势的产品上进行专业生产是有利的，而且在那些具有比较优势的行业进行专业生产也是有利的。通过贸易互通有无，各国在具有相对较高生产力的领域进行专业化生产，将有助于提高各国的真实财富总量。该方面的经典理论著作为亚当·斯密的《国民财富的性质和原因研究》(简称《国富论》，其中明确指出“分工是文明的起点”)，以及大卫·李嘉图的《政治经济学及赋税原理》。

与贸易自由化相反的是贸易保护主义。贸易保护主义是指在对外贸易中实行限制进口以保护本国商品在国内市场免受外国商品竞争，并向本国商品提供各种优惠以增强其国际竞争力的主张和政策。贸易保护主义在限制进口方面，主要是采取关税壁垒和非关税壁垒两种措施。前者主要是通过征收高额进口关税阻止外国商品的大量进口；后者则包括采取进口许可证制、进口配额制等一系列非关税措施来限制外国商品自由进口。过分的贸易保护主义有可能导致和加剧全球性经济危机，见例 3-6。

[例 3-6]　**贸易保护主义与 1929~1933 年世界经济大萧条**

1929 年的美国华尔街股灾，拉开了全球经济危机的序幕。1930 年美国通过斯姆特-霍利法案，将多种的进口商品关税提升到历史最高水平。美国贸易保护主义引发了一场规模巨大的贸易战，其后英国、法国、德国等许多国家随之对美国采取了报复性关税措施。世界贸易规模急剧萎缩，结果是将 1929 年开始的全球经济危机彻底催化成全球经济大萧条，并延续至 1933 年。全球大萧条某种程度上助推了许多国家的极端政治势力，间接催生了第二次世界大战。

所谓贸易顺差是指在特定年度一国出口贸易总额大于进口贸易总额，又称“出超”，表示该国当年对外贸易处于有利地位。贸易顺差国的储蓄率和生产能力往往较高，国内的生产大于消费，经济增长速度快。但是过高的贸易顺差意味着经济的增长对外依存度过高。

贸易逆差则是与贸易顺差相对应的概念。贸易的双方互相买卖各种货物，互相进口与出口，甲方的出口金额大过乙方的出口金额，或甲方的进口金额少于乙方的进口金额，其中的差额，对甲方来说，就叫做贸易顺差，反之，对乙方来说，就叫做贸易逆差。贸易逆差国的储蓄率较低，国内的消费大于生产，往往通过发行国债和输出国际储备货币来弥补贸易逆差。

[例 3-7]　**中美经贸合作和 2018 中美贸易战升级**

中国海关总署表示，2017年中美贸易总值为3.95万亿元人民币，同比增长15.2%，占我国进出口总值的14.2%，其中对美出口2.91万亿元（按2017年度平均汇率1美元兑6.7518元人民币，折合4310亿美元），增长14.5%，自美进口1.04万亿元（1540亿美元），增长17.3%，对美贸易顺差1.87万亿元（2770亿美元），扩大13%。2017年，中美贸易实现快速增长，作为世界前两大经济体，希望中美继续深化经贸合作，互利共赢，共同推动全球经济繁荣。

2018年3月，美国国内贸易保护主义抬头，特朗普政府宣布对进口钢铁和铝分别征收25%和10%的关税，意图使钢铁和铝等制造业回归。与此同时，声称中国对美国年贸易顺差达5000亿美元，要求中国减少对美贸易顺差1000亿美元，依据其国内法301调查，宣布拟对从中国进口的500亿美元金额商品征收惩罚性25%关税，并公布名单。中国政府则针锋相对地宣布拟对500亿金额的106种美国进口商品征收对等惩罚性25%关税，并公布名单。面对世界第一大和第二大经济体之间的贸易摩擦，世界经济界反映出强烈担忧，中国则强调应坚定捍卫世界贸易自由化体系，谈判解决问题。

中美双方虽经反复谈判和协议，双方互征收对方500亿美元金额商品惩罚性25%关税仍分别于7月6日（340亿）和8月23日（160亿）起实施。美国又于7月10日公布了对另外2000亿美元中国输美产品征收10%关税的建议产品清单，8月2日更提升至25%，驱动中美贸易战加速升级，并威胁将进一步对全部5000亿美元的中国进口商品征收惩罚性关税，中国则于8月3日公布对另外600亿美元美国进口商品征收25%~5%关税的建议清单。与此同时，美国与欧盟、加拿大、日本间的钢铝进口互征惩罚性关税贸易摩擦也在升级。美国贸易霸凌主义行为加速升级，国际社会纷纷采取反制措施。

经合组织预计，如果美国率先提高关税引发他国反制，最终将导致全球贸易成本上涨10%，全球贸易量减少6%。美国智库布鲁金斯学会的研究则表明，如果全球爆发严重贸易战，即关税增加40%，全球经济将重现20世纪30年代的大萧条。

3.5.2 进出口关税、进出口增值税和出口退税

3.5.2.1 进出口关税

国家设立海关，对于进出口商品依法征收进出口税，是国家主权的重要体现，也是国家财政收入的重要来源。海关征收的进出口税包括在进出口环节由海关依法征收的关税、消费税、增值税、反倾销税、船舶吨税等税费。

世界各国对关税征收的方法，基本上均为按进出口货值金额的一定比例征收。表3-18是中国2015年基本金属和矿产品进出口税率。

表3-18中，原产于共同适用最惠国待遇条款的世界贸易组织成员的进货物，原产于与中华人民共和国签订含有相互给予最惠国待遇条款的双边贸易协定的国家或者地区的进货物，以及原产于中华人民共和国境内的进货物，关税适用最惠国税率。产于以上所列以外国家或者地区的进货物，以及原产地不明的进货物，关税适用普通税率。

3.5.2.2 进出口增值税和出口退税

一般情况下，货物进口国为保护正常的国内经济秩序，使进口货物能与国内货物平等竞争，都会对进口货物征收进口关税和进口增值税。

只要是在我国海关报关进口的应税货物，不论其是国外产制还是我国已出口而转销国

内的货物，是进口者自行采购还是国外捐赠的货物，是进口者自用还是作为贸易或其他用途等，均应按照规定缴纳进口环节的增值税。我国的进口增值税税率为17%，其进项税允许抵扣，其计算式为：

$$进口环节增值税=进口环节增值税计税价格\times进口环节增值税税率 \tag{3-29}$$

$$进口环节增值税计税价格=关税完税价格+关税+进口环节消费税 \tag{3-30}$$

进口货物在国内转售贸易时，进口贸易公司应给国内买方开具普通增值税发票，进口贸易公司所获得的该项货物进口增值税发票可计算本公司的进项税额用于抵扣。

表 3-18　中国 2015 年基本金属和矿产品进出口税率

货品名称	最惠国关税率/%	普通关税率/%	进口增值税税率/%
原油	0	85 元/吨	17
黑色和有色金属矿砂及精矿	0	0	17
已轧压花纹的钢材	6	17	17
阴极铜，铜含量大于 99.9935%	2	11	17
非合金镍，镍含量大于 99.99%	3	11	17
非合金铝，铝含量大于 99.95%	5	14	17
精炼铅	3	20	17
未锻轧锌，锌含量大于 99.995%	3	20	17
非合金锡，锡含量大于 99.95%	3	20	17
颗粒钨及合金，钨含量大于 97%	6	20	17
未锻轧钼	3	20	17
未锻轧锑	3	30	17
稀土金属	5.5	30	17

［**例 3-8**］　2012 年 8～10 月 LME 铜价平均 7600 美元/吨，汇率 1 美元（USD）= 6.2267 人民币（CNY）。某国内贸易公司从 LME 进口了 1000t 铜，通过海关缴纳税收后获得了 17%的进口增值税发票。该批铜转售给国内厂家，含税售价 60000 元/吨，开具 17%的普通增值税发票。求该贸易公司实际应交纳的国内交易增值税。

解： 销项税额 = 1000×60000×17%/（1+17%）= 8717949（元）

进项税额 = 1000×7600×6.2267×17%/（1+17%）= 6875980（元）

应纳国内增值税税额 = 销项税额 − 进项税额 = 8717949 − 6875980 = 1841969（元）

国际惯例，货物在出口时，货物出口国一般都免征增值税，或实行先征后退的出口退税，以增加货物出口的竞争力。由于存在出口货物退（免）税的国际惯例，相应而言，货物进口时是不含税价格。

我国规定，出口货物退（免）税，简称出口退税（export rebates），其基本含义是指对出口货物退还其在国内生产和流通环节实际缴纳的增值税、消费税。出口货物退税制度，是一个国家税收的重要组成部分。出口退税主要是通过退还出口货物的国内已纳税款来平衡国内产品的税收负担，使本国产品以不含税成本进入国际市场，与国外产品在同等条件下进行竞争，从而增强竞争能力。2018 年 5 月起，随着国家将制造业增值税由 17% 降至 16%，原适用 17%税率且出口退税率为 17%的出口货物，出口退税率调整至 16%。

3.5.3 基本金属和矿产品的进出口价格计算

当前世界上各主要期货交易所期货报价均为不含增值税的报价，而我国的期货交易所均采取了包含增值税的报价方式。考虑关税、增值税和其他费用后，同期同一商品国内市场期货价与国际市场期货价的关系可以换算。以铜为例，铜的进口价格计算式为：

$$\text{铜的进口价格} = (\text{LME 三月期价格} + \text{对应月份升贴水} + \text{到岸升贴水}) \times \text{汇率} \times (1 + \text{进口增值税率}) \times (1 + \text{关税税率}) + \text{杂费} \quad (3\text{-}31)$$

式中 升贴水——远期汇率与即期汇率的差额，升水意味着远期汇率比即期的要高，贴水则反之；

到岸升贴水——一般等于离岸升贴水加上远洋运输费用；

杂费——到岸短驳费、商检费、进港费等。

［**例 3-9**］ 2012 年 8~10 月 LME 铜价平均 7600 美元/吨，对应月份升贴水-4 美元、到岸升贴水 70 美元，2012 年 11 月 30 日汇率：1USD= 6.2267CNY，铜进口关税税率 2%，进口增值税率 17%，杂费 100 元人民币。求 2012 年 11 月国内金属交易市场铜平均含进口增值税价。

解： 国内铜价= (7600-4+76) × 6.2267 × (1+17%) × (1+2%) +100
=57675 (元/吨)

计算结果与表 3-12 中的 2012 年末国内金属交易市场铜含税价是基本接近的。

3.5.4 中国矿产品的进出口近况

中国是一个人口众多的大国，发展迅速，矿产品和金属产量大，见表 1-1，但人均矿产资源占有量低。充分利用国内资源和国际市场资源，谋求中国和世界的共赢发展，是我国既定的发展政策。表 3-19 是 2007~2017 年中国矿产品进口量。

表 3-19 2007~2017 年中国矿产品进口量 （万吨）

	2007	2008	2009	2010	2011	2012	2013	2014	2015	2016	2017
原油	16317	17888	20379	23931	25378	27102	28200	30837	33550	38101	42000
液化及管道天然气	291	334	560	1661	2258	3048	3808	4287	4418	5404	6871
煤炭	4800	4066	12664	16625	18240	28851	32708	29122	20406	25551	27090
铁矿石（Fe≥60%）	38309	44300	63000	66000	68600	74400	82000	93250	95272	102412	107500
铝土矿	2321	2574	1969	2996	4485	3961	7070	3628	5610	5623	6876
铜精矿（实物量）	452	519	613	647	638	783	1007	1182	1329	1696	1735
锌精矿（实物量）	215	245	370	324	294	198	199	214	324	200	244
铅精矿（实物量）	127	145	160	160	144	182	149	181	190	141	128

注：1. 主要数据来源为海关数据统计，http：//www.chinacustomsstat.com。
2. 我国除了进口铜、锌、铅精矿外，还进口相当数量的铜、锌、铅精炼金属，未在此表统计。
3. 部分数据来源于互联网。

如表 3-18 所示，对于我国大量需要的资源类货物，如黑色和有色金属矿砂及精矿，我国采取了零关税税率，鼓励其进口；其他我国需求和进口量较大的金属产品，如铜、镍、铅、锌，按最惠国税率的关税也只有 2%~3%。但所有货物的进口环节增值税仍需依法征收，税率17%。

中国能源矿产需求中的进口部分，原油和液化天然气进口主要来自中东，管道天然气来自中亚和俄罗斯，煤炭来自澳大利亚，铀矿产品来自哈萨克斯坦、乌兹别克斯坦和澳大利亚。中国已可批量建造30万吨级超级油轮和17.4万立方米（8.25万吨）液化天然气超级运输船LNG，并在青岛、大连、宁波舟山、宁波大榭等港口建设了可停泊世界最大在航的45万吨级超级油轮的原油码头。

中国粗钢产量自1996年后多年位居世界第一。一般情况下生产1t粗钢需要1.7t含铁量不小于60%的铁精矿。中国所需的大量铁精矿从澳大利亚、巴西等国进口，2016年进口量已超过10亿吨，为此中国已成功设计建造了首艘世界最大的40万吨级超级矿砂船，并拟批量建造30艘，用于全球第二大矿业公司及全球最大铁矿石供应商巴西淡水河谷公司（Vale）的铁矿出口中国海运航线，同时在青岛、大连、唐山曹妃甸、宁波舟山等港口建设了相应40万吨级矿砂码头。

中国钢铁生产所需要的铁合金金属矿产品，锰主要从澳大利亚、南非进口，铬主要从南非、土耳其和阿尔巴尼亚进口，镍主要从菲律宾进口。

中国有色金属产量自2003年后多年位居世界第一，所需的大量铝土矿从澳大利亚、几内亚、加纳、印尼等国进口，铅精矿从美国、澳大利亚等国进口，锌精矿从澳大利亚、秘鲁、蒙古等国进口，铜精矿从智利、澳大利亚、秘鲁、蒙古等国进口。中国很多的铜冶炼厂是采取为国外公司委托加工冶炼铜精矿生产金属铜，赚取一定加工费的运作模式。

中国人口众多，粮食产量和需求量位居世界第一，相应的氮、磷、钾化肥需求量也是世界第一。农业所需的钾盐矿多从加拿大和俄罗斯进口，所需的磷矿石和生产磷肥所需的硫酸基本为自产，所需氮肥如尿素的生产原料煤或天然气主要为自产。

化工矿物方面，中国每年约进口1000万吨硫黄，主要用于生产硫酸。

中国矿产品的出口仅限于具有一定资源比较优势的小金属产品，如钨、锡、锑、铋、铟和稀土等，以及一些非金属矿产品，如萤石、滑石和石墨等。

3.5.5 矿产品加工贸易

加工贸易是一种通过各种不同的方式，进口原料、材料或零件，利用本国的生产能力和技术，加工成成品后再出口，从而获得以外汇体现的附加价值。加工贸易是以加工为特征的再出口业务，按照所承接的业务特点不同，常见的加工贸易方式包括进料加工、来料加工、装配业务和协作生产。

我国的加工贸易具有以下三个基本特征：(1) 两头在外，即材料购自境外，加工成品又销往境外。(2) 料件保税，是区别于一般贸易的重要标志，也是加工贸易的灵魂与核心，可大大降低企业的运行成本，增加出口成品的竞争力。(3) 加工增值，企业对外签订加工贸易合同的目的在于通过加工使进口料件增值，从而从中赚取差价或工缴费。

以进料加工贸易为例，又叫以进养出，指用外汇购入国外的原材料、辅料，利用本国的技术、设备和劳力，加工成成品后，销往国外市场。这类业务中，经营的企业以买主的身份与国外签订购买原材料的合同，又以卖主的身份签订成品出口合同。合同需在海关登记备案，并设立保证金台账，合同执行完毕后一个月内企业向海关申请核销。

我国的加工贸易是伴随着国家改革开放事业的推进而发展起来的。目前，我国的矿产品加工贸易主要有铜精矿进料加工贸易。规范加工贸易的法规较多，近年来随着中国“一带一路”倡议的推进，最新推出的法规是国发〔2016〕4号《国务院关于促进加工贸易创新发展的若干意见》，以及财税〔2012〕39号《财政部国家税务总局关于出口货物劳务增值税和消费税政策的通知》。

一般贸易方式下冶炼企业从海外购进的铜精矿进口需按全价缴纳17%的增值税，再加工为精铜出口需缴纳5%~10%的出口关税，因此一般贸易方式下冶炼企业从海外购进的铜精矿，再加工为精铜出口将面临高昂的赋税成本。但冶炼企业若获取铜精矿进料加工贸易资格，则可按精铜出口的货物离岸价（FOB）与铜精矿购进价差额的17%的增值税征税方式，这一税额计算模式实际会将出口行为等同于内贸，减少出口营销成本。进料加工贸易下精铜出口的税费得到大幅降低，冶炼企业积极性大幅提升。

铜精矿作为资源性商品，2006年被列入加工贸易禁止类目录，受到严格管制。2009年7家铜企获批开展加工贸易业务，以后逐步放开。2016年，获取铜精矿进料加工贸易资格的13家铜企冶炼精铜产量占全国铜总产量的75%~80%。

铜精矿加工贸易有利于拉动国内铜产业的发展、拉平国内外铜价的价差。

铜精矿进料加工贸易中，铜精矿加工费（TC/RC）是铜精矿转化为精铜的处理和精炼费用。TC是处理费或粗炼费，以美元/吨铜精矿报价；RC是精炼费，以美分/磅精铜报价。将两者结合即可得到铜精矿加工费。2015年度中国铜精矿加工费（TC/RC）为107美元/10.7美分。

我国的矿产品加工贸易还有锌精矿进料加工贸易和铅精矿进料加工贸易。2015年，进口锌精矿加工费约为245美元/吨精矿，进口铅精矿加工费约为165美元/吨精矿。

［例3-10］ 广西防城港口岸铜精矿进口及广西金川有色金属公司防城港铜冶炼项目

铜精矿是广西防城港口岸传统的大宗进口商品，近年来进口量保持旺盛发展态势。据防城港检验检疫局统计，自2014年检验量首次突破100万吨以来，2015年又完成进口铜精矿176万吨，连续两年铜精矿检验量超百万吨。

据分析，防城港铜精矿进口成倍增加再创历史新高主要得益于以下方面原因：一是国际市场铜精矿加工精炼费上涨及铜矿价格下滑导致冶炼企业囤货备矿，中国铜冶炼厂大量增加铜精矿采购量以扩大产能；二是落户防城港的广西金川有色金属公司防城港铜冶炼项目对铜精矿需求巨大且产能不断扩增。广西金川有色金属公司只从防城港进口原料，2015年该公司进口铜精矿已达139万吨。

金川集团是采、选、冶配套的大型有色冶金和化工联合企业，是中国最大的镍钴铂族金属生产企业和中国第三大铜生产企业，位于甘肃省金昌市，在2015中国企业500强的名单中排名79位。

图3-6 位于广西防城港市的广西金川有色金属公司一期年产40万吨铜冶炼项目

位于广西防城港市的广西金川有色金属工业园是金川集团在境内投资的最大项目，预计总投资300亿元，其中一期投资项目的年产40万吨铜冶炼项目（见图3-6）已于

2013 年 10 月点火投产。一期投资项目还包括有 160 万吨硫酸、120 万吨铜渣选矿和总体规划等五大系统工程共 119 个子项。一期项目投产后可实现年销售收入约 260 亿元。

3.6 基本金属和矿产品的期货交易和套期保值

本书所介绍和讨论的期货仅限于商品期货。有关金融期货问题，有兴趣的读者可参阅本章参考文献［43］和相关资料。

3.6.1 期货交易

3.6.1.1 期货

期货，通常指的是期货合约，是一份合约。由期货交易所统一制定的、在将来某一特定时间和地点交割一定数量标的物的标准化合约。这个标的物，又叫基础资产，对期货合约所对应的现货，可以是某种商品，如铜或原油，也可以是某个金融工具，如外汇、债券，还可以是某个金融指标，如三个月同业拆借利率或股票指数。期货交易是市场经济发展到一定阶段的必然产物。

期货交易是商品生产者为规避风险，从现货交易中的远期合同交易发展而来的。在远期合同交易中，交易者集中到商品交易场所交流市场行情，寻找交易伙伴，通过拍卖或双方协商的方式来签订远期合同，等合同到期，交易双方以实物交割来了结义务。对于期货交易来说，虽然最终进行实物交割的期货合约比例极小，但正是这极少量的实物交割将期货市场与现货市场联系起来，为期货的价格发现以及避险功能提供了重要的前提条件。

交易者在频繁的远期合同交易中发现：由于价格、利率或汇率波动，合同本身就具有价差或利益差，因此完全可以通过买卖合同来获利，而不必等到实物交割时再获利。为适应这种业务的发展，期货交易应运而生。最早的期货交易市场萌芽于欧洲，17 世纪前后，荷兰在期货交易的基础上发明了期权交易方式，在阿姆斯特丹交易中心形成了交易郁金香的期权市场。

期货市场的保证金制度为远期交易履约提供了保证。投机者的加入增加了期货市场的流动性，克服了远期交易在履约保证和流动性方面的问题。期货市场流动性的增加，又可以分散众多期货交易者的风险。期货交易对生产企业有分散风险和套期保值锁定利润作用，对投资者则可获得投资获利的渠道，因而成为与证券交易相当的主要投资交易场所。

3.6.1.2 期货交易所

期货交易所是买卖期货合约的场所，是期货市场的核心。期货交易所不以营利为目的，按照其章程的规定实行自律管理。期货交易所以其全部财产承担民事责任。期货交易所在为交易者提供一个公开、公平、公正的交易场所和有效监督服务基础上实现合理的自身经济利益，包括会员会费收入、交易手续费收入、信息服务收入及其他收入。

国际上著名的期货交易所有：纽约商业交易所（NYMEX：以石油和贵金属最为出名）、伦敦金属交易所（LME：主要交易基本金属，见图 3-7）、国际石油交易所（IPE：主要交易布伦特原油等能源产品）、东京工业品交易所（TOCOM：主要是能源和贵金属期货）。

随着中国的改革和市场经济体制的建立发展，中国认识到了期货交易的作用，也先后成立了若干期货交易市场，如上海期货交易所（SHFE，见图 3-8）、深圳有色金属交易所（1999 年撤销）等。

图 3-7　伦敦金属交易所（LME）

图 3-8　上海期货交易所（SHFE）

设立期货交易所，由国务院期货监督管理机构审批。未经国务院批准或者国务院期货监督管理机构批准，任何单位或者个人不得设立期货交易场所或者以任何形式组织期货交易及其相关活动。中国目前由国家批准的期货交易所有四所，分别是上海期货交易所（铜、铝、锌、铅、镍、锡、金、银、螺纹钢、天然橡胶、燃料油和沥青）、郑州商品交易所（小麦、稻米、棉花、动力煤等）、大连商品交易所（玉米、大豆、焦炭、等）和中国金融期货交易所（股指期货）。

为贯彻落实国务院《关于 2013 年深化经济体制改革重点工作意见的通知》（国发［2013］20 号）中“推进煤炭、铁矿石、原油等大宗商品期货和国债期货市场建设”的工作部署，2013 年底中国证监会批准大连商品交易所挂牌铁矿石期货合约上市、郑州商品交易所挂牌动力煤期货合约上市。

2018 年 3 月 26 日，中国人民币计价原油期货上市，标准品为量身定做的中国和俄罗斯产中质含硫原油，系国际 WTI 和布伦特两大主力期货低硫轻质原油之外的标准品，“石油人民币”将增加中国在与“石油美元”竞争市场定价权以及金融市场中的话语权。

2018 年 5 月，大连商品交易所铁矿石期货将正式引入境外机构交易者，包括矿山、交易商和投资者。这是我国继原油期货以后第二个对外开放的期货品种，也标志着我国金融业对外开放正在提速。

3.6.1.3　期货交易与术语

期货交易是投资者交纳 5%～10%的保证金后，在期货交易所内买卖各种商品标准化合约的交易方式。一般的投资者可以通过低买高卖或高卖低买的方式获取赢利。生产型企业也可以利用期货做套期保值，降低和分散企业运营风险。常用的期货交易术语如下。

保证金：交易者按照规定标准交纳的资金，用于结算和保证履约。

买空：相信价格会涨并买入期货合约称“买空”或称“多头”，亦即多头交易。

卖空：看跌价格并卖出期货合约称“卖空”或“空头”，亦即空头交易。

开仓：开始买入或卖出期货合约的交易行为称为“开仓”或“建立交易部位”。

持仓：交易者手中持有合约称为“持仓”。

平仓：交易者了结手中的合约进行反向交易的行为称“平仓”或“对冲”。

斩仓：在交易中，所持头寸与价格走势相反，为防止亏损过多而采取的平仓措施。

持仓量：期货交易者所持有的未平仓合约的数量。

头寸：一种市场约定，即未进行对冲处理的买或卖期货合约数量。对买进者，称处于多头头寸；对卖出者，称处于空头头寸。

期货贴水与期货升水：在某一特定地点和特定时间内，某一特定商品的期货价格高于现货价格称为期货升水；期货价格低于现货价格称为期货贴水。

牛市：处于价格上涨期间的市场。

熊市：处于价格下跌期间的市场。

期货合约交割月份：期货合约规定进行实物交割的月份。

最后交易日：某一期货合约在合约交割月份中进行交易的最后一个交易日。

期货合约的交易价格：该期货合约的交割标准品在基准交割仓库交货的含增值税价格。

开盘价：某一期货合约开市前五分钟内经集合竞价产生的成交价格。

收盘价：某一期货合约当日交易的最后一笔成交价格。

实物交割：期货合约到期时，交易双方通过该期货合约所载商品所有权的转移，了结未平仓合约。

3.6.1.4 期货价格

期货价格是指交易成立后，买卖双方约定在一定日期实行交割的价格。期货交易是按契约中时间、地点和数量对特定商品进行远期（三个月、半年、一年等）交割的交易方式。其最大特点为成交与交割不同步，是在成交的一定时期后再进行交割。

在价格趋涨时，期货价格高于现货价格；在价格趋跌时，期货价格低于现货价格。在正常情况下，由于期货要负担较多的仓储费、保险费和利息，其价格一般比现货价格高。

期货市场是一个充分竞争的市场，信息公开透明，期货价格是买卖双方经过充分竞争之后达成的均衡价格，因此期货价格可谓是“真实”的，反映了大家对某种商品价格的预期。

经济学中有个基本定律称为“一价定律”，意思是说两份相同的资产在两个市场中报价必然相同，否则一个市场参与者可以进行所谓无风险套利，即在一个市场中低价买进，同时在另一个市场中高价卖出。最终原来定价低的市场中因对该资产需求增加而使其价格上涨，而原来定价高的市场中该资产价格会下跌直至最后两个报价相等。因此供求力量会产生一个公平而有竞争力的价格以使套利者无从获得无风险利润。

但是，如表 3-20 所示，我们初步观察，同期国内金属期货价格要高于国外金属期货价格，这是为什么呢？其实，这主要是由于当前世界上各主要期货交易所如美国各交易所、伦敦金属交易所等，其期货报价均为不含增值税的报价；而中国期货交易所均采取了包含增值税的报价方式。

表 3-20　2015 年 11 月 2 日的 LME 与 SHFE 基本金属产品价格比较

	螺纹钢 Rb	铜 Cu	铝 Al	锌 Zn	铅 Pb	镍 Ni	锡 Sn
伦敦金属交易所（LME）/USD · t^{-1}		5137.5	1452.0	1672.5	1674.0	10050.0	14925.0
上海期货交易所（SHFE）/CNY · t^{-1}	1777.0	38620.0	10340.0	13795.0	13240.0	77000.0	92130.0

注：1. 当日汇率为：1 USD = 6.315 CNY。

2. 上海期货交易所价格为当日最近到期期货含进口增值税价，计算方法见式（3-27）。

习惯上和日常操作上，中国商品的标价都含税，税收在生产交易环节收取。西方国家商品的标价大都不含税，但同时标明其税率税款，在购买流通时消费者需依法纳税。我国期货市场的报价方式制度实际上是对国内交易者交易习惯和缺乏税法知识的一种妥协。

我国期货市场增值税的问题讨论已久，现在对于征收环节已经趋于一致，即在交割环节征收。在增值税专用发票的流转上，大连商品交易所由卖方客户直接向买方客户提供发票，卖方客户和买方客户作为增值税的纳税人；郑州商品交易所增值税发票由卖方客户经卖方会员、买方会员流转到买方客户手中；上海期货交易所的做法比大连商品交易所又多出了交易所，交易所也被认定为增值税的纳税人。增值税发票的流转过程对期货市场并不造成重大影响。

在买入或者卖出期货合约的时候，如果期货报价为含增值税价格，由于增值税的征收是以发票金额为基数，交易者锁定的是远期的含税交易价格。在我国现行的期货增值税征收管理制度下，不参与期货最终交割的普通投机者，对于期货报价是否含增值税并不关心，并不影响他们参与期货交易的杠杆率，只是在含增值税报价的情况下，每手价格增加导致了保证金的增加（收益或风险也同比例放大）。但对于参与期货交割的企业套利者，则有可能受到一定的影响，需认真分析对待。

3.6.2 基本金属和矿产品的期货交易

矿业是国民经济的基础产业，它为国民经济各部门和人民生活提供必需的能源、原料和材料。由于矿产资源在世界范围分布和需求的不均匀性，以及矿业行业的高资金和技术投入的要求，矿产品的生产和销售已经高度地市场化和国际化了。世界上有不少的矿产品和金属期货市场，著名的有伦敦金属交易所（LME）、纽约商业交易所（NYMEX）等。

伦敦金属交易所（LME）是世界上最大的有色金属期货交易所，在该处交易的有色金属产品均需有 LME 认可的注册商标，执行 LME 的质量和包装标准。2014 年伦敦金属交易所的交易额达 15 万亿美元，其发布成交价格并被广泛作为世界金属贸易的基准价格。世界上全部铜生产量的 70%是按照伦敦金属交易所公布的正式牌价为基准进行贸易的。

在伦敦金属交易所，中国的交易量占到 20%左右。中国在金属交易领域的重要地位将逐步体现在对伦敦金属交易所的全球金属产品定价之中。

中国的矿产品交易和价格已经与世界市场高度接轨。以铜期货为例，上海期货交易所每月发行一个一年期合约，其价格有一定的形成机制和升贴水标准，并与 LME 价格密切相关。上市后即可随行情买卖交易，直至其交割日。

金属期货交易的绝大部分都是期货合约交易，最终实物交割的只占极小部分。矿产品和金属现货价格一般与最近一期即将到期的实物交割期货合约价格相同，参见表 3-12。

[例 3-11]　螺纹钢一天成交量超过上半年全国产量

2017 年上半年，中国螺纹钢期货累计成交量 3.38 亿手（单边，每手 10t），累计成交额 10.67 万亿元，而 2017 年上半年中国螺纹钢实际产量仅有 0.9959 亿吨，有时一天的成交量即超过上半年实际产量。无论从成交量、成交额、持仓量以及活跃度看，螺纹钢排名均位居中国大宗商品期货第一。

3.6.3 对冲交易和生产型企业在期货市场的套期保值

3.6.3.1 对冲交易和对冲基金

金融学上，对冲（hedge）指特意减低另一项投资风险的投资，是一种在减低商业风险的同时仍然能在投资中获利的手法。一般对冲是同时进行两笔行情相关、方向相反、数量相当、盈亏相抵的交易。行情相关是指影响两种商品价格行情的市场供求关系存在同一性，供求关系若发生变化，同时会影响两种商品的价格，且价格变化的方向大体一致。方向相反指两笔交易的买卖方向相反，这样无论价格向什么方向变化，总是一盈一亏。

采用对冲交易手段的基金称为对冲基金（hedge fund），也称避险基金或套期保值基金。对冲基金是指金融期货和金融期权等金融衍生工具与金融工具结合后以营利为目的的金融基金，它是投资基金的一种形式，意为“风险对冲过的基金”。大规模对冲基金众多，全球著名的如美国金融家乔治·索罗斯旗下经营的量子基金。

3.6.3.2 生产型企业在期货市场的套期保值

有了期货市场，生产型企业可以选择进入期货市场进行原料定价和套期保值，从而锁定成本和利润（或亏损程度），主动权大大加强。

套期保值是对冲交易的一种，是指为避免现货市场上的价格波动风险而进行的期货交易。企业把期货市场当作规避价格风险和锁定利润的场所，利用期货合约作为将来在现货市场上买卖商品的临时替代物，对其现在买进准备以后售出商品或对将来需要买进商品的价格进行保险的交易活动。

套期保值的基本特征，是在现货市场和期货市场对同一种类的商品同时进行数量相等但方向相反的买卖活动，见图 3-9，即在买进或卖出现货的同时，在期货市场上卖出或买进同等数量的期货，经过一段时间，当价格变动使现货买卖上出现盈亏时，可由期货交易上的亏盈得到抵消或弥补。生产型企业可以通过在期货市场的套期保值交易，在“现”与“期”之间、近期和远期之间建立一种对冲机制，以使价格风险降低到最低限度。

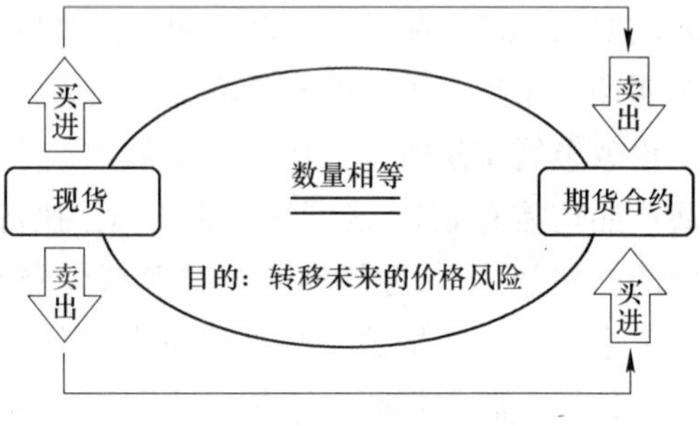

图 3-9 套期保值的基本特征

套期保值按照买卖方向分为买入套期保值和卖出套期保值。对于矿业企业来说，一方面面临金属产品成本波动的风险，可通过买入金属期货进行套期保值，当未来金属价格上涨时，期货市场的利润能弥补成本上升的损失；另一方面，企业若担心未来金属产品的价格会下跌，利润下降，则可以在买入原料开始生产时，就在金属期货市场上做相应的金属卖出套期保值。

套期保值的理论基础为：现货和期货市场的走势趋同（在正常市场条件下），由于这两个市场受同一供求关系的影响，二者价格同涨同跌；但是由于在这两个市场上操作相反，所以盈亏相反，期货市场的盈利可以弥补现货市场的亏损。

企业参与期货市场套期保值效果的评价以产品总体的销售价格超越行业平均价为基准。企业套期保值包括生产环节套期保值和贸易环节套期保值。

对于有意在期货市场进行套期保值的企业，应做好前期规划，并充分认识期货市场的风险。企业应始终牢记，套期保值的原则不在于创造利润，而在于管理风险，应做到不投机。

为此，企业应设立专门的套期保值业务组织机构，配备专职人员，制定套期保值业务流程和风险管理制度；应与专业期货公司人员沟通，进行业务前期培训；以年度为单位制定套期保值操作计划，动态修正。套期保值还需要考虑资金因素、季节性因素（生产淡旺季）等。评估一项套期保值操作，看现货和期货两个市场的综合效果，取一个相对长的时间段，比如说一年以上。

期货交易套期保值出现的盈余（或亏损）与其相对应的现货交易亏损（或盈余），在企业年报中往往是各自分别揭示的。因此看年报阅读这些信息时，不能只从期货投资收益来单方面看待公司的期货亏损（或盈余），必须将企业的期货与现货交易合并看待，它们是套期保值这个统一体下的两个方面。事实上，只要坚持期货与现货的对冲原则，就能实现企业稳健经营。

一般而言，企业参与套期保值的基础理念和套期保值效果评估标准可拟定为：

$$\text{现货盈亏}+\text{期货盈亏}=\text{总盈亏}\geqslant 0 \tag{3-32}$$

2006 年，中国财政部在借鉴国际会计准则的基础上，颁布实施了《企业会计准则第24 号——套期保值》，规范了与套期保值业务相关的财务准则和会计处理方法，对开展套期保值业务的企业有规范指导意义。

[例 3-12]　有色金属冶炼企业套期保值案例

有色金属冶炼产品的加工利润很薄，市场价格的波动很容易导致亏损的出现，及时利用期货市场锁定冶炼产品加工费有利于回避市场价格波动的风险。有色金属冶炼产品的纯加工套期保值应在原料采购定价的同时进行，一份原料采购合同对应一份期货套期保值方案。

以某电解铝厂为例，每年需要 100 万吨左右的氧化铝原料全部外购，包括进口和国内采购，进口比例在 50%左右。该厂的具体做法是：氧化铝原料一般签署长期采购合同，进口的氧化铝在伦敦金属交易所做买入套期保值；铝锭在国内出售，在上海期货交易所做卖出套期保值。

[例 3-13]　江西铜业集团公司的加工套期保值

江西铜业集团公司成立于 1979 年，总部设在中国南昌，多元化的业务包括铜、金、银、稀土、铅、锌等多金属矿业开发以及支持矿业发展的贸易、金融、物流、技术支持等，在中国、秘鲁、阿尔巴尼亚、阿富汗等国建立了绿色矿业基地。2008 年江西铜业集团公司实现整体上市，2016 年，以 315.5 亿美元的销售收入位列《财富》世界 500 强第 328 位。图 3-10 为江西铜业集团公司的主体生产企业：德兴铜矿的大山选矿厂(92000t/d)。

图 3-10　江西铜业集团公司德兴铜矿大山选矿厂（92000t/d）

江西铜业集团公司经过多年的摸索和发

展，形成了系统化的套期保值模式和策略，建立了风险控制部门，制定了相应制度，对套期保值操作的全过程进行合规检查和风险评估，杜绝投机行为，控制期货头寸风险。根据江铜的生产规模和原料结构，公司的总体套期保值策略是对外购原料和铜杆线客户点价销售进行充分保值，对自产矿在高价位运行时不进行大量保值。保值目标为：现货采购和销售等业务板块都能够充分运用期货保值工具，做好原料采购和销售，在赢得市场的同时适时规避风险。

在组织结构和操作流程上，江铜把期货保值部门、国内外原料采购部门、产品销售部门和财务部门及风险控制部门紧密结合在一起，每一笔现货流都必须与期货流相对应，每一笔期货流都必须反映到现货流上来。

以江铜集团下属的南方公司为例，具体保值操作方法是：将每月采购的原料每天在当月的期货合约均量进行卖出保值，保证所抛出价格在当月结算价附近；在客户点价的同时，在对应的期货市场进行等量的买入平仓。此方法既有效地锁定了公司的核心利润——加工费，又合理规避了铜价的波动风险，并且实现了客户需求最大化。多年以来，通过各种套期保值优化手段，南方公司的保值综合盈亏保持小幅盈利，保值效果总体表现良好。

2005 年 12 月至 2006 年 6 月，铜价格从 37000 元/吨上涨至 85000 元/吨。在铜价上涨过程中，南方公司与下游客户签订了大量的远期订单，也对应在远期铜期货合约上进行买入保值。套保的结果是，南方公司的期货账户出现了巨额盈余，有效地对冲了现货市场上原材料价格上涨的风险。

[例 3-14]　西部矿业集团公司的贸易套期保值

西部矿业集团有限公司是中国著名的矿业类上市公司，总部位于青海省西宁市。西部矿业公司 2016 年位居《财富》中国企业 500 强第 205 位。图 3-11 为西部矿业所属的年采选矿石能力 75 万吨的青海赛什塘铜矿选矿厂。

图 3-11　西部矿业青海赛什塘铜矿选矿厂（75 万吨/年）

西部矿业公司开展了套期保值业务，要求贸易项下的套期保值要百分之百做到采购和销售与期货头寸的开平仓对应。任何贸易业务都必须要有期货保值头寸作为保护措施，在开展国际国内贸易时要事先计算好贸易成本与预期收益，并进行预期收益的风险分析。

2008 年西部矿业营销系统开展了 10.8 万吨铝、2.3 万吨锌、2.9 万吨铜的国内贸易，贸易中全部现货进行了百分之百的保值操作，同时还利用换月等操作获取期货不同月份之间基差，从而扩大了利润，最后取得了毛利 3500 多万，净利润 1300 多万的良好业绩。期货市场套期保值业务帮助西部矿业锁定了经营成本和预期利润，保证了企业贸易类业务的顺利进行。

3.6.4　金属期货投机性交易的风险案例

期货交易与股市交易类似，具有相当大的投机性和风险性。投资者应充分理解投资收益与交易风险之间的矛盾，以及如何平衡处理两者之间的关系。

在股市中，若投资者购入的股票价格下跌造成账面亏损，投资者尚可保留股票以套牢态等待以后股票价格上升时脱套。期货市场交易仓单一般为数月，最长为一年，到期必须交割或平仓，交易盈利或亏损并不止于账面而是实际发生。由于进入期货市场的游资巨大，投机炒作属性强，期货价格波动难以把握，因此，投机性期货交易风险很大。

基本金属期货交易属于大宗商品，其交易价格受入场资金、金融大鳄炒作目标、国际国内经济形势和突发政治事件等因素影响很大，价格波动也往往较大且出乎意料。因此，进入基本金属期货交易的业主应具有较强的风险意识、操作策略和止损预案，切忌赌博心态。生产型企业应切忌从事期货投机性交易，而必须把握住生产型企业从事期货套期保值交易的初衷和原则。

有关基本金属期货投机性交易的风险及典型案例选择介绍如下。

[例 3-15]　1996 年住友铜事件

住友公司是日本集金融、贸易、冶金、机械、石油、化工和纺织为一体的超大型集团。在全球 500 强企业中，一度排名第 22 位。公司通过控股或参股等形式拥有全球众多铜矿山和冶炼厂。

住友公司很早就参与伦敦金属交易所（LME）的金属交易，1987 年初，当伦敦金属交易所期货铜价在 1300 美元徘徊时，住友公司的操盘手滨中泰男在期货市场逐步建立了大量的铜远期合约。

到 1988 年中，伦敦铜价暴涨至 2500 美元。滨中泰男从期货市场套取了巨额利润。从 20 世纪 80 年代中期到 1996 年住友铜事件之前近十年的时间里，滨中泰男在伦敦铜期货市场“叱咤风云，呼风唤雨”，屡屡得手。由于其经常控制着伦敦铜市场 5%以上的成交量和未平仓合约，因此获得“百分之五先生”称号。应该说，住友本身就是在 LME 非常活跃的大鳄。

由于住友商社是当时伦敦和纽约市场的大多头，终于被欧洲和美国大型基金锁定。他们针对住友的多头大量抛空，伦敦铜价从 3075 美元/吨高点跌至 1995 年 5 月份 2720 美元/吨左右。但滨中泰男并没有轻易就范，当年 7、8 月份又把铜价拉升至 3000 美元以上。在国际基金新一轮的强大攻势下，伦敦铜价从 1996 年 5 月份 2720 美元/吨高位一路狂泄至 6 月份 1700 美元/吨左右，短短一个多月，跌幅超过 1000 多美元。住友商社以彻底失败而告终，据估计，住友的损失高达 18 亿美元。

一起长期隐瞒未经授权交易导致巨额亏损的丑闻终于暴露了，住友公司遭受沉重打击。此事也反映了住友公司内部管理存在相当大的问题。

住友铜事件之后也导致了交易者和资金对铜期货市场望而生畏和远离铜交易，因此导致铜价格在 1996~2005 年的近十年间长期低迷徘徊，并影响了其他有色金属价格长期低迷徘徊，带动出现了“世界矿业萧条期十年”。

教训：期货交易者不能刻意对抗市场的供求状况和蓄意操纵市场。

[例 3-16]　1997 年株洲冶炼厂锌期货交易卖出远超自身产能期货合约导致巨额亏损事件

株洲冶炼厂于 1956 年成立，正式职工 8000 余人，为国家一级企业，年利润过亿元。该厂为当时中国三家在伦敦金属期货交易所挂牌交易企业之一、全球五大铅锌冶炼生产厂家之一。1985年国务院下令禁止国内企业公司炒作外盘期货，认为中国的市场经济尚未成熟，各方面条件也不具备做外盘期货的能力。株洲冶炼厂却利用了具有进出口权的便利，违规炒外盘期货，最初以套期保值名义操作，尝到了一些甜头。

1997年前株洲冶炼厂年产锌约20万吨。1997年3月世界金属期货市场价格上扬，锌市走俏。株洲冶炼厂进出口公司经理徐跃东见有利可图，开始在每吨1250美元的价位上往外大量抛售合同，而此时株洲冶炼厂每吨锌的成本仅1100美元，做期货交易的话，每吨锌在以后按期交割现货可赚150美元。

株冶操盘手此时也许不会知道，株洲冶炼厂从开始做空的那一时刻起，著名的国际大期货交易商嘉能可资源有限公司就盯上了他。株冶操盘手抛出了大于株洲冶炼厂年产量几十万吨的供货合同，国际大鳄则全盘接单，推动锌市场价格一路攀升至最高点每吨1674美元。株洲冶炼厂终于坚持不住，垮了下来，后经中国有色金属工业总公司、中国银行和国家储备局大力救助，筹借资金以及调拨国储库存锌高价平仓，厂方内部宣布亏损达13.22亿元人民币。

1998年，朱镕基总理在全国九届二次人代会与湖南代表团座谈时，特地指出要严肃查处株洲冶炼厂违规期货交易一案。2001年，徐跃东因犯玩忽职守罪和信用证诈骗罪被判处有期徒刑16年。

教训：生产型企业做套期保值的出发点是规避价格风险和锁定利润，而非投机炒作期货交易赚钱。生产型企业在做套期保值时，一定要是在现货市场和期货市场对同一种类的商品同时进行数量相等但方向相反的买卖活动，而决不能单方向大量卖空你没有的产品期货。

［例3-17］ **2005年国储铜事件**

国家物资储备是国家直接建立和掌握的战略后备力量，是保障国家军事安全和经济安全的重要手段。中国国家物资储备局由国家发展和改革委员会管理，负责拟订国家战略物资储备的战略和规划，组织国家战略物资的收储、动用、轮换和日常管理。

刘其兵为国家物资储备调节中心处长，其违反国家对国有单位进行期货交易的相关规定，将该中心资金用于境外非套期保值的期货交易，致使损失折合人民币9.2亿元。

2003年，在铜期货市场还处于每吨1000多美元低位时，刘其兵就开始大量重仓做多。其后国际铜价慢慢上涨，刘其兵给调节中心带来了不小的利润。但是，2005年9月当国际铜价冲到每吨3000美元的新高后，刘其兵一反常态，开始决意做空。然而，中国发展需要大量的铜，中国是世界最大铜进口国，国际大鳄瞄准了刘其兵于2005年12月到期的20万吨期铜做空单，一路拉升铜价，2005年12月底三月期铜价达4350美元/吨，此时刘其兵的账面亏损已达6.06亿美元。

面临年底即将到期被执行的大量看涨期权的严峻局面，国家发改委物资储备调节中心成立应对小组，数次拍卖储备铜，试图平抑铜价。大量铜现货被运至伦敦金属交易所在亚洲的数个仓库作实物交割。通过实物交割、平仓、展期等多种方式止损，将原有的6亿多美元损失降低到了1.44亿美元；扣除此前在国内期货账户1.89亿元人民币的盈利，累计亏损数额为9.2亿元人民币。

2008年，潜逃后归案的刘其兵被判处7年有期徒刑。

教训：中国是巨大的经济体，中国大量买什么，什么就会涨价；中国大量卖什么，什么就会跌价。不要在中国经济层面看好、进口铜需求量猛增的时候，去选择做空期货铜市场。

反面收获：沉寂了近十年的世界铜期货市场被快速拉升启动，带动出现了2005~2014年间的“世界矿业黄金期十年”。

［例3-18］ 2005~2007年太钢期货亏损事件

太原钢铁（集团）有限公司简称太钢，属于大型国企，是目前全球产能最大的不锈钢企业，年产钢量超过1000万吨，其中不锈钢占比40%左右。太钢所属的太钢不锈于1998年在深圳证券交易所挂牌上市，发行股票2.50亿股，发行价格4.32元，扣除发行费用后实募资金10.56亿元。2007年，太钢不锈钢产量202万吨，出口50万吨。

2016年9月27日，江苏省徐州市中级人民法院一审公开开庭审理了山西省委原常委、太原市委原书记陈川平受贿、国有公司人员滥用职权一案。公诉机关指控：2005年5月至2007年11月，被告人陈川平在担任太原钢铁（集团）有限公司兼太原钢铁（集团）国际经济贸易有限公司董事长期间，违规擅自决定并直接指挥子公司太钢进出口（香港）有限公司在境外进行大量期货交易，造成国有资产损失折合人民币9.07亿元。陈川平一审获刑六年半。

习　题

3-1 什么是不含税价格体系？不含税销售收入与含税销售收入有何区别与关系？

3-2 总成本与生产成本是何关系？

3-3 生产成本中的制造费用包含哪些内容？

3-4 简述企业提取折旧费的作用以及提取折旧费对企业缴纳增值税和企业所得税的影响。

3-5 如何理解折旧费列入生产成本，却是企业系统内部的现金转移，未流向系统之外？

3-6 经营成本与生产成本是何关系？

3-7 企业在生产经营中，需缴纳的“五险一金”是哪些，列入成本组成的哪个部分？

3-8 在求职应聘时，为什么要了解聘用方开列的工资报酬中是否包括“五险一金”？

3-9 矿业企业的原矿生产成本如何计算？

3-10 矿业企业的精矿成本如何计算？

3-11 矿产品价格过高会有何不利影响？什么是矿产替代品？

3-12 矿业企业在生产经营中，共需要交纳哪些税费？税前利润应如何算？

3-13 根据现行税法和企业会计准则，国内销售产品的销售收入应按不含增值税的销售价格计算。此时对于成本价格核算应按什么标准？

3-14 采用不含税价格体系，以及含税价格体系，对企业税前利润、企业所得税和企业税后利润计算是否会有影响？

3-15 矿业企业税后利润是如何计算的？怎样才能增加企业利润？

3-16 为什么全球贸易自由化有助于增加社会真实财富？

3-17 进口基本金属和矿产品需缴纳哪些税收？

3-18 中国的资源战略是什么？

3-19 国外期货市场与国内期货市场的同期基本金属期货价格为何有区别？

3-20 套期保值的原理和原则是什么?

3-21 为什么投机性期货交易风险很大?

3-22 如何理解投资收益与交易风险之间的矛盾，如何平衡处理两者之间的关系?

参考文献

[1] Edmond Norton Skinner. Mining Costs of the World: A Compilation of Cost and Other Important Data On the World's Principal Mines [M]. Nabu Press, 2010.

[2] 央视财经频道，公司的力量 1 [EB/OL]. 央视网,2010-08-23. http://tv. cctv. com/cctv2/.

[3] 财政部令 [2006] 第 33 号.《企业会计准则》[EB/OL]. 中国财政部网站，http://www. mof. gov. cn/.

[4] 财会 [2013] 17 号.《企业产品成本核算制度(试行)》[EB/OL]. 中国财政部网站，http://www. mof. gov. cn/.

[5]《采矿手册》编辑委员会. 采矿手册第 7 卷 [M]. 北京：冶金工业出版社，1991.

[6]《选矿手册》编辑委员会. 选矿手册第 7 卷 [M]. 北京：冶金工业出版社，2006.

[7] 国家再推 7 项减税措施 支持创业创新和小微企业发展 [EB/OL]. 中国政府网,2018-04-25. http://www. gov. cn.

[8] 中华人民共和国主席令 (2010) 35 号,《中华人民共和国社会保险法》[EB/OL]. 中国政府网，http://www. gov. cn.

[9] 国务院令 [1999] 第 262 号.《住房公积金管理条例》[EB/OL]. 中国政府网，http://www. gov. cn.

[10] 财企 [2004] 324 号,《财政部关于提高冶金矿山维持简单再生产费用标准的通知》[EB/OL]. 中国财政部网站,http://www. mof. gov. cn/.

[11] 财企 [2009] 240 号,《财政部关于提高化学矿山维持简单再生产费用标准的通知》[EB/OL]. 中国财政部网站,http://www. mof. gov. cn/.

[12] 财建 [2004] 119 号,《关于规范煤矿维简费管理问题的若干规定》[EB/OL]. 中国财政部网，http://www. mof. gov. cn/.

[13] 财会字 [1993] 第 22 号,《财政部关于印发〈工业企业会计制度若干问题的补充规定〉的通知》[EB/OL]. 中国财政部网站，http://www. mof. gov. cn/.

[14] 财企 [2012] 16 号，关于印发《企业安全生产费用提取和使用管理办法》的通知 [EB/OL]. 中国财政部网站,http://www. mof. gov. cn/.

[15] 中冶北方工程技术有限公司. 太钢（集团）袁家村铁矿可行性研究报告 [R]. 大连，2008.

[16] 中国矿业权评估师协会.《矿业权评估参数确定指导意见》[M]. 北京：中国大地出版社，2008.

[17] 亚当·斯密.《国民财富的性质和原因的研究》[M]. 北京：商务印书馆，1972.

[18] 大卫·李嘉图.《大卫·李嘉图全集第 1 卷：政治经济学及赋税原理》[M]. 北京：商务印书馆，2013.

[19] 以史为鉴：贸易保护法案催化大萧条 [EB/OL]. 搜狐财经,2018-03-23. http://business. sohu. com/.

[20] 海关总署：2017 年中美贸易快速增长 [EB/OL]. 证券时报网,2018-01-12. http://www. stcn. com.

[21] 中美两张 500 亿美元加征关税清单-谁的更有冲击力? [EB/OL]. 凤凰财经,2018-04-10. http://finance. ifeng. com/.

[22] 李晓. 国家命运与个人命运——关于中美贸易战的深度思考 [EB/OL]. 吉林大学经济学院，2018-07-03，微信公众号（ID：jlueconomics).

[23] 美发动对华贸易战不得人心，中方坚决捍卫自由贸易和多边体制 [EB/OL]. 新华网，2018-07-07，http://www. xinhuanet. com.

[24] 侠客岛. 贸易战升级，中国 600 亿如何应对美国 2000 亿? [EB/OL]. 人民日报海外网，2018-08-

04, http://www. haiwainet. cn/.
[25] 伦敦金属交易所网站, http://www. lme. com.
[26] 上海期货交易所网站, http://www. shfe. com. cn.
[27] 大连商品交易所网站, http://www. dce. com. cn.
[28] 长江有色金属网, http://www. ccmn. cn/.
[29] 中国海关总署网站, http://www. customs. gov. cn/.
[30] 中国铁矿石价格指数 [EB/OL]. 中国钢铁工业协会网站, http://www. chinaisa. org. cn.
[31] 新华-中国铁矿石价格指数 [EB/OL]. 新华网, http://www. xinhuanet. com.
[32] 孙克成. 紫金山金矿大规模堆浸生产实践 [J]. 黄金, 2000, (3): 33~35.
[33] 紫金矿业集团股份有限公司官网. http://www. zjky. cn/.
[34] 财政部, 国家税务总局, 财税 [2018] 32 号,《关于调整增值税税率的通知》[EB/OL]. 中国财政部网站, http://www. mof. gov. cn/.
[35] 税委会 [2014] 32 号,《国务院关税税则委员会关于 2015 年关税实施方案的通知》[EB/OL]. 中国政府网, http://www. gov. cn/.
[36] 杨漾. 抄底国际铀价, 中国核电企业出海寻铀提速 [EB/OL]. 澎湃新闻, 2014-12-16. http://www. thepaper. cn.
[37] 央视财经频道. 国内最大液化天然气运输船交付使用 [EB/OL]. 央视网, 2017-10-16. http://tv. cctv. com/cctv2.
[38] 央视新闻频道. 中国制造超大型 40 万吨矿砂船下水 [EB/OL]. 央视网, 2017-09-20. http://tv. cctv. com/cctv13.
[39] 巴西淡水河谷公司官网, http://www. Vale. com.
[40] 国发 [2016] 4 号,《国务院关于促进加工贸易创新发展的若干意见》[EB/OL]. 中国政府网, http://www. gov. cn.
[41] 财税 [2012] 39 号,《财政部国家税务总局关于出口货物劳务增值税和消费税政策的通知》[EB/OL]. 中国政府网,http://www. gov. cn/.
[42] 中国商务部. 铜精矿进口贸易指南 [EB/OL]. 中国有色金属工业协会网站, http://www. chinania. org. cn.
[43] 汤冠英. 试论铜精矿进料加工贸易政策变化对我国铜冶炼企业的影响 [J]. 科技创业家, 2013, (12 上): 136.
[44] 国务院令 [2007] 第 489 号,《期货交易管理条例》[EB/OL]. 中国政府网, http://www. gov. cn/.
[45] 央视财经频道. 资本的故事第三季第十七集——金融期货之父 [EB/OL]. 央视网,2015-11-17. http://tv. cctv. com/cctv2.
[46] 中国人民币计价原油期货交易正式上市 [EB/OL]. 中国商务部, 2018-04-02. http://www. mofcom. gov. cn/.
[47] 我国铁矿石期货国际化启动-继原油期货后第二个 [EB/OL]. 央视网, 2018-05-04. http://tv. cctv. com/cctv1.
[48] 叶青. 一天成交量超过上半年全国产量 螺纹钢疯了 [EB/OL]. 华夏时报网,2017-08-11. http://www. chinatimes. cc.
[49] 国发 [2013] 20 号《关于 2013 年深化经济体制改革重点工作意见的通知》[EB/OL]. 中国政府网, http://www. gov. cn.
[50] 财政部令 [2006] 第 33 号.《企业会计准则第 24 号——套期保值》[EB/OL]. 中国财政部网站, http://www. mof. gov. cn/.

[51] Oleg V. Bychuk. Hedging Market Exposures：Identifying and Managing Market Risks [M]. Wiley, 2011.
[52] 蔡原江. 江铜的期货套保真经 [J]. 中国外汇, 2010, (3)：40~41.
[53] 黄玉峰. 爆仓——株洲冶炼厂期货风波始末 [J]. 检察风云, 2001, (10)：36~39.
[54] 央视财经频道. 拆解有色金属密码 1——有色金属高价之忧 [EB/OL]. 央视网,2006-08-23. http：//tv. cctv. com/cctv2.
[55] 王秀玉. 住友事件——震惊全球的巨额亏损案 [J]. 广东大经贸, 1996, (7)：74~75.
[56] 张巍柏. 国储铜事件的反思 [J]. 西部论从, 2006, (1)：38~40.
[57] 余世文. 从企业境外套期保值的交易方式分析国储期铜巨亏事件 [J]. 特区经济, 2009, (6)：279~280.
[58] 中国国家物资储备局网站, http：//cbj. ndrc. gov. cn.
[59] 央视财经频道. 拆解有色金属密码 4-优势金属为何卖不了高价[EB/OL]. 央视网,2006-08-23. http：//tv. cctv. com/cctv2/.
[60] 赵腊平. 矿业发展为何不再高歌猛进？能否重返“黄金十年”？[N]. 中国矿业报, 2017-06-30 .
[61] 杨兴志. 陈川平致巨额国有资产损失警示了啥？ [EB/OL]. 中国网-传媒经济, 2016-09-28. http：//media. china. com. cn.

4 矿业权价款和转让价的费用估算

4.1 与矿业权交易相关的经济学基础

4.1.1 资金的时间价值

4.1.1.1 基本概念与术语

资金的时间价值（the time value of money），是指当前所持有的一定量货币比未来获得的等量货币具有更高的价值。也就是说，同样数额的资金在不同的时间点上具有不同的价值。

资金周转（turnover of capital）使用后具有增值特性。资金经合理运用一定时间后，具有赢利增值的潜在能力。利率（interest rate）越高、时间越长，所赢得的利润（profit）或利息（interest）及增值也越多，一般以复利（compound interest）公式加以计算，参见式（4-1）。

利用等值的概念，把在不同时点发生的资金金额换算成同一时点的等值金额，这一过程叫做资金等值计算。把将来某一时点的资金金额换算成现在的等值金额的换算过程称为“折现”（discounting）或“贴现”。将来时点上的资金折现到现在时点的资金的价值称为“现值”（present value）。与现值等价的将来某时点的资金价值称为“终值”（future value），或“未来值”。

4.1.1.2 资金时间价值等值计算公式

资金时间价值等值计算，包括一次整付类型、等额分付类型和等差序列类型。本书根据需要仅简要介绍一次整付类型，其余类型请参阅相关的《技术经济》课程教材。

A 一次整付类型终值计算

一次整付是指在分析经济系统现金流量时，现金流入或流出均在一个时点发生，现金流量图表示见图 4-1。在考虑资金时间价值的情况下，现金流入 F 与现金流出 P 相等，则 P 与 F 就是等值的。

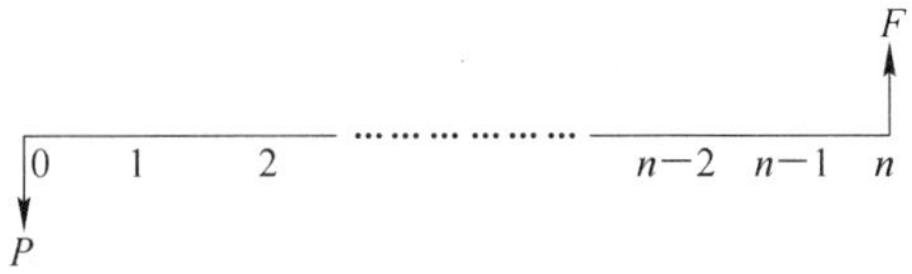

图 4-1 一次整付类型的现金流量图

一次整付终值是指期初投资 P 元，利率为 i，在第 n 年末一次偿还本利 F，公式与复利计算时的本利和公式相同：

$$F = P(1 + i)^n \tag{4-1}$$

式中 F——n 年末的终值（本利和）；

P——现值（本金）；

i——折现率（利率）；

n——计息周期（n=0，1，2，3，…，n）。

系数 $(1+i)^n$ 称为整付终值系数，记为（F/P，i，n），其数值可以从相应的复利表中查到，斜线右边字母表示的是已知的参数，左边表示的是待求的等值现金流量。

［例 4-1］ 某工程项目需向银行贷款 100 万元，年利率为 12%，借期 5 年，5 年后向银行偿付的本利和应为多少？

解： 5 年后偿付的本利和与现在的贷款额等值，i = 0.12，n = 5，P =100 万，则

$$F = P(1+i)^n = 100\times(1+0.12)^5 = 100\times 1.762 = 176.2\ (\text{万元})$$

即 5 年后应偿付银行 176.2 万元。或查 12%的复利系数表，可知整付终值系数（F/P，12%，5）为 1.762，结果亦可直接计算得出。

B 一次整付现值计算公式

一次整付现值公式是已知终值 F 来求现值 P 的等值公式，它是一次整付终值的逆运算：

$$P = F\frac{1}{(1+i)^n} \tag{4-2}$$

式中，符号意义与式（4-1）的相同，系数 $\frac{1}{(1+i)^n}$ 称为一次整付现值系数，记为（P/F，i，n），它与一次整付终值系数互为倒数。

［例 4-2］ 某工程项目预计 8 年后获得收入 100 万元，设折现率为 8%，折算成现值是多少？

解： 当年利率为 8%时，现在多少资金与 8 年后的 100 万元等值，i=0.08，n= 8，F=10

$$P = 100\times\frac{1}{(1+0.08)^8} = 100\times\frac{1}{1.851} = 54.03\ (\text{万元})$$

或查 8%的复利系数表，可知整付现值系数（P/F，8%，8）= 0.5403，结果亦可直接计算得出。

4.1.2 折现率、净现值 NPV、内部收益率 IRR 和折现现金流量法 DCF

4.1.2.1 折现率

根据上节资金时间价值的概念介绍，现在拥有的一定数量的资金，等价于若干年后更大数量的一笔资金；同理，若干年后的一笔资金，折算为现值时要打一折扣。一年后的资金折算为现在的资金时所打的折扣，称为折现率（discount rate），常用字母 i_0，或 r 表示。

折现率的计算公式见式（4-2），实例见例 4-2。

4.1.2.2 净现值 NPV

未来现金流量也能折算成现值并与原始投资比较。这一计算得出的是净现值（net present value，缩写 NPV）。净现值 NPV 的计算为：

$$\text{NPV} = \sum_{t=0}^{n}(\text{CI}_t - \text{CO}_t)\cdot\frac{1}{(1+i_0)^t} \tag{4-3}$$

式中 NPV——净现值；

t——年序号（$t=0$，1，2，3，…，n）；

n——资产（项目）的寿命年限；

CI_t——第 t 年的现金流入；

CO_t——第 t 年的现金流出；

i_0——基准折现率。

4.1.2.3 内部收益率 IRR

内部收益率（internal rate of return，缩写 IRR），即项目方案在寿命期的净现值为零时的折现率，根据定义，内部收益率可通过解下列方程求得：

$$NPV(IRR) = \sum_{t=0}^{n} (CI_t - CO_t)(1 + IRR)^{-t} \tag{4-4}$$

式中 IRR——内部收益率；

其他符号意义同式（4-3）。

内部收益率 IRR 是最重要的项目经济评价指标，其具体应用见例 7-2。

4.1.2.4 折现现金流量法 DCF

折现现金流量法（discounted cash flow，缩写 DCF），亦称贴现现金流量法。折现现金流量法就是把企业未来特定期间内的预期现金流量还原为当前现值。由于企业价值的真髓还是它未来盈利的能力，只有当企业具备这种能力，它的价值才会被市场认同，因此理论界通常把折现现金流量法作为企业价值评估的首选方法。折现现金流量法的基本公式同式（4-3）。

4.2 矿业权及其获取与交易

4.2.1 中国矿业权制度的建立与发展

矿业权包括探矿权和采矿权。探矿权人投资探明的勘探区矿产资源，可优先取得其采矿权。

我国在 20 世纪 50 年代至 80 年代的计划经济体制时期，长期执行的是资源不计价、原料低价、产品高价的价格政策。国家花了大量的人力、物力、财力找到的矿产资源形成无形资产，随着矿业权的无偿授予转移到其他国有企业以及整个社会国民经济的效益之中。

20 世纪 80 年代中国实行改革开放以来，特别是我国开始建立社会主义市场经济体制以来，这种无偿授予矿业权的弊端就越来越明显，具体表现为：

（1）由于投入矿业主体的多元化，无偿授予矿业权造成中央国有与地方国有，国有与集体、个体矿山企业的资源之争，形成复杂的矿业纠纷，出现无证采矿、滥采乱挖现象，大量的国有资产及国家前期投入资金，成为矿业企业资产甚至个人资产，造成国有资产流失。

（2）无偿授予矿业权还抑制了地质探矿部门的资源再生产活动的积极性。

(3) 无偿授予矿业权造成资源的严重浪费，如采富弃贫、采易弃难、采浅弃深、采厚弃薄等等，同时生态破坏和环境污染也日益加剧。各种形式的资源浪费，其目的是降低资源产品的生产成本，但其代价是有限资源的损失。可以这样说，一切掠夺式资源开采、资源利用的低效率、资源的严重短缺等行为和状态的产生，都根源于资源的无偿使用。

实践证明，资源无偿使用办法已不能适应经济的高速发展特别是矿业发展的要求。1986 年，《中华人民共和国矿产资源法》公布实施，1994 年《矿产资源法实施细则》公布实施，开始在全国范围内开征资源补偿费。

资源补偿费的征收，对于促进矿业秩序的好转和矿业经济发展起了良好作用，但其更重要的意义是，它是中国政府第一次运用市场经济价值规律来优化资源配置。从此，市场在资源配置中的作用才开始被重视并渐渐得到发挥。市场机制作用要得到更有效地发挥，必须对矿产资源价格的形成机制进行研究，通过市场运用价格杠杆来限制资源的浪费，调节资源生产，实现资源可持续利用。

由于当时的计划经济体制历史条件，1986 年的《中华人民共和国矿产资源法》规定矿业权不得买卖、出租，不得用作抵押。随着社会主义市场经济体制的建立，这些规定显然已不能适应社会生产的要求。1996 年公布的《中华人民共和国矿产资源法（修正）》中规定，我国实行矿产资源国家所有权制度，国家对全民所有的矿产资源享有的占有、使用、收益和处分的权利。国家通过有偿授予企业或个人矿业权，促进国家经济的发展。为了实行矿业权有偿使用的制度，在开采矿产资源时还必须按照国家有关规定缴纳资源税和资源补偿费。按照规定，企业或个人获得的矿业权可以依法转让。矿业权可以流转，可以盘活国有资金，同时可吸引社会资本进入矿业领域，促进我国矿业的健康发展。

4.2.2 矿业权的获取与交易

4.2.2.1 矿业权交易规则

中国的矿业权交易规则，主要法规依据是国土资发（2011）242 号：国土资源部关于印发《矿业权交易规则（试行）》的通知。其内容包括：①总则；②公告与登记；③交易形式及流程；④确认及中止、终止；⑤公示公开；⑥交易监管；⑦法律责任及争议处理。

4.2.2.2 矿业权一级市场中的矿业权价款

在我国市场经济的模式下，矿业权市场已趋定式的供需构成有一级市场和二级市场两种。

在矿业权一级市场中，国土资源管理机构代表国家是供方，矿业权申请人或矿山企业则是需求主体。矿业权一级市场的矿业权获取方式，一律以招标、拍卖、挂牌等市场竞争方式出让。无论哪种方式，均应向国家交付矿业权价款。矿业权价款中的探矿权价款是指国家将其出资勘查形成的探矿权出让给探矿权人，按规定向探矿权人收取的价款；采矿权价款是指国家将其出资勘查形成的采矿权出让给采矿权人，按规定向采矿权人收取的价款。

一般情况下，同一矿区的探矿权价款远低于采矿权价款。探矿权人有权在划定的勘查作业区内进行规定的勘查作业，有权优先取得勘查作业区内矿产资源的采矿权。

探矿权、采矿权属国家出资探明的，应由国务院国土资源主管部门认定的有资格的评估机构评估确定其矿业权价款；非国家出资的，由组织矿业权出让的出让机关根据拟出让有效期内矿山核实的保有可采储量、矿产品市场合理价格和资源开发条件等因素综合确定矿业权价款。

在矿业权公开竞标拍卖中，管理机关依照权限确定招标的矿区范围，发布招标公告，提出投标要求和截止日期。矿业权价款竞标拍卖底价以国务院国土资源主管部门认定的有资格的评估机构的评估价格为标底价依据，矿业权价款成交价以最终公开竞标拍卖成交价为准。

探矿权或采矿权竞标中标人，按规定一次或分期缴纳矿业权价款费用后，办理登记手续，领取探矿许可证或采矿许可证，即成为探矿权人或采矿权人，并需履行标书中承诺的义务。

[例 4-3]　页岩气探矿权拍卖全国第一槌在贵州以 12.9 亿元的成交价成功落槌

2017 年 7 月，国土资源部网站发布了《贵州省正安页岩气勘查区块探矿权拍卖公告》，明确规定了“三年落实储量、实现规模开发”的勘探投入目标，以及一系列退出机制。

贵州省正安页岩气勘查区块面积为 695 平方千米，区块内施工有安页 1 井，该井完井压裂试气获 10 万立方米/日的工业气流。该区块页岩厚度 20～25m，埋藏深度 1500～3500m，有可能达到千亿立方米级别的储量。8 月 18 日，在贵州省公共资源中心共有 4 家竞买单位参加的这场拍卖会上，拍卖标的从 4236 万元起拍，每次加价 500 万元。经过 200 余轮竞买人叫价，最终贵州省产业投资集团有限责任公司以 12.9 亿元的成交价竞得该页岩气勘查区块探矿权。这是我国在油气领域的首次探矿权拍卖，也是国家深化油气体制改革上的又一次最新探索。

4.2.2.3　矿业权二级市场中的矿业权转让价

在矿业权二级市场中，一些矿业权拥有企业是该市场的供给主体，其他企业则是该市场的需求主体。矿业权二级市场的矿业权获取方式，主要为供需双方协议转让交易，转让交易价格依据可参考国家认可有资质矿业权评估机构的评估报告价格，但成交价主要取决于双方谈判结果。

矿业权二级市场中的采矿权转让价的谈判成交，与供需双方对矿产市场发展前景的预期、对整个大的国际国内经济环境看法的整体判断，以及当时矿业权行情密切相关。

[例 4-4]　某铜金属储量 427 万吨的铜矿采矿权价值的思考

据新闻媒体报道，新疆哈密一带发现了多个巨型铜矿床，其中土屋铜矿床已探明铜金属资源量 427 万吨，新闻媒体报道按当时的铜金属含税价每吨 5 万元计算，其潜在经济价值达 2135 亿元。设问思考如下：

(1) 作为供方，你觉得该铜矿采矿权卖出多少价符合心理预期?

(2) 一级市场的供方应如何考虑将资源优势转化为经济优势? 二级市场的供方应如何考虑让自己的以往投入获得相应补偿或回报?

(3) 作为一级市场或二级市场需方，你愿意出价多少买下该铜矿采矿权? 按其当时潜在经济价值的 30%、15%、5%，甚至是 1%? 有何依据?

(4) 能否跳出模糊定性思考方式和拍脑瓜决策?

(5) 能否进行定量的该铜矿采矿权价值评估，从而有助于经营决策和价格谈判?

4.3　矿业权评估

4.3.1　矿业权评估概述

资产指可以用货币计算，能够在社会经济运营中为其所有者带来收益的经济资源。

矿产资源是一种资源性资产，这是一种“耗减而不折旧的资产”。矿业权赋予矿业权人所属范围内相应的矿产资源（或潜在矿产资源）的使用权。矿产开采和加工阶段是矿业生产全程中产出商品和取得效益的阶段，在此之前所发生的各种费用（地勘投入、矿山基建投资等），只有通过矿产品的生产和销售才能收回，并获得矿业生产的利润。

矿业权的价值主要取决于使用该矿产资源可能获得的收益。因此，矿产资源资产与矿业权的评估，与一般资产评估方法原理相同。

在探矿阶段，还不能确定未来能否找到探明有开采价值的矿产及其储量，以及能否进行矿业项目的建设，且探矿权价格的评估不确定性因素太多，故本书对探矿权价格评估不做介绍，有兴趣者可自行查阅相关资料。

采矿权评估，发生在探矿权人放弃优先采矿权并依法转让探矿权，以及采矿权人依法转让采矿权之时。这时，一般都探明了矿产储量，获得的地质、技术、经济信息也比较充分。

国家对矿业权的评估从业者有相应的资质要求，对矿业权的评估方法有规范的指南、方法和法规，对矿业权评估报告也有审查批准的程序。评估方法比较固定，首选的评估方法是折现现金流量法。

2004 年中国矿业权评估师协会出版了《矿业权评估指南》，见图 4-2。

2006 年中国矿业权评估师协会公布了《矿业权评估收益途径评估方法修改方案》，并由国土资源部公告实施。修改方案统一探矿权评估的折现现金流法和采矿权评估的贴现现金流量法，并称折现现金流量法（DCF 法），简称现金流量法；取消采矿权评估贴现现金流量法计算模型中的“净现金流量贡献额或投资回报额”扣除项；扩大现金流量法适用范围。

2008 年中国矿业权评估师协会公布了《矿业权评估参数确定指导意见》，见图 4-3，并由国土资源部公告实施。

图 4-2　《矿业权评估指南》

图 4-3　《矿业权评估参数确定指导意见》

4.3.2　采矿权转让价值评估的折现现金流量法和计算案例

4.3.2.1　方法原理及特点

《矿业权评估指南》(2006 修订) 规定，现金流量法是矿业权价值评估的首选评估方法。

现金流量法是折现现金流量法的简称，即 DCF 法，其基本原理是，将矿业权所指向的矿产资源勘查、开发作为一个现金流量项目系统，从项目系统角度看，凡是项目系统对外流入、流出的货币称为现金流量，同一时段（年期）现金流入量与现金流出量的差额称为净现金流量（net cash flow），项目系统的净现金流量现值之和，即为矿业权评估价值。

计算净现金流量现值所用的折现率中包含了社会平均投资收益率，以此折现率计算的项目净现金流量现值即为项目超出社会投资回报水平的“超额收益”，也即矿业权评估价值。该方法思想基础是：

（1）矿业权价值由其在未来给投资者所带来的收益决定。

（2）无论谁占有该项矿业权资产，都能获得一定的期望净现金流量。

（3）在矿业权交易中，无论是卖者或买者，所获得或支付的货币量都不会超过该项目期望净现金流量，矿业权交易价值是项目期望净现金流量中的一部分，即超出社会投资回报水平的“超额收益”。

（4）为公平交易所做的未来收益预测应以社会平均生产力水平为基本尺度。

（5）折现率由无风险报酬率、风险报酬率、通货膨胀率构成，其中的无风险报酬率和风险报酬率中含有社会平均投资收益率。同时对矿业权出让评估，折现率也是政府部门宏观调控矿业权出让市场的手段之一。

现金流量法主要特点是：现金流量只计算系统对外发生的现金的收和支，即现金流出量和现金流入量，折旧、摊销等只在系统内部循环的非现金流量不参与计算；只考虑现金，不考虑借款利息。因此，现金流量反映了现金在某一个时期进入或离开这个独立“系统”的实际情况。

增值税属于价外税。在现金流量法中，当采用不含税价格体系时，纳税人在销售产品收入的现金流入为不含税销售额，销售产品的同时向购买方收取的增值税额即销项税额，相当于代国家收取，不视为纳税人的现金流入。同样，纳税人购进货物的现金流出为不含税进项额，同时向进货方支付的增值税额即进项税额，可以在纳税人向国家缴纳增值税时获得抵扣，不视为纳税人的现金流出。

当成本价格采用不含税进项额时，可称为不含税价成本。现金流量法中的经营成本指不含税价经营成本。采用不含税价格体系不影响企业的税前利润、应交企业所得税和税后利润的计算结果，参见例 3-5、例 4-5 和例 4-6，相应也不会影响矿业权价值评估的现金流量法的评估结果。

4.3.2.2　财务模型及计算公式

A　财务模型

财务模型包括：

（1）现金流入量（+），包括销售收入、回收固定资产残值、回收流动资金。

（2）现金流出量（-），包括后续地质勘查投资、固定资产投资、更新改造资金、流动资金、经营成本、销售税金及附加、企业所得税。

（3）净现金流量（即现金流入量-现金流出量）。

（4）折现率与相应折现系数。

（5）净现金流量现值（净现金流量×折现系数）。

（6）矿业权评估价值。

B 计算公式

根据现金流量法原理和财务模型，其计算公式如下：

$$W_P = \sum_{i=1}^{n} (CI - CO)_i \cdot \frac{1}{(1+r)^{i-1}} \tag{4-5}$$

式中 W_P——矿业权评估价值；

CI——年现金流入量；

CO——年现金流出量；

r——折现率，根据国土资源部公告（2008 年第 7 号），申请采矿权评估折现率取 8%；

i——年序号（i=1，2，3，…，n）；

n——计算年限，通常以最多 30 年为限。

比较《矿业权评估指南》（2006 修订）规定的矿业权现金流量法计算式（4-5）与净现值 NPV 的计算式（4-3），式（4-5）按习惯规定年序号起点为 1，而式（4-3）规定年序号起点为 0，导致了二者公式的表现形式有所差异，但实质上是相同的。因此，根据净现值式（4-3）的基础定义式，即一次整付现值公式（4-2），通过查复利系数表（r=8%）中的一次支付现值系数（P/F，r，i），向后移 1 年即可得到式（4-5）中的折现系数，见表 4-1。折现系数也可以按式（4-5）直接计算。

表 4-1 r=8%时的折现系数$\frac{1}{(1+r)^{i-1}}$

年序号 i	1	2	3	4	5	6	7	8	9	10	11
折现系数	1.0000	0.9259	0.8573	0.7938	0.7350	0.6806	0.6302	0.5835	0.5403	0.5002	0.4632
年序号 i	12	13	14	15	16	17	18	19	20	21	22
折现系数	0.4289	0.3917	0.3677	0.3405	0.3152	0.2919	0.2703	0.2502	0.2317	0.2145	0.1987

《矿业权评估指南》（2006 修订）和《矿业权评估参数确定指导意见》规定，因为中国现行税法和财会制度规定国内销售产品的销售收入应按不含增值税的销售价格计算，所以在矿业权评估中，通常采用不含税价格。当依据的历史价格信息为含税价格时，均应调整为不含税价格，成本亦应按口径一致调整为不含税成本。

现金流量法矿业权评估价值估算表格式参见表 4-2。表 4-2 中，销售收入为不含税销售收入；经营成本为不含税经营成本；销售税金及附加属于流转税，是指应由销售产品、提供工业性劳务等负担的销售税金和教育费附加，包括营业费、消费税、城市维护建设税、资源税和教育费附加等；企业所得税为税前利润的25%，参见式（2-12）。

表 4-2 现金流量法矿业权评估价值估算

序号	项目名称	合计	勘查期		建设期		生产期		
			20××年	…	20××年	…	20××年	…	20××年
一	现金流入								
1	销售收入								
2	回收固定资产残（余）值								
3	回收流动资金								
	小　计								
二	现金流出								
1	后续地质勘查投资								
2	固定资产投资								
3	更新改造资金								
4	流动资金								
5	经营成本								
6	销售税金及附加								
7	企业所得税								
	小　计								
三	净现金流量								
四	折现系数								
五	净现金流量现值								
六	矿业权评估价值								

4.3.2.3 参数构成

现金流量法涉及的主要参数为资源储量、可采储量、生产能力、矿山服务年限和评估计算年限、后续地质勘查投资、固定资产投资、更新改造资金、流动资金、总成本费用和经营成本、采选（冶）技术指标、产品销售收入、销售税金及附加、企业所得税、折现率等。

《矿业权评估指南》（2006修订）、《矿业权评估参数确定指导意见》对以上参数的构成和确定做了相应的规定。

对探矿权以及在建、拟建矿山采矿权评估，一般其提交的资源储量尚未动用，评估基准日保有资源储量即为地质勘查提交并（或）经评审的资源储量。

对生产矿山采矿权评估，保有资源储量指资源储量核实基准日经评审的保有资源储量扣除资源储量核实基准日至评估基准日动用资源储量与生产勘探净减少资源储量之和。

销售收入是矿业权评估中的主要参数之一，其计算见式（3-15），采用不含税价格。

计算销售收入的两个关键参数是产品价格和产品产量。矿业权评估中，一般采用当地平均销售价格，原则上以评估基准日前的三个年度内的价格平均值或回归分析后确定评估计算中的价格参数。对产品市场价格波动大、服务年限较长的大中型矿山，可向前延长至5年；对小型矿山，可以采用评估基准日当年价格的平均值。

以时间序列分析预测确定矿产品市场价格，主要考虑过去矿产品价格时间序列的长短、价格变动的幅度等因素。矿业权评估中，应当充分考虑并合理处理历史上大的价格波动。

矿业权评估中涉及的采选（冶）技术指标主要包括采矿损失率或采矿回采率、矿石贫化率、选矿回收率、冶炼回收率等。矿业权评估采选（冶）技术指标的选取，原则上依据设计规范及有关规定按照设定的生产力水平确定。对拟建、在建矿山，原则上可依据反映设定的生产力水平的矿产资源开发利用方案或（预）可行性研究报告或矿山初步设计数据确定；对生产矿山，应依据设计规范等，以设定的生产力水平，对矿山实际生产技术指标进行分析后合理确定。

折现率是指将预期收益折算成现值的比率。折现率与利率不完全相同，利率是资金本身的报酬，只表示资产（资金）本身的获利能力，而与使用条件、占有和使用用途没有直接关系，而折现率与使用条件、占有和使用用途有直接的关系。折现率的基本构成为：

$$\text{折现率}=\text{无风险报酬率}+\text{风险报酬率} \tag{4-6}$$

无风险报酬率即安全报酬率，通常可以参考距离评估基准日前最近发行的长期国债利率或同期银行存款利率来确定。风险报酬率是指在风险投资中取得的报酬与其投资额的比率。投资的风险越大，风险报酬率越高。“风险累加法”是将各种风险对风险报酬率的要求加以量化并予以累加，公式为：

$$\text{风险报酬率}=\text{勘查开发阶段风险报酬率}+\text{行业风险报酬率}+\text{财务经营风险报酬率} \tag{4-7}$$

4.3.2.4　应用程序

（1）核实产权、确定评估基准日。

（2）核实矿产资源储量，计算可采储量。可采储量是收益途径评估矿业权的基础数据，对评估结论公正性、合理性的影响十分显著。完成一个高质量的评估项目，评估小组应由地质工程师、采矿工程师、选矿工程师、会计师等专业人员组成，对地质（储量）报告中的资源储量进行分析利用。

（3）合理确定假设条件，拟定或确定开发方案，确定合理的评估技术、经济参数。评估人员拟定或确定的开发方案是用于特定评估目的的一种假设条件，它应从市场、行业的角度合理设定有关参数，不应受当事人利益和经济实力的影响。

（4）确定折现率，其构成参见式（4-6），目前规定取8%。

（5）列出现金流量表，进行具体的评定估算工作。

［例4-5］　某铜金属储量36.7万吨的铜矿采矿权价格的评估计算（评估基准日期2013年1月）

与例3-5相同，某铜矿，已探明铜矿石储量3667万吨，原矿平均含Cu品位1.0%，适合坑采，回采率要求90%，选矿试验表明所产铜精矿Cu品位20%时，铜选矿回收率90%。取折现率$r=8\%$，勘察设计矿山建设期3年，服务期20年，含Cu品位20%的铜精矿计价系数为82%，产品增值税税率17%，增值税附加（城建税和教育费附加）为增值税的6%，企业所得税税率25%，根据表2-3本矿铜矿资源税税率核定为5%，矿产资源补偿费费率0；总采选折合原矿石单位总成本参照表3-9取188元/吨矿，其中含税价原矿成本71元/吨矿（不含资源税，含矿山维简费18，安全费9，辅材费14，燃料动力费12，采矿工资10，车间修理费8，单位：元/吨矿），选矿工艺不含原矿的含税价成本117元/吨矿（含辅材费16，水电费33，选矿工资14，单列选矿和其他固定资产折旧费11.8，选矿车间修理费8，企业管理费26.2，销售费8，单位：元/吨矿），成本中的采矿和选矿的辅材、燃料动力、水电、修理和销售费（合计14+12+8+16+33+8+8=99）均为含税价有进项增值税发票可抵扣。评估基准日期为2013年1月，价格指标较高，采用折现现金流量法评估其采矿权价格。

解：查表3-12，按乐观价格指标取评估基准日前的三个年度内的金属铜价格，采用简单移动平均法的算术平均计算外推预测未来铜价格。取回采率90%，选矿回收率90%，其他参数取值同例3-5。为了清晰介绍计算，并列计算不含税价格体系和含税价格体系，列表4-3计算。

表4-3 某铜矿项目各项技术经济指标数值计算表（评估基准日期为2013年1月）

序号	各项技术经济指标	计算式	计算结果	单位	计算依据
1	未来铜平均含税价评估值	（67210+54850+57350）÷3	59803.3	元/吨	式（3-20），表3-12
2	未来铜平均不含税价评估值	59803.3÷（1+17%）	51113.9	元/吨	式（2-8）
3	矿床评估含税价原地毛值	3667×1.0%×59803.3	2192987.0	万元	
4	矿山设计利用矿石地质储量	3667×90%	3300.3	万吨	式（7-2）
5	设计年产出和处理原矿量	3667×90%÷20	165.0	万吨/年	式（7-1）
6	年原矿量所含Cu金属量	165×1%	1.650	万吨/年	
7	年产铜精矿所含Cu金属量	165×1%×90%	1.4850	万吨/年	式（1-10）
8	年产铜精矿量	165×1%×90%÷20%	7.4250	万吨/年	式（1-10）
9	该铜矿项目总投资（含铺底）	（1+0.2）×（1+0.05）×（280+160）×165	91476.0	万元	式（6-28）等取中值
10	所需流动资金（含铺底）	91476×17%	15550.9	万元	式（6-15）
11	铺底流动资金	0.05×（1+0.2）×（280+160）×165	4356.0	万元	式（6-30）
12	固定资产残值	（1+0.2）×（280+160）×165×5%	4356.0	万元	式（3-4）
13	采矿子项年折旧费	280×165×（1−5%）÷20	2194.5	万元/年	折合13.3元/吨矿，已列入原矿维简费
14	选矿和其他子项年折旧费	（0.2×440+160）×165×（1−5%）÷20	1943.7	万元/年	折合11.8元/吨矿，已列入选矿成本
15	采选折合原矿石单位总成本	71+117	188.0	元/吨矿	同例3-5
16	年含税采选总成本	165×188	31020.0	万元/年	式（3-13）
17	年不含税采选总成本	165×［（188−99）+99÷（1+17%）］	28646.5	万元/年	式（2-7）
18	年不含税经营成本	28646.5−2194.5−1943.7	24508.3	万元/年	式（3-8）
19	不含税精矿成本	28646.5÷7.425	3858.1	元/吨精	式（3-14）

续表 4-3

序号	各项技术经济指标	计算式	计算结果	单位	计算依据
20	年含税销售收入	14850tCu×5.9803 万元/吨 Cu ×82%	72822.5	万元/年	式（3-16），表 3-12
21	年不含税销售收入	72822.5÷（1+17%）	62241.5	万元/年	式（2-8）
22	销项税额	62241.4×17%	10581.0	万元/年	式（2-5）
23	进项税额	165×99÷（1+17%）×17%	2373.5	万元/年	式（2-9），式（2-7），可抵扣进项额 99
24	应交增值税	10581.0−2373.5	8207.5	万元/年	式（2-4）
25	应交增值税附加	8207.5×6%	492.5	万元/年	式（2-11）
26	应交资源税和资源补偿费	62241.5×5%	3112.1	万元/年	式（2-1），表 2-3
27	销售税金及附加合计	492.5+3112.1	3604.6	万元/年	式（3-25）
28a	税前利润（不含税价格体系）	62241.5−28646.5−3604.6	29990.4	万元/年	式（3-24）
28b	税前利润（含税价格体系）	72822.5−31020.0−3604.6−8207.5	29990.4	万元/年	式（3-26）
29	应交企业所得税	29990.4×25%	7497.6	万元/年	式（2-12）
30	税后利润	29990.4−7497.6	22492.8	万元/年	式（3-27）

由表 4-3 结果可见，当评估铜含税价为 59803.3 元/吨的条件下，其他条件均与例 3-5 相同时，该铜矿年税后利润为 22492.8 万元/年。

将表 4-3 计算所得数据，参照表 4-2 格式，采用不含税价格体系，列表 4-4 计算如下。

表 4-4　某铜矿现金流量法矿业权评估价值估算表（评估基准日期为 2013 年 1 月）

（万元/年）

序号	项目名称	合计	建设期/年			生产期/年			
			2013	2014	2015	2016	2017	2018～2034	2035
			1	2	3	4	5	6～22	23
一	现金流入								
1	不含税销售收入	1244830				62241.5	62241.5	1058105.5	62241.5
2	回收固定资产残值	4356.0							4356.0
3	回收流动资金	15550.9							15550.9
	小　　计	1264736.9				62241.5	62241.5	1058105.5	82148.4
二	现金流出								
2	固定资产投资（不含铺底）	87120.0	29040.0	29040.0	29040.0				
4	流动资金（含铺底）	15550.9			4356.0	11194.9			
5	不含税经营成本	490166.0				24508.3	24508.3	416641.1	24508.3

续表 4-4

序号	项目名称	合计	建设期/年			生产期/年			
			2013	2014	2015	2016	2017	2018~2034	2035
			1	2	3	4	5	6~22	23
6	销售税金及附加	72092.0				3604.6	3604.6	61278.2	3604.6
7	企业所得税	149952.0				7497.6	7497.6	127459.2	7497.6
	小　计	814880.9	29040.0	29040.0	33396.0	46805.4	35610.5	605378.5	35610.5
三	净现金流量	449856.0	−29040.0	−29040.0	−33396.0	15436.1	26631.0	452727.0	46537.9
四	折现系数 (r=8%)		1.0000	0.9259	0.8573	0.7938	0.7350	Σ6.6993 /17	0.1839
五	净现金流量现值	134231.2	−29040.0	−26888.1	−28630.4	12253.1	19573.8	178409.1	8553.7
六	矿业权评估价值	134231.2							

注：折现系数（r=8%）参见表 4-1。

由表 4-4 可见，该铜矿按评估基准日期为 2013 年 1 月的前三年加权平均所得的较高铜含税价评估值 59803.3 元/吨，用折现现金流量法计算得其采矿权评估值为 134231.2 万元，为该矿床评估基准日估算含税价原地毛值 2192987.0 万元的 6.12%左右。

为回答例 4-4 所提出的设问思考，选择与例 4-5 条件完全相同的例 4-6，仅评估基准日期不同，从而未来铜平均含税价评估值不同，进行对比计算。

[例 4-6]　某铜金属储量 36.7 万吨的铜矿采矿权价格的评估计算（评估基准日期 2016 年 1 月）

同例 4-5，某铜矿已探明铜矿石储量 3667 万吨，原矿平均含 Cu 品位 1.0%，适合坑采，回采率要求 90%，选矿试验表明所产铜精矿 Cu 品位 20%时，铜选矿回收率 90%。取折现率 r=8%，勘察设计矿山建设期 3 年，服务期 20 年，投资估算、生产成本指标计算和税费标准均与例 4-3 和例 3-5 相同。评估基准日期为 2016 年 1 月，价格指标较低，采用折现现金流量法评估其采矿权价格。

解： 查表 3-12，按居中价格指标取评估基准日前三个年度内的金属铜价格，采用加权移动平均法（权重系数 0.1、0.2、0.7）计算外推预测未来的金属铜含税价格。其他参数选取同例 4-3。为了清晰介绍计算，并列计算不含税价格体系和含税价格体系，列与表4-3 序号相同的表 4-5 计算，其中与表 4-3 中按序号相同的规模、投资、折旧、流动资金、铺底流动资金、年采选总成本、年不含税经营成本等项不再重复计算和列举，可参阅表 4-3 的 4~19 序号内容。

表 4-5　某铜矿项目各项技术经济指标数值计算表（评估基准日期为 2016 年 1 月）

序号	各项技术经济指标	计算式	计算结果	单位	计算依据
1	未来铜平均含税价评估值	51240×0.1+47620×0.2+36650×0.7	40303.0	元/吨	式（3-22），表 3-12
2	未来铜平均不含税价评估值	40303.0÷（1+17%）	34447.0	元/吨	式（2-5）
3	矿床评估含税价原地毛值	3667×1.0%×40303.0	1477911.0	万元	

续表 4-5

序号	各项技术经济指标	计算式	计算结果	单位	计算依据
20	年含税销售收入	14850tCu×4.0303 万元/吨 Cu ×82%	49077.0	万元/年	式（3-16），表 3-12
21	年不含税销售收入	49077.0÷（1+17%）	41946.2	万元/年	式（2-8）
22	销项税额	49077.0÷（1+17%）×17%	7130.8	万元/年	式（2-5）
23	进项税额	165×99÷（1+17%）×17%	2373.5	万元/年	式（2-9）， 式（2-7）， 可抵扣进项额 99
24	应交增值税	7130.8−2373.5	4757.3	万元/年	式（2-4）
25	应交增值税附加	4757.3× 6%	285.4	万元/年	式（2-11）
26	应交资源税和资源补偿费	41946.2×5%	2097.3	万元/年	式（2-1），表 2-3
27	销售税金及附加合计	285.4+2097.3	2382.7	万元/年	式（3-25）
28a	税前利润（不含税价格体系）	41946.2−28646.5−2382.7	10917.0	万元/年	式（3-24）
28b	税前利润（含税价格体系）	49077.0−31020−2382.7−4757.3	10917.0	万元/年	式（3-26）
29	应交企业所得税	10917.0×25%	2729.3	万元/年	式（2-12）
30	税后利润	10917.0−2729.3	8187.7	万元/年	式（3-27）

由表 4-5 结果可见，当评估铜含税价为 40303.0 元/吨的条件下，其他条件均与例 4-5 相同时，该铜矿年税后利润为 8187.7 万元/年。

例 4-6 与例 4-5 除了铜估算价格不同外，其余基本采选技术指标和税费标准均相同，将表 4-5 计算所得数据及与表 4-3 项目相同的计算数据，参照表 4-4 格式，采用不含税价格体系，列表 4-6 计算。

表 4-6　某铜矿现金流量法矿业权评估价值估算表（评估基准日期为 2016 年 1 月）

（万元/年）

序号	项目名称	合计	建设期/年			生产期/年			
			2016	2017	2018	2019	2020	2021～2037	2038
			1	2	3	4	5	6～22	23
一	现金流入								
1	不含税销售收入	838924.0				41946.2	41946.2	713085.4	41946.2
2	回收固定资产残值	4356.0							4356.0
3	回收流动资金	15550.9							15550.9
	小　　计	858830.9				41946.2	41946.2	713085.4	61853.1
二	现金流出								
2	固定资产投资（不含铺底）	87120.0	29040.0	29040.0	29040.0				

续表 4-6

序号	项目名称	合计	建设期/年			生产期/年			
			2016	2017	2018	2019	2020	2021~2037	2038
			1	2	3	4	5	6~22	23
4	流动资金（含铺底）	15550.9			4356.0	11194.9			
5	不含税经营成本	490166.0				24508.3	24508.3	416641.1	24508.3
6	销售税金及附加	47654.0				2382.7	2382.7	40505.9	2382.7
7	企业所得税	54586.0				2729.3	2729.3	46398.1	2729.3
	小　计	695076.9	29040.0	29040.0	33396.0	40815.2	29620.3	503545.1	29620.3
三	净现金流量	449856.0	−29040.0	−29040.0	−33396.0	1131.0	12325.9	209540.3	32232.8
四	折现系数（$r=8\%$）		1.0000	0.9259	0.8573	0.7938	0.7350	Σ6.6993/17	0.1839
五	净现金流量现值	13901.3	−29040.0	−26888.1	−28630.4	897.8	9059.5	82574.9	5927.6
六	矿业权评估价值	13901.3							

由表4-6可见，与例4-5其余参数相同的同一铜矿，在例4-6中按评估基准日期为2016年1月的前三年加权移动平均所得的较低铜含税价评估值40303.0元/吨，采用同样的折现现金流量法计算得出其采矿权评估价格为13901.3万元，仅为该矿床评估基准日估算含税价原地毛值1477911.0万元的0.94%左右。

仿照例4-5和例4-6，取居中的铜价（如例3-5）和相同的其余参数，还可以计算同一铜矿的金属铜价格评估值居中时的采矿权评估价。

此外，不同的矿石回采率K、选矿回收率ε、采选折合原矿石单位总成本、固定资产投资额、建设期和生产期等因素的取值，对同一矿山例子的采矿权评估价计算结果影响也是很大的。

4.3.3 采矿权评估价的指导意义

4.3.3.1 采矿权评估价决定了矿业权一级市场中的采矿权价款拍卖底价的形成

在矿业权一级市场支付的采矿权价款，将构成矿业项目的最初现金流支出，并构成投资组成，影响以后的生产和盈利。

国家对采矿权的评估从业者有相应的资质要求，对采矿权的评估方法有规范的方法和指南，对评估报告也有审查批准的程序。在矿业权一级市场公开竞标拍卖的采矿权价款底价，必须是以国务院国土资源主管部门认定的有资格的评估机构的评估价格为标底价依据。矿业项目投资者或矿业企业别无选择，只能认真评估本企业能否接受和适应该采矿权价款的标底价价格，并决定是否参与竞买，以及在竞买过程中加价的极限。

必须清楚，获得采矿权所支付的采矿权价款，是构成矿业项目的投资成本之一，它也直接影响着矿业项目生产期间的收益预期和投资回收期。

因此，参与拍卖竞标的矿业项目投资者或矿业企业，必须预先准备，熟悉消化有资格的评估机构所做评估报告给出的采矿权评估价，并有必要自行做一系列内部掌握的采矿权评估价，包括乐观评估价、居中评估价和悲观评估价。在竞拍现场，切忌头脑发热，跟风买涨。

4.3.3.2 采矿权评估价构成了矿业权二级市场中的采矿权买卖价的参考

在矿业权二级市场支付的采矿权买入款，将构成矿业项目的最初现金流支出，并构成投资组成，影响以后的生产和盈利。对于矿业权二级市场，采矿权评估价构成了采矿权买卖价的参考。

但是，我们从例 4-5 和例 4-6 计算结果对比可见，对同一案例矿山采用折现现金流量法评估其采矿权转让价值，在所取回采率、回收率、生产成本指标、设计矿山服务年限、投资、建设年限和折现率相同的条件下（这些指标部分也是可调整取值的），不同金属价格的计算取值差异，将导致计算结果有很大不同。不同年度时期金属价格的波动，必然会导致同一矿区不同年度时期的采矿权评估价的大幅波动。

因此，对所谓权威的采矿权评估价的审议应慎之又慎，也不要期望所谓有资质单位做的采矿权评估价的相对公平或准确，它只是我们进行采矿权交易过程中的参考。作为采矿权交易的买卖双方，有必要自行做一个内部掌握的采矿权评估价，包括乐观评估价、居中评估价和悲观评估价，作为交易谈判的准备和讨价还价的砝码。对于采矿权交易谈判的买卖双方，采矿权成交价是有着很大的谈判空间的，交易价格主要取决于当前整个大的国际国内经济环境形势、近期金属价格高低走势和交易双方对矿业行业和本矿种金属产品发展前景的预期看法。

采矿权购入者应仔细评估购入时机和价格，切忌“买涨不买落”。采矿权出让者亦应仔细评估出让时机和价格，切忌“卖落不卖涨”。采矿权买方同时必须清楚，获得采矿权所支付的采矿权买入款，是构成矿业项目的投资成本之一，它也直接影响着矿业项目生产期间的收益预期和投资回收期。因此，作为矿业项目投资人的矿业权买方，一定要全力降低矿业权的买入成本，以免在矿产价格向低位波动时陷入经营困境。

4.4 矿业权交易案例

4.4.1 低位买入获利案例

[例 4-7] 低位买入获利——紫金矿业公司获取贵州水银洞金矿矿业权案例

2000 年黄金价格约为 270 美元/盎司，每金衡盎司为 31.10g，当时汇率 1USD = 8.2776 CNY，折合金价约为 72 元/克。水银洞金矿位于贵州省贞丰县，贵州省地质队在 1995 年至 2000 年间通过实施盲孔钻探，在 $50km^2$ 范围内探明金储量约 24t。

水银洞金矿属于微细粒浸染型难选冶的卡林型金矿，前期试验研究表明需加压浸出工艺，估算生产成本高昂，获得其 2 年探矿权的加拿大某公司于 2000 年底退出。贵州省地矿局将水银洞金矿探矿权再次对外招标。总部位于福建省上杭市的紫金矿业公司闻讯，评估判断此时正处于矿业低谷价位，是购入矿权的极好机会，立即以该矿探矿权挂牌价 600 万元一次性买入。

其后紫金矿业公司通过试验，采用相对经济的加温常压化学预氧化处理浸出工艺，解决了水银洞金矿的选冶工艺问题。2003 年水银洞金矿 900t/d 的采、选、冶生产系统投产，可年产黄金 3t。

此后，紫金矿业公司投入大量资金，委托贵州 105 地质队进行详细的矿床勘探，至 2004 年探明金储量约 54t，至 2014 年水银洞金矿累计探明金储量 256t。水银洞金矿至 2014 年累计产金超过 25t，净利润超过 20 亿元，成为紫金矿业公司的利税大户。

2014 年底黄金价格约为 1203 美元/盎司，当时汇率 1USD = 6.119 CNY，折合金价约为 237 元/克。此时水银洞金矿的矿业权价值之大已难以估算。图 4-4 为贵州紫金矿业公司贞丰水银洞金矿。

图 4-4　贵州紫金矿业公司贞丰水银洞金矿

2003 年紫金矿业公司在香港 H 股上市，2008 年回归国内 A 股上市，2016 年位居《财富》中国企业 500 强第 78 位。

4.4.2 高位溢价入场风险案例

［例 4-8］　**高位溢价入场风险——江铜铜业集团溢价获取冕宁牦牛坪稀土矿采矿权案例**

牦牛坪稀土矿床位于四川冕宁县，距离县城约 20 公里，见图 4-5。牦牛坪稀土矿为大型轻稀土矿床，主要工业矿石为氟碳铈矿，矿床平均品位 REO 为 1.07%～5.77%。1990 年提交的普查地质报告概算稀土氧化物资源量约 200 万吨，其中工业储量 7.86 万吨。1990 年四川地质矿产局一〇九地质队与冕宁县及甘肃稀土公司合作，兴办了年产 5000t 精矿的昌兰稀土公司。生产工艺为采用重选-浮选流程，获得含稀土为 63%～69%的高品位稀土精矿，稀土回收率为 41%～69%。

2005 年以后，矿业市场红火，有色金属价格高涨。牦牛坪稀土矿区的综合环境治理受到社会各方的关注。

2008 年 6 月，上市公司江西铜业集团公司以 4.3 亿元的价格，其中溢价部分为 2.5 亿元，成功竞得了冕宁县投资发展有限公司转让的四川省冕宁牦牛坪稀土矿采矿权。

图 4-5　四川冕宁牦牛坪稀土矿矿区

2008 年 8 月，四川江铜稀土公司在四川省冕宁县成立。其股权结构为江铜集团持股 51%、蜀裕矿业持股 39%、冕宁县投资发展有限责任公司持股 10%。

2008 年 11 月，世界经济危机爆发，有色金属价格暴跌近一半。江铜 5 个月前获得的牦牛坪稀土矿采矿权也相应缩水。

2011 年 10 月，四川江铜稀土公司年产 2000 吨稀土金属生产线竣工投产。

4.4.3 涉及资源垄断调查的风险案例

［例 4-9］ **2010 年必和必拓公司收购加拿大钾肥公司失败案例**

钾肥是农业生产所需的主要肥料之一。钾盐矿床是蒸发岩矿床的一种，碎屑岩系型钾盐矿床顶底板及夹层都是红色为主的碎屑岩，含钾矿物为可溶性的氯化钾。加拿大钾肥公司是世界著名钾肥生产企业，位于加拿大萨斯卡彻温省的世界最大的“钾碱商品化开采带”（图 4-6）上，拥有 8 个地下矿物勘探许可区，面积近 $2430km^2$，钾碱矿产资源量超过 300 亿吨，使用传统竖井采矿工艺和溶解采矿工艺，拥有每年 400 万吨钾肥的生产能力。

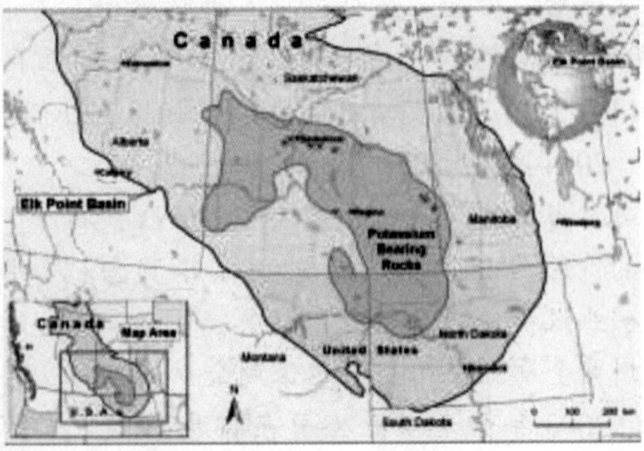

图 4-6 加拿大的世界最大的“钾碱商品化开采带”

2010 年 8 月，国际矿业巨头必和必拓公司欲以 390 亿美元强势收购在美国上市的加拿大钾肥公司，并获得美国审核通过。由于国际钾肥生产供应有形成垄断之势，加拿大政府经审查后，于 2010 年 11 月以不完全符合国家利益为由，否决了必和必拓公司的收购方案，要求其修改。其后必和必拓公司宣布放弃收购。

4.4.4 跟风追涨炒作风险案例

［例 4-10］ **中川矿业购买加拿大 KP-488 和 KP385 钾矿矿区案例**

钾肥是农业生产所需的主要肥料之一，对于中国粮食安全具有非常大的重要性。但是，中国钾盐资源储量只占全球 2%左右，在 2007 年对外依存度曾一度高达 70%。2014 年中国钾盐消费量已接近 1500 万吨，国内钾盐资源奇缺使得中国政府一直鼓励企业走出去并购海外资源，并安排有国家境外地勘基金专项补贴支持。

成立于 2006 年的民营矿业公司中川国际矿业控股有限公司（简称“中川矿业”），于 2008 年在加拿大萨斯卡彻温省拿到了 KP-488 钾矿项目的矿权，面积是 $96km^2$。KP-488 钾盐区块被加拿大专业机构评定的氯化钾资源量达 9.03 亿吨，中川矿业在勘测结束之后最新的说法是 11.67 亿吨，图 4-7 是钾矿钻探岩芯，2010 年中川矿业向加拿大政府申请到了 KP-488 矿区的采矿权。中国中央地质勘查基金对该境外项目给予了 4000 万元的补助。

2010 年下半年，由于必和必拓公司欲强势收购加拿大钾肥公司，国际钾肥生产供应有形成垄断之势，中国钾肥进口到岸价格由 2010 年初的 350 美元/吨，暴涨至 2010 年底的约 600 美元/吨。

钾肥价格暴涨导致了钾矿矿区矿业权价格的跟风暴涨，也刺激了常人“跟风追涨”和“买涨不买落”的心态。2010 年底，中川矿业从俄罗斯阿康公司手中，以超出预期三倍的价格收购了与 KP-488 矿区相邻的面积为 $350km^2$ 的 KP385 矿区的探矿权。这样，中川公司的钾盐项目总面积就达到了约 $450km^2$，项目钾盐总资源量还将有很大提升空间。

钾盐生产技术要求高、资金投入巨大。中川国际曾在 2010 年聘请加拿大赫氏工程公司和国内的长沙研究院联合进行预可行性研究，结果表明项目需要的总投资达 22.8 亿美元，预计可以完成一个年产300万吨氯化钾的钾盐项目，分两批建成。

加拿大政府对后继的采矿项目的环境评估审批严格，时间长约需4年。中川矿业徒有探矿权和采矿权却无资金和技术实力，寻找国内合作方始终未果，公司本身并陷入股权纠纷。至2016年，该项目仍陷入困局。

2016年7月中国钾肥进口到岸合同价格已跌至219美元/吨，该项目即便建成投产也将严重亏损。该公司在矿产品价格高位时跟风追涨高价购入矿权，陷入严重套牢的境地。

4.4.5 国外安全因素和不可预见因素导致工程拖延风险案例

[例4-11] 中冶集团获取阿富汗艾娜克铜矿采矿权案例

阿富汗艾娜克（Aynak）铜矿床规模大、矿石品位高、资源前景好，是目前世界上已探明但尚未被开发的特大型铜矿床之一。该矿距首都喀布尔约35km，资源总量为矿石量7.05亿吨，平均含铜1.56%，含铜金属量1100万吨。

2007年为矿业红火时期，年底的铜价高达57820元/吨。2007年11月，中国央企中国冶金科工集团有限公司（中冶集团）和江西铜业组成联合体，以高达近30亿美元的作价获胜，赢得艾娜克铜矿的优先开采权，其中支付给阿富汗政府的30年开采权价款为8.08亿美元。根据最终签署的协议，中方联合体将拥有该项目100%矿权。项目生产规模为年产精炼铜22万吨（计划扩大到年产30万吨），项目建设期5年，开采期限30年。配套设施包括一个40万千瓦的火电厂、一个水源地泵站和一个磷肥厂，以及学校、医院、清真寺等公共服务设施，还计划修建钢厂和铁路等。项目总投资将超过100亿美元，原预计将于2014年投产。

2009年7月，艾娜克铜矿开工。2011年，矿区发现距今2600年前的佛教文物古迹，考古发掘使整个项目停滞，见图4-7。此外，阿富汗境内安全状况的影响也较大。

至2015年，艾娜克铜矿项目建设仍处于严重停滞状态。2015年底铜价已跌至36650元/吨。中冶集团在该项目的前期投入陷入困局。

2016年，中冶集团整体并入中国五矿集团，成为其全资子企业。

图4-7 阿富汗艾娜克铜矿项目矿区内的考古发掘

4.4.6 资源型并购和收购外资公司交易风险案例

[例4-12] 澳大利亚力拓公司借与中铝公司股权交易拉抬股价渡过公司财务危机案例

力拓集团公司（Rio Tinto Group）是世界第三大矿业公司，总部位于澳大利亚的墨尔本市，见图4-8。

中国铝业公司（Aluminum Corporation of China，简称中国铝业，CHINALCO）是中国央企，2016年名列世界500强第262位，总部位于中国的北京市，见图4-9。中国铝业公司有5个控股子公司在境内外上市，包括中国铝业股份有限公司、中铝国际工程股份有限公司、中国铜业有限公司、中国稀有稀土股份有限公司和中铝矿产资源有限公司。

图 4-8 位于澳大利亚墨尔本的力拓公司总部

图 4-9 位于中国北京的中国铝业公司总部

2007 年，力拓公司与美国铝业公司（世界第三大铝材生产商）发生了对加拿大铝业公司（Alcan）的争夺，力拓胜出，与加铝达成了 381 亿美元的现金收购协议，是资源型并购的成功案例，但力拓也因此背负了 400 亿美元的巨额债务，承担了巨大的还款付息压力。

2007 年 11 月，力拓对加铝的收购完成之际，世界第一大矿业公司必和必拓（BHP Billiton Ltd.）致函力拓董事会，建议以每 3 股必和必拓股票换 1 股力拓股票的方式进行换股合并。这项收购建议震惊了世界。如果必和必拓得以收购力拓，铁矿石市场就会从淡水河谷、必和必拓和力拓三巨头变成二巨头，加剧铁矿石市场过度集中的格局。国际钢铁协会等均表示反对这项交易，并提请反垄断调查。对于铁矿石最大进口国的中国而言，必和必拓收购力拓更是难以接受。国内外金融市场频频猜测中国企业可能会参与竞购或试图搅局。2008 年 2 月，中国铝业在关键时期携手美国铝业，斥资 140 亿美元在伦敦股市收购力拓英国公司 12% 股权，约占整个力拓集团 9.3%的股权。必和必拓则在反击中牢牢抓住中铝的国企背景，渲染民族情绪和政治风险，娴熟地进行公众媒体宣传和院外游说。

2008 年 10 月初，国际金融危机全面爆发，原材料商品价格大跌，必和必拓决定放弃并购力拓。力拓也陷入财务危机。2009 年 2 月，中铝和力拓达成了战略合作协议，中铝将向力拓投资 195 亿美元，整体持股比例增至约 18%。在多方博弈过程中，力拓公司获得套现急救和喘息机会，股价应声上涨，财务状况改善，同时世界金融危机得到控制，金属价格上涨，力拓走出困局。6 月，力拓集团董事会最终决定撤销对双方交易方案的推荐，转为实施配股和发债券融资。中铝并购力拓的运作宣告失败。力拓公司依据双方签署的合作与执行协议向中铝支付 1.95 亿美元的“分手费”，中铝因巨额银行外汇资金贷款额度的投入而损失巨大。中铝保留了原先 9.3%的股东地位，为将来与力拓的合作保留了空间，紧随其后力拓配股融资稀释股权，中铝不得不再追加十几亿美元的配股注资投入。

2009 年 7 月上海市国家安全局刑事拘留力拓公司驻上海办事处的 4 名员工，法院于 2010 年以非国家工作人员受贿罪、侵犯商业秘密罪，分别判处其有期徒刑七年到十四年不等。力拓公司则宣布解聘相关违法员工，撇清关系。

从此案例中可以体会到，资源类公司的跨境并购涉及产业、金融、政治和对方实际意图等诸多方面，相关利益群体众多，博弈极为复杂，需要采取极为审慎的态度。

4.4.7　官商勾结权钱交易腐败案例

[例4-13]　辽宁官商勾结伪造金矿储量案例

2012年1月1日，中国黄金集团公司（以下简称“黄金集团”）刚刚从个体老板李伟、郭玉如手里收购了位于辽宁葫芦岛市建昌县的金泰-红旗金矿，高某奉命来到金矿担任矿长，随即对金矿进行了整修，并于当年7月恢复了生产。可恢复生产没多久，高某便发现这个矿的储量和品位都远没有之前探矿报告里显示的那么高。从7月恢复生产到次年5月停产，仅仅产出金粉七十多公斤，矿山资源即告枯竭。高某赶紧上报集团公司重新进行探矿，这一探着实将他吓了个透心凉。

重新探矿的结果显示，金泰-红旗金矿的黄金储量仅有200多公斤，与黄金集团收购此矿所依据的辽宁省第十一地质大队所出具的报告中7078kg的储量相差巨大。

与此同时，一封针对黄金集团收购金泰-红旗金矿相关问题的举报信摆在了辽宁省检察院反贪局领导的办公桌上。线索反映：辽宁省黄金局原局长王某与原副局长刘某收受个体老板李伟、郭玉如900万元贿赂，弄虚作假，将没有任何资源的辽宁省建昌县温杖子金矿80%的股权以3.6亿元的价格卖给了黄金集团（后查明为2.3亿元）。

辽宁省检察院反贪局经过深入侦查，发现李伟在金泰-红旗金矿收购过程中，采用伪造勘探岩心矿样、行贿编制虚假探矿报告和黄金储量的方式，与黄金集团某些领导官商勾结通过矿权交易骗取数亿元国有资产。经查，李伟向黄金集团、辽宁公司以及第十一地质大队等多家单位共25名相关人员行贿，行贿数额约1500万元。其中，中国黄金集团原总经理孙兆学收受李伟1150万元贿赂。

2016年12月28日，孙兆学因犯受贿罪（共计3881万元）、巨额财产来源不明罪，被法院依法判处有期徒刑十六年，受贿所得财物和来源不明财产及其孳息予以追缴并上缴国库，并处没收个人财产人民币350万元；2017年2月16日，李伟因犯单位行贿罪被法院依法判处有期徒刑两年零十个月，并处罚金1500万元。

习　题

4-1 某航空公司向银行贷款3000万美元购买一架波音737-300型客机。假设飞机使用期为10年，基准折现率为8%，且不考虑使用期的大修等情况，试问航空公司经营这架飞机每年应获多少收益才不亏本？

4-2 什么是矿业权？如何获取？

4-3 简要评述矿业权价值评估的现金流量法。

4-4《矿业权评估指南》（2006修订）规定，因为中国现行税法和财会制度规定国内销售产品的销售收入应按不含增值税的销售价格计算，所以在矿业权评估中，通常采用不含税价格。当依据的历史价格信息为含税价格时，销售收入均应调整为不含税价格，成本亦应按口径一致调整为不含税成本。这种做法对评估结果是否会有影响？

4-5 某铜矿，已探明铜矿石储量3667万吨，原矿平均含Cu品位1.0%，适合坑采，回采率要求90%，选矿试验表明所产铜精矿 Cu 品位 20%时，铜选矿回收率 90%。按规定取折现率 $r=8\%$，勘察设计矿山建设期 3 年，服务期 20 年，投资估算和生产成本指标计算可参照例 3-5 和例 4-5。评估基准日期为 2015 年 1 月，按居中的铜价评估值的折现现金流量法，评估其采矿权价格。

4-6 采矿权评估价的计算有何应用指导意义？

4-7 任选例 4-7 至例 4-12 中的一例，或其他矿业权案例，查阅相关资料，撰写分析体会评述。

参考文献

[1] 陶树人．技术经济学［M］. 北京：煤炭工业出版社，1999.

[2] 中华人民共和国主席令（1996）74 号,《中华人民共和国矿产资源法》[EB/OL]. 中国政府网，http：//www. gov. cn/.

[3] 国土资源部通知（2011 年 242 号）. 国土资源部关于印发《矿业权交易规则（试行）》的通知［EB/OL］. 中国国土资源部网站，http：//www. mlr. gov. cn/.

[4] 中国国土经济研究院．探矿权采矿权评估方法指南［M］. 北京：地质出版社，1999.

[5] 中国矿业权评估师协会《矿业权评估指南》修订小组．矿业权评估指南［M］. 北京：中国大地出版社，2004.

[6] 国矿业权评估师协会．《矿业权评估收益途径评估方法修改方案》［EB/OL］. 中国国土资源部网站,http：//www. mlr. gov. cn.

[7] 国土资源部公告（2006 年第 18 号）《关于实施〈矿业权评估收益途径评估方法修改方案〉的公告》［EB/OL］. 中国国土资源部网站，http：//www. mlr. gov. cn/.

[8] 中国矿业权评估师协会．矿业权评估指南（2006 修订）［M］. 北京：中国大地出版社，2006.

[9] 中国矿业权评估师协会公告（2008 年第 6 号）. 关于发布《矿业权评估参数确定指导意见》（CMVS30800—2008）的公告［EB/OL］. 中国国土资源部网站，http：//www. mlr. gov. cn/.

[10] 中国矿业权评估师协会．《矿业权评估参数确定指导意见》［M］. 北京：中国大地出版社，2008.

[11] 国土资源部公告（2008 年第 7 号）.《国土资源部关于〈矿业权评估参数确定指导意见〉的公告》［EB/OL］. 中国国土资源部网站，http：//www. mlr. gov. cn/.

[12] 邢云立，尉京红．现金流量法在采矿权评估中的应用研究［J］. 商业会计，2010（18）：22~23.

[13] 央视新闻频道．我国油气探矿权开启“竞拍模式”：12. 9 亿元！首次页岩气探矿权拍卖成交［EB/OL］. 央视网,2017-08-26，http：//tv. cctv. com/cctv13.

[14] 央视财经频道．商道，发现中国管理模式之一：紫金矿业，复活的金山［EB/OL］. 央视网，2009-09-14. http：//tv. cctv. com/cctv2.

[15] 詹海燕．贞丰水银洞簸箕田金矿勘查完美收官［N］. 中国矿业报，2015-01-27.

[16] 紫金矿业集团股份有限公司官网．http：//www. zjky. cn/.

[17] 江西铜业集团公司官网．http：//www. jxcc. com/.

[18] 杨丽．建设国内一流的稀土矿山——四川江铜稀土有限责任公司建设纪实［J］. 稀土信息，2014（10）：38~39.

[19] 央视新闻频道．朝闻天下——关注必和必拓对加拿大钾肥收购案［EB/OL］. 央视网,2010-10-16. http：//tv. cctv. com/cctv13.

[20] 加拿大钾肥公司官网．http：//www. canadapotash. com/.

[21] 必和必拓公司官网．http：//www. bhpbilliton. com/.

[22] 王孝峰，蔡恩明．我国钾肥产业发展思路探讨——由必和必拓收购加拿大钾肥公司引发的思考［J］. 中国石油和化工经济分析，2010（11）：32~35.

[23] 翟瑞民．海外最大钾盐项目受阻——开发民企曝股权纠纷［EB/OL］. 网易财经，VOL. 570,2014-12-01. http：//money. 163. com/.

[24] 李林辉，冯康瑞．浅析阿富汗环境法规框架下的艾娜克铜矿项目环境影响评价［J］．资源节约与环保，2014（4）：72-73.

[25] 张波，管静怡，李孟．中国铜矿企业对外投资现状——风险因素与策略选择［J］．对外经贸实务，2013（3）：81~84.

[26] 刘继顺．阿富汗 Aynak 铜矿开发走向何方？［EB/OL］．新浪博客，2017-02-06. http：//blog. sina. com. cn/yuelugj.

[27] 宋皓宇，廖运凤．资源型并购的典型案例分析——力拓并购加拿大铝业公司［J］．南北桥，2010（3）：31~33.

[28] 陈道富，苏扬．对外资源投资的经验和教训——中铝与力拓并购案的反思［J］．中国市场，2010（5）：59~62.

[29] 力拓集团公司官网．http：//www. riotinto. com/.

[30] 美国铝业公司官网．http：//www. alcoa. com/.

[31] 中国铝业公司官网．http：//www. chinalco. com. cn/.

[32] 中国黄金集团有限公司官网．http：//www. chinagoldgroup. com/.

[33] 赵铁龙，刘键，苏泽．辽宁官商勾结伪造金矿储量：7 吨实际只有 200 公斤［EB/OL］．中国网，2017-11-21. http：//www. china. com. cn/.

5 项目建设资金筹集管理

资金筹集是指企业通过各种方式和法定程序，从不同的资金渠道，筹措其投资和生产经营过程中所需资金的全过程。资金筹集是企业财务活动的起点，筹资活动是企业生存、发展的基本前提，没有资金企业将难以生存，也不可能发展。

无论企业筹资的来源和方式如何，其取得途径不外乎两种：一种是接受投资者投入的资金，即企业的资本金；另一种是向债权人借入的资金，即企业的负债。负债资金筹集均需考虑计算资金成本。

5.1 与资金成本相关的经济学基础

5.1.1 贷款利息计算

贷款是银行按一定利率和必须归还等条件出借货币资金的一种信用活动形式。贷款是项目建设资金筹集的重要方式。

贷款利息，是指贷款人因为发出货币资金而从借款人手中获得的报酬，也是借款人使用资金必须支付的代价。银行贷款利率是指借款期限内利息数额与本金额的比例。

5.1.1.1 单利法

决定贷款利息的三大因素为贷款金额、贷款期限、贷款利率。人民币业务的利率换算公式（存贷通用）为：

$$日利率=年利率（\%）\div 360 \tag{5-1}$$

$$月利率=年利率（\%）\div 12 \tag{5-2}$$

银行可采用积数计息法和逐笔计息法计算利息。积数计息法按实际天数每日累计账户余额，以累计积数乘以日利率计算利息，其中累计计息积数为每日余额合计数。

$$利息=累计计息积数\times 日利率 \tag{5-3}$$

逐笔计息法按预先确定的计息公式逐笔计算利息，当计息期为整年（月）的，计息公式为：

$$利息=本金\times 年（月）数\times 年（月）利率 \tag{5-4}$$

[例 5-1] 某企业向商业银行贷款 1000 万元，按 2015 年 3 月规定，1~5 年的贷款年利率为 5.75%，采用按月利率逐笔计息法计算利息，求月付利息额和年利息额。

解：

$$月利率=5.75\%\div 12=0.4792\%$$

$$月付利息额=1000\times 0.4792\%=4.792（万元）$$

年利息额＝4.792×12＝57.50（万元）

5.1.1.2 复利法

复利即对利息按一定的利率加收利息。按照央行的规定，借款方未按照合同约定的时间偿还利息的，就要加收复利。一次整付复利计算的公式见式（4-1），计算实例见例4-1。等额分付类型复利计算公式请参阅相关的“技术经济”课程教材，以及例5-2。

［**例5-2**］ 某人欲在湖南省长沙市购置一套100m^2的住房，2018年现价80万元。若首付30%的24万元自筹，其余56万元向银行贷款，设五年期以上贷款利率为6%，每年等额还款，还款期限20年。求：（1）每年还款额A；（2）总还款额nA；（3）总支付房款额F。

解：（1）查复利系数表（6%），等额分付资金回收系数（A/P，i，n），当$i=6\%$、$n=20$时，

$$(A/P,\ i,\ n) = \frac{i\,(1+i)^n}{(1+i)^n - 1} = 0.0872$$

所以，每年还款额$A=56\times0.0872=4.8832$（万元）

（2）总还款额$nA=20\times4.8832=97.66$（万元）

（3）总支付房款额$F=24+97.66=121.66$（万元）

5.1.2 各种资金来源的资金成本

5.1.2.1 资金成本和资金成本率

资金是具有时间价值的。

资金成本是项目或企业在筹集资金时所支出的一定代价，这些代价主要包括筹资费和资金的使用费。筹资费是指在筹集资金过程中发生的各种费用，如委托金融机构代理发行股票、债券而支付的注册费和代理费等，向银行借款而支付的手续费等；使用费则是指因使用资金而向资金提供者支付的报酬。例如，使用发行股票筹集的资金，要向股东们支付红利，使用发行债券和银行贷款借入的资金，要向债权人支付利息。使用租入的资产，要向出租人支付租金等。

由于不同情况下筹集资金的总额不同，为了便于比较，资金成本通常以相对数表示，即用资金成本率表示。资金成本率计算式为：

$$K = \frac{D}{P - F} \tag{5-5}$$

或

$$K = \frac{D}{P(1 - f)} \tag{5-6}$$

式中 K——资金成本率（一般通称为资金成本）；

P——筹集资金总额；

D——使用费；

F——筹资费；

f——筹资费费率（即筹资费占筹集资金总额的比率）。

资金成本是选择项目资金来源、拟定筹资方案的主要依据，也是评价投资项目可行性

的主要经济指标。

由本书2.1.2企业所得税及相关法规章节可知，企业资金在使用中所发生的某些费用，按规定是可以列入总成本的，其结果将是降低了企业最终账面所得，减少了企业所得税支出，相应可降低资金使用成本。

5.1.2.2 优先股成本

公司发行优先股股票筹资，需支付的筹资费有注册费、代销费等，其股息也要定期支付，但它是公司用税后利润来支付，不会减少公司应上缴的所得税。

优先股资金成本率可按下式来计算：

$$K_P = \frac{D_P}{P_0(1-f)} \tag{5-7}$$

或

$$K_P = \frac{P_0 \cdot i}{P_0(1-f)} = \frac{i}{1-f} \tag{5-8}$$

式中 K_P——优先股成本率；

D_P——优先股每年股息；

P_0——优先股票面值；

f——筹资费费率（即筹资费占筹集资金总额的比率）；

i——股息率。

[例5-3] 某公司发行优先股股票，票面额按正常市价计算为3000万元，筹资费费率为1%，股息年率为7%，求该优先股成本率。

解：

$$K_P = \frac{3000 \times 7\%}{3000 \times (1-1\%)} = 7.07\%$$

5.1.2.3 债券成本

企业发行债券后，所支付的债券利息列入企业的费用开支，因而使企业少缴一部分企业所得税，两者抵消后，实际上企业支付的债券利息仅为：

企业实际支付的债券利息=债券利息×（1−企业所得税税率） (5-9)

因此，债券成本率的计算为：

$$K_B = \frac{I(1-T)}{B_0(1-f)} \tag{5-10}$$

或

$$K_B = i \cdot \frac{1-T}{1-f} \tag{5-11}$$

式中 K_B——债券成本率；

B_0——债券的票面价值；

I——债券年利息总额；

i——债券年利息率；

T——企业所得税税率；

f——筹资费费率（即筹资费占筹集资金总额的比率）。

［例 5-4］ 某企业发行长期债券 2000 万元，筹资费率为 1%，债券利息为 6%，企业所得税税率为 25%，求该债券成本率。

解：
$$K_B = \frac{6\%(1-25\%)}{(1-1\%)} = 4.55\%$$

5.1.2.4 银行借款成本

向银行借款，企业所支付的利息和费用一般可作企业的费用开支，相应减少部分利润，会使企业少缴一部分所得税，因而使企业的实际支出相应减少。

对每年年末支付利息、贷款期末一次全部还本的借款，其借款成本率为：

$$K_g = \frac{I(1-T)}{G-F} = \frac{i \cdot (1-T)}{1-f} \tag{5-12}$$

式中 K_g——借款成本率；
G——贷款总额；
I——贷款年利息（i 为贷款年利率），参见式（5-4）；
F——贷款费用；
T——企业所得税税率；
f——筹资费费率（即筹资费占筹集资金总额的比率）。

［例 5-5］ 某企业向商业银行贷款 1000 万元，按 2015 年 3 月规定，1~5 年的贷款年利率为 5.75%，筹资费费率为 0.5%，求该借款成本率。

解：
$$K_g = \frac{5.75\% \times (1-25\%)}{1-0.5\%} = 4.33\%$$

5.1.2.5 租赁成本

企业租入某项资产，获得其使用权，要定期支付租金，并且租金列入企业成本，可以减少应付所得税。因此，其租金成本率为：

$$K_L = \frac{E}{P_L} \times (1-T) \tag{5-13}$$

式中 K_L——租赁成本率；
P_L——租赁资产价值；
E——年租金额；
T——企业所得税税率。

5.1.2.6 平均资金成本

项目从不同来源取得的资金，其成本各不相同。由于种种条件的制约，项目不可能只从某种资金成本较低的来源筹集资金，而是各种筹资方式的有机组合。为了进行筹资和投资决策，需要计算全部资金来源的平均（综合）资金成本率，它通常是用加权平均来计算的，其计算公式如下：

$$K = \sum_{i=1}^{n} \omega_i \cdot K_i \tag{5-14}$$

式中 K——平均资金成本率；

ω_i——第 i 种资金来源占全部资金的比重；

K_i——第 i 种资金来源的资金成本率。

［**例 5-6**］　某企业同时进行例 5-3、例 5-4、例 5-5 三项融资。试计算平均资金成本率。

解：　融资总额＝3000＋2000＋1000＝6000（万元）

$$K = \sum_{i=1}^{n} \omega_i \cdot K_i = \frac{3000}{6000} \times 7.07\% + \frac{2000}{6000} \times 4.55\% + \frac{1000}{6000} \times 4.33\% = 5.77\%$$

5.2　非负债筹资

5.2.1　项目资本金

项目资本金是指在建设项目总投资中，由投资者认缴的出资额，对于建设项目来说是非债务性资金，项目法人不承担这部分资金的任何利息和债务；投资者可按其出资的比例依法享有所有者权益，也可转让其出资及其相应权益，但不得以任何方式抽回。

1996 年，国务院发出国发［1996］35 号文件，决定对固定资产投资项目试行资本金制度。项目资本金制度的出台，具有十分明确的历史背景，主要在于：一是抑制投资膨胀，从而抑制投资通货膨胀；二是杜绝长期以来存在的无本或少本投资现象，从而力图在投资建设领域建立风险约束责任机制。根据国家规定，投资项目必须首先落实资本金才能进行建设。该指标根据不同行业和项目的经济效益等因素确定和调整。

2009 年，国务院再次调整固定资产投资项目资本金比例：钢铁、电解铝项目，最低资本金比例为 40%；水泥项目，最低资本金比例为 35%；煤炭、电石、铁合金、烧碱、焦炭、黄磷、玉米深加工、机场、港口、沿海及内河航运项目，最低资本金比例为 30%；铁路、公路、城市轨道交通、化肥（钾肥除外）项目，最低资本金比例为 25%；房地产开发项目的最低资本金比例为 30%。

项目资本金的形式，可以是现金、实物、无形资产，但无形资产的比重要符合国家有关规定；根据出资方的不同，项目资本金分为国家出资、法人出资和个人出资。

根据国家法律、法规规定，建设项目可通过争取国家财政预算内投资、发行股票、自筹投资和利用外资直接投资等多种方式来筹集资本金。

5.2.2　国家财政收入与国家预算内投资

5.2.2.1　国家财政收入

财政是同国家的产生和存在相联系的。国家为了维持自身的存在和发挥职能，必须消耗一定的社会产品。但是，国家本身通常不直接从事生产活动，因而必须凭借自身拥有的政治权力，强制性地征收一部分社会产品，以满足各方面支出的需要。这种国家的收入和支出就是财政，它是国家凭借政治权力而进行的社会产品的分配。

中国国家财政由中央财政和地方财政构成，而地方财政则由省、县、乡三级财政组成。

财政收入，是指政府为履行其职能、实施公共政策和提供公共物品与服务需要而筹集的一切资金的总和。财政收入表现为政府部门在一定时期内（一般为一个财政年度）所取得的货币收入。财政收入是衡量一国政府财力的重要指标，政府在社会经济活动中提供公共物品和服务的范围和数量，很大程度取决于财政收入的充裕状况。

我国的财政收入包括预算收入和预算外收入两部分。预算收入包括税收收入（依财政分税制有国税和地税）、依照规定应当上缴的国有资产收益、专项收入和其他收入。预算外收入包括各种附加和其他不纳入预算的基金收入等等。

国内生产总值 GDP 是指在一定时期内（一年），一个国家或地区的经济中所生产出的全部最终产品和劳务的价值，常被公认为衡量国家经济状况的最佳指标。中国历年来国家公共财政收入和其占国民收入 GDP 的比值见表 5-1。

表 5-1　中国历年来国家财政收入和其占国民收入 GDP 的比值

年度	1955	1965	1975	1985	1990	1995	2000	2005	2006	2007
GDP/亿元	910	1716	2997	9040	18774	61130	99776	185896	408903	676708
财政收入/亿元	249	473	816	2005	2937	6242	13395	31649	83101	152217
占 GDP 比值/%	27.36	27.56	27.23	22.18	15.64	10.21	13.43	17.03	20.32	22.49
年度	2008	2009	2010	2011	2012	2013	2014	2015	2016	2017
GDP/亿元	316752	345629	408903	484124	534123	588019	636139	676708	744127	827122
财政收入/亿元	61330	68477	83080	103740	117210	129143	140350	152217	159552	172567
占 GDP 比值/%	19.36	19.81	20.32	21.43	21.94	21.96	22.06	22.49	21.44	20.86

注：1. 资料来源：中国国家统计局网站，http：//data. stats. gov. cn/search. htm?。

2. 1955 年、1965 年、1975 年数据引自网易-中国制造，http：//money. 163. com/special/00253L8T/econdata. html。

国家财政支出主要用于国防费、国家公务机关运转事业费、文教科学卫生事业费、支援农业事业费、公用事业费、社会福利保障费、救灾扶贫费、地质勘探费、基本基础设施建设项目（铁路、公路、机场、水利等）投资和对外援助等等，以及国家对不发达地方省份的财政转移支付。例如，2013~2016 年，中央累计安排车购税资金 2100 亿元用于国家高速公路建设，在中央资金的带动下，全社会累计完成高速公路建设投资约 3.1 万亿元。

当国家财政支出大于财政收入时，其差额称为财政赤字，详见本书 6.1.1 小节。

5.2.2.2　国家预算内投资

国家预算内投资，简称“国家投资”，是指以国家预算资金为来源并列入国家计划的固定资产投资，目前包括：国家预算、地方财政、主管部门和国家专业投资公司拨给或委托银行贷给建设单位的基本建设拨款及中央基本建设基金，以及中央财政安排的专项拨款中用于基本建设的资金。

我国在 20 世纪 50 至 70 年代期间为实施计划经济时代，国有经济一枝独大，国家投资是社会生产项目建设的主体来源。随着我国改革开放的进行和社会主义市场经济体制的确立，合资企业、民营企业和集体所有制企业蓬勃发展起来，民间资金成为生产型项目建设投资的主体。本着“政企分离”“抓大放小”和“不与民争利”的原则，国家投资和国有经济慢慢从一般性竞争型生产行业和项目退出，重点转向关系国家经济命脉的行业。

目前，国家预算内投资占全社会固定资产总投资的比重较低，但它是能源、交通、原材料以及国防科研、文教卫生、社会公益、行政事业建设项目的主要来源。今后随着国家财政的壮大，其所占比重会逐渐提高。

对于国防、科研、文教卫生、行政事业单位等非营业性的无偿还能力的国家预算内投资，采用通过建设银行进行拨款的方式。项目投资拨款的基本原则是：

（1）按基本建设计划拨款，指按被批准建设单位年度基本建设计划及其所附的工程项目一览表拨款。它实际上是规定了拨款的限额。

（2）按基本建设预算拨款，包含两重含义：一是按年度基本建设支出预算拨款；二是按计算概预算拨款。它实际上是规定了拨款的限额。

（3）按基本建设程序拨款，即通过拨款这一手段，促使建设项目按基本建设程序办事。

（4）按工程进度拨款，即完成多少工程，就付多少工程价款。

（3）和（4）两个原则实际上是规定了拨款的时间。

对于实行独立核算、有偿还能力的国有企业，则实行基本建设投资拨款改贷款的方式，简称拨改贷。贷款利率实行行业差别低利率，借款单位定期还本付息，提前还清本息有奖，对有实际困难的微利、无利国有企业，则可实行部分或全部贷款本息豁免。

［例 5-7］　**宝钢建设的国家投资**

上海宝山钢铁总厂是中国 20 世纪 70 年代后期开始兴建的大型现代化钢铁企业，1993 年改名宝山钢铁（集团）公司，简称“宝钢”。

1978 年中国改革开放起始之时，中国钢产量仅有 3178 万吨，设备多为 300m^3小高炉，能耗成本高。宝钢是当时的自中华人民共和国成立以来最大的国家投资项目，由中央和国务院讨论决策建设，目的是引进外国先进技术和管理，建设新的钢铁生产基地，以适应整个国民经济新发展对基础材料工业的要求。

宝钢一二期主生产线是由 2 座 4063m^3高炉、2 台 450m^2烧结机、3 座 300t 转炉、1 套大型连铸-初轧-热连轧-冷连轧机，以及年吞吐量 1000 万吨的大型原料场组成。宝钢设备为全套引进日本新日铁公司的设备，通过谈判将原定现汇支付货款修改为卖方贷款、分期支付，充分利用外资，避免了现汇短缺的支付困难。

宝钢一二期设计规模年产钢 671 万吨。一期工程总概算为 128.8 亿元，其中国内建设投资 40.5 亿元；二期工程总概算 172.4 亿元，其中国内建设投资 68.0 亿元。所有投资均为国家预算内投资，而当时 1980 年国家财政收入仅有 1042 亿元，可见当时建设宝钢的决心和不容易。

宝钢建设于 1978 年 12 月奠基动工，1985 年 9 月完成一期工程，1991 年 6 月完成二期工程，1993 年钢铁生产全面达到设计水平。图 5-1 为宝钢一期工程。

图 5-1　国家投资建成于 1985 年的宝钢一期工程的 4063m^3高炉

随着国家改革投资体制，对重大工程的投资国家不再统包。1993年，宝钢自筹资金进行了三期扩建工程，包括3号高炉、三期炼焦、1580mm热轧、1420mm冷轧等。三期扩建工程设计概算投资595亿元，实际竣工结算投资525亿元，整个工程于2000年完成，宝钢年产钢规模达到1100万吨。

5.2.3 自筹资金

自筹资金，是指根据我国财政管理制度的规定，由各地方、部门、行政、事业单位以及各企业（国企、民企、股份制企业等）自行筹措，按预算外资金规定的用途使用后，确有多余，允许用于投资建设的资金。

企业自筹资金就是企业内部资金筹措，具体来说就是动用公司积累的财力，把股份公司的公积金（留存收益）作为筹措资金的来源。

自筹投资指建设单位收到的用于进行固定资产投资的上级主管部门、地方和单位、城乡个人的自筹资金，也就是说，自筹投资由地方自筹资金、部门自筹资金、企业事业单位自筹资金、集体城乡个人自筹资金组成。随着我国社会主义市场经济体制的完善，目前，自筹投资已占全社会固定资产投资总额的大半，已成为筹集建设项目资金的主要渠道。

建设项目自筹资金来源必须正当，应上缴财政的各项资金和国家有指定用途的专款，以及银行贷款、信托投资、流动资金不可用于自筹投资。自筹投资必须纳入国家计划，并控制在国家确定的投资总规模以内；自筹投资要符合一定时期国家确定的投资使用方向，投资结构趋向应合理，以提高自筹投资的经济效益。

5.2.4 发行股票

股票发行是指符合条件的发行人按照法定的程序，向投资人出售股份、募集资金的过程。股票是股份公司给股东作为已投资入股的证书和索取股息的凭证，是可作为买卖对象或抵押品的有价证券。

5.2.4.1 股票的历史与发展

在15世纪末，大航海时代开启。公元1492年，意大利的航海家哥伦布（Christopher Columbus）发现了南美洲新大陆。公元1519~1522年葡萄牙的航海家麦哲伦（Ferdinand Magellan）又完成了第一次环球航行。这些地理上的大发现开通了东西方之间的航线，使海外贸易和殖民地掠夺成为暴富的捷径。但是，要组织远航贸易必须具备两大条件：其一是组建船队需要巨额的资金；其二是因为远航经常会遭到海洋飓风和土著居民的袭击，要冒很大的风险。

而在当时，没有一个投资者能拥有如此庞大的资金，且也没有谁甘愿冒这么大的风险。为了筹集远航的资本和分摊经营风险，就出现了以股份集资的方法，即在每次出航之前，招募股金，航行结束后将资本退给出资人并将所获利润按股金的比例进行分配。为保护这种股份制经济组织，英国、荷兰等国的政府不但给予它们各种特许权和免税优惠政策，且还制订了相关的法律，从而为股票的产生创造了法律条件和社会环境。

1553年，英国以股份集资的方式成立了莫斯科尔公司，其采取的方式就是公开招买股票，购买了股票就获得了公司成员的资格。这些公司开始运作时是在每次航行回来就返还股东的投资和分取利润，其后又改为将资本留在公司内长期使用，从而产生了普通股份制度，相应地形成了普通股股票。从1661年开始，股票可以任意转让，购买了公司股票的人就具有了公司股东资格，享有股东权益。

17 世纪上半叶，英国就确认了公司作为独立法人的观点，从而使股份有限公司成为稳定的组织形式，股金成为长期投资。与此相应，证券交易也在欧洲的原始资本积累过程中出现。为了促进包括股票流通在内的筹集资本活动的顺利开展，1608 年，荷兰建立了世界上最早的一个证券交易所，即阿姆斯特丹证券交易所，见图 5-2。

1773 年，英国伦敦证券交易所成立。1792 年美国纽约证券交易所成立。随着股票交易的发展，1884 年美国发明了反映股票行情变化的道 · 琼斯股票价格平均指数。图 5-3 是美国纽约证券交易所附近象征股市牛市的华尔街公牛雕塑。

图 5-2　建于 1608 年的荷兰阿姆斯特丹证券交易所

图 5-3　象征股市牛市的华尔街公牛雕塑

17 世纪末到 19 世纪中叶，英国、法国先后爆发了资产阶级革命。在 18 世纪，蒸汽机的发明和推广应用导致了大机器工业生产代替手工生产的工业革命迅猛崛起，商品经济获得了极大发展。股份有限公司因适应了大工业的要求而迅速发展起来，股票也相应地得到发展。出于生产对于扩大资金来源和进行远距离运输以扩大市场的需要，银行、运输业急需大量筹集资金，而通过发行股票来筹集资金、建立股份有限公司就成为当时的一种普遍方式。股份有限公司开始在工业系统确立统治地位。于是，股票的自由转让，特别是利用股票价格进行投机，刺激了人们向工业企业进行股票投资的兴趣。股份有限公司在各个工业领域都迅猛发展，成为主要的企业组织形式，且通过股票筹措的资本额越来越大。例如 1799 年杜邦创立的杜邦火药公司就是用每股 2000 美元的股票筹措了 15 股资本创办的，而 1902 年成立的美国钢铁公司则用股票筹措了多达 14 亿美元的股金资本。

随着证券交易的发展，其相应的法规及手段日益完善。各个西方国家均通过制定公司法、证券法、破产法等来维护股份有限公司和股票的发展，以保护股东的权益。美国根据 1929 年经济危机的经验，于 1933 年颁布了《证券法》，主要规定了股票发行制度。1934 年又颁布了《证券交易法》，用于解决股票交易问题，并依该法成立了证券委员会作为股票市场的主管机关。

1872 年，中国成立了轮船招商局并发行了股票，不久后在“上海平准股票公司”上市交易，形成了中国第一张上市公司股票。

1949 年新中国成立后，因被认为是属于资本主义的范畴，股票发行和交易曾终止了相当长的一段时间。1979 年中国步入改革开放发展阶段，思想观念逐步解放。1984 年北京的天桥百货股份有限公司正式成为新中国的第一家股份制企业。随后，上海的飞乐公司、深圳的宝安公司相继发行了股票。图 5-4 为新中国发行的第一张股票。

1986 年 11 月在北京举行了中美金融市场研讨会，邓小平会见了前来参会的纽约证交所董事长约翰·范尔霖，会见时范尔霖向邓小平赠送了纽约证券交易所的证章，邓小平回赠给他的是一张 50 元面值的中国上海飞乐音响公司 1984 发行的股票。图 5-5 为邓小平向范尔霖赠送中国股票。

图 5-4 新中国发行的第一张股票——深圳宝安公司

图 5-5 邓小平向范尔霖赠送中国股票

1988 年前后在上海和深圳出现了地区性的股票交易，1990 年 12 月后上海证券交易所、深圳证券交易所相继宣布开业，拉开了中国股票交易的序幕。

1992 年 1 月，中国改革开放的总设计师邓小平同志发表了著名的南方视察谈话，提出了判断一项政策是姓“社”还是姓“资”的标准：“是否有利于发展社会主义社会的生产力，是否有利于增强社会主义国家的综合国力，是否有利于提高人民的生活水平”。

邓小平同志还指出：“计划多一点还是市场多一点，不是社会主义与资本主义的本质区别。计划经济不等于社会主义，资本主义也有计划；市场经济不等于资本主义，社会主义也有市场。计划和市场都是经济手段。社会主义的本质，是解放生产力，发展生产力，消灭剥削，消除两极分化，最终达到共同富裕。就是要对大家讲这个道理。证券、股市，这些东西究竟好不好，有没有危险，是不是资本主义独有的东西，社会主义能不能用？允许看，但要坚决地试。看对了，搞一两年对了，放开；错了，纠正，关了就是了。总之，社会主义要赢得与资本主义相比较的优势，就必须大胆吸收和借鉴人类社会创造的一切文明成果，吸收和借鉴当今世界各国包括资本主义发达国家的一切反映现代社会化生产规律的先进经营方式、管理方法。”

1992 年，中国证券监督管理委员会正式成立，从而使中国的股票交易逐渐走上了正规化和法制化的轨道。1998 年《中华人民共和国证券法》颁布实施，并于 2005 年做了最新修订。

股市的发展，拓展了企业的融资渠道，促使了社会资本向优质企业汇聚，有利于优质企业的发展并使其受到社会的监督。据统计，2014 年共有 263 家中企实现上市，募集资金 4071.2 亿元。其中，A 股有 125 家上市，募集金额 786.6 亿元；港股市场 108 家上市，募集金额 1506.2 亿元，美股市场有 15 家中企上市。

此外，已经上市了的公司，还可通过配股和定向增发股票等方式，从股市再融资，参见例 1-1。

上市公司因经营不善等原因，达到退市标准者，将被强制退市。退市公司的信用、融资和经营将会受到巨大的负面影响。

5.2.4.2 股票的种类

按股东承担风险和享有权益的大小，股票可分为普通股和优先股两大类。

A 优先股

优先股是指在公司利润分配方面较普通股有优先权的股份。优先股的股东按一定的比率取得固定股息；企业倒闭时，能优先得到剩下的可分配给股东的部分财产。

B 普通股

普通股是指在公司的经营管理和盈利及财产的分配上享有普通权利的股份，代表满足所有债权偿付要求及优先股东的收益权与求偿权要求后对企业盈利和剩余财产的索取权，它构成公司资本的基础，是股票的一种基本形式，也是发行量最大，最为重要的股票。目前在我国上海和深圳证券交易所交易的股票，都是普通股。

普通股股东除能分得股息外，还以在公司盈利较多时再分享红利。所以普通股获利水平与公司盈亏息息相关。股票持有人不仅可据此分摊股息和获得股票涨价时的利益，且有选举该公司董事、监事的机会，有参与公司管理的权利，股东大会的选举权根据普通股持有额计票。

5.2.4.3 发行股票筹资的优点和缺点

（1）发行股票筹资的优点有：

1）以股票筹资是一种有弹性的融资方式。由于股息或红利不像利息那样必须按期支付，当公司经营不佳或现金短缺时，董事会有权决定不发股息或红利，因而公司融资风险低。

2）股票无期日，其投资属永久性质，公司不需为偿还资金而担心。

3）发行股票筹集资金可降低公司负债比率，提高公司财务信用，增加今后的融资力。

4）有利于企业间相互参股扶持，形成命运共同体。

（2）发行股票筹资的缺点有：

1）资金成本高。购买股票承担的风险比购买债券高，投资者只有在股票的投资报酬高于债券的利息收入时，才愿意投资于股票。另外债券利息可计入生产成本，而股息和红利须在税后利润中支付，这样就使股票筹资的资金成本大大高于债券筹资的资金成本。

2）增发普通股须给新股东投票权和控制权，降低原有股东的控制权。

[例 5-8] 紫金矿业公司的上市发行股票募集资金和发展

紫金矿业股份有限公司总部位于福建省上杭市，见图 5-6。从 1993 年到 2000 年，紫金矿业公司进行了多次技术改造，迅速奠定了其在国内黄金采矿业中的地位。紫金山金矿在可利用储量、采选规模、黄金产量、矿石入选品位、单位矿石处理成本、经济效益方面，都成为国内的佼佼者。

图 5-6 位于福建省上杭市的紫金矿业公司总部

2000 年，总经理陈景河提出了一个在很多人看来不切实际的想法，要让紫金矿业走出福建，在更大的平台上进行竞争，走上跨越式的发展道路。为此，陈景河亲自策划了公司的改制，引入战略投资者，进行股份制改造。

2003 年，紫金矿业成功在香港 H 股上市（股票代码：02899），实际募集资金 12 亿元人民币。

2008 年紫金矿业回归上海 A 股上市（股票代码：601899），实际募集资金 98 亿元人民币。

通过上市融资，紫金矿业走上了跨越式扩张发展的道路。通过在国内和国外收购矿产资源，紫金矿业已经拥有近百家下属公司。公司是中国控制金属矿产资源最多的企业之一，截至 2017 年底，公司拥有权益资源储量黄金 1320.07t、铜 3147.51 万吨、锌铅 927.07 万吨等。金、铜、锌三大矿产品产量均居中国矿业行业前三甲，利润水平连续多年保持行业领先。2017 年实现营业收入 945.49 亿元、归母净利润 35.08 亿元。截至 2017 年 12 月底，公司总资产 893.15 亿元，净资产 376.43 亿元。截至 2016 年底，公司累计分红 178 亿元。

［例 5-9］ **紫金矿业公司在 A 股非公开定增发行股票募集资金和刚果（金）科卢韦齐铜矿**

2017 年 5 月，紫金矿业公司取得中国证监会核准批复进行 A 股非公开定增发行股票（股票面值 0.1 元/股，增发定价 3.11 元/股），共募集资金 46.35 亿元，将用于公司刚果（金）铜矿、紫金铜业等项目的建设以及补充公司流动资金。在定增市场低迷的情况下，紫金矿业非公开发行受到了知名大型机构的广泛关注，激发了公司大股东、管理层和众多员工的参与，说明市场对公司前景看好。

2017 年 6 月 13 日，随着滚烫的铜水缓缓流出熔炉，紫金矿业旗下的刚果（金）科卢韦齐铜矿产出首批粗铜，标志着该矿采选冶工艺流程全线贯通，进入试生产阶段。而在此前，紫金矿业刚刚宣布完成 A 股定增，科卢韦齐铜矿即是募投项目之一。其全面建成试生产进入生产运营阶段，将为各关联方带来回报。作为紫金矿业落实“一带一路”倡议，推动中非友好合作的项目推手之一，科卢韦齐铜矿蕴含铜储量 170.13 万吨，平均品位 4.4%，达产后年产铜 5 万吨。

同时，该矿所处的“赞比亚-刚果（金）铜钴成矿带”，是仅次于“南美洲安第斯山铜矿带”和“北美洲美国西南部-墨西哥铜矿带”的世界第三大铜矿带，具有广阔的找矿前景，与其毗邻的紫金矿业刚果（金）卡莫阿铜矿也在此列。资料显示，卡莫阿铜矿是非洲大陆发现的最大、全球第二大的未开发铜矿，资源储量超过 4000 万吨，是迄今为止中国企业在海外收购的最大铜矿。图 5-7 是紫金矿业公司在国外的主要矿业项目。

图 5-7 紫金矿业公司在国外的主要矿业项目

5.2.5 吸收国外资本直接投资

吸引国外资本直接投资，实际上是将国外资本所有者的流动资金财富，转化为资本引进国的国内建设项目的固定资产，从而促进资本引进国的经济发展。国外资本直接投资的特点是：不发生债务、债权关系，但要让出一部分管理权，并且要支付一部分利润。国外资本直接投资方式主要包括与外商合资经营、合作经营，合作开发及外商独资经营等形式。

目前世界上绝大多数国家均鼓励外资投资，并相应立法保护。大多数经济发展初期的国家对外资投资还定有相应的所得税减免法律规定。我国于 1986 年颁布了《中华人民共和国外资企业法》等相关法律，当时对外商投资企业的所得税有较大减免优惠，如“两免三减半”，对设在经济特区者减按 15%的企业所得税税率征税，2007 年后采用国民待遇统一企业所得税率为 25%，参见本书 2.1.2.8 小节。

随着中国经济的发展，中国经济实力和技术水平大为提升。目前，随着中国“一带一路”发展理念获得世界的广泛认可，中国资本也在广泛地流入世界各地，寻求合作发展的空间，创造与资本输入国双赢共同发展的机会。

［例 5-10］ **非洲国家马达加斯加的大型矿业投资项目税收减免政策**

马达加斯加共和国是世界第四大岛，陆地面积约 59 万平方千米，位于印度洋西部，隔莫桑比克海峡与非洲大陆相望，矿产资源丰富，目前对引进外资从事本国矿业开发持积极鼓励态度。根据该国政府于2005 年颁布的《大型矿产投资法》规定，投资额在2500 万美元以上的矿业开发项目，可享受免关税等优惠政策，项目实际开采后 5 年内免交所得税，5 年后加工型企业税率为 10%（一般企业为 25%）。若企业承诺其产品仅供出口，则免交出口产品增值税、关税及出口税等出境税。

5.2.5.1 合资经营——股权式经营

合资经营是由外国公司、企业经资本引进国政府批准，同该国的公司、企业在该国境内举办合营企业。合资经营企业由合营各方出资认股组成，各方出资多寡，由双方协商确定。根据国际通行做法和资本引进国的有关规定，合资企业各方的出资方式可以是现金、实物，也可以是工业产权和专有技术。按照国际惯例，合资各方的出资比例，决定了分享利润的份额和风险及亏损所分担的责任，也关系到对企业管理的控制权。

［例 5-11］ **中赞合资经营的赞比亚谦比希铜矿**

谦比希铜矿是世界闻名的赞比亚-刚果铜矿带上的一个典型的沉积型铜矿床，已经探明的铜储量达 501 万吨，平均含铜品位为 2.19%。1963 年由赞比亚国内开始开发，由于技术落后、经营不善、缺乏资金等原因，于 1987 年停产。1991 年起，赞比亚政府推行私有化进程，通过全球招标，出售谦比希铜矿。1998 年中国企业中标，中国有色矿业集团有限公司（中色矿业）和赞比亚联合铜矿公司于 1998 年签署协议，合资组建中色非洲矿业公司，中方控股 85%，赞方占股 15%。

中国企业 2000 万美元的竞购成本和 1.3 亿美元的复产建设投入，使得这个沉睡多年的矿山焕发了活力。2003 年，6500t/d 的选矿厂建成投产，见图 5-8，形成了年产铜精矿 12.5 万吨，含铜 4.7 万吨的产能。谦比希铜矿目前共有 3000 多名当地雇员，中方从国内派来的管理人员约有 60 人。

图 5-8 赞比亚谦比希铜矿的 6500t/d 选矿厂

5.2.5.2 引资合作经营

引资合作经营方式与合资经营方式类似，但资本引进国方不出资而是提供资源、土地、厂房、劳动力，由国外合作方提供资金、技术及设备，共同兴办企业。引资合作经营企业的合作双方权利、责任、义务由双方协商并用协议或合同加以规定。双方签署的协议书、合同经资本引进国政府（或有关部门）批准后，便受法律保护。

[例 5-12] 蒙古国与澳大利亚力拓公司引资合作经营的奥尤陶勒盖铜金矿

矿产业是蒙古国的经济支柱。近年来，蒙古国加大了引资合作开发矿产的力度。奥尤陶勒盖（Oyu Tolgoi）铜金矿位于蒙古国南戈壁省，距中蒙边境线 80km，初步探明铜储量达 3110 万吨、黄金 1328t、白银 7600t，此外还有钼矿等矿产资源。

奥尤陶勒盖铜金矿是蒙古国引资合作的最大项目。为了获得蒙古政府对此项目的批准，2007 年全球矿业巨头力拓公司根据蒙古矿业法与蒙古政府签订了投资协议草案，蒙古政府将获得该项目 34%股份以及相当于该项目盈利 55%的税收，力拓旗下的绿松石山资源公司（Turquoise Hill Resources）负责该矿投资建设的运营管理。一期露天开采和选矿工程投资 62 亿美元，二期地下开采矿井扩产工程投资 53 亿美元，设计年处理矿石 5250 万吨，年产铜 45 万吨，金 33 万盎司，由中国境内供电，所产铜精矿全部销往中国。一期工程承建单位为中国中冶天工集团，2010 年 5 月开工，2013 年 1 月投产。图 5-9 为奥尤陶勒盖铜金矿选矿厂浮选生产车间。

图 5-9 奥尤陶勒盖铜金矿选矿厂浮选生产车间

2016 年 6 月，蒙古政府又批准了力拓公司的奥尤陶勒盖铜金矿地下矿井扩产的 53 亿美元二期工程投资计划，预计 2020 年完工，在新协议中力拓公司同意向蒙古政府支付的权利金将以资源总销售收入的 5%来计算，而不是之前的净利润占比。

[例 5-13] 缅甸与中国万宝矿业公司引资合作经营的蒙育瓦莱比塘铜矿

缅甸蒙育瓦莱比塘铜矿（L 矿）项目位于缅甸联邦西北部的实皆省蒙育瓦镇。L 矿资源控制程度较高，铜资源储量 558 万吨，属特大型斑岩型铜矿。该矿原本由加拿大艾芬豪矿业公司经营，但因西方对缅甸的持续制裁，艾芬豪最终决定退出。项目改由中国兵器工业集团北方公司所属万宝矿产公司和缅甸联邦经济控股有限公司合作经营。2010 年 6 月 3 日，在中缅两国总理见证下，莱比塘铜矿项目产品分成合同正式签署，项目总投资为

10.65亿美元，采用露天采矿、生物堆浸、萃取、电积湿法提铜工艺生产阴极铜，年设计产能10万吨阴极铜，见图5-10。

图5-10 缅甸莱比塘铜矿的露天采矿、堆浸、萃取、电积湿法提铜生产工艺全景

2012年3月20日，项目举行开工仪式。但同年6月份以后，针对该铜矿项目的抗议不断升级，项目停工，企业损失很大。缅甸政府组成的调查委员会，开始对莱比塘铜矿项目进行全面调查评估。2013年3月由昂山素季领导的调查委员会发表的调查报告，没有发现莱比塘铜矿项目存在严重的破坏环境现象，同意项目继续。其后中缅两国合作方重新签订的莱比塘铜矿产品分成协议。根据协议，缅甸矿业部不仅将参与收益分配，而且将获得51%的收益；而项目合作双方中国万宝矿业有限公司和缅甸联邦经济控股有限公司则各获得30%和19%的收益分配。另外，该项目收益的2%贡献出来用于当地发展。

2016年3月复建竣工后的项目试生产，其后的10个月共生产24500t阴极铜，通过特许权使用费、产品分成、商业税和所得税为缅甸政府创收2000万美元。但项目收入不以现金方式支付给缅甸政府，而根据伦敦金属交易市场标价进行实物支付。

5.2.5.3 引资合作开发

引资合作开发主要指对海上石油和其他资源的合作勘探开发，合作方式与引资合作经营类似。一般做法是：第一阶段，主要是进行地球物理勘探，一切费由外国公司支付；第二阶段，根据地球物理勘探结果，选出一部分有希望的地区进行招标，签订合同，合作勘探开发，双方应按合同规定分享产品或利润。

［例5-14］ 中国海洋石油的外资合作开发

以海洋石油开发为例，这是一个高投资高风险的行业。中国海洋石油总公司代表国家先后开展了四轮合作开采油气国际招标，到2005年底，先后与21个国家和地区的75家公司签署172个石油合同和协议，在中国近海引资合作开发油田23个，油气年产量达到2174万吨，占到中国海洋油气总产量的65%。据估计，中国石油上游勘探生产领域已经吸收了100亿美元外资。图5-11为中海油公司位于南海珠江口盆地的陆丰13-2油田。

图5-11 南海珠江口盆地的陆丰13-2油田

5.2.5.4 外资独营

外资独营是由外国投资者投资和经营的企业形式。按我国规定，外国投资者可以在经济特区、开发区及其他经我国政府批准的地区开办独资企业，企业的产、供、销由外国投

资者自行规定。外资独营企业的一切活动应遵守我国的法律、法规和我国政府的有关规定，并照章纳税。纳税后的利润，可通过中国银行按外汇管理条例汇往国外。

5.3 负债筹资

项目的负债是指项目承担的能够以货币计量的需要以资产或者劳务偿还的债务。它是项目筹资的重要方式。负债筹资实质上是利用他人或他国生产创造的富余流动资产，用于筹资者的生产项目建设并形成固定资产，再以生产项目产生的效益逐年偿还。负债筹资能力往往体现了筹资者的财务和商业信用。

中国的传统观念中，负债往往是贬义词，俗语所谓“无债一身轻”即为体现。我国20世纪60年代末曾宣传自己是世界唯一的“既无内债、又无外债”国家，但经济发展缓慢。20世纪70年代末中国改革开放打开国门后，看到世界上负债最多的美国却是发展最快和经济水平最高的国家，这对中国传统观念是巨大的冲击。新的观念如“借钱买鸡、养鸡下蛋、卖蛋还钱”等引入并获得社会共识。随后，中国开始广泛利用各种资金进行建设，发展加速，经济开始腾飞。

5.3.1 银行贷款

5.3.1.1 银行贷款的资金来源

银行是依法成立的经营货币信贷业务的金融机构，是商品货币经济发展到一定阶段的产物。我们常指的银行是属于商业银行，如工商银行、建设银行、招商银行等。商业银行的基本职能包括：信用中介、支付中介、信用创造、金融服务。它的存在方便了社会资金的筹措与融通，它是金融机构里面非常重要的一员。

银行是经营货币的企业，银行货币资金的来源主要为银行吸收的社会储蓄存款，其次为银行企业经营积累的资本金。国际货币基金组织公布数据显示，中国的国民储蓄率从20世纪70年代至今一直居世界前列。2016年我国居民人民币储蓄余额达59.8万亿元，人均储蓄4.3万元，为全球储蓄金额最多的国家。以国家统计局的数字进行分析，中国的储蓄率高达52%。高储蓄可将社会积累转化为建设资金，但低消费率也有可能影响社会需求和经济增长。

银行的业务，一方面，它以吸收存款的方式，把社会上闲置的货币资金和小额货币节余集中起来，然后以贷款的形式借给需要补充货币的人去使用；在这里，银行充当贷款人和借款人的中介。另一方面，银行为商品生产者和商人办理货币的收付、结算等业务，它又充当支付中介。总之，银行起信用中介作用。

银行的盈利渠道分别是贷款、银行类保险、销售理财基金类产品、金融机具的销售、金融智能终端业务消费获利、对冲业务、票据业务等。

贷款是银行按一定利率和必须归还等条件出借货币资金的一种信用活动形式。广义的贷款指贷款、贴现 、透支等出贷资金的总称。银行通过贷款的方式将所集中的货币和货币资金投放出去，可以满足社会扩大再生产对补充资金的需要，促进经济的发展；同时，银行也可以由此取得贷款利息收入，增加银行自身的积累。贷款利息的单利计算见式（5-1）、式（5-2）和例5-1，复利计算见例5-2。

按中国人民银行1996年发布施行的《贷款通则》规定，银行贷款的发放和使用应当符合国家的法律、行政法规和中国人民银行发布的行政规章，应当遵循效益性、安全性和流动性的原则。效益性安全性和流动性既是商业银行经营活动应遵循的基本原则，从广义上讲，也是企业及其他借款人使用贷款资金应遵循的基本原则。

经济学界的主流观点认为：一个健康运行的经济体，其银行业的利润增速应和GDP增速保持平行或略高于GDP的增速。目前，我国大部分银行的盈利主要来自贷款，比例占30%以上。据中国银监会统计，2016年中国的商业银行总净利润为1.65万亿元。

[**例5-15**] 中国人民银行2015年5月调整规定的5年期以上的长期贷款利率为5.65%，活期存款利率为0.35%，一年期存款利率为2.25%。若某商业银行平均吸收存款利率为2.05%，平均贷款利率为5.50%，本年度吸收存款1000亿元，贷款900亿元，工资、其他成本和费用10亿元，求其年度税前利润。

解：参照式（3-24），有：

$$\text{年度税前利润} = 900\times5.50\%-1000\times2.05\%-10 = 19.0\ (\text{亿元})$$

5.3.1.2 存款准备金、存贷款利率与货币政策

银行资金的流动运行支撑了社会经济体的运行和发展。调节银行资金流动性的主要政策制度是存款准备金和存贷款利息。

存款准备金是指金融机构为保证客户提取存款和资金清算需要而准备的在中央银行的存款。存款准备金制度还成为国家调节经济的重要手段，是中央银行对商业银行的信贷规模进行控制的一种制度。降低存款准备金率可提高银行体系流动性和增加贷款规模，提高存款准备金率可收紧银根减小贷款规模。

存贷款利率均由各国中央银行制定。通过改变存贷款利率执行不同的货币政策，也是国家调节经济的重要手段，包括：

（1）正常的货币政策。

（2）量化宽松货币政策，通过降息以刺激消费和投资，拉动经济回升。

（3）收紧银根货币政策，通过加息以增加储蓄减少消费和投资，抑制经济过热。

中国对存贷款利率和存款准备金的调整已呈常态化，一般根据经济形势几个月调整一次。

例如近期，中国人民银行决定自2015年10月24日起，下调金融机构人民币存款准备金率0.5个百分点（大型金融机构为17.5%，中小型金融机构为14.0%），以保持银行体系流动性合理充裕，引导货币信贷平稳适度增长。同日起还下调金融机构人民币贷款和存款基准利率，以进一步降低社会融资成本。其中，金融机构一年期贷款基准利率下调0.25个百分点至4.35%；一年期存款基准利率下调0.25个百分点至1.5%；其他各档次贷款及存款基准利率、人民银行对金融机构的贷款利率亦相应调整。此政策一出，中国一年期存款利率已低于居民消费价格指数（CPI），预期将降低大众的储蓄率和增加消费愿望，从而拉动需求和经济增长。相应地，中国股市指数在次日应声上涨。市场认为，此次央行“双降”再次降低了市场的资金成本，对股市、债市均形成利好。

5.3.1.3 常见的银行贷款种类

银行贷款是银行以债权人身份安排使用资金的主要形式。根据不同的划分标准，银行贷款具有各种不同的类型。例如，按偿还期不同，可分为短期贷款、中期贷款和长期贷

款；按偿还方式不同，可分为活期贷款、定期贷款和透支；按贷款用途或对象不同，可分为工商业贷款、农业贷款、消费者贷款、有价证券经纪人贷款等；按贷款担保条件不同，可分为票据贴现贷款、票据抵押贷款、商品抵押贷款、信用贷款等；按利率约定方式不同，可分为固定利率贷款和浮动利率贷款，等等。常见贷款定义如下。

信用贷款：以借款人的信誉发放的贷款。

担保贷款：保证贷款、抵押借款、质押贷款。

保证贷款：按《中华人民共和国担保法》规定的保证方式以第三人承诺在借款人不能偿还贷款时，按约定承担一般保证责任或者连带责任而发放的贷款。

抵押贷款：以借款人或第三人的财产作为抵押物发放的贷款。

质押贷款：以借款人或第三人的动产或权利作为质押物发放的贷款。

票据贴现：贷款人以购买借款人未到期商业票据的方式发放的贷款。

普通贷款限额：一种以非正式协议约束的贷款形式。企业基于资金需求具有季节性和规律性的特点，与银行订立非正式协议，约定一个由银行在指定期限内向企业提供贷款的最高限额，在此期限和贷款额度内，企业可随时获得银行贷款。企业申请贷款额度时必须向银行说明近期财务状况，银行则根据企业信用状况和自身营运要求决定是否授信和执行协议。

营运资本贷款：基于企业产品生产周期长、原材料储备多、资金回流慢等特点，以产品销售进度确定贷款期限和额度的贷款形式。

项目贷款：以大型建设项目为对象的贷款。其特点是金额大、风险高、利率高，以项目的合理性和可行性作为决定贷款与否的依据，贷款债务的追索针对项目，而不是针对公司和企业。对于特大型的项目，通常由多家银行组合形式提供贷款，以分散风险。

5.3.2 项目融资

5.3.2.1 项目融资贷款模式

项目融资在我国发展迅速。2009 年，中国银监会印发了《项目融资业务指引》，进行规范管理。

项目融资是一种与公司融资方式相对应的，以项目公司为融资主体，以项目未来收益和资产为融资基础，由项目的参与各方分担风险的具有有限追索权性质的特定融资方式。该融资方式一般应用于现金流量稳定的发电、道路、铁路、机场、桥梁等大型基建项目，目前应用领域逐渐扩大，例如已应用到大型石油化工等项目上。

图 5-12 是一个项目融资的简单示意图。在项目融资中，至少有项目发起人、项目公司和贷款人三方当事人。项目的发起人（即股东）为经营项目成立一家项目公司，以该项目公司作为借款人筹借贷款，并以项目公司本身的现金流量和收益作为还款来源，以项目公司的资产作为贷款的担保物。项目发起人是项

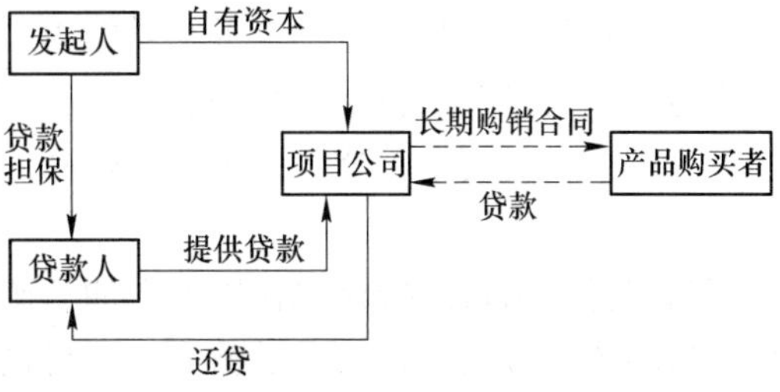

图 5-12 项目融资的简单示意图

目的实际投资者，也称为项目投资者，它可以是单独的一家公司，也可以是由多家公司组成的投资财团。项目融资中一个普遍的做法是成立一个单一目的的项目公司，则发起人可能在该公司中拥有股份，其性质类似于控股公司。项目发起人是项目融资中的真正借款人，它一般需要以直接担保或间接担保的形式为项目公司提供一定的信用支持。

项目公司是项目投资者根据股东协议（或称合资协议）创建的。项目公司的主要法律形式是有限责任公司和股份有限公司。投资者通过持股拥有公司，并通过选举任命董事会成员对公司的日常运营进行管理。项目公司可以公司法人身份进行融资并承担相关责任，它是项目的直接主办人，直接参与项目投资和项目管理，直接承担项目债务责任和项目风险。

项目融资中的贷款人主要是商业银行和租赁公司、财务公司、投资基金等非银行金融机构、企业和一些国家政府的出口信贷机构。承担项目融资责任的银行一般希望通过组织银团贷款的方式减小和分散每一家银行在项目中的风险。

项目贷款是“有限追索权”的筹资方式。追索是指借款人未按期偿还债务时，贷款人要求借款人用除抵押资产之外的其他资产偿还债务的权力。对于一个工程项目而言，如果采用传统融资方式，贷款人为项目借款人提供的是完全追索形式的融资贷款。在这种情况下，借款人的资信等级是贷款人最为关心的事情，而项目融资，贷款人的贷款回收主要取决于项目的经济强度，除了在有些情况或有些阶段，贷款人对借款人有追索权之外，在一般情况下，无论项目成功与否，贷款人均不能追索到项目借款人除该项目资产、现金流量及所承担的义务之外的任何形式的财产。在项目融资中，项目本身的效益是偿还债务最可靠的保证。因此，项目贷款人更加重视对项目效益的考察，注重对项目本身的债务追索。

风险分担是指项目融资普遍建立在多方合作的基础上，项目参与各方均在自己力所能及的范围内承担一定的风险，避免了由其中的任何一方独自承担全部风险。项目发起人通过项目融资可以达到利用外部债务融通项目大部分资金的目的，从而可以把项目的大部分风险转移给项目贷款人，以减少项目发起人所承担的项目风险。对于项目贷款人而言，必须将项目风险合理地分配给项目的参与各方，从而形成了项目公司对偿还贷款承担直接责任、项目发起人提供有限担保、由第三方向贷款人提供信用支持的风险分担结构。

债务屏蔽是指在项目融资中通过对投资结构和融资结构的设计，可以把项目债务的追索权限制在项目公司中，从而对项目发起人的资产负债表没有影响。项目融资是一种非公司负债型融资，也称为资产负债表外的融资，即项目的债务不表现在项目发起公司的资产负债表中。

项目融资可以增强项目的债务承受能力。通过建立复杂的多边担保体系，可以提高债务承受能力；通过对项目融资结构的设计，可以排除许多风险因素和不确定因素。

因为在项目融资中，贷款方承担了较高的风险，所以项目融资贷款所要求的利率要高于普通的贷款。

产品支付的项目融资模式在国外石油、矿产等项目融资中极为常见，这种形式是针对项目贷款的还款方式而言的。借款方在项目投产后不以项目产品的销售收入来偿还债务，而是直接以项目产品还本付息。在贷款得到偿还前，贷款方拥有项目部分或全部产品的所有权。在绝大多数情况下，产品支付只是产权的转移而已，而非产品本身的转移。一般情况下，贷款方常常要求项目公司重新购回属于它们的项目产品或通过它们的代理来销售这些产品。更一般的是，根据收贷或付款协议，以购买商或最终用户承诺的付款责任来收回贷款并获得商业利润。

5.3.2.2 项目融资运营模式

A 项目 BOT 模式

BOT（build-operation-transfer 的缩写）即建设-经营-移交，指一国政府或其授权的政府部门经过一定程序并签订特许协议将专属国家的特定的基础设施、公用事业或工业项目的筹资、投资、建设、营运、管理和使用的权利在一定时期内赋予本国或外国民间企业，政府保留该项目、设施以及其相关的自然资源永久所有权；由民间企业建立项目公司并按照政府与项目公司签订的特许协议投资、开发、建设、营运和管理特许项目，以营运所得清偿项目债务、收回投资、获得利润，在特许权期限届满时将该项目、设施无偿移交给政府。

BOT 演化的方向有：

（1）BOO（build-own-operate），即建设-拥有-经营。项目一旦建成，项目公司对其拥有所有权，当地政府只是购买项目服务。

（2）BOOT（build-own-operate-transfer），即建设-拥有-经营-转让。项目公司对所建项目设施拥有所有权并负责经营，经过一定期限后，再将该项目移交给政府。

（3）BLT（build-lease-transfer），即建设-租赁-转让。项目完工后一定期限内出租给第三者，以租赁分期付款方式收回工程投资和运营收益，以后再行将所有权转让给政府。

（4）BTO（build-transfer-operate），即建设-转让-经营。项目的公共性很强，不宜让私营企业在运营期间享有所有权，须在项目完工后转让所有权，其后再由项目公司进行维护经营。

（5）ROT（rehabilitate-operate-transfer），即修复-经营-转让。项目在使用后，发现损毁，项目设施的所有人进行修复恢复整顿-经营-转让。

（6）DBFO（design-build-finance-operate），即设计-建设-融资-经营。

（7）BT（build-transfer），即建设-转让。

（8）BOOST（build-own-operate-subsidy-transfer），即建设-拥有-经营-补贴-转让。

（9）ROMT（rehabilitate-operate-maintain-transfer），即修复-经营-维修-转让。

（10）ROO（rehabilitate-own-operate），即修复-拥有-经营。

B 项目 BT 模式

BT 是英文 build（建设）和 transfer（移交）缩写形式，意即“建设-移交”，是政府或开发商利用承包商资金来进行融资建设项目的一种模式。BT 模式是 BOT 模式的一种变换形式，指一个项目的运作通过项目公司总承包，融资、建设验收合格后移交给业主，业主向投资方支付项目总投资加上合理回报的过程。

采用 BT 模式筹集建设资金成了项目融资的一种新模式。

5.3.2.3 项目融资案例

[例 5-16] 我国“贷款修路，收费还贷”公路投融资模式的形成与发展

中华人民共和国成立初期，公路建设由中央和地方分工负责，中央政府负责国家干线公路的规划与修建，地方政府负责本区域公路的规划和修建。1958 年公路的建设与管理权全部下放到地方。在计划经济体制之下，公路建设投资主体单一，地方政府是唯一的投资主体，由于财力有限，公路建设长期落后于经济社会发展，成为制约国民经济发展的瓶颈。

1978 年改革开放后，随着国民经济发展的迫切需要和人们思想观念的转变，开始了公路投融资体制改革。1981 年香港商人霍英东等人投资广东省国道 107 广深线东莞中堂大桥，首开“以桥养路，以路养路”之先河。1984 年，国务院做出允许贷款或集资修路收取车辆通行费（即“贷款修路，收费还贷”）的决定。1988 年，长度为 18 公里的上海至嘉定高速公路建成通车，中国大陆高速公路实现了零的突破。1990 年，被誉为“神州第一路”的全长 348 公里的沈阳至大连高速公路全线建成通车，标志着我国高速公路发展进入了一个新的时代。

1997 年颁布的《公路法》，以法律形式对政府收费还贷公路、国内外经济组织投资收费公路及公路收费权转让做出了明确规定。这些改革措施，极大地调动了各级政府加快公路建设的积极性。“要想富，先修路”的理念得到了从上到下的广泛共识。

各地在实践中，以“贷款修路，收费还贷”模式为基础，创造、衍生出了很多行之有效的公路投融资方式，归纳起来大致有如下几种：

（1）以各级交通主管部门作为项目业主，贷款修路、收费还贷。

（2）由各级政府集资修建收费公路。

（3）利用外国政府和银行贷款修路。

（4）鼓励国内外各类经济组织投资修建高等级公路，包括股份制、BOT、BTO 方式等。

（5）出售转让现有收费公路的全部或部分经营权，转让收益再投入新路建设，滚动发展。

（6）选择经济效益前景好的高等级公路产权，成立股份有限公司，向社会发行股票，在资本市场上市融资。

这些投融资方式通过创新公路建设投资主体、融资渠道和组织管理模式，实现了一定程度的创新，促进了我国公路建设的发展。1988~2017 年间，中国的高速公路里程由零发展到了 13.1 万公里，其中 95%以上是采用“贷款修路，收费还贷”模式建造的。

中国在不到 30 年的时间里，建造了世界最大的高速公路网。高速公路的建设发展，又极大地推动和促进了经济发展，改善了物流条件，方便了人民群众出行。在中国高速公路网和高等级公路的建设过程中，公路投融资模式的改革功不可没。

[例 5-17]　澳大利亚恰那铁矿项目融资

恰那铁矿是澳大利亚哈墨斯利铁矿公司（60%股权）和中国冶金进出口公司（40%股权，现中国钢铁工贸集团公司）的合资项目。1988 年动工建设，1990 年正式投产。该矿第一期投资 2.8 亿澳元，年产 300 万吨铁矿砂。在随后 8 年中逐步追加投资 1.2 亿澳元，最终形成年产 1000 万吨铁矿砂的生产能力。在 20 年的矿山生产期中，该矿将为中国提供约 2 亿吨优质铁矿砂 。该项目采用杠杆融资模式，其融资结构是：

（1）哈墨斯利铁矿公司和中国冶金进出口公司按投资比例提供无担保贷款，实际是以准股本资金形式在项目中的股本投入，占项目建设成本（2.8 亿澳元）的 30 %，在其他融资贷款偿还之后才可还款。

（2）由13家银行组成国际银团提供1.7亿美元、12年期的项目建设贷款和6000万美元的备用贷款（用于项目后期扩建资金）。

（3）中国冶金进出口公司与恰那铁矿签订期限为20年的铁矿购买协议，从而为该项目提供了长期稳定的市场支持和强有力的信用保证。

5.3.3 发行债券

债券是一种金融契约，是政府、金融机构、工商企业等直接向社会借债筹措资金时，向投资者发行，同时承诺按一定利率支付利息并按约定条件偿还本金的债权债务凭证。

5.3.3.1 债券种类

（1）国家债券，又称公债或国库券。早期的国库券为纸质，见图5-13，现为记账式和网上发行。国债是国家以信用方式从社会上筹集资金用于政府运转和公共建设的一种重要工具。国家以信用方式和预期未来发展前景吸引投资者，并逐年派发稳定的高于银行同期存款利息。由于国债信用等级高、利息高和免个人所得税，常被称为“金边债券”，成为重要的投资对象，如美国国债、中国国债等。有关国债的详细介绍见本书6.1.1小节。

图5-13 中国国库券

（2）地方政府债券。地方政府债券是由地方政府发行的债券，筹措的资金主要用于地方的能源、交通、市政设施等重点工程建设。

（3）企业债券。企业债券指由企业发行的债券。根据国务院颁布的《企业债券管理暂行条例》，中国人民银行是企业债券的主管机关，企业发行债券须中国人民银行批准，企业发行的债券总金额不得超过企业的自有资产净值，投资须经有关部门审查批准，纳入国家控制的固定资产规模，债券的利率不得高于同期国库券利率。早期的企业债券多为纸质，见图5-14，现多为记账式和网上发行。

图5-14 企业债券

（4）金融债券。金融债券是金融机构为筹措长期资金而发行的债券，利率通常低于一般的企业债券，但高于风险更小的同期银行储蓄存款利率。

5.3.3.2 债券筹资的主要优点和缺点

（1）债券筹资的优点有：

1）支出固定。不论企业将来盈利如何，它只需付给持券人固定的债券利息。

2）企业控制权不变。债券持有者无权参与企业管理，因此公司原有投资者控制权不因发行债券而受到影响。

3）少纳所得税，债券利息可进成本，实际上等于政府为企业负担了部分债券利息。

4）如果企业投资报酬率大于利息率，由于财务杠杆作用，发行债券可提高股东投资报酬率。

（2）债券筹资的缺点有：

1）固定利息支出会使企业承受一定风险。特别是在企业盈利波动较大时，按期偿还本息较为困难。

2）发行债券会提高企业负债比率，增加企业风险，降低企业的财务信誉。

3）债券合约的条款，常常对企业的经营管理有较多的限制，如限制企业在偿还期内再向别人借款、未按时支付到期债券利息不得发行新债券、限制分发股息等。所以企业发行债券在一定程度上约束了企业从外部筹资的扩展能力。

一般来说，当企业预测未来市场销售情况良好、盈利稳定、预计未来物价上涨较快，企业负债比率不高时，可以考虑以发行债券的方式进行筹资。

[例 5-18]　中国的企业债券市场的发展与风险

长期以来，银行一直是中国的主要融资来源。2011 年底，未偿还银行贷款总额为国内生产总值（GDP）的 123%，而企业债券仅为 GDP 的 11%。从发行者还是投资者的角度来看，债券都是可以大力发展的。潜在的供应和需求规模都很巨大。2012 年 6 月，中国证监会推出了一个新的高收益债券（相应高风险，有人称之为“垃圾”债券）市场，采用注册制，而非核准制。这些举措产生了立竿见影的效果，到 2015 年底，中国已发展到高达 18.8 万亿元的企业债券市场，其二级市场转手交易活跃。

但是风险随之显现。随着经济增长下滑的影响，企业偿还债务能力下降。2016 年 4 月，出现了新一轮国企债券违约事件，如东北特钢、山西华昱能源、保定天威集团等。此时对于中国投资者来说，债务违约风险巨大。一旦企业债券风险集中爆发，可能将给整个中国经济带来巨大冲击。

5.3.4 设备租赁

设备租赁是指出租人和承租人之间订立契约，由出租人应承租人的要求购买其所需的设备，在一定时期内供其使用，并按期收取租金。租赁期间设备的产权属出租人，用户只有使用权，且不得中途解约。期满后，承租人可以从以下的处理方法中选择：将所租设备退还出租人、延长租期、作价购进所租设备、要求出租人更新设备、另订租约。设备租赁的方式可分为：

（1）融资租赁。融资租赁是设备租赁的重要形式，它将贷款、贸易与出租三者有机地结合在一起，其出租过程为：先由承租人选定制造厂家，并就设备的型号、技术、价格、交货期等与制造厂家商定；再与租赁公司就租金、租期、租金支付方式等达成协议，签订租赁合同；然后由租赁公司通过向银行借款等方式筹措资金，按照承租人与制造厂家商定的条件将设备买下；最后根据租赁合同租给承租人使用。

融资租赁是一种融资与融物相结合的筹资方式。它不需要像其他筹资方式那样，等到筹集到足够的货币资本后再去购买长期资产。同时，融资租赁还利于及时引进设备，加速技术改造。但融资租赁的成本率相对较高，一般情况下，融资租赁的资金成本率比其他筹资方式（如债券和银行贷款）的资金成本率要高。

（2）经营租赁。经营租赁，即出租人将自己经营的出租设备进行反复出租给承租人，直至设备报废或淘汰为止的租赁业务。

（3）服务出租。服务出租主要用于车辆的租赁，即租赁公司向用户出租车辆时，还提供保养、维修、检车、事故处理等业务。

［例 5-19］ 山东矿机向玉龙煤矿提供成套综采设备租赁服务

2013 年 1 月 31 日公告，山东矿机集团股份有限公司第二届董事会第二十四次会议审议通过了《关于与贵州玉龙煤矿签订综采成套设备租赁及生产技术服务合同书的议案》，山东矿机向玉龙煤矿提供成套综采设备租赁服务，范围为贵州省金沙县化觉乡玉龙煤矿 8 号煤层所有综采工作面。服务期限为 5 年，开工日期为 2013 年 3 月。公司按实际煤炭产量和吨煤单价提取包括设备租赁折旧、维护修理费、生产技术服务费的综合费用，每月一结算。

5.3.5 借用国外资金

5.3.5.1 外国政府贷款

外国政府贷款指外国政府通过财政预算每年拨出一定款项，直接向接受国政府提供的贷款，实质上具有发达国家援助欠发达国家的性质。这种贷款的特点是利率较低（年利率一般为 0～3%），期限较长（平均为 20～30 年），但数额有一定限额。所以这种贷款比较适用于建设周期较长，金额较大的工程建设项目，如发电站、港口、铁路及能源开发等项目。

综合考虑诸如政府贷款利率远低于多年实际通胀率等因素，政府贷款中实际赠予接受国的成分占很大比例。

中国在自己比较穷的时候，也向第三世界国家提供了力所能及的发展援助。例如 1970 年始建的非洲坦赞铁路，全长 1860km，中国提供了近 10 亿元人民币无息贷款，偿还期限为 30 年，而当年中国的财政收入也仅有 663 亿元。

1972 年中国与日本建立外交关系。1978 年中日两国互换《中日和平友好协定》。从 1979 年开始，日本政府开始提供对华援助日元贷款，截至 2010 年底，累计向中国提供贷款 27884 亿日元（约 300 亿美元）。刘亚洲上将在《从钓鱼岛问题看中日关系》一文中，明确表示在 20 世纪八九十年代中国改革开放的关键阶段，日本政府提供的日元贷款出了相当的气力。

图 5-15 是我国利用日本政府贷款项目，投资 47 亿元人民币，于 2002 年建成投产的山西朔州中煤集团平朔煤炭公司安家岭煤矿（年生产能力 1500 万吨），参阅例 9-2。

图 5-15 安家岭煤矿的 35m^3 电铲和 172t 自卸卡车

5.3.5.2 国际金融组织贷款

国际金融组织贷款主要是指世界银行、国际货币基金组织、国际金融公司、国际农业发展基金会、亚洲开发银行、亚洲基础设施投资银行等组织提供的带有援助发展中国家性质的贷款。

世界银行的资金来源于成员国认缴一定数额的银行股份，数量取决于该国的经济、财政实力以及该国在国际货币基金的份额。此外，世界银行历年来的业务净收益不分配给股东，都留作准备金，作为银行的一个资金来源。

世界银行的贷款原则：（1）只有成员国才能申请贷款；（2）贷款必须用于借款国特定的生产性项目；（3）只有在借款国确实不能以合理的条件从其他方面获得资金时才考虑给予贷款；（4）只向有偿还能力的成员国发放贷款，以确保贷款能按期收回。

世界银行的贷款特点：（1）贷款期限较长，最长可达30年，宽限期为5年；（2）贷款实行伦敦同业拆借利率（LIBOR）+浮动利率，如还款期限15～18年者为LIBOR + 0.34%；（3）对其资助的项目只提供货物和服务所需要的外汇部分。

1982年，我国首次开始利用世界银行贷款建设了云南鲁布革水电站工程，其后利用了大量世界银行贷款进行项目建设，极大地促进了我国的发展。一般这类贷款由我国财政部负责谈判并签订协定。各种大型项目由世界银行直接贷款，各中小工业项目由中国投资银行负责转贷。各中小农业项目由中国农业银行负责转贷。

［例5-20］　利用世界银行贷款建设的黄河小浪底水利枢纽工程

小浪底水利枢纽位于河南省洛阳市孟津县的黄河干流上，控制流域面积69.4万平方公里，占黄河流域面积的92.3%，集减淤、防洪、防凌、供水灌溉、发电等为一体，是治理黄河的关键性控制工程。该工程总装机容量为156万千瓦，年平均发电量为51亿千瓦时；下游防洪标准由目前的六十年一遇，可提高到千年一遇；每年可增加40亿立方米的供水量。

黄河小浪底水利枢纽是世界银行在中国最大的贷款建设项目。该项目投资309亿元人民币，工期11年，于2000年建成，见图5-16。

图5-16　黄河小浪底水利枢纽工程，人造洪峰调水冲沙

为了进一步规范和加强国际金融组织和外国政府贷款、赠款管理，合理、有效地使用资金，我国财政部于2006年制定了《国际金融组织和外国政府贷款赠款管理办法》。

随着中国经济的发展和综合国力的增强，中国也承担起了相应的大国责任与担当，对第三世界国家的政府贷款、赠款和合作项目也逐年增加。与此同时，2011年中国提出了“人类命运共同体”的全球发展和治理新理念，改变单向援助和受援思维，提倡合作共赢、共同发展是全球治理改革的基本方向，世界各国应共商、共建、共赢和共享发展及成果。

2013年，中国提出“一带一路”发展理念，设立丝路基金并注资400亿美元。2017年5月在“一带一路高峰论坛”上又宣布对丝路基金新注资1000亿元人民币。

2014年，中国主导的亚洲基础设施投资银行（Asian Infrastructure Investment Bank，简称亚投行，AIIB）成立，总部设在中国北京，重点支持亚洲区域基础设施建设，通过合作实现发展共赢。亚投行法定资本1000亿美元，按照协定规定的原则计算，中国以297.8亿美元的认缴股本和26.06%的投票权，居现阶段亚投行第一大股东和投票权占比最高的国家。印度位列第二大股东、俄罗斯位列第三大股东。至 2017 年底成立两年来，亚投行已在 12 个成员国开展了 24 个基础设施投资项目，项目贷款总额 42 亿美元，撬动了 200 多亿美元的公共和私营部门资金。

2015 年，金砖国家新开发银行（BRICS New Development Bank）开业，其初始资本为 1000 亿美元，由 5 个金砖国家（巴西、俄罗斯、印度、中国、南非，简称 BRICS）创始成员平均出资，总部设在中国上海。根据规划和目标，2017~2021 年的 5 年内新开发银行实现贷款审批通过的金额将达到 320 亿美元。2017 年金砖峰会商定通过本币直接投资，有助于推动金砖国家间的贸易发展，同时也可强化人民币在国际投资中的地位。

2018 年 6 月，中国宣布将在上海合作组织银行联合体框架内设立 300 亿元人民币等值专项贷款。

2018 年 7 月，中国宣布将成立中国阿拉伯国家银行联合体，配备 30 亿美元金融专项贷款，并设立"以产业振兴带动经济重建专项计划"，提供 200 亿美元贷款额度。

5.3.5.3 国外商业银行贷款

国外商业银行贷款包括国外投资银行、长期信用以及开发金融公司对贷款国提供的贷款，建设项目投资贷款主要是向国外银行筹措中长期资金，一般通过中国银行、国际信托公司和中国投资银行办理。这种贷款的特点是可以较快地筹集大额资金，借得资金可由借款人自由支配，但利息和费用负担较重，利用不当容易陷入财务危机。

5.3.5.4 在国外金融市场上发行债券

国外金融市场债券的偿付期限较长，一般在七年以上；发行金额一次可在 1 亿美元左右。筹得的款项可以自由运用。但债券发行手续比较烦琐，且发行费用较高，同时还要求发行人有较高的信誉，精通国际金融业务。所以这种筹资方式适用于金融不大，资金运用要求自由的建设项目。

5.3.5.5 吸收外国银行、企业和私人存款

吸收国外存款主要是通过我国的金融机构（主要是中国银行），特别是设在经济特区、开发区和海外的金融机构，广泛吸收包括私人客户外汇存款、同业银行存款、企业外汇存款在内的各类外汇存款。这类存款特点是分散流动性大，但成本低、风险小。若安排得当，不失为利用外资的一种较好方式。

5.3.5.6 利用出口信贷

出口信贷是出口国政府为了鼓励资本和商品输出而设置的专门信贷，这种贷款的特点是利息率较低，期限一般为 10~15 年，借方所借款项只能用于购买出口信贷国设备。出口信贷可根据贷款对象的不同分为买方信贷与卖方信贷。买方信贷是发放出口信贷的银行将贷款直接贷给国外进口者（即买方）；卖方信贷是指发放出口信贷的银行将资金贷给本国的出口者（即卖方），以便卖方将产品赊卖给国外进口者（即买方），而不致发生资金周转困难。

5.3.6 民间借贷

民间借贷，是指公民之间、公民与法人之间、公民与其他组织之间借贷，是正规金融有益和必要的补充。自 2003 年以来，国家逐步放开了民间小额信贷的限制，但固定其利

率最高不得超过银行同类贷款利率的4倍，超过4倍的，属于高利贷，而高利贷的部分是不受法律保护的。

民间借贷是一种直接融资渠道，是民间资本的一种投资渠道，是民间金融的一种形式。民间借贷具有灵活、方便、利高、融资快等优点，运用市场机制手段，融通各方面资金为发展商品经济服务，满足着生产和流通对资金的需求。

民间借贷的平台有民资管理公司、民间借贷登记中心、第三方理财、私募基金、网络借贷和典当行等等。民间借贷因其利率高，主要是个人或小微企业急需短期流动资金而少量融资，均不可用于基建项目融资。

习　题

5-1 资金在项目建设中起何作用？

5-2 项目资本金的定义、形式和筹措方式如何？

5-3 引进外资进行项目建设的方式有哪些？各有何特点？

5-4 简述矿业项目国际合作开发建设的前景。

5-5 项目负债的定义如何？负债筹资有哪些主要形式？

5-6 简述银行贷款、利率与资金成本。

5-7 某人向商业银行贷款50万元住房贷款，按2015年3月规定，5年以上的贷款年利率为5.90%，采用按月利率逐笔计息法计算利息，求月付利息额和年利息额。

5-8 什么是项目融资？其主要运营模式有哪些？

5-9 某企业扩大再生产需一套设备，设备资产值100万元，若租赁使用则年租金额15万元。企业所得税率25%。求租赁成本率。

5-10 某企业拟发行长期债券600万元，共需支付发行成本9万元，预计年支付利息42万元。企业所得税率25%。求债券成本率。

5-11 某企业向银行借款500万元，每年年末支付利息，贷款期末一次全部还本。设贷款年利率为6%，筹资费费率为0.5%，企业所得税率为25%，求借款成本率。

5-12 某企业同时进行5-9、5-10、5-11三项融资，试计算平均资金成本率。

5-13 课堂辩论：负债筹资进行项目建设的利与弊。

参 考 文 献

[1] 国务院国发〔1996〕35号，《国务院关于调整固定资产投资项目资本金比例的通知》[EB/OL]．中国政府网，http：//www.gov.cn/.

[2]《中华人民共和国预算法》[EB/OL]. 中国财政部网站，http：//www.mof.gov.cn/.

[3] 国家统计局，中国历年GDP与财政收入 [EB/OL]. 国家统计局网站，http：//data.stats.gov.cn/.

[4] 网易-中国制造，中国经济数据 [EB/OL]. http：//money.163.com/special/00253L8T/econdata.html.

[5] 央视新闻频道．全国高速公路通车里程达到13.1万公里位居世界第一 [EB/OL]．央视网，2017-07-14. http：//tv.cctv.com/cctv13.

[6] 宝钢志编纂委员会．宝钢志 [M]. 上海社会科学院出版社，1995.

[7] 刘金龙．宝钢三期工程效益透视 [J]. 冶金管理，2001 (11)：18~20.

[8] 凤凰卫视，凤凰大视野．龙的传说——改革开放30年纪事 (1)．[EB/OL]．凤凰网，2008-10-13. http：//

phtv. ifeng. com/.
[9] 央视财经频道 . 资本的故事第三季第一集——华尔街的缔造者[EB/OL]. 央视网,2015-10-26. http：//www. cctv. cn/.
[10] 中华人民共和国主席令（2005）43 号，《中华人民共和国证券法》[EB/OL]. 中国政府网，http：//www. gov. cn/.
[11] 中国银监会银监发〔2009〕71 号，中国银监会关于印发《项目融资业务指引》的通知［EB/OL］. 中国银监会网站，http：//www. cbrc. gov. cn.
[12] 央视财经频道，资本的故事第一季 1-股票的力量［EB/OL］. 央视网,2013-01-07. http：//tv. cctv. com/cctv2.
[13] 中国证券监督管理委员会令〔2004〕第 32 号，《首次公开发行股票并上市管理办法》[EB/OL]. 中国证监会网站，http：//www. csrc. gov. cn/.
[14] 中国证券监督管理委员会令〔2014〕第 107 号，《关于改革完善并严格实施上市公司退市制度的若干意见》[EB/OL]. 中国证监会网站，http：//www. csrc. gov. cn/.
[15] 邱志华 . 紫金矿业——上市十年赢得世界掌声［J］. 企业文明，2014，（2）：6~8.
[16] 紫金矿业拟定增 48 亿投向科卢韦齐铜矿等项目［EB/OL］. 中国证券报,2016-07-08. http：//www. cs. com. cn/.
[17] 紫金矿业集团股份有限公司官网 . http：//www. zjky. cn/.
[18] 中华人民共和国主席令（1986）39 号，《中华人民共和国外资企业法》［EB/OL］. 中国政府网，http：//www. gov. cn/.
[19] 黄国平，等 . 马达加斯加矿产勘查开发现状及矿业投资环境［J］. 资源环境与工程，2015，（4）：442~448.
[20] 王小卫 . 中国矿业公司的海外经营——中国有色集团谦比希铜矿的经营实践［J］. 世界有色金属，2007，（9）：36~42.
[21] 中国有色矿业集团有限公司官网，http：//www. cnmc. com. cn/.
[22] 王迅 . 力拓蒙古开采全球最大奥尤陶勒盖铜金矿［N］. 中国有色金属报，2015-05-30.
[23] 中国建筑业协会 . 2013 中国建筑业年鉴-蒙古奥尤陶勒盖大型铜金矿选矿厂项目［M］. 北京，中国建筑业年鉴杂志有限公司，2014.
[24] 缅甸蒙育瓦莱比塘铜矿项目［EB/OL］. 万宝矿业有限公司官网，http：//www. wbmining. com/.
[25] 中国海洋石油总公司官网，http：//www. cnooc. com. cn/.
[26] 《中华人民共和国商业银行法（2003 修正）》［EB/OL］. 中国人民银行网站，http：//www. pbc. gov. cn/.
[27] 国务院令〔2004〕第 417 号，《收费公路管理条例》［EB/OL］. 中国政府网，http：//www. gov. cn/.
[28] 中国银监会银监发〔2009〕71 号，中国银监会关于印发《项目融资业务指引》的通知［EB/OL］. 中国银监会网站，http：//www. cbrc. gov. cn.
[29] 干飞，文志岳 . 矿业项目融资浅析［J］. 中国矿业，2003，12（8）：9~13.
[30] 山东矿机：向玉龙煤矿提供成套综采设备租赁服务［EB/OL］. 金融界,2013-01-31. http：// jrj. com. cn/.
[31] 中国证券监督管理委员会令〔2007〕第 49 号，《公司债券发行试点办法》［EB/OL］. http：//www. csrc. gov. cn/.
[32] 网易-中国制造，1967 坦赞铁路［EB/OL］. http：//news. 163. com/special/00013D42/1967tztl. html.
[33]《中华人民共和国政府和日本国政府关于日本政府向中国政府提供一九九八年度日本贷款的换文》［EB/OL］. 中国政府网，http：//www. gov. cn/.

[34] 赵帅. 平朔安家岭矿项目日元贷款的债务风险管理 [J]. 露天采矿技术，2010，(06)：94~96.
[35] 刘亚洲. 从钓鱼岛问题看中日关系 [J]. 当代世界，2015，(10)：2~6.
[36] World Bank，《Guidelines Procurement under IBRD Loans and IDA Credits》 [M]. World Bank，2004，https：//doi. org/10. 1596/0-8213-5829-4.
[37] 郑霞忠，刘洋，周海林. 黄河小浪底水利枢纽工程投资控制 [J]. 建筑经济，2007，(05)：42~45.
[38] 财政部令〔2006〕第 38 号，《国际金融组织和外国政府贷款赠款管理办法》[EB/OL]. 中国财政部网站，http：//www. mof. gov. cn/.
[39] 世界银行网站，http：//www. worldbank. org. cn/.
[40] 亚洲基础设施投资银行网站，http：//www. aiibank. org/.
[41] 聚焦亚投行成立两周年！快来查收这份成绩单 [N]. 经济日报，2017-12-25. http：//paper. ce. cn/jjrb/.
[42] 经济观察：金砖国家新开发银行正式开业 [EB/OL]. 新华社，2015-07-21. http：// www. xinhuanet. com /.
[43] 中方将在上合组织银行联合体框架设 300 亿等值贷款 [EB/OL]. 新华社,2018-06-10. http：// www. xinhuanet. com.
[44] 央视新闻频道. 中国—阿拉伯国家银行联合体今天成立 [EB/OL] . 央视网,2018-07-12. http：//tv. cctv. com/cctv13.

6 价格、造价和矿业项目投资估算

6.1 与价格、造价和投资相关的经济学基础

6.1.1 通货膨胀、国家财政赤字与国债

6.1.1.1 通货与通货膨胀

通货是指市面上流通的货币，是对现实流通中一切流通手段的总称。它既包括纸币和硬币，也包括支票、信用卡、移动支付等以货币为依托的信用流通工具。我国将货币按层次划分为流通中现金 M_0、狭义货币 M_1 和广义货币 M_2，其定义为：

$$M_0 = 流通中现金 \tag{6-1}$$

$$狭义货币\ M_1 = M_0 + 银行活期存款 \tag{6-2}$$

$$广义货币\ M_2 = M_1 + 定期存款 + 储蓄存款 + 证券公司客户保证金 \tag{6-3}$$

M_1 反映着经济中的现实购买力；M_2 不仅反映现实的购买力，还反映潜在的购买力。若 M_1 增速较快，则消费和终端市场活跃；若 M_2 增速较快，则投资和中间市场活跃。中央银行和各商业银行可以据此判定货币政策。M_2 过高而 M_1 过低，表明投资过热、需求不旺，有危机风险；M_1 过高 M_2 过低，表明需求强劲、投资不足，有涨价风险。

货币发行权是国家行使主权的重要组成。随着社会经济体规模的扩大，所需流通货币数量会相应增加。如果增加的流通货币数量与社会经济体规模扩大相适应，则不会出现通货膨胀现象。

通货膨胀（inflation）指在信用货币流通条件下，因货币供给大于货币实际需求，也即现实购买力大于产出供给，导致货币贬值，而引起的一段时间内物价持续而普遍地上涨现象。

通货膨胀可分为低通货膨胀（年通货膨胀率在 10%以下）、急剧通货膨胀（年通货膨胀率在 10%～200%）和恶性通货膨胀（货币几乎无固定价值，物价时刻在增长）。

6.1.1.2 国家财政赤字与国债

造成通货膨胀的直接原因是国家财政赤字的增加。财政赤字是财政支出大于财政收入而形成的差额，会计核算中用红字处理，它反映着一国政府的收支状况。

受凯恩斯经济学的影响，很多国家政府实行一定程度的财政赤字预算，通过政府对公共事业和基础设施的投资来拉动经济。如果对国家发展未来是乐观的，这实际上是借钱用于维持政府运作和国家发展，用未来可能获得的更多的国家收入来偿还现在的赤字。财政赤字规模存在着一个具有客观性质的合理界限，国际上通常用财政赤字率（即赤字占

GDP 的比重）不超过 3%为警戒线；此外还有用债务负担率（即国债余额占 GDP 的比重）不超过 60%为警戒线。

弥补国家财政赤字的方式有增加税收、增发国债等办法，这不会造成通货膨胀现象。国家主权货币的发行也有一定的收益，即通常所称的"铸币税"，但如果通过简单易行的增发纸币的方式来弥补国家财政赤字，实际上就相当于面向全民征收"消费税"，就会出现一定的通货膨胀现象。"货币超发"是近年来较流行的经济学概念，所谓"货币超发"通常采用 M_2/GDP 比值衡量，指的是由于货币量发行过多，导致货币存量（通常采用 M_2 为指标）的增长高于产出（通常采用名义 GDP 衡量）的增长，即从而可能引发通货膨胀、资产价格泡沫、信贷风险与汇率贬值等问题。

另外，因国家 GDP 增长所产生的高需求会产生所谓的需求拉动通货膨胀。此外，还有所谓的固有型通货膨胀，工薪阶层希望持续提高薪资，其费用会传递至产品成本与价格，即物价/薪资螺旋。

［例 6-1］ **美国国债与财政赤字**

美国国债是美国财政部发行的政府债券，包括短期（3 个月、6 个月、1 年）、中期（2、3、5、7 年）和长期（10、20、30 年）三类，为降低财政利息负担和公债成本，通常利用投资者的竞争采用投标购买或拍卖方式销售，利率（年收益率）一般期限长的种类较高。2000 年美国国债余额 5.7 万亿美元。2008 年奥巴马当选总统时国债余额是 10.3 万亿美元，其任期内财政赤字一度达到每年 1 万亿美元的水平。至 2016 年 9 月财政年度结束，美国国债余额达 19.5 万亿美元，债务对国内生产总值 GDP 比率提升至 77%。目前，美国政府每年为其债务平均支付约 2.5%的利息。与此同时，美国国债依然是市场上最可靠的金融投资工具之一，在国际金融期货市场上转手交易量巨大。

［例 6-2］ **中国国债与财政赤字**

据新华社报道，2016 年中国中央一般公共预算收入总量为 7.368 万亿元，支出总量 8.768 万亿元。收支总量相抵，中央财政赤字 1.400 万亿元，与预算持平。当年年末政府负债率 36.7%。与 2015 年的 11200 亿元赤字相比，2016 年中央财政赤字规模扩大首次达到 3%，凸显积极政策的加力增效。

据中国财政部报告，通过持续规范管理，截至 2016 年末，全国法定限额内政府债务余额 27.33 万亿元，负债率（债务余额/GDP）为 36.7%，低于主要市场经济国家和新兴经济体水平；地方政府债务余额 15.32 万亿元，债务率（债务余额/综合财力）为 80.5%，低于国际通行的 100%至 120%警戒线。目前，地方政府债务风险总体可控。

6.1.1.3 通货膨胀的宏观经济效应

西方宏观经济学的观点认为，通货膨胀的经济效应主要有两个方面：

（1）收入财富分配效应，即收入和财富在不同的阶层之间的再分配。

（2）产量和就业效应，即不同商品的相对价格变动对产量和就业的影响。

6.1.1.4 低通货膨胀的社会经济影响

低通货膨胀的社会经济影响具有多重性，可大致分析如下：

（1）发行国债和适量超发货币可使国家弥补财政赤字，维持政府运作，扩大政府对基础设施等的未来发展投资，刺激经济增长。

（2）低通货膨胀可摊薄稀释社会财富，对一般民众的流动资产是一种剥夺，导致生活负担加重，有可能产生社会压力。

（3）人民渴望收入提高，但国家只能给国家公职人员增加工资，而个体农业、手工业和服务业等劳动密集型行业从业人员的收入增加一般是依靠其产品价格的上升来实现的，所以个体农产品和服务产品的价格上升是必然趋势。

（4）工业（包括工厂化或规模化农业）和高新技术行业从业人员的收入增加一般是依靠其劳动生产率提高和技术创新实现的，所以工业和高新技术产品的价格下降是必然趋势。

（5）通货膨胀具有对社会实际收入和实际财产再分配的效应，使人们手中的流动资产贬值，固定资产升值，从而促使人们去消费和投资理财，拉动经济发展。从古代的“富不过三代”，到现代的“富不过三十年”，低通货膨胀可能避免现代社会中坐吃祖产不思进取的食利群体出现。

（6）低通货膨胀可能使社会间的债务贬值，减轻后继经济发展的束缚。

因此，适量超发货币可能促进经济增长，目前绝大多数国家均实行此政策，相当于面向全民征收一定量的“铸币税”或“消费税”，并伴有低通货膨胀的现象。

但是，过量超发货币会导致急剧通货膨胀和恶性通货膨胀，其对社会经济生活的危害毋庸置疑，并有可能导致国家信用破产和国民经济崩溃。

即便如此，也有处于经济危机中的国家采用急剧通货膨胀和恶性通货膨胀的方式来使社会债务归零，以便使国家经济从头再来。但是，这样做的结果是国家信用损失极大乃至破产。例如，2008 年起非洲国家津巴布韦出现恶性通货膨胀，图 6-1 是其曾发行的 100 万亿津元世界最大面额纸币，2015 年废除时仅能兑换 0.4 美元。

图 6-1 津巴布韦发行的 100 万亿津元世界最大面额纸币

6.1.2 货币金本位制、国际结算货币和国际储备货币

6.1.2.1 货币金本位制和银本位制

货币金本位制是以黄金为本位货币的货币制度。货币银本位制是以白银为本位货币的货币制度。

历史上，世界多数国家曾采用贵金属如金、银作为货币。贵金属具有实物价值，作为货币是难以超发的。世界历史上曾有多个国家实行过可能保持经济和物价稳定的货币金本位制或银本位制。

1548 年，西班牙殖民者在美洲墨西哥发现了储量极为丰富的瓜纳华托银矿，开发出大量的白银用于全球贸易支付，墨西哥提供了世界银产量的 1/3 左右，成为西班牙帝国资本原始积累的重要来源之一。图 6-2 是著名的墨西哥银元——鹰洋。

图 6-2 著名的墨西哥银元——鹰洋

中国历史上曾长期采用铜铸币作为货币。15 世纪末至 16 世纪初的大航海时代地理大发现，极大地促进了全球化贸易的形成和

发展。中国出口的茶叶、生丝和瓷器曾长期保持着对西方的贸易顺差，美洲出产的白银从明代开始就大量流入中国。据史料记载，16、17 世纪时，西班牙属拉美国家玻利维亚、墨西哥和秘鲁的白银生产量约占世界的 85%，其中近半数流入了中国，这甚至改变了中国货币的结构。在明清王朝时期和中华民国早期曾长期采用银锭和银币交易，实行货币银本位制度，1908 年清政府规定 1 两库平银 = 37.3g。图 6-3 是中国在历史上曾用过的流通货币银锭和银币。

图 6-3　中国在历史上曾用过的流通货币银锭和银币

在历史上，自从英国于 1816 年率先实行金本位制以后，到 1914 年第一次世界大战以前，主要资本主义国家都实行了金本位制，而且是典型的金本位制——金币本位制。

1914 年第一次世界大战爆发后，各国为了筹集庞大的军费，纷纷发行不兑现的纸币，禁止黄金自由输出，金本位制随之告终。

当代西方经济学家认为，在金本位或银本位制条件下，一国的货币供给量取决于它的贵金属存量，而贵金属存量又取决于贵金属的勘探和开采情况，所以货币供给量不能适应经济变化和发展的需要。而在不兑现本位制条件下，政府可以决定货币供给量。因此不兑现本位制更有利于政府对经济的调节。

目前世界上所有国家出于经济和政治上的考虑均废除了货币金本位制度，分别采用与美元挂钩、自由浮动或独立封闭的信用货币（纸币）体系。

6.1.2.2　美国美元曾采用的金本位不变价和美元现价

国际上也普遍存在着通货膨胀和商品价格随年代变动的现象。

以美国为例，1944 年在联合国国际货币金融会议上确立了二战后以美国为主导和美元为中心的国际货币体系（布雷顿森林货币体系），即以外汇自由化、资本自由化和贸易自由化为主要内容的多边经济制度。

布雷顿森林货币体系是以美元和黄金挂钩为基础的金汇兑本位制。各国确认美国规定的 35 美元一盎司（1 金衡盎司 = 31.10g，约相当于 1959 年前中国旧市制 1 斤为 16 两制的 1 两 = 31.25g）的黄金官价，每一美元的含金量为 0.88867g 黄金。各国政府或中央银行可按官价用美元向美国兑换黄金。为保证美国的美元金汇兑本位制，美国联邦储备银行在纽约金融区建立了世界最大地下金库，储存总额达 1.3 万吨黄金。

布雷顿森林货币体系实质是建立一种以美元为中心的国际货币体系，基本内容包括美元与黄金挂钩、国际货币基金会员国的货币与美元保持固定汇率（实行固定汇率制度）。美元成为国际硬通货和储备资产，美国也借此成为世界“超级大国”，并在全球治理中扮演核心角色。

布雷顿森林货币体系建立了国际货币基金组织（IMF）和世界银行（World Bank）两大国际金融机构。

IMF的核心职责是向面临实际或潜在国际收支困难的成员国提供短期资金贷款。贷款帮助成员国重新建立国际储备、稳定本国货币、继续支付进口、恢复强劲经济增长所需的条件，同时采取政策解决所存在的根本问题。

世界银行则提供中长期信贷来促进成员国经济复苏。

布雷顿森林货币体系的建立，促进了第二次世界大战后资本主义世界经济的恢复和发展。但布雷顿森林体系存在着自己无法克服的缺陷。其致命的一点是：它以一国货币（美元）作为国际主要储备资产，具有内在的不稳定性。因为只有靠美国的长期贸易逆差，才能使美元流散到世界各地，使其他国家获得美元供应。但这样一来，必然会影响人们对美元的信心，引起美元危机。而美国如果保持国际收支平衡，就会断绝国际储备的供应，引起国际清偿能力的不足，这是一个不可克服的矛盾，即经济学上著名的理论“特里芬两难”问题。世界经济运转中，该问题主要是由货物贸易顺差大国用顺差美元投资美国国债和公司以及购买美国服务贸易来大体解决。

因1973年世界石油危机引起了经济危机和美元危机，布雷顿森林货币体系宣告解体，美元放弃金本位制。美元放弃金本位制后金价大幅上升，也相应体现美元相对黄金的大幅贬值，见表6-1。

表6-1 美元与黄金价格关系的历史变动

年份	1940	1950	1960	1970	1980	1990	2000	2005	2010	2017
美元/盎司黄金	35	35	35	35	603	383	277	438	1232	1262

注：1. 1金衡盎司=31.10g。
2. 资料来源世界黄金协会（World Gold Council），为纽约交易所各年度每月末价格的年平均值。

据相关资料，中国人民在抗日战争中直接经济损失1000亿美元，间接接经济约5000亿美元。以抗日战争胜利时1945年价格按美元与黄金比价，当年中国的直接经济损失1000亿美元（1945年价），折合2017年现价美元等值黄金约为36057亿美元。

6.1.2.3 国际结算货币

理论上，可自由兑换的货币、政府间协议可互相清算的货币、黄金等均可作为国际结算货币。

布雷顿森林货币体系解体后，1976年国际货币基金组织通过的牙买加协议，主要有会员国浮动汇率合法化、黄金非货币化和提高特别提款权的国际储备地位等条款，依然维持了美元的国际影响力。美元在国际货币体系中的核心地位没有被根本性动摇。国际货币基金组织和世界银行作为重要的国际组织仍继续存在，在世界经济体系中发挥重要作用。

由于美国仍是世界第一经济体和具有世界领导地位的国家，美元仍是世界主要贸易结算货币。美元虽然与黄金脱钩，但却成为世界最大宗贸易商品石油的定价结算工具，可以认为石油接替了金本位的地位与作用，亦即石油美元。世界各国进出口贸易主要用美元结算，如果某国进出口贸易出现顺差赚了很多外汇美元，但这些美元除了用于进口所需和国民个人用汇外，在其国内是不流通的，否则会出现通货膨胀。

随着中国成长为世界第二大经济体，中国的货币信用也在提升。虽然人民币还未成为可自由兑换的货币，但截至2017年中国央行已与30多个国家的央行建立可互相清算的人民币外汇额度协议，人民币已成为重要的国际贸易结算货币。

6.1.2.4 国际储备货币

世界各国为保证经济进口和货币稳定，需要有一定量的外汇储备货币。目前世界主要储备货币方式有美元、欧元、英镑、日元、人民币和黄金。

在世界各国的金融监管机构中，外汇储备货币篮子的大部分货币以美元计价，其次是欧元。它们是全球范围使用最多的两种货币。因此美国和欧元区国家并无积累美元和欧元储备的必要。但是对于其余经济体尤其是新兴市场经济体的中央银行金库而言，拥有健康的外汇储备状态是其经济安全的表现，也是其本国货币汇率可持续性的保障，故而具有制造业发达、出口导向型以及资源型的国家经济体往往有较多的外汇储备。表6-2是2017年10月世界各国（或地区）央行外汇储备排名。

表6-2 2017年10月截止世界各国（或地区）央行外汇储备排名

国家或地区	中国	日本	瑞士	沙特阿拉伯	中国台湾	俄罗斯	中国香港	印度	韩国	巴西	新加坡
外汇储备（亿美元）	31092	12609	7415	4852	4477	4248	4192	3995	3844	3812	2776
排名	1	2	3	4	5	6	7	8	9	10	11

中国的外汇储备居世界第一。高额外汇储备对中国经济的发展有利有弊：它有利于增强国际清偿能力，应对突发事件，防范金融风险等；同时它也带来了较高的汇率风险，以及可能承担高额的机会成本损失等。

黄金是一些国家外汇储备中的一种重要资产，具有一定的抵御金融风险的作用，也是发行流通货币的基础之一。表6-3是2018年1月世界各国央行（或组织）的黄金储备排名及其占外汇储备比例。

表6-3 截至2018年1月世界主要国家央行（或组织）黄金储备排名及其占外汇储备比例

国家或组织	美国	德国	IMF	意大利	法国	中国	俄罗斯	瑞士	日本	荷兰
黄金储备/t	8133.5	3373.6	2814.0	2451.8	2435.9	1842.6	1828.6	1040.0	765.2	612.5
排名	1	2	3	4	5	6	7	8	9	10
占外汇储备比例/%	75.0	69.1	16.8	67.5	63.5	2.4	17.5	5.4	2.5	66.6

注：资料来源世界黄金协会（World Gold Council）。

美元仍是世界主要储备货币方式。但各国多余的美元储备如果一直放着，随着通货膨胀是要贬值的。所以，多余的美元储备要拿来投资，如果没什么可直接投资的，一般投资美国国债和其他SDR货币篮子成员国国债，因为利息收益较高，且由国家信用担保，属于金边债券，比较保险。2017年中国首次发行了20亿美元主权债券。2017年9月美国国债余额已达20万亿美元。表6-4是2018年2月截止世界各国（或地区）央行持有美国国债的排名。

表 6-4 2018 年 2 月截止世界各国（或地区）央行持有美国国债排名

国家或地区	中国	日本	爱尔兰	巴西	开曼群岛	英国	瑞士	卢森堡	中国香港	中国台湾
美国国债（亿美元）	11767	10595	3140	2729	2522	2505	2480	2186	1965	1707
排名	1	2	3	4	5	6	7	8	9	10

注：资料来源美国财政部网站（http：//ticdata. treasury. gov/Publish/mfh. txt）。

由于美元和美国国债仍是世界主要储备货币方式，因此美国必须承担相应的国际责任和义务，稳定和推动世界经济。与此同时，美国可借助美元特权，通过国内利率和汇率政策的变化调控美国经济，影响主导世界经济，并通过面向世界发行美元获取国际货币收益(铸币税收益)，同时可向全球输出平摊美国国内的通货膨胀和经济风险，形成了美元霸权地位。显然，维持美国霸主地位与维持美元霸权地位是相辅相成的，也是美国制定维护美国利益国策的基础。2017 年美国当选总统特朗普更是提出了“美国优先”的政策主张。

美国调控经济的方法，主要是通过美国政府的财政政策（包括税收、国债及赤字预算)，以及美联储交替执行不同的货币政策，包括：

（1）正常的货币政策；

（2）美元降息量化宽松货币政策以刺激经济回升；

（3）美元加息强势美元政策以抑制经济过热。

中国实行社会主义市场经济，也采取了适当的财政政策和货币政策等方法调控经济。2018 年 7 月 23 日，中国国务院常务会议决定，积极财政政策要更加积极，稳健货币政策要松紧适度，在 2018 年确保全年减轻市场主体税费负担 1. 1 万亿元以上，加快今年 1. 35 万亿元地方政府专项债券发行等。

6.1.2.5 SDR 货币篮子

如前所述，国际货币基金组织（IMF）建立的目的为保障国际货币体系的稳定，其核心职责是向面临实际或潜在国际收支困难的成员国提供短期资金贷款。

IMF 资金来源于成员国的份额认缴，每个成员国被分配一定的份额，份额大致基于成员国在世界经济中的相对地位。成员国的份额决定了其向基金组织出资的最高限额和投票权，并关系到其可从基金组织获得贷款的限额。

IMF 于 1969 年创建了特别提款权(SDR 货币篮子)，作为储备资产和记账单位，亦称“纸黄金”，它是分配给 IMF 会员国的一种使用外汇资金的权利，即一种用于补充成员国官方外汇储备的国际储备资产。SDR 货币篮子包括美元(USD)、欧元（EUR)、日元（JPY）和英镑(GBP)。SDR 货币篮子的出现使美元霸权地位有所减弱。

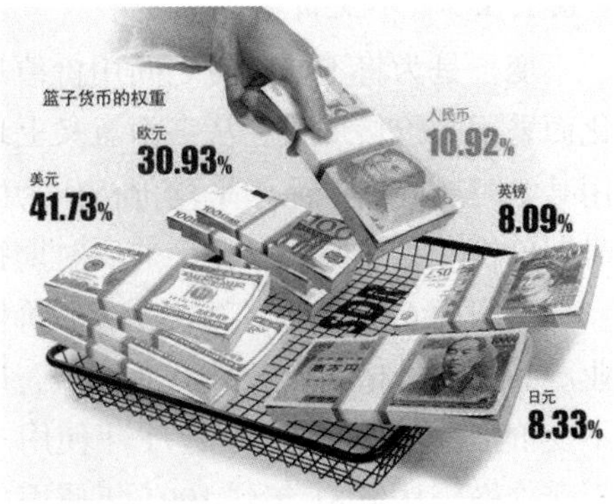

图 6-4 SDR 货币篮子组成货币与权重

随着中国的发展和在国际经济与经贸领域地位的上升，2015 年 11 月人民币（CNY）进入

SDR 货币篮子审议程序获得通过。SDR 货币篮子的权重指数见图 6-4，人民币在其中占 10.92%。

截至 2016 年，IMF 总份额上调为 4770 亿特别提款权（SDR 货币篮子），按 2017 年 6 月汇率（1 美元=0.7249 特别提款权）约为 6580 亿美元。

2016 年 10 月人民币正式进入了 SDR 货币篮子，中国成为 IMF 第三大成员国，中国里程碑式地融入世界金融体系，人民币成为世界主要贸易结算货币和储备货币之一。

6.1.3 现价、可比价、不变价

6.1.3.1 现价

在经济统计和分析工作中，有些指标如农产品产量、工业产品产量可以直接用实物量表示，而国内生产总值、社会消费品零售总额等指标则是用价值量表示的，在计算这些价值量指标时就涉及采用什么价格计算的问题。实际应用中，采用的价格主要有现价、可比价和不变价。

现价又称当年价格，顾名思义，也就是报告期当年的市场价格，如工业品出厂价格、农产品收购价格、商品零售价格等。用当年价格计算的一些以货币表现的价值量指标，如国内生产总值、社会商品零售总额和固定资产投资完成额等，能够反映当年的实际情况，便于考察同一年份中不同指标之间的联系和进行对比。

6.1.3.2 可比价

由于存在通货膨胀现象，劳动密集型产业如农牧业、服务业的产品市场价格会有上升趋势。但技术进步会使工业新技术产品价格有下降趋势。这些各行业产品价格的上升和下降的总和，构成了价格变动。

可比价指计算各种总量指标所采用的扣除了价格变动因素的价格，可进行不同时期总量指标的对比。按当年价格计算的以货币表现的指标，必须消除价格变动的因素后，才能真实地反映经济发展动态。因此，在引用国家或地区生产总值的增长速度这一指标之前，往往应先说明按可比价计算。按可比价格计算总量指标有两种方法：一种是直接用产品产量乘某一年的不变价格计算；另一种是用价格指数换算。例如，规模以上工业增加值增速就是按可比价计算、剔除价格因素后的实际增速。

6.1.3.3 不变价

不变价是为将不同年份之间用价值量表现的实物量进行综合对比，以单纯反映实物量变化而采用的价格形式。从字面意义上理解，它是固定不变的价格，因此也叫固定价格，是用某一时期同类产品的平均价格作为固定价格来计算各个时期的产品价值，目的是消除各时期价格变动的影响，保证前后时期指标之间的可比性。

新中国成立后，随着工农业产品价格水平的变化，国家统计局多次制订了全国统一的工业产品不变价格和农产品不变价格，即从 1949 年到 1957 年使用 1952 年工（农）业产品不变价格，从 1957 年到 1971 年使用 1957 年不变价格，从 1971 年到 1981 年使用 1970 年不变价格，从 1981 年到 1991 年使用 1980 年不变价格，从 1991 年到 2001 年使用 1990 年不变价格。2000 年后规定每 5 年制订一次。

6.1.4 中国当年现价 GDP、可比价 GDP 增长率和不变价 GDP 的统计核算

6.1.4.1 现价 GDP 和不变价 GDP 增长率

国民收入（national income）是指物质生产部门劳动者在一定时期所创造的价值。从社会总产值中扣除物质消耗后的剩余部分就是国民收入。国民收入核算可用国民收入恒等式表示：

$$\mathrm{NI} = S+C+T \tag{6-4}$$

式中 NI——国民收入；

S——储蓄增长；

C——消费；

T——税收。

反映国民收入的主要统计数字是国内生产总值（GDP）。国内生产总值（GDP）是指在一定时期内（一年）一个国家或地区的经济中所生产出的全部最终产品和劳务的价值，常被公认为衡量国家经济状况的最佳指标。

中国于 1985 年开始建立 GDP 核算制度，逐步与国际标准接轨。按照国家现行统计制度，公开发布的国内生产总值 GDP 是现价 GDP，也就是名义 GDP，同时为了真实反映 GDP 增长情况，公布的 GDP 增长率是可比价 GDP 增长率，也就是实际 GDP 增长率的指数形式，扣除了价格因素。

表 6-5 是 1955~2017 年度中国国家统计局公布的中国当年现价 GDP，以及当年可比价 GDP 实际增长率。

表 6-5 中国国家统计局 1955~2017 年度统计公报公布的 GDP 当年现价和 GDP 实际增长率

年 度	1955	1965	1970	1978	1979	1980	1981	1982	1983	1984	1985
中国当年价 GDP/亿元	910	1716	2264	3650	4068	4552	4899	5333	5976	7227	9040
可比价 GDP 增长率/%				11.83	8.01	8.07	5.53	9.31	11.15	15.55	13.70
年 度	1986	1987	1988	1989	1990	1991	1992	1993	1994	1995	1996
中国当年价 GDP/亿元	10309	12102	15101	17091	18774	21896	27069	35524	48460	61130	71572
可比价 GDP 增长率/%	9.29	11.84	11.76	4.24	3.92	9.29	14.27	13.94	13.10	10.98	9.92
年 度	1997	1998	1999	2000	2001	2002	2003	2004	2005	2006	2007
中国当年价 GDP/亿元	79429	84884	90188	99776	110270	121002	136565	160714	185896	217657	268019
可比价 GDP 增长率/%	9.23	7.85	7.62	8.43	8.30	9.08	10.02	10.08	11.35	12.69	14.20
年 度	2008	2009	2010	2011	2012	2013	2014	2015	2016	2017	2018
中国当年价 GDP/亿元	316752	345629	408903	484124	534123	588019	636139	676708	744127	827122	
可比价 GDP 增长率/%	9.62	9.24	10.63	9.49	7.75	7.69	7.27	6.90	6.70	6.90	

注：1. 资料来源：中国国家统计局网站，http：//data. stats. gov. cn/ks. htm。

2. 本数据与同为中国国家统计局网站公布的各年度统计公报 GDP 数据和增长指数略有差异。

3. 1955、1965、1970 年数据引自网易-中国制造，http：//money. 163. com/special/00253L8T/econdata. html。

6.1.4.2 不变价 GDP 和不变价格换算系数

相应于不变价格基年的变动，中国不变价国内生产总值（GDP）核算采用的基年先

后有：1952~1956 年期间以 1952 年为基年，1957~1970 年期间以 1957 年为基年，1970~1980 年期间以 1970 年为基年，1980~1990 年期间以 1980 年为基年，1990~2000 年期间以 1990 年为基年，2000~2005 年期间以 2000 年为基年。从 2005 年开始，每 5 年换一次基期，逢 0 逢 5 的年度为基年。

同一年份利用不同基年的不变价格计算出来的 GDP 数值，以及工业总产值和农业总产值数值，是不一样的，如中国 1990 年工业总产值按 1980 年不变价格计算为 1159.95 亿元，按 1990 年不变价格计算则为 1731.03 亿元。

要计算以某一年以特定基期年计算的实际 GDP，只需用基期年度 GDP 数值连乘以至某一年的其余年份的可比价 GDP 增长指数即可，即：

$$NI_{i,y}=NI_{0,y}\cdot(1+i_1)\cdot(1+i_2)\cdot\cdots\cdot(1+i_i) \tag{6-5}$$

式中 $NI_{i,y}$——以 y 基年不变价计算的第 i 年实际 GDP；

$NI_{0,y}$——以 y 基年不变价计算的第 0 年实际 GDP；

i_i——第 i 年可比价 GDP 实际增长率，%。

为了表示不同基年的不变价格变化和相对比较情况，可引入不变价格换算系数：

$$K_{y_2/y_1}=\frac{NI_{y_2,\ y_2}}{NI_{y_2,\ y_1}} \tag{6-6}$$

式中 K_{y_2/y_1}——y_2 基年不变价格与 y_1 基年不变价格换算系数；

$NI_{y_2,\ y_2}$——以 y_2 基年不变价计算的 y_2 交替年 GDP；

$NI_{y_2,\ y_1}$——以 y_1 基年不变价计算的 y_2 交替年 GDP。

[**例 6-3**] 不变价实际 GDP 和不变价格换算系数计算举例。试依据表 6-5 中数据计算：

（1）中国 2010 年现价 GDP 按 2005 年不变价的计算值 $NI_{2010,\ 2005}$；

（2）中国 2010 基年不变价格与 2005 基年不变价格换算系数 $K_{2010/2005}$；

（3）中国 2015 年现价 GDP 按 2010 年不变价的计算值 $NI_{2015,2010}$；

（4）中国 2015 基年不变价格与 2010 基年不变价格换算系数 $K_{2015/2010}$。

解： 查表 6-5 中的中国各年度可比价 GDP 实际增长率 i_i

（1）依式（6-2），$NI_{2010,\ 2005}=NI_{0,y}\cdot(1+i_1)\cdot(1+i_2)\cdot\cdots\cdot(1+i_i)$

$=185896\times1.1269\times1.142\times1.0962\times1.0924\times1.1063$

$=316932$（亿元）

（2）依式（6-3），$K_{2010/2005}=408903\div316932=1.290$

（3）依式（6-2），$NI_{2015,2010}=408903\times1.0949\times1.0775\times1.0769\times1.0727\times1.0690=$ 595722（亿元）

（4）依式（6-3），$K_{2010/2005}=676708\div595722=1.136$

表 6-6 是计算的中国在 1978~2015 年间不变价格（工业、农业总平均值）的换算系数和不变价格相对比值。

表 6-6 计算的中国 1978~2015 年间不变价格（工业、农业总平均值）的换算系数和相对比值

不变价格基年	1978	1980	1990	2000	2005	2010	2015
按上一基年旧的不变价格计算的 GDP/亿元	3650（1970 价）	4261（1970 价）	11347（1980 价）	50668（1990 价）	158953（2000 价）	316932（2005 价）	595722（2010 价）
按新的不变价格计算的 GDP/亿元	3650（1970 价）	4552（1980 价）	18774（1990 价）	99776（2000 价）	185896（2005 价）	408903（2010 价）	676708（2015 价）
不变价格换算系数	1.000	1.068	1.655	1.969	1.170	1.290	1.136
不变价格相对比值/%	100.00	106.80	176.75	348.03	407.19	525.28	596.71

注：1. 根据国家统计局数据换算，见表 6-5。
2. 换算方法参见本书例 6-3 计算。
3. 本书作者本人计算数据，仅供参考。

表 6-7 是计算的中国在 1978~2015 年间以 1990 年不变价计算的不变价 GDP 和 GDP 增长指数。

用同样的方法，还可以计算出中国在 1978~2015 年间，以 2000 年不变价计算的不变价 GDP 和 GDP 增长指数。

表 6-7 中国 1978~2015 年间以 1990 年不变价计算的不变价 GDP 和 GDP 增长指数

年份	现价 GDP，当年现价/亿元	现价 GDP 增长指数，1978=100/%	现价 GDP 增长指数，1990=100/%	计算的 1990 不变价 GDP/亿元	按 1990 不变价计算的 GDP 增长指数，1990=100/%
1978	3650	100.00	19.44	6452	34.37
1980	4552	124.71	24.25	7532	40.12
1985	9040	247.67	48.15	12687	67.58
1990	18774	514.36	100.00	18774	100.00
1995	61130	1674.39	325.61	33523	178.56
2000	99776	2733.59	531.46	50668	269.88
2005	185896	5093.04	990.18	80719	429.95
2010	408903	11202.82	2178.03	137617	733.02
2015	676708	18539.95	3604.50	200492	1067.92

注：1. 根据国家统计局数据换算，见表 6-5。
2. 换算方法参见本书例 6-2 计算，并利用计算所得的表 6-6 结果。
3. 本书作者本人计算数据，仅供参考。

6.1.5 价格指数和造价指数

6.1.5.1 价格指数

为正确反映固定资产投资和建筑施工的规模及发展速度，正确反映建设工程造价、建设效果和考核施工企业的经营管理水平，消除价格因素的影响，有两种方法：一是编制不

变价格；二是编制价格指数。根据工程建设的特点，编制价格指数比较合适。

价格指数是反映全部商品不同时期价格水平变动情况的相对数，是研究价格水平变动趋势和程度的一种重要工具，说明这一时期比另一时期物价上升或下降的百分比。

现价、价格指数 P 与某基年不变价格的关系可表示为：

$$现价=某基年不变价格\times(1+P) \tag{6-7}$$

价格指数常见的有居民消费者价格指数（CPI）、商品零售价格指数、农产品生产价格指数、工业生产者出厂价格指数和工业生产者购进价格指数等等。权威的价格指数由国家统计局在年度公报中逐年列出。表6-8是国家统计局发布的2008~2017年中国工业生产者购进价格指数。

表6-8 2008~2017年中国工业生产者购进价格指数（上年=100）

指　标	2008	2009	2010	2011	2012	2013	2014	2015	2016	2017
工业生产者购进价格指数	110.5	92.1	109.6	109.1	98.2	98.0	97.8	93.9	98.0	108.1
燃料、动力类	120.6	89.2	116.3	110.8	100.9	96.6	97.1	88.7	95.6	113.0
黑色金属材料类	118.4	86.3	106.6	109.4	92.9	95.7	94.6	88.4	97.7	115.9
有色金属材料类	98.6	81.1	122.2	112.1	94.5	95.4	96.1	92.7	97.9	115.3
化工原料类	105.2	91.3	107.0	110.4	96.1	97.3	98.3	93.7	97.6	108.4
木材及纸浆类	105.2	95.8	103.0	104.6	100.1	99.6	99.4	99.3	99.7	106.2
建材类	109.5	101.1	103.8	108.4	99.7	98.7	99.8	95.9	97.6	108.6
农副产品类	107.5	97.0	110.4	115.6	100.2	101.6	99.4	97.7	100.1	101.5
纺织原料类	103.1	98.8	106.7	112.7	99.1	99.9	98.9	97.8	99.7	104.0

注：资料来源：中国国家统计局网站，http：//data.stats.gov.cn/tablequery.htm？code=AD0C。

6.1.5.2 造价指数

对应于价格指数，相应有造价指数。工程造价指数是反映一定时期由于价格变化对工程造价影响程度的一种指标。它反映了报告期和基期相比的价格变动趋势，是调整工程造价价差的依据。工程造价指数一般由权威部门发布，一般直接显示年度造价走势，包括各地区价和全国均价。图6-5是住房与城乡建设部标准定额司发布的2011~2016中国住宅建安成本走势图。

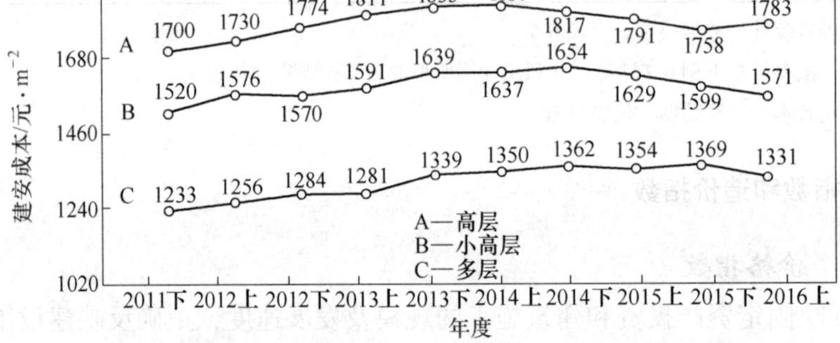

图6-5 2011~2016中国住宅建安成本走势图

6.2 建设工程造价的构成与特点

6.2.1 建设工程造价的理论构成

所谓理论价格，就是按照价格形成理论计算出来的价格。理论价格不是马上可以付诸实践的，但是却能为调整现行的不合理价格体系指明方向，揭示可供选择的方案。

列宁指出："价格是价值规律的表现，价值是价格的规律，即价格现象的概括表现。"与社会必要的物化劳动消耗和活劳动消耗对应，商品的价值分为两个部分：一是过去劳动创造的价值，即已消耗的生产资料的价值，也叫转移价值，通常用 C 表示；二是活劳动创造的价值，即新创造的价值，包括劳动者为自己的劳动所创造的价值 V 和劳动者为社会的劳动所创造的价值 m。

产品的社会成本，加上按平均资金盈利率或平均成本（工资）盈利率确定的利润，即为产品的理论价格，见图 6-6。

- 工程造价
  - 物质消耗支出
    - 土地的价格
    - 设备、工器具的价格
    - 建设材料、构件的价值
    - 施工机械等固定资产的折旧、维修、转移费
  - 劳动报酬
    - 勘探设计人员的工资、奖金和费用
    - 施工企业职工的工资、奖金和转移费用等
    - 建设单位职工的工资、奖金和费用
  - 盈　　利
    - 设计单位的利润和税金
    - 施工企业的利润和税金
    - 建设单位（工程承包公司等）的利润和税金

图 6-6　工程造价的理论基本构成

价格既然是以价值为基础，就应当是价值三个组成部分的全面货币表现，故其构成也可分为三个部分：物质消耗支出——转移价值的货币表现；劳动报酬（工资）支出——劳动者为自己的劳动所创造价值的货币表现；盈利——劳动者为社会所创造价值的货币表现。商品价值的货币表现，通常也用 C、V 和 m 来表示它与价值相适应的三个组成部分。

设 P 为商品理论价格，则 $C+V$ 构成产品的计划成本，是商品价值主要部分的货币表现，m 则表现为价格中所含的计划利润和税金，则有：

$$P = C + V + m \tag{6-8}$$

和一般工业品价格的构成不同，工程造价的构成具有某些特殊性，这是由工程建设的特点和工程建设内部生产关系的特殊性决定的。其主要表现是：

第一，在一般情况下，工业品必须通过产品—货币的流通过程才能进入消费领域，因而价格中一般包含商品在流通过程中支出的各种费用，包括纯粹流通费用和生产性流通费用。建设工程则不然，它竣工后一般不在空间上发生物理运动，可直接移交用户，立即进入生产消费或生活消费，因而价格中不包含商品使用价值运动引起的生产性流通费用，即因生产过程在流通领域内继续进行而支付的商品包装费、运输费、保管费等。

第二，建设工程和一般工业品不同。一方面，它必须固定在一个地方，并且和土地连成一片，因而价格中包含与建设工程连成一片的土地价格；另一方面，由于施工人员和施工机械要围绕建设工程流动，因而有的建设工程价格中还包含由于需要施工企业在远离其基地施工，甚至要成建制地转移到新的工地所增加的费用。

第三，一般工业品的生产者是指生产厂家，建设工程的生产者则是指由参加该项目筹划建设的勘探设计单位、建筑安装企业、建设单位（包括工程承包公司、开发公司、咨询公司）等组成的总体劳动者。因此，工程造价中包含的劳动报酬和盈利均是指包括建设单位在内的总体劳动者的劳动报酬和盈利。

6.2.2 建设工程项目费用的实际构成

建设工程造价，一般是指进行某项工程建设所花费（指预期花费或实际花费）的全部费用，即该建设项目（工程项目）有计划地进行固定资产再生产和形成相应的无形资产及铺底流动资金的一次性费用总和。建设项目费用组成，是确定固定资产投资项目费用划分和建设成本的基础，也是制订建设项目投资估算，设计概算编制办法确定费用性质的依据。建设工程项目费用的构成见图 6-7。

- 建设项目费用
  - 工程费用
    - 建筑工程费
    - 安装工程费
    - 设备及工器具购置费
  - 工程建设其他费用
    - 建设单位管理费
    - 土地使用费
    - 研究试验费和勘察设计费
    - 供、配电贴费
    - 生产准备费
    - 引进技术和进口设备其他费
    - 施工机构迁移费
    - 联合试运转费
    - 建设期投资贷款利息
    - 固定资产投资方向调节税
    - 工程监理费和工程保险费
  - 经营性项目铺底流动资金

图 6-7 建设工程项目费用组成

设备、工器具费用是指按照项目设计文件要求，建设单位（或其委托单位）购置或自制达到固定资产标准的设备和新建扩建项目配置的首套工器具及生产家具所需的费用，由设备、工器具原价和包括设备成套公司服务费在内的运杂费组成。

建筑安装工程费用是指建设单位支付给从事建筑安装工程施工单位的全部生产费用，包括用于建筑物的建造及有关的准备、清理等工程的投资，用于需要安装设备的安置、装配工程的投资。它是以货币表现的建筑安装工程的价值，特点是必须通过兴工动料、追加活劳动才能实现。

工程建设其他费用是指未纳入以上两项的、由项目投资支付的、为保证工程建设顺利完成和交付使用后能够正常发挥效果而发生的各项费用的总和，可分为五类：第一类为土地转让费，由于工程项目固定于一定地点与地面相连接，必须占用一定量的土地，也就必然要发生获得建设用地而支付的费用，包括土地征用及迁移补偿费、土地使用权出让金；第二类是与项目建设有关的费用，包括建设单位管理费、勘察设计费、研究试验费、财务费用（如建设期贷款利息）等；第三类是与未来生产经营有关的费用，包括联合试运转费，生产准备费用等费用；第四类为预备费，包括基本预备费和工程造价调整预备费；第五类是应缴纳的固定资产投资方向调节税。

生产性建设项目总投资包括固定资产投资和包含铺底流动资金在内的流动资产投资两部分。流动资金是项目投产后，为进行正常生产运营，用于购买原材料、燃料、支付工资及其他经营费用等所需的周转资金，一般以年需求量计算（元/年）。流动资金在投产第一年开始按生产负荷进行安排，其借款部分按全年计算利息。流动资金利息应计入财务费用；项目计算期末回收全部流动资金。

铺底流动资金是项目投产初期所需，在试运转阶段用于购买原材料、燃料、支付工资及其他经营费用等所需的周转资金。对于生产性建设工程投资应考虑到正常投产运营前的投资，所以铺底流动资金应列入投资。根据原国家计委《关于核定大中型基本建设项目总投资的通知》，以及国有商业银行的规定，新上项目或更新改造项目必须拥有30%的自有流动资金，其余部分方可申请贷款。

$$铺底流动资金=流动资金\times 30\% \tag{6-9}$$

若未计算出所需年度流动资金，铺底流动资金投资费用常常根据固定基建投资的一定百分数估算，一般可取3%～7%左右。设若有相应的资料可资利用，可以根据生产过程从原材料存储、支付工资、产品存储、销售回收账目等一个完整周期的所需费用来选取，周期一般为一个季度左右。

一般把建设安装工程费，设备、工器具费，其他费用，预备费和铺底流动资金之和，作为静态投资，也即指编制预期造价（估算、概算、预算造价总称）时以某一基准年的建设要素的单价为依据所计算出的造价瞬时值，包括了因工程误差而可能引起的造价增加，不包括嗣后年月因价格上涨等风险因素增加的投资，以及因时间迁移而发生的投资利息支出。

相应地，动态投资是指完成一个建设项目预计所需投资的总和，包括静态投资、价格上涨等风险因素需要增加的投资以及预计所需的利息支出。

6.2.3 国外世界银行规定工程造价构成

1978年，世界银行推荐将国际咨询工程师联合会（FIDIC）的《土木建筑工程合同条件（FIDIC条款）》第三版纳入了世界银行编制的《工程采购招标文件样本》，对项目的总建设成本（相当于我国的建设工程造价）作了统一规定，其详细内容如下。

6.2.3.1 项目直接建设成本

项目直接建设成本包括以下内容：

（1）土地征购费。

（2）特殊的场外设施费用，如道路、码头、桥梁、机场、输电线路等设施费用。

（3）场地费用，指用于场地准备、厂区道路、铁路、围栏、场内设施等的费用。

（4）工艺设备费，指主要设备、辅助设备及零配件的购置费用，包括海运包装费用、交货港离岸价，但不包括税金。

(5) 设备安装费，指设备供应商的监理费用，本国劳务及工资费用，辅助材料、施工设备、消耗品和工具等费用，以及安装承包商的管理和利润等。

(6) 管道系统费用，是指与系统的材料及劳务相关的全部费用。

(7) 电气设备费，其内容与第4项相似。

(8) 电气安装费，指设备供应商的监理费用，本国劳务与工资费用，辅助电缆、管道和工具费用，以及营造承包商的管理费和利润。

(9) 仪器仪表费，指所有自动仪表、控制板、配线和辅助材料的费用以及供应商的监理费用、外国或本国劳务及工资费用、承包商的管理费和利润。

(10) 机械的绝缘和油漆费，指与机械及管道的绝缘和油漆相关的全部费用。

(11) 工艺建筑费，指原材料、劳务费以及与基础、建筑结构、屋顶、内外装修、公共设施有关的全部费用。

(12) 服务性建筑费用，其内容与第11项相似。

(13) 工厂普通公共设施费，包括材料和劳务费以及与供水、燃料供应、通风、蒸汽发生及分配、下水道、污物处理等公共设施有关的费用。

(14) 车辆费，指工艺操作必需的机车设备及零件费用，包括交货港的离岸价以及海运包装费用，但不包括税金。

(15) 其他当地费用，是指那些不能归类于以上任何一个项目，不能计入项目间接成本，但在建设期间又是不可少的当地费用。例如，临时设备、临时公共设施及场地的维持费，营地设施及其管理、建筑保险和杂项开支等费用。

6.2.3.2 项目间接建设成本

(1) 项目管理费，包括：

1) 总部人员的薪金和福利费，以及用于初步和详细工程设计、采购、时间和成本控制、行政和其他一般管理的费用。

2) 施工管理现场人员的薪金、福利费和用于施工现场监督、质量保证、现场采购、时间及成本控制、行政及其他施工管理机构的费用。

3) 零星杂项费用，例如返工、旅行、生活津贴、业务支出等。

4) 各种酬金。

(2) 开工试车费，指工厂投料试运行必需的劳务和材料费用（项目直接成本包括项目完工后的试车和空运转费用）。

(3) 业主的行政性费用，指业主的项目管理人员费用及支出（其中某些费用必须排除在外，并在“估算基础”中详细说明）。

(4) 生产前期费用，指前期研究、勘测、建矿、采矿等费用（其中一些费用必须排除在外，并在“估算基础”中详细说明）。

(5) 运费和保险费，指海运、国内运输、许可证及佣金、海洋保险、综合保险等费用。

(6) 地方税，指地方关税、地方税及对特殊项目征收的税金。

6.2.3.3 准备金

(1) 未明确项目的准备金。此项准备金用于在估算时不可能明确的潜在项目，在每一个组成部分中均单独以一定的百分比确定，并作为概算的一个项目单独列出。它包括那些在作成本估算时因为缺乏完整、准确和详细的资料而不能完全预见和不能注明的项目，并且这些项目是必须完成的，或它们的费用是必定要发生的，尽管这些项目毫无疑问应包括在估算所确定的工作范围内。准备金的目的不是为了支付工作范围以外可能增加的项目，不是用以应付天灾、非正常经济情况及罢工等情况，也不是用来补偿估算的任何误差，而是用来支付那些几乎可以肯定要发生的费用，因此它是估算不可少的一个组成部分。

（2）不可预见准备金。这项准备金（在未明确项目准备金之外）反映了物质、社会和经济的变化。这些变化预计会增加已做好的成本估算，尽管这一估算是达到了一定程度的完整性和符合所考虑项目种类的技术标准。它是一个逆向行动或条件，可能发生，也可能不发生。它只是一种储备，可能不动用。

6.2.3.4 建设成本上升费

通常，估算中使用的构成工资率、材料和设备价格基础的截止日期就是“估算日期”。必须对该日期或已知成本基础进行调整，以补偿直至工程结束时的未知价格增长。

工程的各个主要组成部分（国内劳务和相关成本、本国材料、外国材料、本国设备、外国设备、项目管理机构）的细目划分决定以后，便可确定每一个主要组成部分的增长率。这个增长率是一项判断因素，它以已发表的国内和国际成本指数、公司记录等为依据，并与实际供应商进行核对，然后根据确定的增长率和从工程进度表中获得的每项活动的中点值，计算出每项主要组成部分的成本上升值。

6.2.4 工程造价计价的特点

工程造价运动除具有一切商品价格运动的共同特点以外，同时又有其自身的特点，即单件性计价、多次性计价和按构成的分部计价。

6.2.4.1 单件性计价

每一项建设工程都有指定的专门用途，所以也就有不同的结构、造型和装饰，不同的体积和面积，建设时要采用不同的工艺设备和建筑材料，即使用途相同的建设工程，技术水平、建筑等级和建筑标准也有差别。建设工程还必须在结构、造型等方面适应工程所在地气候、地质、地震、水文等自然条件，适应当地的风俗习惯。这就使建设工程的实物形态千差万别。再加上不同地区构成投资费用的各种价值要素的差异，最终导致工程造价的千差万别。因此，对于建设工程就不能像对工业产品那样按品种、规格、质量成批地计价，只能是单件计价。也就是说，建设工程一般不能由国家企业规定统一的造价，只能就各个项目（建设项目或工程项目），通过特殊的程序（编制估算、概算、预算、合同价、结算价及最后确定竣工决算价等）计算工程造价。

6.2.4.2 多次性计价

建设工程的生产过程是一个周期长、数量大的生产消费过程。包括可行性研究在内的设计过程一般较长，而且要分阶段进行，逐步加深。为了适应工程建设过程中各方经济关系的建立，适应项目管理的要求，适应工程造价控制和管理的要求，需要按照设计和建设阶段多次性计价，如图 6-8 所示。

在编制项目建议书、进行可行性研究阶段，一般可按规定的投资估算指标、类似工程

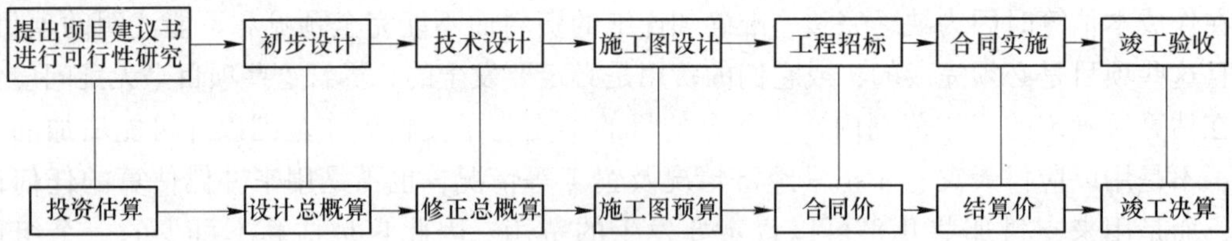

图 6-8　工程多次性计价示意图

的造价资料、现行的设备材料价格并结合工程实际情况进行投资估算。投资估算是指在可行性研究阶段对建设工程预期造价所进行的优化、计算、核定及相应文件的编制，所预计和核定的工程造价称为估算单价。投资估算是判断项目可行性和进行项目决策的重要依据之一，并作为工程造价的目标限额，为以后编制概预算做好准备。

在初步设计阶段，总承包设计单位要根据初步设计的总体布置、工程项目、各单项工程的主要结构和设备清单，采用有关概算定额或概算指标等编制建设项目的总概算。它包括从筹建到竣工验收的全部建设费用。设计概算是指在初步设计阶段对建设工程预期造价所进行的优化、计算、核定及相应文件的编制。初步设计阶段的概算（含修正概算）所预计和核定的工程造价称为概算造价。经批准的设计总概算是确定建设项目总造价、编制固定资产投资计划、签订建设项目承包总合同和货款总合同的依据，也是控制基本建设拨款和施工图预算以及考核设计经济合理性的依据。

在建筑安装工程开工前，要由设计单位根据施工图设计确定的工程量，套用有关预算定额单价、间接费取费率和计划利润率等编制施工图预算。施工图预算是指在施工图设计阶段对建设工程预期造价所做的优化、计算、核定及相应的文件的编制。施工图设计阶段的施工图预算所预计和核定的工程造价称为预算造价。施工图预算经审查批准后，是签订建设安装工程承包合同、实行建筑安装工程造价包干和办理建筑安装工程价款结算的依据。实行招标的工程，施工图预算是确定标底的基础。

在签订建设项目或工程项目总承包合同、建筑安装工程承包合同、设备材料采购合同时，要在对设备材料价格发展趋势进行分析预测的基础上，通过招标投标，由发包方和承包方共同确定一致同意的合同价作为双方结算的基础。所谓合同价款，是指按有关规定或协议条款约定的各种取费标准计算的用以付给承包方按照合同要求完成工程内容的价款总额。在合同实施阶段，对于影响工程造价的设备、材料价差及设计变更等，应按合同规定的调整范围及调价方法对合同价进行必要的修正，确定结算价。

工程项目竣工交付使用时，建设单位需编制竣工决算，反映工程建设项目的实际造价和建成交付使用的固定资产及流动资产的详细情况，作为财产交接、考核交付使用的财产成本以及使用部门建立财产明细表和登记新增财产价值的依据。通过竣工决算显示的完成一个建设工程所实际花费的费用，是该建设工程的实际造价。

综上所述，从投资估算、设计概算、施工图预算到招标承包合同价，再到各项工程的结算价和最后在结算价基础上编制的竣工决算，整个计价过程是一个由粗到细、由浅到深、最后确定工程实际造价的过程，计价过程各环节之间相互衔接，前者制约后者，后者补充前者。

6.2.4.3　按工程构成的分部组合计价

按国家规定，工程建设项目有大、中、小型之分。凡是按照一个总体设计进行建设的各个单项工程总体即是一个建设项目，一般指一个企业（或联合企业）事业单位或独立的工程项目。

在建设项目中，凡是具有独立的文件、竣工后可以独立发挥生产能力或工程效益的工程为单项工程，也可将它理解为具有独立存在意义的完整的工程项目。各单项工程又可分解为各个能独立施工的单位工程，考虑到组成单位工程的各部分是由不同工人用不同工具和材料完成的，可以把单位工程进一步分解为分部工程。然后还可按照不同的施工方法、构造及规格，把分部工程更细致地分解为分项工程。分项工程是能用较为简单的施工过程生产出来的、可以用适量的计量单位计算并便于测定或计算的工程基本构造要素，也是假定的建筑安装产品。

建设工程具有按工程构成分部组合计价的特点。比如，为确定建设项目的总概算，要先计算各单位工程的概算，再计算各单项工程的综合概算，再汇总成总概算。单位工程的施工图预算一般按分部工程、分项工程采用相应的定额单价、费用标准进行计算，这种方法称为单位估价法。另外还有实物法，即利用概预算定额，汇总计算单位工程或单项工程所需的人工、材料、施工机械台班量，然后乘以当地当时的单价，得出工程直接费，再按费用标准计算间接费及利税。虽然单位估价法和实物法做法不同，但两者的共同特点是对工程建设项目进行分解，按构成的分部计价，故也可以说是按构成的分部组合计价。

6.2.5 常用的工程造价计算表格

图和表格是工程师的常用语言。在工程项目的决策、设计与建设阶段，对应的工程造价有投资估算、设计概算、施工图预算和竣工决算等，相应的工程造价管理文件的结论部分通常采用表格的形式表述。

表 6-9 是建设工程投资估算表的一种形式。

表 6-9 建设工程投资估算表

序号	工程或费用名称	建筑工程费	设备购置费	安装工程费	其他费用	合计	其中：外币	比例/%
1	工程费用							
1.1	主体工程							
1.1.1	×××							
	…							
1.2	辅助工程							
1.2.1	×××							
	…							
1.3	公用工程							
1.3.1	×××							
	…							
1.4	服务性工程							
1.4.1	×××							

续表 6-9

序号	工程或费用名称	建筑工程费	设备购置费	安装工程费	其他费用	合计	其中：外币	比例/%
	…							
1.5	厂外工程							
1.5.1	×××							
	…							
1.6	…							
2	工程建设其他费用							
2.1	×××							
	…							
3	预备费							
3.1	基本预备费							
3.2	涨价预备费							
4	投资合计							
	比例/%							

表 6-10 是建设工程总综合概算表的一种形式。

表 6-10 工程总综合概算表

建设工程项目名称：×××

单项工程名称：××× 概算价值：×××元

序号	综合概算编号	工程或费用名称	概算价值（万元）						技术经济指标			占投资总额（%）	备注
			建筑工程费	安装工程费	设备购置费	工器具及生产家具购置费	其他费用	合计	单位	数量	单位价值（元）		
1	2	3	4	5	6	7	8	9	10	11	12	13	14
		一、建筑工程											
1	6-1	土建工程	×					×	×	×	×	×	
2	6-2	给水工程	×					×	×	×	×	×	
3	6-3	排水工程	×					×	×	×	×	×	
4	6-4	采暖工程	×					×	×	×	×	×	
5	6-5	电气照明工程	×					×	×	×	×	×	
		⋮											
		小计	×					×	×	×	×	×	
		二、设备及安装工程											
6	6-6	机械设备及安装工程		×	×			×	×	×	×	×	

续表 6-10

序号	综合概算编号	工程或费用名称	概算价值（万元）						技术经济指标			占投资总额（%）	备注
			建筑工程费	安装工程费	设备购置费	工器具及生产家具购置费	其他费用	合计	单位	数量	单位价值（元）		
1	2	3	4	5	6	7	8	9	10	11	12	13	14
7	6-7	电气设备及安装工程		×	×			×	×	×	×	×	
8	6-8	热力设备及安装工程		×	×			×	×	×	×	×	
		小计											
9*	6-9	三、工器具及生产家具购置费				×		×	×	×	×	×	
		总计	×	×	×	×		×	×	×	×	×	

审核：　　　　核对：　　　　编制：　　　　年　月　日

与表 6-9 和表 6-10 相类似的，还有单项工程综合概（预）算表、其他工程和费用计算表、单位设备与安装工程概（预）算表、单位建筑工程概（预）算表和竣工工程决算表等。

对于某些特定行业领域，已有进行工程造价管理和制表的专用软件。

6.3 投资估算

投资估算是项目决策的重要依据之一，在整个投资决策过程中，要对建设工程造价进行估算，在此基础上研究是否建设。投资估算要有准确性，如果误差太大，必将导致决策的失误。因此，准确、全面地估算建设项目的工程造价，是项目可行性研究乃至整个建设项目投资决策阶段造价管理的重要任务。

6.3.1 投资估算的阶段划分与内容

投资估算是指在整个投资决策过程中，依据现有资料和一定的方法，对建设项目的投资数额进行的估计。投资估算阶段划分情况概括如表 6-11 所示。

由于投资决策过程可进一步划分为规划阶段、项目建议书阶段、可行性研究阶段、评审阶段，所以投资估算工作也相应分为四个阶段。不同阶段所具备的条件和掌握的资料不同，因而投资估算准确程度不同，进而每个阶段投资估算所起的作用也不同。但是，随着阶段的不断发展，调查研究不断深入，掌握的资料越来越丰富，投资估算逐步准确，其所起的作用也越来越重要。

做好投资估算工作，首先应该明确建设工程造价的构成。我国现行建设工程造价的构成见图 6-9。

表 6-11 投资估算的阶段划分

	投资估算阶段划分	投资估算误差率	投资估算的主要作用
投资决策过程	（1）规划阶段的投资估算	≥±30%	（1）说明有关的各项目之间的相互关系； （2）作为否定一个项目或决定是否继续进行研究的依据之一
	（2）项目建议书阶段的投资估算	±30%以内	（1）从经济上判断项目是否应列入投资计划； （2）作为领导部门审批项目建议书的依据之一； （3）可否定一个项目，但不能完全肯定一个项目是否真正可行
	（3）可行性研究阶段的投资估算	±20%以内	可对项目是否真正可行做出初步的决定
	（4）评审阶段的投资估算	±10%以内	（1）作为对可行性研究结果进行最后评价依据； （2）建设项目是否真正可行进行最后决定的依据

建设工程造价
- 建安工程造价
- 设备购置费
- 工程建设其他费用
  - 土地转让费
  - 与工程建设有关的费用
  - 业主费用
  - 预备费用
  - 固定资产投资方向调节税
  - 建设期利息

图 6-9 我国现行建设工程造价的构成

我们可以把图 6-9 中的建设工程造价划分为静态投资和动态投资两部分。其中，建安工程造价设备购置费以及工程建设其他费用中不涉及时间变化因素的部分，作为静态投资；而涉及价格、汇率、利率、税率等变动因素的部分，都作为动态投资。为了估足投资，不留缺口，不仅要准确地计算静态投资，而且还应该考虑动态投资部分以及流动资金的估算，这样投资估算才能全面地反映工程的造价构成。

静态投资可看作是工程项目的实物工程量，工程项目所需的实物量（如设备、钢材、水泥）一般是不会变的，如项目建设周期长，涉及贷款利息支出、材料价格上涨等，即应考虑动态投资，但应理解贷款利息也是计入整个社会财富收入的。

6.3.2 静态投资估算

静态投资的估算是建设项目投资估算的基础，所以必须全面准确地进行分析计算，既要避免少算漏项，又要防止高估冒算，力求切合实际。根据静态投资费用项目内容的不同，投资估算采用的方法和深度也不尽相同，以下将分别予以介绍。

6.3.2.1 按拟建项目设备购置费用的比例外推投资估算

设备在静态投资中占有很大的比重。在项目规划或可行性研究中，对工程情况不完全了解，不可能将所有设备开出清单，但根据工业生产建设的经验，辅助生产设备、服务的装备水平与主体设备购置费用之间存在着一定的比例关系。类似地，设备安装费与设备购置费用之间也有一定的比例关系。因此，在对主体设备或类似工程情况已有所知的情况下，有经验的造价工程师往往采用比例估算办法估算投资，而不必分项去详细计算。这种方法在实际中有很多的应用，下面介绍常用的三种方法。

(1) 按设备费用的百分比估算法。以拟建项目或装置的设备费为基数，根据已建成的同类项目或装置的建筑安装工程费和其他费用等占设备价值的百分比，求出相应的建筑安装及其他有关费用，其总和即为项目或装置投资。

$$C = E(1 + f_1P_1 + f_2P_2 + f_3P_3) + I \tag{6-10}$$

式中 C——拟建项目或装置的投资额；

E——根据拟建项目或装置的设备清单按当时当地价格计算的设备费（包括运杂费）的总和；

P_1, P_2, P_3——已建项目中建筑、安装及其他工程费用占设备费百分比；

f_1, f_2, f_3——由于时间因素引起的定额、价格、费用标准等变化的综合调整系数；

I——拟建项目的其他费用。

(2) 朗格系数法。以设备费为基础，乘以适当系数来推算项目的费用。基本公式为：

$$C = (1 + \Sigma K_i) \cdot (1 + \Sigma K_C) \cdot E \tag{6-11}$$

式中 C——总建设费用；

E——主要设备费用；

K_i——管线、仪表、建筑物等项费用的估算系数；

K_C——间接费的估算系数，包括工程建设其他费、合同费、应急费等。

总建设费与设备费用之比为朗格系数 K_L，即：

$$K_L = (1 + \Sigma K_i) \cdot (1 + \Sigma K_C) \tag{6-12}$$

所以，

$$C = K_L \cdot E \tag{6-13}$$

[**例 6-4**] 某工业项目根据方案提出的主要设备，按照现行市场价格计算，设备费为 800 万元。已知与设备配套的其他辅助费用（含土建费）系数为设备费的 155%，间接费率为设备及其辅助费用的 15%，试估算拟建项目的投资额为多少。

解：$C = (1 + \Sigma K_i) \cdot (1 + \Sigma K_C) \cdot E = (1+1.55) \times (1+0.15) \times 800 = 2346$（万元）

表 6-12 是国外的固体、固流和流体流程加工系统的典型经验估算朗格系数 K_L 值。

表 6-12 国外的固体、固流和流体流程加工系统的典型经验估算朗格系数 K_L 值

项目		固体流程	固流流程	流体流程
朗格系数 K_L		3.1	3.63	4.74
系数计算	(1) 包括基础、设备、绝热、油漆及设备安装费	$E\times1.43$,（E——设备费）		
	(2) 包括上述在内和配管工程费	(1) ×1.1	(1) ×1.25	(1) ×1.6
	(3) 装置直接费	(2) ×1.5		
	(4) 包括上述在内和间接费，总费用 C	(3) ×1.31	(3) ×1.35	(3) ×1.38

对于矿物加工选矿专业，其近似于表 6-12 中的固流流程，可将朗格系数 K_L 取值

为3.5。

[例6-5] 某拟建选矿厂，按其规模选取主要设备（碎磨、浮选、泵、脱水）的规模与数量，测算主要设备费用为2800万元。试用朗格系数法估算工程总投资估算费用。

解： 由式（6-13），按表6-12取 $K_L=3.5$，有

$$C = K_L \cdot E = 3.5 \times 2800 = 9800\ (\text{万元})$$

（3）生产能力指数法。根据已建成的、性质类似的建设项目或生产装置的投资额和生产能力及拟建项目或生产装置的生产能力估算项目的投资额。计算公式为：

$$C_2 = C_1 \left(\frac{A_2}{A_1}\right)^n \cdot f \tag{6-14}$$

式中 C_1，C_2——已建类似项目或装置和拟建项目或装置的投资额；

A_1，A_2——已建类似项目或装置和拟建项目或装置的生产能力；

f——不同时期、不同地点的定额、单价、费用变更等的综合调整系数；

n——生产能力指数，$0 \leqslant n \leqslant 1$。

指数 n 的具体取值可根据统计资料通过回归分析求取。若已建类似项目或装置的规模和拟建项目或装置的规模相差不大，生产规模比值在0.5~2之间，则指数 n 的取值近似为1。若已建类似项目或装置与拟建项目或装置的规模相差不大于50倍，且拟建项目的扩大仅靠增大设备规格来达到时，则 n 取值约在0.6~0.7之间；若是靠增加相同规格设备的数量达到时，n 的取值在0.8~0.9之间。

采用这种方法，计算简单，速度快；但要求类似工程的资料可靠，条件基本相同，否则误差就会增大。总体而言，该方法准确程度较差。

[例6-6] 某拟建项目生产规模为年产B产品500万吨。根据统计资料，生产规模为年产400万吨同类产品的企业建设工程费用为40亿元，生产规模指数取 $n=0.7$，物价上涨调整系数取 $f=1.08$。据此估算拟建项目所需的建设工程费用。

解：
$$C_2 = C_1 \left(\frac{A_2}{A_1}\right)^n \cdot f = 40 \times \left(\frac{500}{400}\right)^{0.7} \times 1.08 = 50.5(\text{亿元})$$

[例6-7] 若将某项设计中的化工生产系统生产能力在原有基础上增加一倍，投资额大约会增加多少？

解： 对于一般未加确指的化工生产系统，可按 $n=0.6$ 估计投资额 。因此

$$\frac{C_2}{C_1} = \left(\frac{A_2}{A_1}\right)^n = \left(\frac{2}{1}\right)^{0.6} \approx 1.5$$

计算结果表明，生产能力增加一倍，投资额大约增加50%。

6.3.2.2 房屋建筑物的造价估算

房屋建筑物的造价估算与厂址、现场施工条件、采用工程技术有关，这些需要在规划或可行性研究中预先明确。房屋、建筑物进行造价估算时，经常采用投资估算指标法，即根据各种具体的投资估算指标，进行单位投资的估算。

投资估算指标的形式较多，例如：元/m^2，元/m^3，元/(kV·A) 等等。根据这些投资估算指标，乘以所需的面积、体积、容量等，就可以求出相应的土建工程、给排水工程、照明工程、采暖工程、变配电工程等各单位工程的投资。在此基础上，可汇总成每一

单项工程的投资。另外再估算工程建设其他费用及预备费，即求出建设项目总投资。

采用这种方法时，一方面要注意，若套用的指标与具体工程之间的标准或条件有差异时应加以必要的局部换算或调整；另一方面要注意，使用的指标单位应密切结合每个单位工程的特点，能正确反映其设计参数，切勿盲目地单纯地套用一种单位指标。

目前，我国各部门、各省市已编制了相应各类建设项目的投资估算指标，并绝大多数已审批通过，颁布执行。因此，投资估算指标在我国已基本形成一定的系统，这为进行各类建设项目的投资估算提供了一定的条件。特别在编制可行性研究报告投资估算时，应根据可行性研究报告的内容及国家有关规定和估算指标等，以估算编制时的价格进行编制，并应按照有关规定，合理地预测估算编制后到竣工期间工程的价格、利率、汇率等动态因素的变化，打足建设投资，不留缺口，确保投资估算的编制质量。

工程建设其他费用的估算应根据不同的情况采取不同的方法。例如土地使用费，应根据取得土地的方式以及当土地管理部门的具体规定计算；与项目建设有关的其他费用、业主费用等特定性强，没有固定的比例和项目，可与建设单位共同研究商定。

总之，静态投资的估算并没有固定的公式，实际工作中，只要有了项目组成部分的费用数据，就可以考虑用各种方法来估算。需要指出的是，这里所说的虽然是静态投资，但它也是有一定时间性的，应该统一按某一确定的时间来计算，特别是遇到编制时间距开工时间较远的项目，一定要以开工前一年为基准年，按照近年的价格指数将编制年的静态投资进行适当的调整，否则就会去基准作用，影响投资估算的准确性。

6.3.3 动态投资估算

动态投资包括静态投资、价格上涨等因素而需要的投资以及预计所需的投资利息支出。

(1) 动态投资主要包括价格变动可能增加的投资额、建设期利息和固定资产方向调节税等三部分内容，如果是涉外项目，还应该计算汇率的影响。动态投资的估算应以基准年静态投资的资金使用计划额为基础来计算以上各式各样变动因素，而不是以编制年的静态投资为基础计算。

(2) 对投资方向调节税进行估算时，计税基数是年度固定资产投资计划数，按不同的单位工程投资额乘以相应的税率，求出建设期内每年应交纳的投资方向调节税。

(3) 对建设期利息进行估算时，应按借款条件不同而分别按年计算贷款利息额，参见式 (5-4)。通常列表计算，建设期利息估算表见表 6-13。

表 6-13 建设期利息估算表 (万元)

序号	项目	合计	建设期									
			1	2	3	4	5	6	7	8	9	10
1	借款											
1.1	建设期利息											
1.1.1	期初借款余额											
1.1.2	当期借款											

续表 6-13

序号	项目	合计	建设期									
			1	2	3	4	5	6	7	8	9	10
1.1.3	当期应计利息											
1.1.4	期末借款余额											
1.2	其他融资费用											
1.3	小计（1.1+1.2）											
2	债券											
2.1	建设期利息											
2.1.1	期初债券余额											
2.1.2	当期债券余额											
2.1.3	当期应计利息											
2.1.4	期末债券余额											
2.2	其他融资费用											
2.3	小计（2.1+2.2）											
3	合计（1.3+2.3）											
3.1	建设期利息合计（1.1+2.1）											
3.2	其他融资费用合计（1.2+2.2）											

6.3.4 流动资金和铺底流动资金的估算

流动资金是指项目建成投产后，企业为保证正常生产所必需的周转资金。流动资金用于购置原材料、辅助材料、支付工资、储存产品及其他生产周转需要的资金。流动资金在投产第一年开始按生产负荷进行安排，其借款部分按全年计算利息。流动资金利息应计入财务费用，项目计算期末折现回收全部流动资金。

按照国家对流动资金管理分类，可分为定额流动资金（储备资金、生产资金和成品资金）和非定额流动资金（货币资金和结算资金）两大类。对新建和改扩建企业项目，因定额流动资金占流动资金用量90%以上，设计只计算定额流动资金的需用量。非定额流动资金占用量少，一般不估算。

设计企业定额流动资金一般采用扩大指标估算法，即根据现有同类企业的实际资料求得一个相对固定的扩大指标值，然后按该数值计算拟建项目流动资金需求总量。这种方法估算结果的准确度不高，具体计算应按各行业规定进行。

扩大指标估算法常用的方法有两种，第一种为按固定资产资金率计算：

$$定额流动资金额=固定资产总额\times固定资产资金率 \tag{6-15}$$

固定资产资金率，即流动资金占固定资产总额的百分比。矿山企业一般为10%～20%，其中冶金矿山为15%～20%，化工矿山为10%～15%。

第二种扩大指标估算法为按年销售收入资金率计算：

$$定额流动资金额=年销售收入总额\times销售收入资金率 \tag{6-16}$$

销售收入资金率，即定额流动资金平均占用额与产品销售收入之比值。销售收入资金率一般为30%~50%，其中冶金矿山为40%~50%，化工矿山为30%~40%。

当要求估算精度较高时，可采用按定额流动资金费用项目分项详细估算法，分布计算储备资金需用量、生产资金需用量和产品资金需用量，再汇总。流动资金分项详细估算表见表6-14。

表6-14 流动资金估算表 （万元）

序号	项目	最低周转天数	周转次数	计算期									
				1	2	3	4	5	6	7	8	9	10
1	流动资金												
1.1	应收账款												
1.2	存货												
1.2.1	原材料												
1.2.2	×××												
	…												
1.2.3	燃料												
	×××												
	…												
1.2.4	在产品												
1.2.5	产成品												
1.3	现金												
1.4	预付账款												
2	流动负债												
2.1	应付账款												
2.2	预收账款												
3	流动资金（1-2）												
4	流动资金当期增加												

铺底流动资金是流动资金的一部分。铺底流动资金是项目建成后，在试运转阶段用于购买原材料、燃料、支付工资及其他经营费用等所需的周转资金。

对于生产性建设工程投资，应考虑到正常投产运营前的投资，所以投资应列入铺底流动资金。根据国家规定，新上项目或更新改造项目主必须拥有30%的自有流动资金。若已计算出所需年度流动资金，则铺底流动资金可取年度流动资金的30%。参照式（6-15），有

$$铺底流动资金=固定资产总额\times固定资产资金率\times30\% \tag{6-17}$$

式中的固定资产资金率，冶金矿山为15%~20%。对冶金矿山取中间值17%，有

$$冶金矿山铺底流动资金=固定资产总额\times 5\% \tag{6-18}$$

［例6-8］　某铜矿项目固定资产投资总额为50000万元。试估算本项目所需流动资金总额，以及其中铺底流动资金额。

解：按式（6-15），取固定资产资金率为17%，

$$流动资金=50000\times 17\%=8500\ （万元）$$

按式（6-18），铺底流动资金=50000×5%=2500（万元）

6.4　矿业项目投资估算

6.4.1　矿业项目建设投资估算的意义

矿产资源是国家财富和经济实力的重要体现，如南美洲的智利是世界上铜矿储量最丰、产量最大、出口最多的国家，被誉为“铜矿之国”。智利国家铜业公司（Codelco）是全球最大铜矿生产商，其拥有曾经是世界最大的露天开采铜矿丘基卡玛塔铜矿（铜金属储量5726万吨，矿石采选能力153000t/d，年产铜50万吨），以及世界最大的地下开采铜矿特恩尼特铜矿（铜金属储量9350万吨，矿石采选能力140000t/d，年产铜45.5万吨），见图6-10。

图6-10　特恩尼特铜矿选矿厂（140000t/d）

目前全球最大的露天开采铜矿是必和必拓公司的智利Escondida铜矿，其发现于1981年，基础资源量铜矿石217亿吨，品位0.54%，即铜金属资源量11718万吨，其在2015年生产了115万吨铜，大约为全球总量的6%。

中国的煤、钨、锡、锑、稀土和萤石等矿产储量居世界前列，已建成矿业项目数量和多种矿产品产量均居世界前列。

为了保障世界经济的持续发展、满足人民生活水平不断提高的要求，国内外仍不断有大量新的矿业项目在评估、规划和建设中。在矿业项目的建设可行性研究过程时（参见第7章），投资估算是一个重要环节，其对矿业项目的建设决策有着重要影响。

6.4.2　国外矿业项目建设费用投资估算方法

6.4.2.1　固定投资费用估算方法概述

矿业项目的总投资包括固定投资部分和铺底流动资金部分。

固定投资费用部分是购买必需的设备和辅助设备所需金额的总和。流动投资费用部分表示为使选矿厂投产所需的款项。最重要的是总投资即是从单位时间总收入中去掉单位时间付出的总产品费用后的总值。总产品费用包括如直接生产费用、固定税捐和杂项开支等生产费用和如行政管理、分配销售费、研究和研制费以及一般费用。

固定投资的估算，小而言之是以矿业项目生产能力那样的资料为基础，大而言之是以全部生产过程和建筑标准的资料为基础的。此外，美国成本工程师协会已提出五种主要类型的估算方法，这些方法是：

(1) 以以前的费用数据为基础的数量级估算法。它是一种按比率估算方法，其误差大于±50%。

(2) 以主要设备费为基础的分项估算法，其误差为±30%。

(3) 以编制预算的充分数据为基础的概算法，其误差为±20%。

(4) 几乎是以全部数据（没有全部图纸）为基础的工程控制预算法，其误差为±10%。

(5) 以全部工程图纸、说明书及现场测量等为基础的详细预算或承包者预算法，其误差为±5%。

上面的第（1）、（2）类型都是初步的固定投资估算。初步投资费用的估算，对于工艺选择与设计的工艺工程师来说是有用的。因为大多数的公司获得基建资金是有一定限度的，这就要求及时估算初步的现金需要量。在各种工艺的总生产成本都相似的情况下，要选择一个基建投资最小的方案。这样，初步估算可用来评价工艺方案。

第（1）种类型的估算是最简单的一种方法，即由一座用已知生产能力的现有工厂的固定投资外推。当有关流程的资料很少时，可应用该方法。但是，即使假定估算人员的经验很丰富，这种方法可得到的准确度也只有±50%，仅用于初步决策。

第（2）种类型的估算方法是利用若干系数将总设备成本转化为工厂的投资建造成本，对工程技术人员用处很大。在了解该方法之前，应了解成本指数的概念，利用成本指数可以将过时的成本数据用于估算现时或未来的成本。

第（3）种类型的估算比第（1）、（2）种都要求有更多的资料，因此要费更多的时间。当工艺的可行性仍在评价中时，第（3）种类型估算过分精确，并无必要。

第（4）、（5）种类型准确度高，获得详细预算，但要求的详细资料多，花钱多，而且需要丰富的经验。因此，该法只限用于实际施工准备阶段的最终计划，已超出本章讨论范围，对此不再做进一步阐述，但这种方法的原理是不言而喻的，详见本书第8章。

6.4.2.2 流动资金费用估算

流动资金是储备原材料、半成品和制成品，信贷以及日常现金杂项支出所必需的。若资料不多，流动资金投资费用可根据固定基建投资的10%~15%左右估算。

设有相应的资料可资利用，流动资金投资费用可以根据下面的各项进行估算：

(1) 原料存储（一个月的供应费用）。

(2) 工艺过程中的材料存储（一个月的供应费用）。

(3) 产品存储（一个月生产的费用）。

(4) 应收账目（一个月的销售费用）。

(5) 可利用的现金要满足一个月生产所需（支付的工资、原料、公用事业及供应费用）。

流动资金费用为上述各项之和。

6.4.2.3 固定投资费用估算

如前所述，为了进行固定投资费用需要量的估算，在选矿方面有三种方法可用。这三种方法是：0.6法则、设备系数法和选矿厂各部分费用比率法（分项估算）。为了使用这些方法，以下资料是有用的：一个表示主要设备及其规格的初步工艺流程，此外，还要有估量选矿厂规模和复杂性的充分资料。选矿厂的物料平衡表和能量平衡表，也是很有价值的。

A 0.6法则

0.6法则是最简单的一种方法，即由一座用已知生产能力的现有工厂的固定投资外推，参见式（6-14）。指数0.6是一个平均值，而且是根据选矿厂类型而定的。这种方法的准确度在很大程度上取决于这两个工厂的可比性。诸如工厂的厂址、一般的经济条件、地理位置和地区生产力等因素是造成重大差异的主要原因。理想的是，它们不仅应采用相同的工艺过程，而且应有相同的工艺流程，否则，计算可靠性可能迅速下降。

[例6-9] 设已建设日处理30000t规模的选矿厂，投资为60×10^6美元。求再建设日处理40000t规模的相似选矿厂的投资。

解： 费用$=60\times10^6\ (40000/30000)^{0.6}=71.3\times10^6$（美元）

此费用为当年价格，对于不同年度的费用估算，还应依通货膨胀率或价格指数f进行校正。

B 设备系数法（朗格系数法）

设备系数法由生产设备的总购买费用E导出全厂成本。在所有计算中需采用新设备的全价。

最简易的一种系数法是采用单一平均系数将总设备成本转换成一个固定工厂成本。对三种基本类型（固体，固流，流体）工厂中的每一种采用不同系数，可提高可靠性。此法要求先估算项目主要工艺设备的费用，如该费用等于E，参见表6-11，有：

$$\text{固体处理整套设施费用}=3.10\times E \tag{6-19}$$

$$\text{固流体处理整套设施费用}=3.63\times E \tag{6-20}$$

$$\text{流体处理整套设施费用}=4.74\times E \tag{6-21}$$

[例6-10] 假设某选矿厂中破碎车间主要设备项目的当前市场采购价格是5×10^6美元，求整套设施费用。

解： 中破碎车间属于固体处理整套设施，依据式（6-19），整套中破碎车间费用估算为：

$$\text{中破碎车间费用}=3.10\times5\times10^6=15.5\times10^6\ (\text{美元})$$

C 选矿厂分项费用比推法

此法实际上与设备系数法是相同的，但具有相当大的灵活性，它将选矿厂固定投资费用分解成分项费用，这些费用各占主要设备费用的一定比率。

表6-15是选矿厂分项投资费用比推法的列表形式和计算方法。

表 6-15 选矿厂分项投资费用比推法

项 目	费用/美元
（1）根据参考资料和现行指数基准计算的购买设备费用 E	E
（2）设备安装	（0.17~0.25）E
（3）管道、材料和劳力，包括服务用管道	（0.07~0.25）E
（4）电力、材料和劳力，包括厂房照明	（0.13~0.25）E
（5）仪表	（0.03~0.12）E
（6）生产厂房，包括机修设施和照明	（0.33~0.50）E
（7）辅助厂房，包括机修设施和照明	（0.07~0.15）E
（8）选矿厂服务设施，例如：新水系统，下水疲乏、压缩空气等	（0.07~0.15）E
（9）现场的条件改进，如：围墙、公路和铁路等	（0.03~0.28）E
（10）与施工管理有关的现场费用	（0.10~0.12）E
（11）包括设计和施工的工程管理	（0.30~0.33）E
（12）固定投资费用总和 I	1+2+3+4+5+…+11 项 $I=$（2.3~3.4）E

6.4.3 国内矿业项目建设费用的初步投资估算

6.4.3.1 生产规模指数法

生产规模指数是将若干矿山基建投资于生产规模按对数坐标作曲线，两者的关系呈直线变化，其斜率为0.6，故又可称此法为0.6指数法。其计算公式与式（6-14）相同。

在用式（6-14）估算矿山基建投资时，要求生产规模增加幅度不应大于50倍。当生产规模的扩大是靠增加设备的尺寸（规格）来实现时，n 值取0.6~0.7；当生产规模扩大是靠相同尺寸（规模）的设备达到时，则 n 为0.8~1.0。

6.4.3.2 回归相关法

根据大量矿山实际资料的回归统计分析结果，发现基建投资（万元）与矿山年生产规模呈线性相关关系，或指数相关关系，即：

$$C = a + bQ \tag{6-22}$$

或

$$C = xQ_t^y \tag{6-23}$$

式中 C——矿山基建投资，万元；

Q_t——矿山年生产规模，万吨；

a——与矿山规模无关的投资常数，万元；

b——与矿山规模有关的投资常数，万元；

x——与矿山生产规模有关的投资系数，万元；

y——与矿山规模有关的投资指数。

以上 a、b、x、y 等参数，需按同类型矿山每隔一段时间，用实际资料进行回归分析求得，只要确定了上述参数、运用起来就非常方便，计算结果也较接近实际。

[**例 6-11**] 根据某类矿山基建投资与生产规模的统计分析，假定求得的 a 为 745.79 万元、b 为 37.35 万元，或 x 为 61.8 万元、y 为 0.94，求新建年生产规模 100 万吨的矿山，(1) 基建投资按式（6-22）计算值；(2) 基建投资按式（6-23）计算值。

解：(1) $C = a + bQ = 745.79+37.35\times100 = 4480.8$（万元）

(2) $C = xQ_t^y = 61.8\times100^{0.94} = 4688.0$（万元）

[**例 6-12**] 某中型铅锌矿床，适于地下开采，计划的矿山生产规模为 1300t/d，年生产 330d。求：

(1) 年生产规模；

(2) 按例 6-11 条件用式（6-24）计算基建投资；

(3) 按例 6-11（1）计算条件和结果用式（6-14）计算基建投资。

解：(1) $Q_t = 1300\times330 = 429000\quad t/a$

(2) $C = xQ_t^y = 61.8\times(42.9)^{0.94} = 2115.9$（万元）

(3) $C_2 = C_1\left(\dfrac{Q_{t2}}{Q_{t1}}\right)^{0.6} = 4480.8\times\left(\dfrac{42.9}{100}\right)^{0.6} = 2697$（万元）

6.4.3.3 单位产量投资指标法及其经验系数法

单位产量投资指标法，是按同类矿山建设的单位产量投资扩大指标，乘以待定的生产规模（年矿石产量），以估算其基建投资的办法。这是一种比较粗略的估算方法，仅适用于矿业项目初始评估阶段，系数的选择与项目的矿产种类、地理位置、开采水文地质条件和矿石可选性相关。其计算式为：

$$C = C_tQ_t \tag{6-24}$$

式中 C——基建投资，万元；

C_t——年产每吨矿石基建投资扩大指标，元/(年·吨)；

Q_t——矿山年生产规模，万吨。

式（6-22）至式（6-24）中的矿业项目基建投资，通常包括采矿项目、选矿项目、其他辅助设施项目投资和铺底流动资金估算。

2008 年发布的《矿业权评估参数确定指导意见》中，统计归纳了建设矿山单位生产能力固定资产投资参考数据，可供估算参考，见表 6-16。

表 6-16 单位生产能力固定资产投资参考数据——建设矿山 (元/吨)

矿种	2001	2002	2003	2004	2005	2006	2007	区间
煤矿	100.76	157.33	175.87	135.46	147.33	226.38	326.08	100~330
铁矿	126.66	137.30	81.46	169.17	137.78	223.67	198.19	140~220
铜矿	—	259.36	157.41	271.98	135.78	511.14	—	300
金矿	—	230.40	560	604.99	482.14	244.67	—	230~500

注：1. 表中指标是归纳统计 2001~2007 年 771 份全国矿业权评估报告（建设矿山）主要参数及信息后所得数据。

2. 煤炭共计 592 个样本，2001 年只有 3 个；铁共计 153 个样本，2007 年只有 1 个；铜共计 13 个样本，2002~2006 年分别各有 1~4 个样本；金共计 13 个样本，2002~2006 年分别各有 1~3 个样本。

3. “-” 表示无样本；区间值是根据统计的最大值和最小值适当扩大或缩小后的结果。

6.4.3.4 采矿、选矿、辅助项目分别估算的投资指标经验系数法

当采矿项目、选矿项目、其他辅助设施项目和铺底流动资金投资需分别估算时，可采用以下投资指标经验系数方法：

（1）采矿项目投资估算。依据相关设计院经验资料统计，参照表6-13，采矿项目投资可按项目规模（万吨/年）乘以适当系数估算，包括矿山地质、场地、道路、水电、采掘设备、开拓通风、矿石采运和废石充填等等。

$$\text{采矿项目投资（万元）}=(100\sim350)\times\text{采矿规模（万吨/年）} \tag{6-25}$$

式（6-25）中，投资费用采用2000年不变价格。系数取值范围：煤矿和铁矿露天开采时取下限系数值；煤矿、铁矿铜矿和金矿井下开采时取上限系数值。

（2）选矿项目投资估算。依据相关设计院经验资料统计，参照表6-15，选矿项目投资可按项目规模（万吨/年）乘以适当系数估算，包括破碎、磨矿、分选、沉降、脱水、尾矿处理等全部费用。

$$\text{选矿厂项目投资（万元）}=(140\sim180)\times\text{选矿厂规模（万吨/年）} \tag{6-26}$$

式（6-26）中，投资费用采用2000年不变价格。系数取值范围：单一矿种简单选矿流程时取下限系数值，多金属矿种复杂选矿流程时取上限系数值。

（3）其他辅助设施投资估算。其他辅助设施投资估算可用采矿投资与选矿投资之和乘以一定系数来计算。

$$\text{其他辅助设施投资（万元）}=K_1\text{（采矿投资+选矿投资）} \tag{6-27}$$

式中，$K_1=0.1\sim0.3$。

（4）固定资产总投资估算。

$$\text{固定资产总投资}=\text{采矿投资}+\text{选矿投资}+\text{其他投资}=(1+K_1)\text{（采矿投资+选矿投资）} \tag{6-28}$$

式中，$K_1=0.1\sim0.3$。

（5）铺底流动资金估算。流动资金是指项目建成投产后，为保证正常生产所必需的年度周转资金。流动资金估算参见式（6-15）。铺底流动资金是流动资金的一部分。铺底流动资金是项目建成后，在试运转阶段用于购买原材料、燃料、支付工资及其他经营费用等所需的周转资金，计入投资。矿业项目铺底流动资金一般可定为流动资金的30%，在资料不足时，可按固定资产总投资的5%估算。

$$\text{矿业项目铺底流动资金估算（万元）}=K_2(1+K_1)\text{（采矿投资+选矿投资）} \tag{6-29}$$

式中，$K_2=0.05$。

（6）矿业项目总投资估算。矿业项目总投资估算由采矿项目、选矿项目、其他辅助设施项目投资和铺底流动资金估算组成。将式（6-28）和式（6-29）相加，有

$$\text{矿业项目总投资估算（万元）}=(1+K_1)(1+K_2)\text{（采矿投资+选矿投资）} \tag{6-30}$$

需要特别说明的是，式（6-22）~式（6-30）的总造价估算精度是不高的，可能达≥±50%，仅适用于项目规划阶段的初步评估。

[**例 6-13**] 国内拟新建一铅锌矿业项目，矿石属易选的硫化矿，为井下开采，设计产出原矿规模 66 万吨/年，由配套选矿厂全部处理。试列表估算其采矿投资、选矿投资、其他辅助设施项目投资、固定资产总投资、铺底流动资金投资和投资总额。

解： 列表 6-17 计算。

表 6-17 某新建铅锌矿业项目投资估算

序号	各项技术经济指标	计算式	计算结果	单位	计算依据
1	采矿项目投资估算	300×66	19800. 0	万元	式（6-25）取中上限系数 300
2	选矿项目投资估算	150×66	9900. 0	万元	式（6-26）取中下限系数 150
3	其他辅助设施投资估算	0. 2×（19800+9900）	5940. 0	万元	式（6-27）取中间值 $K_1=0.2$
4	固定资产总投资估算	19800+9900+5940	35640. 0	万元	式（6-28）
5	铺底流动资金估算	35640×0. 05	1782. 0	万元	式（6-29）取中间值 $K_2=0.05$
6	投资总额估算	35640+1782	37422. 0	万元	式（6-30）

6. 4. 4 矿业项目投资估算的汇总和分析

[**例 6-14**] **某铝业公司 50 万吨/年铝土矿选矿项目投资估算的汇总和分析**

某铝业公司 50 万吨/年铝土矿选矿产业化示范工程，主要是对洛阳矿区的铝土矿矿石进行浮选脱硅选别，提高矿石铝硅比，产品为铝精矿，生产流程为磨矿—浮选—精矿脱水，主要包括磨矿车间、浮选车间、精矿脱水车间、锅炉房、试化验室、办公室。

（1）本工程投资 5321. 9 万元，静态投资 5012. 90 万元，其中工程直接费用 3725. 51 万元，预备费用 653. 86 万元，其他费用 633. 53 万元，铺底流动资金 309. 00 万元，资金来源为自筹。

（2）按不同费用构成划分投资分析，列表 6-18。

表 6-18 按费用构成划分分析

工程项目名称	金额/万元	占总值/%	备注
工程费用	3725. 51	70. 00	
工程建设其他费用	633. 53	11. 90	
预备费	653. 86	12. 29	
建设期贷款利息	0		自有资金
铺底流动资金	309. 00	5. 81	
合计	5321. 90	100. 00	

（3）按不同专业构成划分投资分析，列表 6-19。

表 6-19 按专业构成划分分析

专业名称	金额/万元	占总值/%	备注
总图	98.10	1.84	
土建	932.65	17.52	
选矿	1742.06	32.73	
电力	265.90	5.00	
给排水	525.10	9.87	
水工	113.50	2.13	
采暖通风	48.20	0.91	
其他费用	1596.39	30.00	
合计	5321.90	100.00	

习 题

6-1 为什么世界各国普遍会出现通货膨胀和商品价格变化情况？低通货膨胀与高通货膨胀的区别？

6-2 什么是现价、不变价、可比价和价格指数？

6-3 什么是货币金本位制（银本位制）？简要评述其发展历史、作用与缺点。

6-4 简要分析国际贸易结算货币和国际储备货币的作用、构成，并简要评述人民币纳入 SDR 货币篮子的意义。

6-5 仿照例 6-3 和表 6-7，计算出中国在 2000~2015 年间，以 2000 年不变价计算的不变价 GDP 和 GDP 增长指数。

6-6 建设工程项目的造价构成包括哪些方面？

6-7 建设生产性工程项目费用为什么要打入铺底流动资金？一般比例如何？与总造价关系如何？

6-8 什么是静态投资？什么是动态投资？项目静态投资如何初步估算？

6-9 美国成本工程师协会提出的五种主要类型的投资估算方法的评述比较。

6-10 某拟建选矿厂，按其规模选取助研设备（碎磨、浮选、泵、脱水）的规模与数量，测算主要设备费用为 1000 万元。试用朗格系数法估算工程总投资估算费用。

6-11 某 100 万吨/年铜选矿厂造价为 1.5 亿元。现拟参照此厂，新建一个 200 万吨/年铜选矿厂。试用生产能力指数法估算其投资额（取生产能力指数 $n=0.7$，综合调整系数 $f=1.1$）。

参 考 文 献

[1] Janowski, Miroslaw. Estimating Construction Costs [M]. McGraw-Hill Education, 2013.

[2] Phillip F. Ostwald. Construction Cost Analysis and Estimating [M]. Prentice Hall, 2000.

[3] 美国财政部（U. S. Department of the Treasury）官网，https：//home. treasury. gov/.

[4] 2016 年中央财政赤字 1.4 万亿，年末政府负债率 36.7% [EB/OL]. 新华网，2017-06-23. http：//www. xinhuanet. com.

[5] 中国财政部网站，国债管理 [EB/OL]. http：//www. mof. gov. cn/.

[6] 财政部刘伟，中国政府债务占 GDP 比重只有 36% 未来仍有空间 [EB/OL]. 证券时报网，2017-03-24. http：//www. stcn. com/.
[7] 中国财政部，关于坚决制止地方政府违法违规举债遏制隐性债务增量情况的报告 [EB/OL]. 中国审计署网站，2017-12-23. http：//www. audit. gov. cn/.
[8] 第一财经（CBN），黄金时代 1：黄金的力量 [EB/OL]. 第一财经，2012-07-09. http：//www. yicai. com/.
[9] 第一财经（CBN），黄金时代 3：从朱元璋到罗斯福 [EB/OL]. 第一财经，2012-07-12. http：//www. yicai. com/.
[10] 第一财经（CBN），黄金时代 6：论战黄金 [EB/OL]. 第一财经，2012-07-17. http：//www. yicai. com/.
[11] 央视财经频道，资本的故事第二季 2-纸币的狂欢 [EB/OL]. 央视网，2013-08-27. http：//tv. cctv. com/cctv2/.
[12] IMF 情况简介 [EB/OL]. 国际货币基金组织网站，http：//www. imf. org/.
[13] 世界银行网站，http：//www. worldbank. org. cn/.
[14] 中国新闻. 中国外汇储备重返 3 万亿美元 [EB/OL]. 中国新闻网，2017-03-07. http：//www. chinanews. com/.
[15] 参考消息. 中俄增加黄金储备 [EB/OL]. 参考消息网，[2017-06-19]. http：//www. cankaoxiaoxi. com/.
[16] 国际黄金协会网站，http：//www. gold. org/.
[17] Major Foreign Holders of Treasury Securities [EB/OL]. http：//ticdata. treasury. gov/Publish/mfh. txt.
[18] 凤凰网财经. 国常会：积极财政政策要更加积极 稳健货币政策要松紧适度 [EB/OL]. 凤凰网，2018-07-23，http：//finance. ifeng. com/
[19] 央视新闻频道. IMF 批准人民币加入 SDR 货币篮子 [EB/OL]. 央视网，2015-12-01. http：//tv. cctv. com/cctv13/.
[20] 国家统计局，中国历年 GDP 与财政收入 [EB/OL]. 国家统计局网站，http：//data. stats. gov. cn/.
[21] 网易-中国制造，中国经济数据 [EB/OL]. http：//money. 163. com/special/00253L8T/econdata. html.
[22] 国务院国发 [1992] 48 号.《关于实施新国民经济核算体系方案的通知》[EB/OL]. 中国政府网，http：//www. gov. cn/.
[23] 国家统计局国统字（2003）70 号.《关于我国 GDP 核算和数据发布程序的改革》[EB/OL]. 中国国家统计局网站，http：//www. pbc. gov. cn/.
[24] 国家统计局. 国家数据（搜索）[EB/OL]. 中国国家统计局网站，http：//data. stats. gov. cn/ks. htm.
[25] 国家统计局. 2008～2017 年中国工业生产者购进价格分类指数 [EB/OL]. 中国国家统计局网站，http：//data. stats. gov. cn/tablequery. htm? code=AD0C.
[26] 徐大图. 工程造价的确定与控制 [M]. 北京：中国计划出版社，1997.
[27] 国务院国发〔1996〕35 号，《国务院关于调整固定资产投资项目资本金比例的通知》[EB/OL]. 中国政府网，http：//www. gov. cn/.
[28] 住房与城建部标准定额司. 2011～2016 中国住宅建筑安装工程成本走势 [EB/OL]. 中国建设工程造价信息网，http：//www. cecn. gov. cn/.
[29] 国家计委计投资 [1992] 382 号，《关于核定大中型基本建设项目总投资的通知》[EB/OL]. 中国政府网，http：//www. gov. cn/.
[30] 黄莺. FIDIC 施工合同条件 [M]. 北京：中国建筑工业出版社，2018.
[31]《采矿设计手册》编辑委员会. 采矿设计手册矿床开采卷上 [M]. 北京：冶金工业出版社，1987.

[32]《采矿手册》编辑委员会. 采矿手册第7卷 [M]. 北京：冶金工业出版社，1991.
[33]《采矿设计手册》编辑委员会. 采矿设计手册矿床开采卷上 [M]. 北京：冶金工业出版社，1987.
[34] 叶昌鸿，罗家国，尹臣慈. 矿山工程投资估算模糊速算方法的研究 [J]. 南方冶金学院学报，1997，18（1）：50~55.
[35] 王自忠. 大型有色露天矿山的投资估算 [J]. 有色矿山，2001，30（6）：44~46.
[36] 智利国家铜业公司官网. https：//www. codelco. com/.
[37] Minera Escondida. [EB/OL]. https：//en. wikipedia. org/wiki/Minera_ Escondida.
[38] A. L. 穆拉尔，R. B. 巴普. 选矿厂设计 [M]. 北京：冶金工业出版社，1985.
[39] 中国矿业权评估师协会. 矿业权评估指南（2006修订）[M]. 北京：中国大地出版社，2006.
[40] 中铝长沙有色冶金设计研究院. 洛阳铝土矿选矿厂初步设计综合说明书 [R]. 长沙，2005.

7 矿业项目可行性研究

7.1 与项目经济评价相关的经济学基础

7.1.1 项目经济评价中的含税价格体系与不含税价格体系

项目经济评价方法广泛应用于建设项目方案的比较和建设项目的经济评价。在矿业项目设计当中，对设计方案的比较和评价，往往采用经济分析的方法。具体的分析与评价的方法，有静态法和动态法，以及综合法。

项目经济分析与评价中，投入产出计算可以采用含税价，也可以采用不含税价，两套价格体系的计算结果是一致的，主要牵涉到增值税计算公式的变动，参见例 3-5、例 4-5 和例 4-6。

对于投入物和产出物，应当同时采用含税价格体系，或者同时采用不含税价格体系，并标注说明。有关含税价格与不含税价格的关系换算见式（2-8）。

1993 年国家发改委和建设部发布的第 2 版《建设项目经济评价方法与参数》，推荐使用含税价，表格设计也采用含税价。含税价清晰明了易于掌握，是当时国内建设项目经济评价的通用模式。

2006 年 7 月国家发改委和建设部发布的第 3 版《建设项目经济评价方法与参数》，根据新税法和新企业会计统计规定采用了不含税价格，企业成本核算也都是采用不含税价格，为了与其接轨，所以在第 3 版中，经济分析与评价推荐使用不含税价格。

《矿业权评估指南》（2006 修订）对此也做了相关规定，其中说明：矿产品价格分含税价与不含税价，主要涉及增值税。矿业权评估中，通常采用不含税价格。当依据的历史价格信息为含税价格时，均应调整为不含税价格。

7.1.2 项目经济分析与评价的指标

7.1.2.1 内部收益率 IRR 和净现值 NPV

内部收益率 IRR 和净现值 NPV 是项目经济分析与评价的主要指标。

有关内部收益率 IRR 的定义见本书式（4-4），计算举例见例 7-2 的表 7-6。

有关净现值 NPV 的定义见本书式（4-3），计算举例见例 4-5 的表 4-4。

7.1.2.2 静态投资回收期、投资效果系数和静态借款偿还期

静态法经济分析与评价是未考虑时间因素的方法。这类方法经常是在方案的比较，或者是在项目可行性研究和初步设计中，作为动态经济分析与评价的辅助方法来使用。静态投资可看作是工程项目的实物工程量。

A　静态投资回收期

静态投资回收期是指用企业投资后逐年累计的纯收益来偿还其全部基建投资所需要的时间，一般采用“不包括建设期的静态投资回收期”。特定情况下，如需采用“包括建设期的静态投资回收期”，需加以说明。静态投资回收期还可分为税前收入投资回收期和税后收入投资回收期。我国以往在计划经济年代，主要用国有资金建设国企，企业效益往往列举利税总额，投资回收期均用税前收入投资回收期。随着我国市场经济体制的确立，各种不同所有制形式的企业均执行和享受国民待遇。所以，目前计算静态投资回收期，一般均指税后收入静态投资回收期，即：

$$\sum_{t=1}^{T_P} R_t - K = 0 \tag{7-1}$$

式中　T_P——静态投资回收期，年；

K——基建投资额（不包括贷款利息），元；

R_t——企业投产后第 t（$t=1, 2, 3, \cdots, T_P$；T_P为还清投资时的截止年份）年的税后纯收益（包括税后利润、计提折旧、无形资产摊销等），元/年。

如果各年度的 R_t为年等额值的税后纯收益值，则由式（7-1）可得：

$$T_P = \frac{K}{R} \tag{7-2}$$

式中　R——企业投产后的年等额值税后纯收益（包括税后利润、计提折旧、无形资产摊销等），元/年。

若计算所得的 T_P越小，R 越大，说明项目经济效果越好。

经济评价中的静态投资回收期 T_P值，是一项重要的判别指标，但目前尚无统一的基准静态投资回收期标准，且各不同行业差异较大，可暂参照《中国人民建设银行评估实施办法》中的投资利润率取 12%进行评价，折算为基准静态投资回收期为 8 年左右。随着我国经济发展进入新常态，2015 年的 GDP 增长率和贷款利率均降至只有 20 世纪 90 年代的一半左右，基准静态投资回收期也应适当调整放宽至 12 年左右，甚至更高。

[例 7-1]　分别计算例 4-5 和例 4-6 的某铜矿项目的静态投资回收期 T_P。

解：(1) 参照例 4-5 的表 4-3 和表 4-4，基建投资额 $K=91476.0$ 万元，采矿子项年折旧费 2194.5 万元/年，选矿和其他子项年折旧费 1943.7 万元/年，当评估铜含税价为 59803.3 元/吨时，年税后利润 22492.8 万元/年，由式（7-2）有：

$$T_{P_1} = \frac{91476.0}{22492.8 + 2194.5 + 1943.7} = 3.43(\text{年})$$

(2) 参照例 4-6 的表 4-5 和表 4-6，基建投资额 $K=91476.0$ 万元，采矿子项年折旧费 2194.5 万元/年，选矿和其他子项年折旧费 1943.7 万元/年，当评估铜含税价为 40303.0 元/吨时，年税后利润 8187.7 万元/年，由式（7-2）有：

$$T_{P_2} = \frac{91476.0}{8187.7 + 2194.5 + 1943.7} = 7.42(\text{年})$$

B 投资效果系数

投资效果系数即静态投资回收期的倒数，是单位投资额所获得的纯收益，即：

$$E = \frac{1}{T_P} \tag{7-3}$$

式中 E——投资效果系数；

T_P——静态投资回收期，年。

若计算所得的 T_P 越小，E 越大，说明项目经济效果越好。

C 静态借款偿还期

静态借款偿还期是指用企业投资后逐年累计的纯收益来偿还其基建投资中需支付利息的借款所需时间，单位为年，计算式与式（7-1）基本相同，计算举例见例 7-2 的表 7-6。

7.1.2.3 动态法投资回收期

动态法经济分析与评价是目前国际和国内项目建设投资估算的通常方法，它是以方案或建设项目在整个经济年限内的生产经营活动情况为基础，进行全面经济计算，用来观察它的投资效果的一种“动态的”分析方法。动态法的主要特点是：

（1）考虑了资金的时间价值，资金投入后，随着时间的推移，在生产流通领域能产生增值，如利息、利润和税金等。

（2）考虑了建设期和生产过程中的现金流量，从而能够清晰地反映方案或建设项目的逐年现金流量积累和平衡状态。

（3）可以求出方案或建设项目的净现值和内部收益率指标，用以权衡其经济效果，给投资决策者提供重要决策依据。

动态投资回收期（dynamic investment pay-back period）是把投资项目各年的净现金流量按基准收益率折成现值之后，再来推算投资回收期，这就是它与静态投资回收期的根本区别。动态投资回收期 T_P^* 就是净现金流量累计折现值等于零时的年份，见式（7-4）。

$$\sum_{t=0}^{T_P^*} (\mathrm{CI}_t - \mathrm{CO}_t) \cdot \frac{1}{(1 + i_0)^t} = 0 \tag{7-4}$$

式中 T_P^*——动态投资回收期；

CI_t——第 t 年的现金流入量；

CO_t——第 t 年的现金流出量；

i_0——折现率，对于矿业项目，取 8%，参见本书 4.3.2。

式（7-4）中 T_P^* 的计算也常采用列表法，计算 T_P^* 的实用公式为：

$$T_P^* = 累计净现金流量折现值开始出现正值年份数 - 1 + \frac{上年累计净现金流量折现值的绝对值}{当年净现金流量折现值} \tag{7-5}$$

动态投资回收期通常采用列表方法计算，其中的利息计算参见表 6-10，项目投资现金流量的计算见表 7-1。

表 7-1　项目投资现金流量计算表　　（万元）

序号	项　目	合计	计　算　期									
			1	2	3	4	5	6	7	8	9	10
1	现金流入											
1.1	营业收入											
1.2	补贴收入											
1.3	回收固定资产余值											
1.4	回收流动资金											
2	现金流出											
2.1	建设投资											
2.2	流动资金											
2.3	经营成本											
2.4	营业税金及附加											
2.5	维持运营投资											
3	所得税前净现金流量（1-2）											
4	累计所得税前净现金流量											
5	调整所得税											
6	所得税后净现金流量（3-5）											
7	累计所得税后净现金流量											

计算指标：

项目投资财务内部收益率（所得税前）：%

项目投资财务内部收益率（所得税后）：%

项目投资财务净现值（所得税前）（i_c=%）：万元

项目投资财务净现值（所得税后）（i_c=%）：万元

项目投资回收期（所得税前）：年

项目投资回收期（所得税后）：年

有关动态投资回收期列表计算的具体方法，与例 4-5 中的表 4-4 和表 4-5 是类似的。其他有关动态投资回收期的详细内容，参见“技术经济”课程教材。

7.1.3　敏感性分析

7.1.3.1　敏感性分析概述

敏感性分析是通过分析、预测项目主要因素发生变化时对经济评价指标的影响，从中找出敏感因素，并确定其影响程度。在项目计算期内可能发生变化的因素有产品产量、产品价格、产品成本或主要原材料与动力价格、固定资产投资、建设工期及汇率等。敏感性分析通常是分析这些因素单独变化或多因素变化对内部收益率的影响，必要时也可分析其对静态投资回收期和借款偿还期的影响。

例如，对矿业生产而言，影响矿床经济效益指标的不确定因素很多，而且每个因素的影响程度不尽相同，有的使经济效益降低，有的则使经济效益提高。所谓敏感性分析就是研究对经济评价起作用的各个因素，在它们发生变化的时候，对矿山开发经济效益的影响如何，也就是研究反映矿床经济效益的指标（例如投资收益率、投资返本期或净现值等）随其影响因素（例如储量、品位、售价、成本和投资等）的不同给定值而变化的规律。

敏感性分析是矿床经济评价中常用的一种研究不确定性的方法。通过敏感性分析，可以掌握每个因素的变化与经济效益的关系，了解相互变化的规律和数量关系，找出影响矿床经济价值和经济效益的有利因素和不利因素，以及影响矿山开发经济生命力的最关键因素，从而为决策者和经营者提供科学依据。

敏感性的强弱，是指经济效益指标对其影响因素的敏感程度大小。项目对某种因素的敏感程度可以表示为该因素按一定比例变化时引起评价指标变动的幅度（列表表示），也可以表示为评价指标达到临界点（如财务内部收益率等于财务基准收益率或经济内部收益率等于社会折现率）时允许某个因素变化的最大幅度，即极限变化。如果某种影响因素不太大的变化，却使经济效益指标发生较大的变化，则说明该指标对这种因素敏感性强，灵敏度大。因此，敏感性分析也称敏感度分析或灵敏度分析。

为求出某种因素的敏感程度，可绘制敏感性分析图，见图 7-1。具体做法如下：

以全部投资内部收益率为纵坐标，以几种不确定因素的变化率（百分数）为横坐标，根据敏感性分析表所示数据绘制敏感性分析图，标出财务基准收益率线或社会折现率线。图中某些因素对全部投资内部收益率的影响曲线与基准收益率线或社会折现率线的交点（临界点），表示允许该种因素变化的最大幅度，即极限变化。变化幅度超过这个极限，项目将不可行。

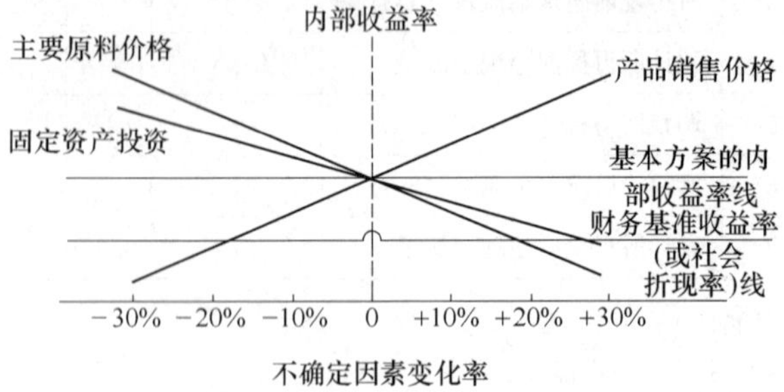

图 7-1　敏感性分析示意图

在技术项目方案分析比较中，对主要不确定因素变化不敏感的方案，其抵抗风险能力比较强，获得满意经济效益的潜力比较大，优于敏感方案，应优先考虑接受。有时，还根据敏感性分析的结果，采取必要的相应对策。

7.1.3.2　敏感性分析的方法

A　单因数敏感性分析

这种方法是每次只变动某一个不确定因素而假定其他的因素都不发生变化，分别计算其对确定性分析指标影响程度的敏感性分析方法。

B　多因数敏感性分析

一次改变一个参数的敏感性分析适用于分析最敏感的因素，但它忽略了各参数之间相互作用的可能性。因为多个参数的估计误差一般大于单一参数的估计误差，所以，分析经济效益多个参数同时变化的影响时，要用多参数的敏感性分析。其方法有两种：一是把一次改变一个参数的敏感性分析方法应用到多参数的敏感性分析中；二是采用乐观—悲观分析法。

C　世界银行用于项目评价的敏感性分析法

敏感性分析方法并不复杂，世界银行用于项目评价的两种敏感性分析方法更为简单，简介如下：

（1）“最可能结果分析”。最可能结果分析法分两步进行，第一步先计算项目最可能产生的结果，然后将其一因素向不利于项目的方向改变一个百分比，测试项目对该因素变化的敏感性。这种方法与单参数值的敏感性分析法十分相似。

（2）“转换值分析”。转换值法是敏感性分析的一种变化形式，也称为安全度法，具体说就是寻求保证项目可行的各因素控制界线。在进行常规敏感性分析时，选择一个数值来改变项目分析中的一项重要成本，然后确定这种改变对该项目评价指标的影响，与此相反，当计算转换数值时，要确定的是某因素向不利的方向变动多少才会使该项目不再符合某种项目价值评价标准所指出的最低限度（可接受）的水平。而后，项目决策者就根据他们认为发生这种数量级变化的可能性究竟有多大来决定是否承担该风险进行投资。

敏感性分析的案例参见例 7-2 的表 7-7。

7.1.4　决策分析方法

决策分析，一般指从若干可能的方案中通过决策分析技术，选择其一的决策过程的定性定量分析方法。

决策分析一般分四个步骤：提出决策问题；确定目标目标；拟定多个可行方案并判断其自然状态及概率；评价方案并做出选择。某些场合还可增加执行方案和决策反馈修订两个步骤，见图 7-2。

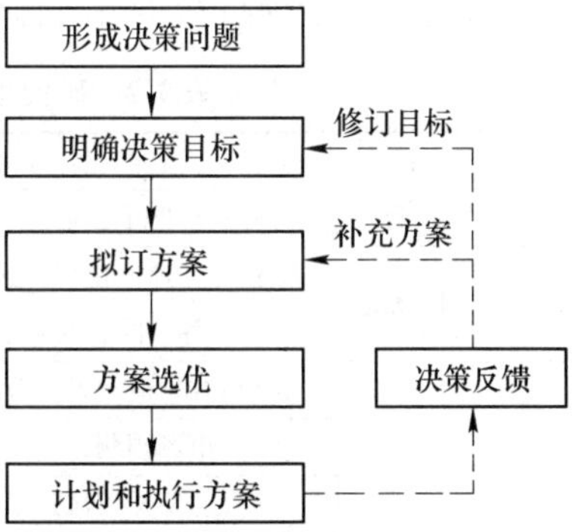

图 7-2　决策过程示意框图

常用的决策分析方法简介如下：

（1）经济分析比较法。它是利用经济分析数据来比较各方案的优劣，如矿业项目决策常用内部收益率 IRR、净现值 NPV、静态投资回收期、借款偿还期及其组合。有时矿业项目决策也采用实物期权计算比较的方法。

（2）优劣对比法。这是最简单常用的决策定性分析方法，也称优缺点比较法。它是直接把各个方案的优点和缺点平行列在一张表上，对各方案的优缺点进行分析和比较，从而得到最后方案。

加权因素优劣对比法是优劣对比法的定量改进，它将方案的各种（定性、定量）影响因素，划分成不同等级，并赋予每一个等级一个分值，以此表示该因素对布置方案的满足程度。同时，根据不同因素对方案的影响重要程度设立加权值，计算出方案的评分值，根据评分值的高低评价方案的优劣。其优点是可以把提供的各项因素进行综合比较，其缺点是往往带有评分人的主观性。

（3）期望值法。它是通过计算项目净现值的期望值和净现值大于或等于零时的累计概率，来比较方案优劣、确定项目可行性和风险程度的方法。

其他的决策方法还有决策树法、线性规划模型选择法等等。

7.2　矿业项目投资决策阶段的初步可行性研究

由前面章节的介绍可知，矿业项目建设具有高资金投入、高技术要求、高建设与生产周期、高产品价格风险等特点。高产品价格风险意味着既有可能获得高额利润，也有可能产生巨额亏损。因此，在矿业项目投资决策阶段，一定要进行初步可行性研究，也称预可行性研究。

有关矿业项目可行性研究中应包含的生产成本分析，请查阅本书第3章。

7.2.1　矿业项目初步可行性研究

本节介绍了通过矿业项目可行性研究，把一个新发现的已确定储量的矿床，发展成为一个很有前途的矿业项目工程的程序。通过从矿区最初的费用财务估算到最终的可行性研究逐步发展的程序，业主每一步只花费最低限度的资金。根据每一步的研究结果，业主可做出决定是否继续这项研究。假设每一步的结果是可取的，业主就继续进行这项研究，直到完成最终可行性报告为止。

简单地说，在发现新矿床和分析初始样品结果后，应做初步费用估算（投资和生产费用），以及经济评价，以确定该矿床是否具有成为值得兴建的项目的可行性。实际上，此时尚无资料利用，评价完全是在最有利的条件下做出的假定来进行的。如果使用这种最有利的假定后，经济评价不能令人满意，则不宜再花投资去进行矿床的勘探工作。

若初步财务估算是有利的，业主就可提出进行矿业项目初步可行性研究。这一阶段还只用极少的资料，业主花最少的费用，这项工作可由本企业职员承担，也可委托外包工程公司来完成。

表7-2为矿业项目初步可行性研究报告参考编制大纲。

表7-2　矿业项目初步可行性研究报告参考编制大纲

序号	名称	内　容
一	项目背景	名称、承办单位概况、报告编制依据、项目提出缘由与过程
二	项目概况	拟建项目地区位置、隶属关系、建设规模与目标、建设条件、项目投资及效益情况、主要技术经济指标、问题与建议等
三	初步可研内容	（1）井田概况及建设条件
		（2）市场预测
		（3）井田开拓与开采（初步确定建设工期。附：开拓方案图、开采系统图、主副井筒断面图）
		（4）矿井主要设备（提升、通风、排水、压风设备初步选型）
		（5）地面工艺及布置（附：地面主要工艺流程示意图）
		（6）总图运输（工厂布置方案。附：铁路接轨点平面示意图）
		（7）主要公用工程（电力负荷、矿井用水量及热负荷估算）
		（8）工业建筑及行政公共建筑
		（9）环境影响评价（环保初步方案、矸石处理和塌陷区治理、矿井水和污水处理、消烟除尘及煤场降尘、降噪消声措施等）
		（10）技术经济分析与评价（投资估算、财务评价）
四	研究结论与建议	

无论在哪种情况下，矿业项目初步可行性研究报告都应包括以下内容：位置；工程说明；提要与结论；地质资料；矿石的可能储量；实验室初步选冶试验工作结果；建议的采矿方案；生产计划；产品销售价格；矿区地图和地面设施与辅助设施布置方案；包括物料平衡的选矿厂流程图；工艺设备表和预算估价；投资费用估算；生产成本费用估算；环保方案；对所建议的工程项目的经济评价。

7.2.2 矿业项目生产规模和设计服务年限的选择确定

7.2.2.1 重要性与确定原则

有关矿业生产规模经济理论的介绍参见本书1.2.1小节。

矿山生产规模（能力）是矿业项目建设最重要的问题之一。生产规模确定得正确与否直接关系着企业投资和经济效益的好坏，影响着选冶及加工厂的原料供应和公司计划的实施。确定矿山生产规模时，必须正确和深入地进行调查研究，实事求是地做好各方案的技术经济比较工作。

矿山设计中，生产规模的确定，是根据地质资源、矿山的具体自然地理条件、技术经济因素，以现有的技术和装备水平进行开采为基础，进行与矿山开采总体方案相联系的经济比较，验证其技术上有可能达到的生产能力。

在确定矿山生产规模时，要考虑的影响因素有：

（1）市场的供需情况及矿产品价格，还要研究其可能的发展趋向。

（2）矿床勘探程度的可靠性，矿石储量及矿石品位的估算和评价。

（3）基建和达产时间长短的估计。

（4）建设资金中外部贷款数量及利率大小。

（5）国家的政策、社会环境及相关税率大小。

（6）其他外部条件，如交通运输、能源、矿山场地、环境条件、水源以及劳动力和技术力量来源等，也往往是考虑规模大小的重要问题。

7.2.2.2 生产规模与服务年限

矿山设计服务年限因矿产资源储量大小和生产规模的不同而不同，少则数年，多则上百年。矿业项目设计生产规模一般与设计服务年限成反比。

$$T = \frac{R}{M} \tag{7-6}$$

式中 T——矿山设计生产规模，t/a；

M——矿山设计服务年限，a；

R——矿山设计利用地质储量，t；其与矿山地质储量 R' 的关系见式（7-7）。

$$R = KR' \tag{7-7}$$

式中 R'——矿山地质储量；

K——回采率。

由于受矿床储量有限的条件限制，矿山生产一般都经过以下阶段：（1）试产；（2）达产；（3）稳产；（4）萎缩；（5）补偿；（6）闭坑；（7）复垦。矿山设计服务年限一般是指（1）~（4）的过程。

图 7-3 是金属矿山平均设计服务年限的统计分布。需要说明的是，有色金属矿山规模往往较小，图 7-3 中的中型矿山和小型矿山分类，对有色金属而言是大型和中型矿山。

大型矿床的开发一般都是分期进行，在矿床开采期间多次进行扩建和技术改造，并随着矿床开采条件的变化和矿产品价格的升降，及时调整生产规模和矿石工业指标等生产经营参数。

矿业项目建设周期长，需投入的资金和形成的固定资产量均较大，故要求形成一定的产能和产品供给时期，以及一定的资金回报时期。矿山设计服务年限均有一定的经济合理要求。

一般情况下，以最佳经济效益来确定矿山的经济合理服务年限。不同矿种的不同生产规模的矿山企业具有不同的经济合理矿山服务年限。表 7-3 是我国煤炭新建矿井的设计服务年限要求。表 7-4 是我国金属矿山的一般设计服务年限。

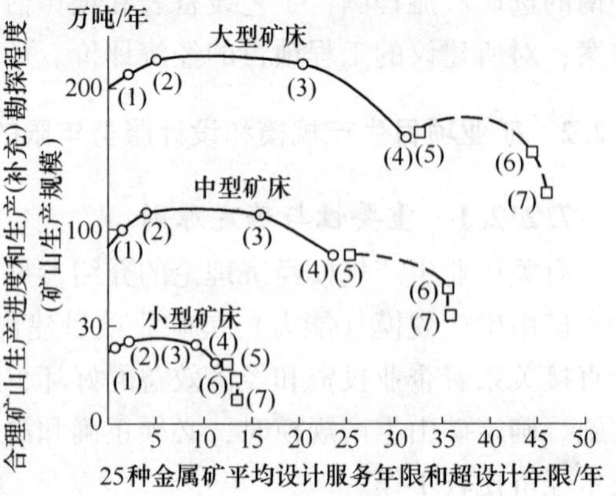

图 7-3　金属矿山平均设计服务年限的统计分布

（1）—试产；（2）—达产；（3）—稳产；（4）—萎缩；（5）—补偿；（6）—闭坑；（7）—复垦

表 7-3　我国煤炭新建矿井的设计服务年限要求

矿井设计生产能力/Mt · a^{-1}	≥6.0	3.0~5.0	1.2~2.4	0.45~0.9
矿井设计服务年限/a	70	60	50	40

表 7-4　我国金属矿山的一般设计服务年限

矿山类型	矿石生产规模/Mt · a^{-1}		设计服务年限 /a
	黑色金属	有色金属	
大型	>100	>100	>30
中型	30~100	20~100	>20
小型	<30	<20	>12

7.2.2.3　生产能力的排产确定方法

我国原来常用该种方法。生产能力的排产确定方法有两类：一类是按统计资料的扩大指标（如采矿巷道或工作面的年下降速度），对计划（市场）要求的生产能力进行粗略验算；另一类是根据选定的设计方法及其装备水平条件下可能达到的矿块能力及其他需要配合的环节进行排产。

矿山生产能力，一般应以单阶段（或一个阶段回采矿房，一个阶段回采矿柱）为基础进行计算。多阶段生产，虽可在计算中加大生产能力，但基建工程量和投资增多，建设时间加长，维护费用增加，也加大了通风和矿柱回采的难度。同时，也不能给矿山生产留有余地，不利于持续稳产。

露天开采矿山则可采用较大的生产能力。

7.2.2.4 生产能力的综合经济比较确定方法

西方国家通用该种方法。生产能力的综合经济比较确定方法，是以整个矿山服务年限内获得最大净现值 NPV、最大的内部收益率 IRR 和返本年限最小来衡量比较生产能力。

矿山生产能力初步意见的提出，一般是根据各不同方案的储量情况和基本合理的服务年限，参考类似矿山开采的水平，先选用几个假定能力，而后再经各方案的综合投资和经营效果比较，按其最优方案来确定。

综合经济比较法确定矿山生产能力的方法和步骤是：

(1) 在建立矿床模型的基础上，按不同边界品位圈定矿体，计量各不同边界品位的矿石储量和确定相应的生产规模。

(2) 确定一个基本开采技术方案，选定开拓方案、采矿方法、矿块能力并按此方案可能采用的机械化程度选定设备类型、确定劳动组织。

(3) 编制基建进度计划，确定基建工程量，建设和逐步投产时间。尽可能早地在基建阶段把部分矿石采出来以回收企业投资，取得更好的经济效果。

(4) 计算各不同方案的总投资和总费用。

(5) 计算各不同边界品位、不同规模、不同产品价格、不同筹资来源各方案在整个矿山服务年限内的投资返本率、净现值和内部收益率。

(6) 研究各种影响因素并对某些可能变化的因素，如储量、品位、投资、成本、售价等等，进行敏感性和风险分析后，选定推荐方案或提出几个方案供经营者或主管部门决策。

7.3 矿业项目初步设计阶段的最终可行性研究

7.3.1 初步设计（最终可行性研究）

虽然通过初步可行性研究获得了许多重要资料和信息分析，但应认识到这种初步可行性研究还是粗略的，不完全准确，不足以支撑决策。假设初步研究的结果是可取的，而且业主意欲继续这项研究，就要为编制最终可行性研究报告提供资金。完成这项研究将需要几个月的时间，而其费用将占总估算投资额的0.5% ~1.5%。一般地说，由于大多数矿业公司的工程部门注重生产，而不注重设计和评价新矿山，故可委托一家工程公司或专业设计院来从事这种最终可行性研究。

目前，我国大部分矿业设计院用于矿业项目投标的最终可行性研究，基本上都达到了初步设计的标准，故本书将其合并叙述。

矿主为最终可行性研究选择工程公司（或设计院）时，应十分慎重。对于该公司从事相似研究的记录和工作成绩，以及负责这项可行性研究的主要人员的资历和经验，要进行充分的考察。根据考察结论，业主才有可能相信这个工程公司和负责做这项可行性研究的主要人员。一旦建立了这种信任，业主至少要指派一名联络代表始终参与此事，可行性研究就会顺利而有效地进行。

负责该研究的工程公司的组织机构的规模和业务水平，与完成这项研究和编写最终报告所包括的工作量有关。然而，就主要工程项目的所有典型的矿业可行性研究来说，工程公司的组织机构里应包括以下主要人员和配备数量不等的辅助人员：

（1）项目负责人——负责整个可行性研究。

（2）项目工程师——负责全厂的工程设计。

（3）高级采矿工程师——负责整个的采矿研究和矿山设计。

（4）主任地质师——负责鉴定和批准详细的地质研究结果。

（5）高级选矿工程师——负责选矿工艺。

（6）工艺工程师——负责流程、物料平衡、设备选择和生产费用预算。

（7）设计工程师——负责全部工程项目中一切地面设施和辅助设施的设计标准。

（8）成本预算工程师——负责工程项目的所有投资费用的预算。

（9）财务分析人员——负责工程项目的财务评价。

（10）对于小型工程项目的研究工作，参加的人员少些也可满足要求，在小型工程的研究中，每个人都可兼管其他专业的工作。

被指派为项目负责人和他的工作人员一经委派批准后，应立即与委托人代表会商，详细地制定出可行性研究的范围。在这个协商会上，项目负责人应把包括在最终可行性研究报告里的内容提纲提交批准，工作程序也要提出讨论。双方必须协同一致，项目负责人和委托人指派的代表应迅速签订与可行性研究有关的一切准则。项目负责人应该制定一份完成可行性研究的进度表，应该制定一个阶段报告的协议，以便随时向委托人报告关于可行性研究的进展情况。项目负责人应该归纳在这次会议上所做出的决定，并向委托人报告请求批准。

会后，项目负责人应会同工作人员和委托人代表一起，到现场考察，以直接观察厂区地形、矿区的大约边界，地面设施、尾矿场、各种建筑物和矿区公路的可能位置。同时，在现场应当核实水源、电源、现场接受货物所需要的设施、当地劳动力的形式和效率、征税及其他各种事项。

项目负责人及其工作人员回到其办公室地点后，应就可行性研究的几个部分同时开始工作，并且这些工作随着研究的进展可逐步展开。

最终可行性研究中包括下列工作：

（1）详细的地面地质研究和最接近实际的区域图。

（2）扩大钻孔范围，以确定矿床品位和几何形状，保留全部岩芯物料，以便研究选矿工艺。

（3）矿山合理经济界线及采矿顺序的研究和初步边界品位（采选平衡品位）的确定。

（4）矿石储量的计算。

（5）确定最合理的回采率。

（6）矿山设备的选择。

（7）外部承包表土剥离的经济效果评价与业主自行剥离的比较。

（8）矿石的可选性、化学和物理性能的确定。

1）为了确定粉碎设备规格而进行的矿石破碎试验，包括硬度、抗压指数、Bond 冲击功指数等。图 7-4 是测定 Bond 低能冲击功指数的摆锤式冲击机。

2）为确定磨矿设备规格而进行的矿石可磨性（Bond 磨矿功指数）试验。图 7-5 是实验室型 Bond 功指数球磨机。

图 7-4 测定 Bond 低能冲击功指数的摆锤式冲击机

图 7-5 实验室型 Bond 功指数球磨机

3）确定选矿流程、回收率、精矿品位的选矿试验工作。图 7-6 是实验室浮选小型试验，一般要求提供闭路试验流程和指标。

4）大中型及复杂矿床在项目开发设计前，一般还要求进行半工业规模中试试验，放大验证小型试验结果，提供中试指标。图 7-7 是规模为 1t/d 的浮选半工业中试（连选）试验。

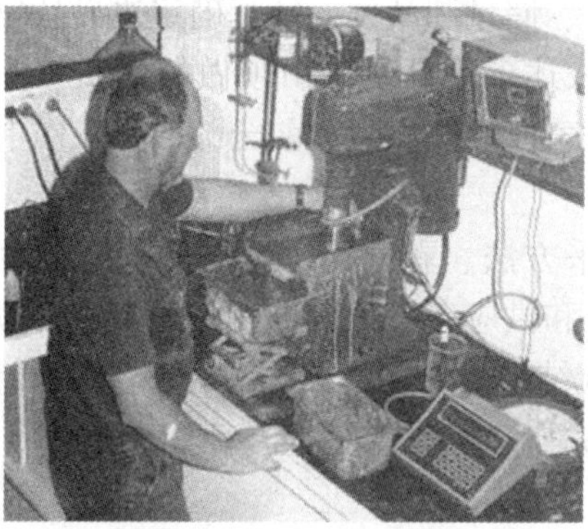

图 7-6 实验室浮选小型试验

图 7-7 1t/d 浮选半工业中试（连选）试验

（9）选精矿的冶金性能（包括造块、火法冶炼、湿法浸取）、工艺成本和选冶平衡品位。

（10）推荐装备的生产计划，包括选矿厂、浸取厂、冶炼厂和环保设施。

（11）推荐装备的设备表。

（12）实验室和设备的说明。

（13）下层土的工程地质调查研究。

（14）现场设施的位置和尺寸。

（15）地区平面图和初步的总布置图。

（16）初步的结构设计和基础草图。

（17）建筑标准和厂房面积。

（18）公用事业方面的蒸汽、水和动力的需要量。

（19）预定的电动机数量和装机功率表。

(20) 变电所的设计和说明。

(21) 矿山和地面装置的投资费用估算，其误差在20%以内。

(22) 采矿、选矿、浸取、冶炼的生产费用和一般费用。

(23) 项目的财务分析。

7.3.2 初步设计报告（最终可行性研究报告）

最终可行性研究报告应包括上述最终可行性研究的全部内容和结论。这个报告将是很长的，应当适当地加编目录，文字通俗易懂，要求清楚和合乎逻辑地表达。这样，就易于为财务人员和技术人员接受。报告应分章节并包括下列内容。

(1) 引言——简短地说明已收集到的与该项目有关的全部资料。

(2) 研究的范围——叙述从事这项研究工作人员的活动，以及这项研究中所包括的内容。

(3) 提要——介绍全报告得出的结论和意见。这些情况最好是以表格形式表示，内容完整，以便读者不看报告其余各章就能够了解这项工程的性质、推荐的各厂情况、生产进度计划、投资和生产费用以及利润率。

(4) 矿石储量——包括矿床的大小和几何形状、地质分析、成矿作用、矿石类型，钻孔或巷道取样。根据预计的金属价格和生产费用、储量和品位，计算确定边界品位。

(5) 矿山生产前准备工作进度计划——详细叙述了为开发矿山须做的一切工作、完成这项工作的实际时间进度表、需要的人力、设备表以及矿山生产前全部准备工作中一年或半年现金需要量的预算。

(6) 开采计划——叙述矿山布局和矿石的回采方法、剥采比，回采率、矿山生产进度计划，废石场以及矿石到破碎厂的运输，设备表和供应者、工作进度与需要的人力。

(7) 选矿试验——试验室和半工业试验厂试验结果的评述，推荐的进一步试验计划。

(8) 生产计划——列表表示生产计划以及采矿与选矿设备的生产率、回收率、产品品位和产品重量。

(9) 工艺说明和设计标准——包括选矿流程，粗碎、中碎和磨矿生产率，整个选矿厂的物料平衡和下列各部分的设计标准：粗破碎车间，粗矿贮存，中碎和细碎车间，粉矿贮存，选矿车间，过滤车间和装载设施，药剂设施设备，尾矿处理，工业用水和生活用水设施，回水设施，将来废石的浸滤方案。

(10) 民用工程与公用工程——电力系统，供水，机修总厂，更衣室，办公室，仓库，压缩空气，公路与停车场，围墙和照明，下水道，以及工程区域图。

(11) 主要设备表——需将以下范围内的所有主要设备的技术要求和费用估价列成表格：矿山，粗破碎车间，粗矿仓和中破碎车间，粉矿仓和选矿车间，浓缩、过滤和精矿的装载设施，尾矿处理与回水系统，药剂设备，民用工程与公用工程。

(12) 投资费用估算——包括矿山和所有地面设施的直接和间接建设费用项目，列表表示。通常在做这些估算之前，应完成总工程量的15%左右；为了做出投资费用的估算，应得到一切必需的图纸。掌握了这么多工程资料，投资费用的估算还可能有20%以上的误差。表7-5是某年采选规模2200万吨的铁矿项目建设可行性研究投资估算表实例。

表 7-5　某年采选规模 2200 万吨的铁矿项目建设可行性研究投资估算表实例

序号	系统及费用名称	估算价值						
		建筑工程费	安装工程费	设备购置费	工器具购置费	其他工程费	预备费	合计
	建设投资	186234	36033	456975	2607	38416	86434	806699
一	采矿设施	40139	2115	160945	1127	9466	25656	239448
	比例/%	4.98	0.26	19.95	0.14	1.17	3.18	29.68
二	选矿设施	116943	30992	261637	1308	23630	52141	486651
	比例/%	14.50	3.84	32.43	0.16	2.93	6.46	60.33
三	精矿输送设施	5483	2926	34393	172	2921	5508	51403
	比例/%	0.68	0.36	4.26	0.02	0.36	0.68	6.37
四	外部运输道路	18144				1711	2383	22238
	比例/%	2.25				0.21	0.30	2.76
五	水源输水管线	3825				389	506	4719
	比例/%	0.47				0.05	0.06	0.59
六	外部供电线路	1700				300	240	2240
	比例/%	0.21				0.04	0.03	0.28
	比例合计/%	23.09	4.47	56.65	0.32	4.76	10.71	100.00

(13) 生产费用估算——由有关部门列表编制所有的生产费用项目，并估算出全部生产上的直接与间接生产费用，参见本书 3.2 节。

(14) 环保方案——包括有关这种类型工厂的国家和地方的环保规定条例和生产许可证上的要求。为了满足这些条例所需要的辅助设备，包括在工厂设计和投资费用预算里。

(15) 工程的财务分析——包括所有可销产品的年总价值、年销售费用、每年使用资产的净收入，所有直接和间接的年生产费用，损耗，折旧，纳所得税前后的收入，年投资费用，资产使用期间每年的现金流量和确定投资偿还率、现值以及偿还时间等的计算。为了查明销售的收入变化和对投资偿还率的影响，须作敏感性分析。这类分析对业主决定这项工程是否继续下去是有用的。除非委托人另外要求，通常假定这个工程完全由业主筹措资金。

(16) 图纸目录——包括说明可行性研究里所有项目相应图纸的目录。图纸缩小后列入报告附录。

最终可行性报告提交给业主。研究这个报告的结果可能说明这个新矿山很有前途。假设在研究了报告之后，业主认为工程的设计应继续进行，则这项工作将由同一个工程公司继续做下去。

当最终可行性研究完成时，仅约完成全部设计工作量的 15%左右。这项工程的下一步将是详细的设计。为了进行这项工作将增加设计人员，并将连续地进行直到完成设计工作量的 50%左右为止。那时，须编制出最终投资费用预算，其误差约为 10%。这将给予矿主在开始施工之前另一个评价工程项目的机会。

7.3.3 矿业项目的经济分析评价方法应用与案例

在矿业建设项目的方案比较和经济分析与评价中，除必须用上述动态与静态经济分析与评价的一种或几种主要方法外，还往往需要辅以一些单位指标，如单位矿石投资、单位精矿（矿石）成本、劳动生产率、万元产值资金占有额、万元投资产品产量等，便于与本行业（本部门）的平均先进水平，或者与类似企业的实际生产指标进行对比分析，以便充分论证某方案或本项目所采用的各项经济指标的先进性与合理性，找出问题存在的原因与解决的途径。

对某个项目进行经济评价时，由于设计者认识上的局限性，不可能对所有情况预计得十分准确，难免会因市场原因而使基建投资、矿石处理量、产品销售价格和生产成本等各项设计参数偏离变化，导致项目经济效果变化，从而直接影响到企业建设可行程度。从例4-5和例4-6的对比计算，即可表明矿产品销售价格变化对拟建矿业项目经济效益的巨大影响，而矿产品价格波动又是会经常出现的。因此，除上述经济评价外，还须做必要的产品市场分析与预测，据此进行企业盈亏平衡点计算和产品价格变动等因素的敏感性分析，为投资决策者提供充分的信息和数据，以便引起足够的重视和洞悉企业建设各种风险状况。

经济分析与评价是项目投资决策的重要依据，但不是唯一的决策因素，还须从社会效益和环境效益的角度来考虑。

［例7-2］ 某2200万吨/年铁矿建设项目的综合分析与评价

拟建设一个铁矿矿业项目，原矿储量12.5亿吨，项目包含露天采矿场和选矿厂，设计规模为年采选含Fe品位32%的铁矿石2200万吨，年作业时间350d，选矿回收率70%，年产Fe品位65%的选矿铁精矿742万吨。

项目总投资828440万元，其中建设投资806699万元，建设期利息11655万元，铺底流动资金10086万元。项目建设投资中，30%为项目资本金，70%为银行贷款，贷款年利率7.83%。项目投资估算及构成比例参见表7-5。

本项目建设期2年，第3年下半年投产（采选铁矿石1000万吨，产出铁精矿366万吨），第4年达产达到2200万吨/年的设计规模。按照经济评估的保守性原则，预测整个计算期内品位65%的铁精矿含税销售价格为600元/吨（评估时市场价1200元/吨）。

项目的原矿成本计算参见表3-6，为57元/吨原矿，其中含矿山维简费18元/吨原矿，资源税8.7元/吨原矿。项目的精矿成本计算参见表3-9，为458元/吨精矿。计算中，选矿比为3吨原矿/吨精矿，辅助材料及动力消耗根据设计计算得出，价格参照现场实际价格。

本项目依据各原始指标计算的综合经济指标见表7-6。

表7-6 某2200万吨/年铁矿建设项目的综合分析与评价

序号	指标名称	单位	指标
1	总投资	万元	828440
	其中：银行借款	万元	566339

续表 7-6

序号	指标名称	单位	指标
	资本金	万元	262101
1.1	建设投资	万元	806699
	矿山投资（前4年）	万元	239448
	选矿投资	万元	567251
1.2	铺底流动资金	万元	11655
1.3	建设期利息	万元	10086
2	单位原矿投资	元/吨	377
3	销售价格（含税）	元/吨	600
4	原矿年生产成本（第6年）	万元	125769
5	铁精矿年生产成本（第6年）	万元	294657
6	铁精矿年总成本费用（第6年）	万元	339772
7	单位原矿生产成本（第6年）	元/吨原矿	57.17
8	单位铁精矿生产成本（第6年）	元/吨铁精矿	397.20
9	单位铁精矿成本费用（第6年）	元/吨铁精矿	458.01
10	年均利润总额	万元	95576
11	年均利税总额	万元	117255
12	年均税后利润	万元	71682
13	投资利润率	%	11.22
14	投资利税率	%	15.95
15	资本金净利润率	%	27.35
16	借款偿还期	年	8.31
17	项目投资回收期	年	8.70
18	项目投资内部收益率（IRR）		
	项目	%	15.43
	资本金	%	20.85

项目的建设投资向银行贷款为566339万元，偿还该建设投资贷款的资金来源于项目投产后的税后利润、折旧和摊销。按照项目的偿还能力计算，项目借款偿还期为8.31年（含建设期）。

由计算的经济指标可知，项目投资内部财务收益率（IRR）为15.43%，比银行五年期以上贷款利率7.83%高7.6%，资本金投资内部收益率20.85%，说明项目的投资收益较好。本项目年均可获利润额95576万元，利税额117255万元，税后利润71682万元，说明获利能力强，经济效益好。

由表7-7敏感性分析可知，铁精矿含税销售价格由基础方案测算的600元/吨精矿出现变动，当价格增加10%至660元/吨精矿时，项目的投资收益率增加至19.32%、借款偿还期降至7.61年；当价格降低10%至540元/吨精矿时，项目的投资收益率降低至11.33%、借款偿还期增至10.38年。

表7-7 某2200万吨/年铁矿建设项目的铁精矿销售价格变动的敏感性分析

	含税销售价格/元·吨$^{-1}$	指标	
		内部收益率/%	投资回收期/年
	540	11.33	10.38
基础方案	600	15.43	8.70
	660	19.32	7.61
	800	28.04	6.11
	1000	40.14	5.05
	1200	52.11	4.46

习　题

7-1 矿业建设项目可行性研究的程序和主要内容是什么？

7-2 矿业项目的生产规模和设计服务年限应当如何选择确定？

7-3 试采用优缺点比较法决策分析本人从事何类工作和到何地生活发展较好。

7-4 项目的经济分析与评价包含哪些内容？

7-5 计算例3-5的某铜矿项目的静态投资回收期 T_P。

7-6 拟建一个铁矿矿业项目，项目总投资83亿元，包括产出处理原矿量6.3万吨/日的露天采矿场和选矿厂，其中采矿子项目投资24亿元，选矿和其他子项目投资57亿元，铺底流动资金2亿元。折旧期按20年计算。产品增值税税率17%，增值税附加为增值税额的10%（城市建设维护税5%，教育费附加3%，地方教育附加2%），企业所得税税率25%，按表2-3核定的本铁矿资源税率3%，矿产资源补偿费费率0。该铁矿设计指标原矿含Fe品位32%，年生产时间350d，铁选矿回收率70%，所产铁精矿Fe品位65%，铁精矿含税价600元/吨精矿。设计总采选折合原矿石单位总成本组成为161元/吨矿，包括：采矿成本57（含矿山维简费18、辅助材料费14、动力维修4、工资2、其他19，单位：元/吨矿）；选矿成本104（含辅助材料费34、燃料费3、外购动力电费17、人工工资9、制造费用21、管理费7、销售费2、财务费用11，单位：元/吨矿）。成本中的采矿和选矿的辅材、燃料动力、水电、修理和销售费（合计14+4+34+3+17+2=74）均为含税价有进项增值税发票可抵扣。请逐项计算求表7-8中各项指标。

表7-8 某铁矿项目各项技术经济指标数值和静态投资回收期计算表

序号	各项技术经济指标	计算式	计算结果	单位	计算依据
1	该铁矿项目总投资		830000.0	万元	
2	固定资产残值			万元	式（3-4）

续表 7-8

序号	各项技术经济指标	计算式	计算结果	单位	计算依据
3	采矿子项年折旧费			万元/年	折合____元/吨矿，已列入原矿维简费
4	选矿和其他子项年折旧费			万元/年	折合____元/吨矿，已列入选矿成本
5	年产出和处理原矿量			万吨/年	式（7-6）
6	年产品位65%铁精矿量			万吨/年	式（1-10）
7	采选折合原矿石单位总成本			元/吨矿	式（3-12）
8	年含税采选总成本			万元/年	式（3-13）
9	年不含税采选总成本			万元/年	式（2-7）
10	不含税精矿成本			元/吨精	式（3-14）
11	年含税销售额			万元/年	式（3-16）
12	年不含税销售额			万元/年	式（2-8）
13	销项税额			万元/年	式（2-5）
14	进项税额			万元/年	式（2-9），式（2-7），可抵扣进项额74
15	应交增值税			万元/年	式（2-4）
16	应交增值税附加			万元/年	式（2-11）
17	应交资源税和资源补偿费			万元/年	式（2-1），表2-3
18	销售税金和附加小计				式（3-25）
19a	税前利润（不含税价格体系）			万元/年	式（3-24）
19b	税前利润（含税价格体系）			万元/年	式（3-26）
20	应交企业所得税			万元/年	式（2-12）
21	税后利润			万元/年	式（3-27）
22	投产后静态投资回收期			年	式（7-1）

参考文献

[1] Lech Kurowski. Investment Project Design: A Guide to Financial and Economic Analysis with Constraints [M]. Wiley, 2011.

[2] 陶树人．技术经济学［M］．北京：煤炭工业出版社，1999.

[3] 国家发展改革委建设部．建设项目经济评价方法与参数［M］．3版．北京：中国计划出版社，2008.

[4] 岳超源．决策理论与方法［M］．北京：科学出版社，2008.

[5] Ian C. Runge. Mining Economics and Strategy [M]. Society for Mining, Metallurgy, and Exploration, 2003.

[6] R. R. 巴普，J. 古兹曼．矿业投资决策——采矿公司实际运作研究［J］．国外金属矿山，1996，(5)：7~11.

[7] 张能福，刘朝马，蔡嗣经．矿业工程项目投资价值和投资决策的期权方法［J］．中国矿业，2003，（7）：13~15.
[8] 王春林，孙飞，高贵全．优劣对比法在白泥坡水库防渗方案决策中的应用研究［J］．水电能源科学，2008，26（2）：97~99.
[9] GB 50215—2005，《煤炭工业矿井设计规范》［EB/OL］．中国建设部网站，http：//www.mohurd.gov.cn/.
[10] 长沙有色冶金设计研究院．有色金属采矿设计规范［M］．北京：中国计划出版社，1992.
[11]《采矿手册》编辑委员会．采矿手册第7卷［M］．北京：冶金工业出版社，1991.
[12]《采矿设计手册》编辑委员会．采矿设计手册矿床开采卷上［M］．北京：冶金工业出版社，1987.
[13] 许时．矿石可选性研究［M］．2版．北京：冶金工业出版社，1989.
[14] Barry A. Wills. Wills' Mineral Processing Technology（Seventh Edition）［M］. Butterworth-Heinemann，2006.
[15] 邓海波．低品位复杂难处理钨矿选-冶联合新工艺和技术经济评价模型的研究［D］．长沙：中南大学，2011.
[16] A.L. 穆拉尔，R.B. 巴普．选矿厂设计［M］．北京：冶金工业出版社，1985.
[17] 周龙廷．选矿厂设计［M］．长沙：中南工业大学出版社，1999.
[18]《选矿手册》编辑委员会．选矿手册第7卷［M］．北京：冶金工业出版社，2006.
[19] 选矿设计手册编委会．选矿设计手册［M］．北京：冶金工业出版社，1988.
[20] 财政部令［2006］第33号．《企业会计准则》［EB/OL］．中国财政部网站，http：//www.mof.gov.cn/.
[21] 中国矿业权评估师协会．矿业权评估指南（2006修订）［M］．北京：中国大地出版社，2006.
[22] 中冶北方工程技术有限公司．太钢（集团）袁家村铁矿可行性研究报告［R］．大连，2008.

8 项目设计概算、施工图预算、标底价和竣工结算

当项目完成可行性研究，决策进行建设，即进入设计和施工阶段，相应的工程造价管理对象有项目设计概算、施工图预算、标底价和竣工决算。

8.1 设 计 概 算

8.1.1 设计概算的内容

设计概算是指在初步设计或扩大初步设计阶段，根据设计要求对工程造价进行的概略计算，是设计文件的组成部分。设计概算分为三级概算，即单位工程概算，单项工程综合概算，建设项目总概算。

设计概算的编制内容及相互关系如图 8-1 所示。

- 建设项目总概算
  - 单项工程综合概算
    - 各单位建筑工程概算
    - 各单位设备及安装工程概算
  - 工程建设其他费用概算
  - 预备费、投资方向调节税、建设期贷款利息等

图 8-1 设计概算的编制内容及相互关系

单位工程概算是确定单项工程中的各单位工程建设费用的文件，是编制单项工程综合概算的依据。单位工程概算分为建筑工程概算和设备及安装工程概算两大类。建筑工程概算分为土建工程概算、给排水工程概算、采暖工程概算、通风工程概算、电气照明工程概算、工业管道工程概算、特殊构筑物工程概算。设备及安装工程概算分为机械设备及安装工程概算，电气设备及安装工程概算，器具、工具及生产家具购置费概算等。

单项工程综合概算是确定一个单项工程所需建设费用的文件，是根据单项工程内各专业单位工程概算汇总编制而成的。单项工程综合概算的组成内容如图 8-2 所示。

- 单项工程综合概算
  - 建筑单位工程概算
    - 一般土建工程概算
    - 给排水工程概算
    - 采暖工程概算
    - 通风工程概算
    - 电气照明工程概算
    - 工业管道工程概算
    - 特殊构筑物工程概算
  - 设备及安装单位工程概算
    - 机械设备及安装工程概算
    - 电气设备及安装工程概算
    - 器具、工具及生产家具购置费概算
  - 工程建设其他费用（当不编总概算时列此项费用）

图 8-2 单项工程综合概算的组成内容

建设项目总概算是确定整个建设项目从筹建到竣工验收所需要全部费用的文件，它是由各个单项工程综合概算以及工程建设其他费用和预备费用概算汇总编制而成的，亦可参见图 8-2。

8.1.2 设计概算的编制方法

设计概算是由单位工程概算、单项工程综合概算和建设项目总概算经逐级汇总而成。

8.1.2.1 单位工程概算的主要编制方法

A 建筑工程概算的主要编制方法

a 扩大单价法

当初步设计达到一定的深度，建筑结构比较明确时，可采用这种方法编制建筑工程概算。采用扩大单价法编制概算，首先根据概算定额编制成扩大单位估价表（概算定额基价），然后用算出的扩大分部分项工程的工程量，乘以扩大单价估价，进行具体计算，其中工程量的计算必须根据定额中规定的各个扩大分部分项工程的内容，遵循定额中规定的计量单位、工程量计算规则及方法来进行。

采用扩大单价法编制建筑工程概算比较准确，但计算比较烦琐。只有具备一定的设计基本知识，熟悉概算定额，才能弄清分部分项的扩大综合内容和正确地计算扩大分部分项的工程量。在套用扩大单位估价表时，如果所在地区的工资标准及材料预算价格与概算定额不一致，则需要重新编制扩大单位估价表或测定系数加以调整。

b 概算指标法

当初步设计深度不够，不能准确地计算工程量，但工程采用的技术比较成熟而又有类似概算指标可以利用时，可采用概算指标来编制概算。概算指标，是按一定计量单位规定的，比概算定额更综合扩大的分部工程或单位工程等的劳动、材料和机械台班的消耗量标准和造价指标。在建筑工程中，它往往按完整的建筑物、构筑物以 m^2 、m^3 或座等为计量单位。

当设计对象在结构特性，地质及自然条件上与概算指标完全相同时，如基础埋深及形式、层高、墙体、楼板等主要承重构件相同，就可直接套用概算指标编制概算。

当设计对象的结构特征与某个概算指标有局部不同时，则需要对该概算指标进行修正，再用修正后的概算指标进行计算。第一种修正方法如下：

$$单位造价修正指标=原指标单价-换出结构构件价值+换入结构构件价值 \tag{8-1}$$

$$换出(入)结构单价=换出(入)结构构件工程量\times相应概算定额的地区单价 \tag{8-2}$$

另一种修正方法是从原指标的工料数量中减去与设计对象不同的结构构件的人工、材料数量和机械使用台班，再加上所需的结构构件的人工、材料数量和机械使用台班。换入和换出的结构构件的人工、材料数量和机械使用台班是计算出来的。这种方法不是从概算单价着手修正，而是直接修正指标中的工料数量。

c 类似工程概算法

当工程设计对象与已建或在建工程相类似，结构特征基本相同，或者概算定额和概算指标不全，就可以采用这种方法编制单位工程概算。

类似工程预算法就是以原有的相似工程的预算为基础，按编制概算指标的方法，求出单位工程的概算指标，再按概算指标法编制建筑工程概算。

利用类似工程预算法应考虑到设计对象与类似预算的设计在结构与建筑上的差异、地区工资的差异、材料预算价格的差异、施工机械使用费的差异和间接费用的差异等。其中结构设计与建筑设计的差异可参考修正概算指标的方法加以修正，其他差异则需编制修正系数。

计算修正系数时，先求类似预算的人工工资、材料费、机械使用费、间接费在全部价值中所占比重，然后分别求其修正系数，最后求出总的修正系数 K。用总修正系数乘以类似预算的价值，就可以得到概算价值，计算公式如下：

$$K_1 = \frac{\text{编概算地区人工工资标准}}{\text{类似工程所在地区人工工资标准}} \tag{8-3}$$

$$K_2 = \frac{\Sigma(\text{类似工程各主要材料量} \times \text{编概算地区材料预算价格})}{\text{类似工程主要材料费用}} \tag{8-4}$$

$$K_3 = \frac{\Sigma(\text{类似工程各主要机械台班数} \times \text{编概算地区机械台班单价})}{\text{类似工程主要机械的使用费}} \tag{8-5}$$

$$K_4 = \frac{\text{编概算地区的间接费率}}{\text{类似工程所在地区的间接费率}} \tag{8-6}$$

$$K = i_1K_1 + i_2K_2 + i_3K_3 + i_4K_4 \tag{8-7}$$

式中 K——总的修正系数；

K_1——工资修正系数；

K_2——材料预算价格修正系数；

K_3——机械使用费修正系数；

K_4——间接费修正系数；

i_1——人工工资比重；

i_2——材料费比重；

i_3——机械费使用费比重；

i_4——间接费比重。

当设计对象与类似工程的结构构件有部分不同时，就应增减工程量价值，然后再求出修正后的总造价。计算公式如下：

$$\text{修正后的类似预算总造价} = \text{类似工程预算造价} \times K \pm \text{结构增减值} \times (1 + \text{修正后的间接费率}) \tag{8-8}$$

B 设备购置概算的编制方法

设备购置由设备原价和设备运杂费组成。国产标准设备原价一般是根据设备型号、规格、材质、数量及所附带的配件内容，套用主管部门规定的或工厂自行制定的现行产品出厂价格逐项计算。非主要标准设备的原价也可按占主要设备总价的百分比计算。

国产非标准设备原价在初步设计阶段大致采用下列两种方法确定：

(1) 根据非标准设备的类别、性质、质量、材料等，按设备单位质量（t）规定的估价指标计算。估价时将设备台数乘以相应的每台设备的估价指标。

设备运杂费按各部、省、市、自治区规定的运杂费乘以设备原价计算。

(2) 根据非标准设备的类别、质量、材质、精密程序及制造厂家，按每台设备规定的估价指标计算。估价时将设备台数乘以相应的每台设备的估价指标。

C 设备安装工程概算的编制方法

a 预算单价法

当初步设计有详细设备清单时，可直接按预算单价编制设备安装单位工程概算。根据计算的设备安装工程量，乘以安装工程预算综合单价，经汇总求得。用预算单价法编制概算，计算比较具体，精确性较高。

b 扩大单价法

当初步设计的设备清单不完备，或仅有成套设备的质量时，可采用主体设备、成套设备或工艺线的综合扩大安装单价编制概算。

c 概算指标法

当初步设计的设备清单不完备，或安装预算单价及扩大综合单价不全，无法采用预算单价法和扩大单价法时，可采用概算指标编制概算。

8.1.2.2 单项工程综合概算的编制方法

单项工程综合概算一般包括编制说明和综合概算表。

(1) 编制说明。主要包括：1) 编制依据；2) 编制方法；3) 主要材料和设备的数量；4) 其他有关问题。

(2) 综合概算表。综合概算表是根据单项工程内的各个单位工程概算等资料，按照统一规定的表格进行编制的。

8.1.2.3 建设项目总概算的编制方法

总概算是确定整个建设项目从筹建到建成预计花费的全部建设费用的文件，是根据所包括的各个单项工程综合概算及工程建设其他费用和预备费汇总编制而成的。

总概算书一般主要包括编制说明和总概算表，有的还列出单项工程综合概算表、单位工程概算表。

(1) 编制说明。主要包括：

1) 工程概况。说明建设项目的建设规模、范围、建设地点、建设条件、期限、产量、品种，以及厂外工程的主要情况等。

2) 编制依据。说明设计文件依据、概算指标、概算定额、材料价格及各种费用标准等。

3) 编制方法。说明编制概算是采用概算定额还是采用概算指标。

4) 投资分析。主要分析各项投资的比例，并与类似工程比较，分析投资高低的原因，说明该设计是否经济合理。

5) 主要材料和设备数量。说明建筑安装主要材料（钢材、木材、水泥等）和主要机械设备、电气设备的数量。

6) 其他有关问题。

(2) 总概算表。为了便于投资分析，总概算表中的项目按工程性质分成三大部分：

1）工程费用；2）其他费用；3）预备费用。

初步设计概算应根据概算定额（概算指标）、费用定额等，以概算编制时的价格进行编制，并按照有关规定合理预测概算编制到竣工期的价格、利率、汇率等因素变化，打足建设费用，并严格控制在可行性研究报告及投资估算范围内。

8.1.3 国内选矿厂初步设计工程概算

选矿是经典的和工业广泛应用的矿物资源加工技术。选矿过程是将矿石破碎，使之彼此解离，然后将有用矿物加以富集分离以获得精矿，抛弃无用的脉石。

选矿厂初步设计时，选矿专业必须编制的单位工程概算，主要是用单项工程中的“设备及安装工程概算表”。在初步设计阶段，单项工程划分为破碎、筛分、主厂房、精矿处理、修理车间以及试验室、化验室、技术监督站等项目。单位工程概算编制内容包括选矿工艺设备、工艺管道和金属结构件三个部分，即：

选矿专业单位工程概算=工艺设备概算+金属结构概算+工艺管道概算　　(8-9)

8.1.3.1 工艺设备概算价值

工艺设备概算价值=设备原价+设备运杂费+设备安装间接费　　(8-10)

式中，设备原价包括标准设备价值和非标准设备价值。

A　设备价格

（1）标准设备价格。国内供应的系列化标准设备价格应按最新年度定价，或按现行机电产品出厂目录中的价格取用，同时考虑当时的价格浮动因素。

（2）非标准设备估价。凡未定型、需要单独设计和特殊订货的设备，均属非标准设备。其价格应进行专门估价，可根据它的成台设备净重“吨（t）”，乘以相应的估价指标来计算。设备净重由设备制造图纸查得。如无图纸，亦可根据单台设备结构性能、材质和估重，综合计算设备价格。非标准设备参考估价指标如表 8-1 所示。

表 8-1　非标准设备参考估价指标

设备类别	单位	估价指标/元 · t^{-1}
一般钢结构设备	t	2500～3000
普通起重机	t	3500～4000
带式输送机	t	5000

注：此表根据《选矿设计手册》的估价指标，读者应考虑时间、价格指数变化，以下各表相同。

B　设备运杂费

国内设备运杂费包括从设备制造厂或调拨设备调出单位的发货仓库、堆场算起，至施工现场、仓库或存货点止所发生的包装费、运输费、装卸费、整理费、供销手续费、保管保养费（即设备管理费）、运输费等全部费用。计算公式见式（8-11）。

$$F_{ym} = C_m i_{ym} \tag{8-11}$$

式中　F_{ym}——设备运杂费，元；

C_m——设备原价，元；

i_{ym}——设备运杂费率,%，国内设备运杂费率见表 8-2。

表 8-2 国内设备运杂费率

序 号	工程所在地	设备运杂费率/%
1	北京、天津、上海市，辽宁、吉林省	4
2	黑龙江、江苏、浙江、河北省	4.5
3	内蒙古自治区，山西、安徽、山东省	5
4	湖北、江西、河南省	5.5
5	湖南、福建、陕西省	6
6	广东省，宁夏回族自治区	6.5
7	甘肃、四川省，广西壮族自治区	7
8	云南、贵州、青海省	8
9	新疆维吾尔自治区、西藏自治区	10

C 设备安装间接费

设备安装间接费包括机体安装，附属设备（电动机、减速器等）的安装以及单机试运转电耗、工资和辅助材料消耗的费用，不包括设备安装的建筑工程部分的费用，如设备基础及二次灌浆、设备内衬、保温、防腐、防蚀等，其计算公式为：

$$F_{ng} = C_m i_{ng} \tag{8-12}$$

式中 F_{ng}——设备安装间接费，元；

C_m——设备原价，元；

i_{ng}——设备安装间接费率,%，由表 8-3 中查取。

表 8-3 设备及金属结构件安装间接费率

工程类别	设备名称	费率/%	应用范围
选矿厂	破碎、选矿及其他辅助设备	3	小型厂
		2.8	中型厂
		2.5	大型厂

8.1.3.2 金属结构件概算价值

工艺金属结构件估重应根据初步设计图纸，或者参考类似企业实际指标和扩大指标确定。

$$\text{金属结构件概算价值}=\text{金属结构件重量}\times\text{单价}+\text{安装间接费} \tag{8-13}$$

式中单价可参考表 8-1，安装间接费率见表 8-3。选矿厂的工艺金属结构件估重指标见表 8-4。

表 8-4 工艺金属结构件估重扩大指标

项 目	大、中型选矿厂	小型选矿厂
金属结构件重量占工艺设备总重量百分比/%	5~8	7~9

8.1.3.3 工艺管道概算价值

选矿厂的矿浆管道过去按所在单项工程的设备原价的 2%~2.5%进行估价，现常用实际工艺管道长度（或重量）乘以单价计算估价。式（8-14）中安装费及间接费计算用式(8-12)，费率见表 8-3。

$$工艺管道概算价值=工艺管道长度(或重量)\times单价+安装及间接费 \quad (8\text{-}14)$$

[例 8-1] 紫金山金铜矿铜三浮选厂建设项目初步设计概算

截至 2012 年底，紫金矿业公司的主体矿山紫金山金铜矿已探明可利用的黄金资源储量 300 多吨，铜矿累计探明资源 500 多万吨，已建成 120000t/d 金矿石重选-堆浸-炭浸的联合选矿系统，以及 45000t/d 铜湿法浸出厂、8000t/d 铜矿一选厂、10000t/d 铜矿二选厂的铜矿选冶生产系统。

随着紫金山金铜矿的开发，紫金山金矿保有资源量不断减少，金矿石品位越来越低，金矿石最低入选品位由 1993 年的 1.0g/t 降低至 2010 年的 0.2g/t。由于金矿保有资源量的减少，金矿产量从 2013 年开始逐步递减，金矿开采预计将于 2017 年开始减产，2020 年开采结束。

金矿大规模的开发同时为下部铜矿大规模开发创造了条件，为了提高资源利用效率，保证紫金山金铜矿的效益，紫金山金铜矿拟对铜矿资源进行大规模开发，来弥补金矿产品产量下降带来的效益下降，从而保证金矿开采结束后企业效益的相对稳定。

2015 年设计新建铜矿第三浮选厂，生产规模为 45000t/d，其中堆浸工艺生产规模为 12000t/d，浮选工艺生产规模为 33000t/d；堆浸工艺的中碎、堆浸场、萃取和电积工艺设施全部利用现有铜矿湿法厂的设施；浮选工艺的生产设施全部新建。

设计工作制度为：330d/a，24h/d，3P/d，8h/P。

选矿工艺方案：

（1）碎磨工艺。本项目处理的矿石为露采矿石，经粗碎后运至选厂，原矿粒度为 0~300mm，根据紫金山铜矿的矿石性质和项目建设规模经方案比较后，本设计采用半自磨+球磨+顽石开路破碎（SABC）的碎磨工艺，1 个系列，主体设备包括 ϕ11.0×5.4m 半自磨机 1 台、ϕ7.90×13.6m 球磨机 1 台，磨矿产品粒度为-0.074mm 含量占 62%。顽石破碎后进入堆浸工艺。

（2）选别工艺。选别流程设计采用现有一选厂和二选厂的选别工艺：优先浮选铜，经两次粗选，两次扫选，两次精选得出铜精矿；选铜尾矿经一次粗选，一次扫选，两次精选得到硫精矿和最终浮选尾矿。设计工艺技术指标为：铜精矿品位 20%，回收率 85%；硫精矿品位 45%，回收率 46%。设计采用双系列，每个系列铜浮选作业设备采用 ϕ8.0×8.0 搅拌槽 1 台、KYF320 浮选机 6 台和 KYF100 浮选机 2 台；每个系列硫浮选作业设备采用 ϕ8.0×8.0 搅拌槽 1 台、KYF320 浮选机 4 台和 KYF100 浮选机 3 台。

（3）脱水流程。根据紫金山铜矿现有一、二选厂的生产实践，浮选铜精矿和硫精矿均采用浓缩+过滤两段脱水工艺，最终精矿含水均小于10%。铜精矿、硫精矿、尾矿各设计采用 ϕ53m 浓缩机 1 台。铜精矿过滤设计采用 TC-80 过滤机 4 台，硫精矿过滤设计采用 TC-120 过滤机 4 台。

（4）尾矿工程。本项目固体废物主要是浮选尾矿和堆浸矿渣。服务年限内产出尾矿总量约 128712500t，选厂服务期前期尾矿泵送至现有的大洓背尾矿库，选厂服务期后期尾矿泵送至拟建的彩坑尾矿库堆存。堆渣总量为 49673200t，堆浸场利用现有设施，堆渣就地堆存。

总建筑面积：29279m^2；总建筑体积：566814m^3。

三材用量：钢材 64129t；混凝土：39687m^3；钢筋：3526t。

厂区内、外公路：1180m。

紫金山金铜矿浮选厂工程项目总概算表见表 8-5。本项目建设投资不含建设期利息和铺底流动资金。按生产用途划分投资分析表见表 8-6。

表 8-5 紫金山金铜矿铜三选矿厂初步设计总概算表

序号	工程及费用名称	价值/万元					占总值/%	技术经济指标/元		
		建筑工程	设备购置	安装工程	其他费用	总价值		单位	数量	指标
Ⅰ	第一部分：工程费用									
Ⅰ-1	主要生产工程	14351.77	34745.97	7207.56		56305.30	70.17			
1	选矿工程	13928.00	32338.88	4221.76		50488.64	62.92			
2	尾矿设施	394.64	2055.93	2817.16		5267.74	6.56			
3	精矿输送与回水	29.13	351.15	168.63		548.91	0.68			
Ⅰ-2	公用及生产辅助设施	3541.44	2938.82	1370.22		7850.48	9.78			
1	供水设施	451.11	224.75	944.41		1620.27	2.02			
2	自动化控制、仪表、电信及视频监控系统		2632.81	425.82		3058.63	3.81			
3	总图运输	3090.32	81.26			3171.58	3.95			
	第一部分：工程费用合计	17893.21	37684.79	8577.78		64155.78	79.95			
Ⅱ	第二部分：其他费用									
1	建设用地费				1682.76	1682.76	2.10			
2	建设管理费				2404.57	2404.57	3.00			
2.1	建设单位开办费				513.25	513.25	0.64			
2.2	建设单位经费				808.36	808.36	1.01			
2.3	工程监理费				1082.96	1082.96	1.35			
3	工程设计费				1180.00	1180.00	1.47			
3.1	基本设计费				1000.00	1000.00	1.25			
3.2	施工图预算编制费				100.00	100.00	0.12			

续表 8-5

序号	工程及费用名称	价值/万元					占总值/%	技术经济指标/元		
		建筑工程	设备购置	安装工程	其他费用	总价值		单位	数量	指标
3.3	工程竣工图编制费				80.00	80.00	0.10			
4	施工图设计文件审查费				16.68	16.68	0.02			
5	可行性研究费				101.32	101.32	0.13			
6	项目后评价费用				101.32	101.32	0.13			
7	环境影响评价费				45.00	45.00	0.06			
8	地质灾害评估费				15.60	15.60	0.02			
9	节能评估费				7.43	7.43	0.01			
10	劳动安全评价费				128.31	128.31	0.16			
11	压覆矿产资源评估费				40.00	40.00	0.05			
12	水土保持咨询服务费				165.33	165.33	0.21			
13	工程勘察费				256.62	256.62	0.32			
14	招标代理服务费				11.73	11.73	0.01			
15	工程保险费				128.31	128.31	0.16			
16	联合试运转费				705.71	705.71	0.88			
17	拆除费用				50.00	50.00	0.06			
18	人员提前进厂及培训费				222.40	222.40	0.28			
19	办公和生活家具购置费				41.70	41.70	0.05			
20	工器具及家具购置费				188.42	188.42	0.23			
	第二部分：其他费用合计				7493.23	7493.23	9.34			
Ⅲ	第三部分：预备费（Ⅰ+Ⅱ）×12%				8597.88	8597.88	10.71			
Ⅳ	项目建设投资	17893.21	37684.79	8577.78	16091.11	80246.89	100.00			

表 8-6　紫金山金铜矿铜三选矿厂按生产用途划分投资分析表

序号	项目名称	投资/万元	单位投资/元·(吨·年)$^{-1}$	占总投资的百分比/%
一	主要生产工程	56305.29	37.92	70.17
1	选矿工程	50488.64	34.00	62.92
2	尾矿设施	5267.74	3.55	6.56

续表 8-6

序号	项目名称	投资/万元	单位投资/元·(吨·年)$^{-1}$	占总投资的百分比/%
3	精矿输送与回水	548.91	0.37	0.68
二	公用及生产辅助设施	7850.48	5.29	9.78
1	供水设施	1620.27	1.09	2.02
2	自动化控制、仪表、电信及视频监控系统	3058.63	2.06	3.81
3	总图运输	3171.58	2.14	3.95
三	其他费用	7493.23	5.05	9.34
四	预备费	8597.88	5.79	10.71
五	项目建设投资	80246.89	54.04	100.00

本项目设计基建期为1.5年，生产期为13.5年，总服务年限为15年。项目已于2016年10月建成试生产后投入正常生产。

8.2 施工图预算

8.2.1 施工图预算的内容和作用

8.2.1.1 施工图预算的内容

施工图是表示工程项目施工要求的图样，包括工程项目的总体布局，建筑物的外部形状、内部布置、结构构造、内外装修、材料作法，以及设备安装施工等要求。图8-3是某选矿厂两段一闭路破碎厂房配置施工图。

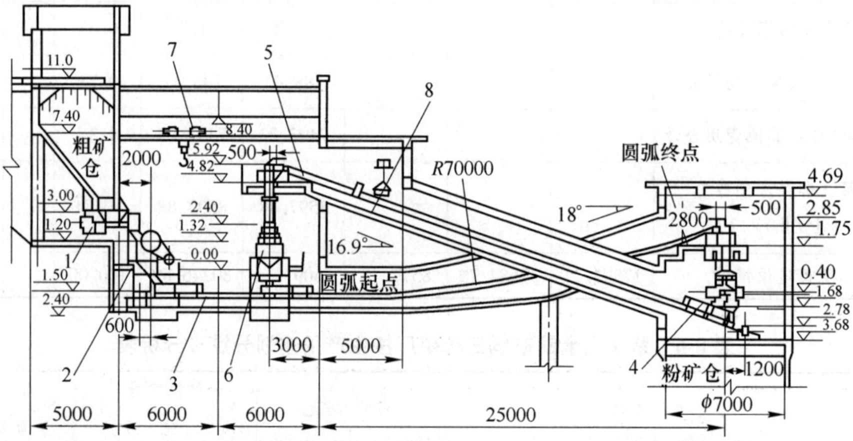

图8-3 某两段一闭路破碎厂房配置施工图

1—板式给矿机；2—颚式破碎机；3—1号皮带运输机；4—振动筛；
5—2号皮带运输机；6—圆锥破碎机；7—天车；8—电磁除铁器

施工图预算是根据批准的施工图设计、预算定额和单位计价表、施工组织设计文件以及各种费用定额等有关资料进行计算和编制的单位工程预算造价文件。施工图预算是考核工程成本、确定工程造价的主要依据，也叫设计预算。

编制施工图预算，首先根据施工图设计文件、定额和价格等资料，以一定的方法，编制单位工程的施工图预算；然后汇总所有各单位工程施工图预算，成为单项工程施工图预算；再汇总所有单项工程施工图预算，便是一个建设项目的施工图预算造价。

单位工程施工图预算包括建筑工程预算和设备安装工程预算。建筑工程预算分为一般土建工程预算、卫生工程预算、电气照明工程预算、特殊构筑物工程预算及工业管理工程预算。设备安装工程预算分为机械设备安装工程预算、电气设备安装工程预算。

8.2.1.2 施工图预算的作用

（1）施工图预算是落实或调整年度建设计划的依据。由于施工图预算比设计概算更具体更切合实际，因此，可据以落实或调整年度投资计划。

（2）在委托承包时，施工图预算是签订工程承包合同的依据。建设单位和施工单位双方以施工图预算为基础，签订承包工程经济合同，明确甲、乙双方的经济责任。

（3）在委托承包时，施工图预算是办理财务拨款、工程贷款和工程结算的依据。建设银行在施工期间按施工图预算和工程进度办理工程款预支和结算。单项工程或建设项目竣工后，也以施工图预算为主要依据办理竣工结算。

（4）施工图预算是施工单位编制施工计划的依据。施工图预算工料统计表列出了单位工程的各类人工和材料的需要量，施工单位据以编制施工计划，控制工程成本，进行施工准备活动。

（5）施工图预算是加强施工企业经济核算的依据。施工图预算确定的工程预算造价，是建筑安装企业产品的预算价格，建筑安装企业必须在施工图预算的范围内加强经济核算，降低成本，增加盈利。

（6）施工图预算是实行招标、投标的重要依据。施工图预算是建设单位在实行工程招标时确定“标底”的依据，也是施工单位参加投标时报价的依据。

8.2.2 单价法编制施工图预算的步骤

单价法编制施工图预算，就是根据地区统一单位估价表中的各项工程综合单价，乘以相应的各分项工程的工程量，并相加，得到单位工程的人工费、材料费和机械使用费用之和；再加上其他直接费、间接费、计划利润和税金，即可得到单位工程的施工图预算。

其中，地区单位估价表是地区造价管理部门根据地区统一预算定额或各专业部门专业定额以及统一单价组织编制的，它是计算建筑安装工程造价的基础。综合单价也叫预算定额基价，是单位估价表的主要构成部分。另外，其他直接费、间接费和计划利润是根据统一规定的费率乘以相应的计取基础求得的。用单价法编制施工图预算主要计算公式为：

$$\text{单位工程施工图预算直接费}=[\Sigma(\text{工程量}\times\text{预算综合单价})]\times(1+\text{其他直接费率}) \tag{8-15}$$

用单价法编制施工图预算的完整步骤如图 8-4 所示。详细步骤如下：

（1）准备资料，熟悉施工图纸。广泛搜集、准备各种资料，包括施工图纸、施工组

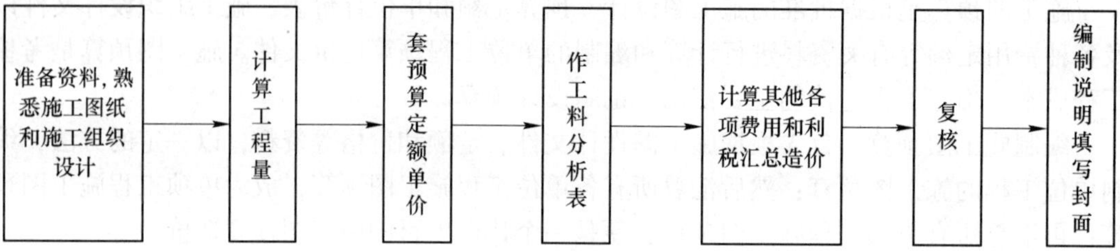

图 8-4 单价法编制施工图预算步骤

织设计、施工方案、现行的建筑安装预算定额、取费标准、统一的工程量计算规则和地区材料预算价格等。

（2）计算工程量。计算工程量工作在整个预算编制过程中是最繁重、花费时间最长的一个环节，直接影响预算的及时性。同时，工程量是预算的主要数据，它的准确与否又直接影响预算的准确性。因此，必须在工程量计算上狠下功夫，才能保证预算的质量。计算工程量的具体步骤为：

1）根据工程内容和定额项目，列出计算工程量分部分项工程。

2）根据一定的计算顺序和计算规则，列出计算式。

3）根据施工图纸上的设计及尺寸有关数据，代入计算式进行数值计算。

4）对计算结果的计量单位进行调整，使之与定额中相应的分部分项工程的计量单位保持一致。

（3）套预算综合单价（预算定额基价）。工程量计算完毕并核对无误后，用所得到的各分项工程量与单位估价表中的对应分项工程的综合单价相乘，并把各相乘的结果相加，求得单位工程的人工费、材料费和机械使用费之和。

（4）编制工料分析表。根据各分部分项工程项目的实物工程量和相应定额中的项目所列的用工及材料数量，算出各分部分项工程所需的人工及材料数量，进行汇总计算后，算出该单位工程所需的各类人工、各类材料的数量。

（5）计算其他费用、利税并汇总造价。根据规定的费率和相应的计取基础，分别按有关规定计算其他直接费、现场经费、间接费、税金和计划利润。

$$\text{间接费}=\text{直接工程费}\times\text{间接费率} \tag{8-16}$$

$$\text{计划利润}=(\text{直接工程费}+\text{间接费})\times\text{计划利润率} \tag{8-17}$$

把上述费用相加，并与前面套综合单价算出的人工费、材料费和机械使用费进行汇总，从而求得单位工程的预算造价。

（6）复核。单位工程预算编制后，由有关人员对编制的主要内容及计算情况进行核对检查，以便及时发现差错，及时修改，从而提高预算的准确性。在复核中，应对项目填列、工程量计算公式、计算结果、套用的单价、采用的各项取费费率、数字计算和数据精确度等进行全面复核。

（7）编制说明，填写封面。编制说明是编制方向审核方交代编制的依据，可以逐条分析。主要应写明预算所包括的工程内容范围、不包括哪些内容、依据的图纸号、承包企业的等级和承包方式、有关部门现行的调价文件号、套用单价需要补充说明的问题及其他需说明的问题。封面应写明工程编号、工程名称、工程量（建筑面积）、预算总造价和单方造价、编制单位名称、负责人和编制日期以及审核单位的负责人和审核日期等。

单价法编制施工图预算，主要采用了各地区、各部门统一编制的综合单价，因此，便于造价管理部门进行统一管理，适应集中的计划经济体制，并且计算简便，工作量小。但在市场价格波动较大的情况下，采用单价法计算的结果会偏离实际水平，造成误差，往往需要利用一些系数或价差弥补。

8.2.3　实物法编制施工图预算的步骤

用实物法编制施工图预算，是先用计算出的各分项工程的实物工程量，分别套取预算定额，并按类相加，求出单位工程所需的各种人工、材料、施工机械台班的消耗量，然后分别乘以当时当地的各种人工、材料、施工机械台班的实际单价，求得人工费、材料费和施工机械使用费，再汇总求和。对于其他直接费、间接费、计划利润和税金等费用的计算则根据当地当时建筑市场供求情况，随行就市予以具体确定。用实物法编制施工图预算的主要公式为：

$$
\begin{aligned}
\text{单位工程预算直接费} = [& \Sigma(\text{工程量} \times \text{材料预算定额用量} \times \text{当时当地材料预算价格}) + \\
& \Sigma(\text{工程量} \times \text{人工预算定额用量} \times \text{当时当地人工工资单价}) + \\
& \Sigma(\text{工程量} \times \text{施工机械台班预算定额用量} \times \\
& \text{当时当地机械台班单价})] \times (1+\text{其他直接费费率}) \qquad (8\text{-}18)
\end{aligned}
$$

预算定额包括全国统一、专业统一和地区统一定额，其反映一定时期施工工艺水平的分项工程计价所需的人工、材料、施工机械的消耗量确定标准。定额的消耗量，应由工程造价主管部门按照定额管理分工进行统一制定，并适应技术的发展适时地补充修改，为合理确定和有效控制造价提供依据。

用实物法编制施工图预算的完整步骤如图 8-5 所示。

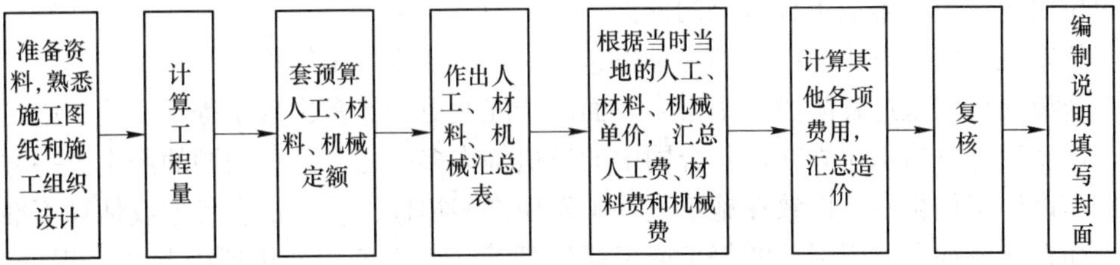

图 8-5　实物法编制施工图预算步骤

可以看出，实物法编制施工图预算的首尾步骤与单价法相似，但在具体内容上有一些区别。实物法和单价法在编制步骤中的最大区别在于中间的步骤，也就是计算工人工费、材料费和施工机械使用费及汇总三者费用之和的方法不同。

采用实物法编制施工图预算，由于所用的单价都是当时当地的实际价格，所以编制出的预算能比较准确地反映实际水平，误差较小，这种方法适合于市场经济条件下价格波动较大的情况。但其工作量较大，计算过程繁琐。随着计算机价格信息系统的建立，以及设计单位资料数据库的积累建立，实物法的应用将逐渐普及。

8.3 项目标底价、竣工结算价和工程决算

8.3.1 项目招标标底价的制定

建设工程项目施工招标必须编制标底价。标底由有招标资格的单位自行编制，或委托经建设行政主管部门认定，具有工程招标代理资质的机构编制。招标标底编制单位应建立严格的编制、保密、档案管理等制度。标底必须报经有关招标投标管理部门审定，审定核准的标底应密封保存至开标前。

编制标底价一般以项目施工图预算为依据，并应遵守以下原则：

（1）根据设计图纸有关资料、招标文件，参照国家规定的技术、经济标准定额及规范，确定工程量和编制标底。

（2）标底由成本、利润和税金组成，一般应控制在批准的总概算（或修正概算）及投资包干的限额内。

（3）标底作为建设单位的期望计划价，应力求与市场的实际变化吻合，要有利于竞争和保证工程。

（4）标底应考虑人工、材料、机械台班等价格变动因素，还应包括施工不可预见费、包干费和措施费等，工程要求优良的还应增加相应的费用。

（5）一个工程只能编制一个标底。

8.3.2 竣工结算价的确定

工程结算，又称工程价款结算，是指施工企业按照合同规定的内容全部完成所承包的工程并提交竣工报告，经建设单位组织设计、施工、工程监理等有关单位进行竣工验收，认可工程质量合格后，通过编制工程结算书向建设单位进行工程价款结算。竣工结算价是施工单位向建设单位索取工程报酬的依据。

一般来说，施工方中标报价即为承发包合同价，亦为竣工结算价。

在建设项目实施过程阶段，由于多方面的情况变更，经常出现工程量变化，施工进度变化，以及发包方与承包方在执行合同中的争执等许多问题。这些问题的产生，一方面是由于勘察设计工作粗糙，以致在施工过程中发现许多招标文件中没有考虑或估算不准确的因素，如自然或社会原因引起的停工或工期拖延等。由于工程变更所引起的工程量变化、承包方的索赔款等，都有可能使项目投资超出原来的预算投资。

项目施工变更一定要有设计单位发出的变更签证。在办理竣工结算时，以承包合同价款加变更签证结算。

竣工结算价的确定一般是施工企业在所承包的工程按照合同规定的内容全部完工、交工之后，向发包单位提交竣工结算书，由发包单位有关人员或监理人员审核后，再交工程造价管理部门或审计部门予以审定。

8.3.3 工程决算

工程决算，确切地讲应称作基本建设项目竣工财务决算，通过编制竣工决算书计算

整个项目从立项到竣工验收、交付使用全过程中实际支付的全部建设费用，反映了工程建设项目的最终造价，是正确核定新增固定资产价值、办理固定资产交付使用手续的依据。

工程决算正确核算新增固定资产价值，考核分析投资效果，反映的是综合、全面、完整的项目建设的最终成果。

工程决算的编制依据包括：

(1) 经批准的可行性研究报告及其投资估算。

(2) 经批准的初步设计或扩大初步设计及其概算或修正概算。

(3) 经批准的施工图设计及其施工图预算。

(4) 设计交底或图纸会审纪要。

(5) 招投标的标底、承包合同、工程结算资料。

(6) 施工记录或施工签证单，以及其他施工中发生的费用记录，如索赔报告与记录、停（交）工报告等。

(7) 竣工图及各种竣工验收资料。

(8) 历年基建资料、历年财务决算及批复文件。

(9) 设备、材料调价文件和调价记录。

(10) 有关财务核算制度、办法和其他有关资料、文件等。

8.3.4 静态投资、动态投资和竣工决算案例

[例 8-2] 三峡工程的测算静态投资、测算动态投资和竣工决算

中国长江三峡工程位于湖北省宜昌市长江干流上。三峡工程是迄今世界上最大的水利水电枢纽工程，具有防洪、发电、航运、供水等巨大的综合效益，1994 年正式开工建设，2003 年开始蓄水发电，2009 年完工。2012 年新增地下电站全部竣工。图 8-6 为三峡工程大坝和输电线路。

图 8-6 三峡工程大坝和输电线路

三峡工程建筑由大坝、水电站厂房和通航建筑物三大部分组成。大坝坝顶总长 3035m，坝高 185m，初期规划安装 26 台单机容量为 70 万千瓦的水电机组，总装机容量为 1820 万千瓦时，年发电量 847 亿千瓦时。1994 年底三峡工程开工后，根据测算，三峡工程动态投资需要 2039 亿元，其中包括静态投资 901 亿元（含三峡水利枢纽工程国家核准静态投资 501 亿元、水库淹没处理及移民安置费用 400 亿元），物价、税费等上涨的价差 749 亿元，贷款利息、债券等融资成本 389 亿元。

2009年三峡工程竣工蓄水，全部工程总投资核减为1800亿元。少用这么多，主要得益于国家宏观调控。以价差为例，由于国家宏观调控作用，物价实际涨幅比预测涨幅相对要低，这一块就使三峡工程动态投资少用了140亿元。宏观调控又改变了银行贷款利率，这块也省下了60亿元左右。两者相加，国家宏观调控就使得三峡枢纽工程少用了200亿元。

2009年，三峡工程新增建地下电站，新增6台单机容量70万千瓦的发电机组，总装机容量增加至2250万千瓦时。新增机组在汛期增加发电、减少弃水，可年增发电量35亿千瓦时，2012年建成投产。2013年国家审计局公布审计后的三峡工程投资估算，加入了配套的输变电工程投资。三峡工程测算静态总投资约为1352.7亿元人民币（1993年5月末价格），其中枢纽工程投资500.9亿元、输变电工程322.7亿元、移民资金529.0亿元。按照物价和利率等影响因素，测算所需动态总投资合计2485.4亿元，其中，枢纽工程1263.9亿元，输变电工程364.0亿元，移民资金856.5亿元。

2013年国家审计局公布审计后的三峡工程竣工财务决算，实际总金额为2078.7亿元，其中枢纽工程873.6亿元，输变电工程348.6亿元，移民资金856.5亿元。

习　题

8-1 设计概算的内容和用途是什么？如何编制单位建筑工程概算和单位设备购置概算？

8-2 某中型选矿厂初步设计拟建于湖南省。需主要工艺设备价值5000万元，总重1000t。请根据教材的公式表格数据取值计算设备运杂费、设备安装间接费、工艺金属结构件费和工艺管道费。

8-3 施工图预算的内容与作用是什么？什么是编制施工图预算的单价法和实物法？

8-4 什么是项目标底价？

8-5 项目如何确定竣工结算价？

参 考 文 献

[1] Andrew L. Mular. Mineral Processing Plant Design, Practice, and Control (2 Volume Set) [M]. Society for Mining, Metallurgy, and Exploration, 2002.

[2] Gupta, Ashok. Mineral Processing Design and Operations [M]. Elsevier, 2016.

[3] 厦门紫金工程设计有限公司．紫金矿业公司紫金山金铜矿浮选厂建设项目初步设计 [R]. 厦门，2015.

[4] 侯建兴．冬瓜山铜矿初步设计概算编制的几点体会 [J]. 有色矿山，2003 (3)：35~37.

[5] 姚缨．如何做好施工图预算 [J]. 中国招标，2013 (41)：24~26.

[6] 选矿施工图设计手册编委会．选矿施工图设计手册（上、中、下）[M]. 长沙：湖南科学技术出版社，1995.

[7] 徐大图．工程造价的确定与控制 [M]. 北京：中国计划出版社，1997.

[8] 龚维丽．工程建设定额基本理论与实务 [M]. 北京：中国计划出版社，1997.

[9] 中华人民共和国主席令（1997）第91号，《中华人民共和国建筑法》 [EB/OL]. 中国政府网，http：//www.gov.cn/.

[10] 国务院令（2000）第279号，《建筑工程质量管理条例》[EB/OL]. 中国建设工程造价管理协会网，http：//www.ceca.org.cn/.

[11] 中华人民共和国建设部. GB 50500—2003 建设工程工程量清单计价规范 [S]. 中国计划出版社，2003.

[12] 中国建筑业协会 .2015 中国建筑业年鉴——标准定额 [M]. 北京：中国建筑业年鉴杂志有限公司，2016.

[13] 审计署. 长江三峡水利枢纽工程竣工财务决算审计结果公告 [EB/OL]. 中国审计署网站，2013-06-09. http：//www.audit.gov.cn/.

9 项目建设管理

9.1 工程项目造价管理

9.1.1 中国古代工程造价管理发展

人们对工程造价管理的认识是随着社会经济和生产力水平的发展，以及随着商品经济和现代科学管理的发展不断加深的。

在中国漫长的封建社会中，封建王朝早期统治者往往能励精图治，举倾国之力的“好工程”往往会极大地促进国家经济社会的发展和王朝的兴盛。典型的“好工程”如秦国的三大水利工程：都江堰、郑国渠和灵渠，这些水利工程直接促成了秦国统一天下和中国第一个封建王朝秦朝（公元前221年~公元前207年）的建立。其中都江堰水利工程构建了四川盆地“天府之国”的基础，两千多年至今仍在持续灌溉着川中千里沃野，发挥着重要的作用，被誉为人类水利工程的典范。

封建王朝末期统治者认为整个天下财富均为己有，往往追求极端的奢华享受，不惜民力物力、不计成本地建造供自己享乐的工程，造价则事后算账。典型的“坏工程”如秦朝秦始皇建造的阿房宫和始皇陵，富丽恢宏的皇家宫殿等工程耗用了大量的资金民力。这些不惜民力的“坏工程”往往会激起民变，动摇和推翻王朝，直接导致秦朝二世而亡。

有些从长远来看是利国利民的“好工程”，但如果未能顾及当时的国力及人民承受能力，未能让当时的人民获得利益，也会出现“坏工程”式的毁国效果，如隋朝（581~619年）隋炀帝开建的大运河工程，也是导致隋朝二代而亡的原因之一。

所谓“水能载舟，亦能覆舟”的教训，促使中后期的封建统治者有所收敛，在工程建设中会事前核算工程造价。但是，由于封建制度的使然，大量的社会财富依然消耗在了帝王将相的亭台楼阁建造和奢靡享乐之中。

中国历史上不少官府建筑规模宏大、技术要求很高，历代工匠积累了丰富的经验，逐步形成了一套工料限额管理制度，即现在我们所说的人工、材料定额。

据《辑古篡经》等书记载，我国唐代（618~907年）时期就已有夯筑城台的用工定额——功。北宋时期（960~1127年）将作少监（主管建筑的大臣）李诫著《营造法式》（公元1103年）一书，共36卷、3555条，包括释名、各作制度、功限、料例、图样共五部分。其中“功限”就是现在所说的劳动定额，“料例”就是材料消耗限额。该书实际上是官府颁布的建筑规范和定额，它汇集了北宋以前的技术精华，吸取了历代工匠的经验，对控制工料消耗，加强设计监督和施工管理起了很大作用，并一直沿用到明清。明代管辖建筑的工部所编著的《工程做法》则一直流传至今。

两千多年来，我国也不乏把技术与经济相结合大幅度降低工程造价的实例。北宋大臣丁谓在主持修复被大火烧毁的汴京宫殿（现河南省开封市，图 9-1）时提出的一举三得方案就是一个典型，见例 9-1。

图 9-1 北宋汴京宫殿（引自《清明上河图》）

[例 9-1] **丁谓施工**

中国古代有一个丁谓施工的故事，也蕴含着运筹学的思想。

传说北宋宋真宗（997~1022 年在位）祥符年间，皇宫曾起火。一夜之间，大片的宫室楼台殿阁亭榭变成了废墟。为了修复这些宫殿，宋真宗派当时的晋国公丁谓主持修缮工程。当时，要完成这项重大的建筑工程，面临着三个大问题：第一，需要把大量的废墟垃圾清理掉；第二，要运来大批木材和石料；第三，要运来大量新土。不论是运走垃圾还是运来建筑材料和新土，都涉及大量的运输问题。如果安排不当，施工现场会杂乱无章，正常的交通和生活秩序都会受到严重影响。

丁谓研究了工程之后，制订了这样的施工方案：首先，从施工现场向外挖了若干条大深沟，把挖出来的土作为施工需要的新土备用，于是就解决了新土问题。第二步，从城外把汴水引入所挖的大沟中，于是就可以利用木排及船只运送木材石料，解决了木材石料的运输问题。最后，等到材料运输任务完成之后，再把沟中的水排掉，把工地上的垃圾填入沟内，使沟重新变为平地。

简单归纳起来，就是这样一个工程施工管理过程：挖沟（取土）→引水入沟（水道运输）→填沟（处理垃圾）。按照这个施工方案，不仅节约了许多时间和经费，而且使工地秩序井然，使城内的交通和生活秩序不受太大的施工影响，因而确实是很科学的施工方案。

（出处：沈括所著《梦溪笔谈》。原文：祥符中，禁火。时丁晋公主营复宫室，患取土远，公乃令凿通衢取土，不日皆成巨堑。乃决汴水入堑中，引诸道竹木排筏及船运杂材，尽自堑中入至宫门。事毕，却以斥弃瓦砾灰尘壤实於堑中，复为街衢。一举而三役济，计省费以亿万计。）

9.1.2 国外工程造价管理简介

9.1.2.1 西方近代工程造价管理发展

西方国家在封建时代后期，如英国、荷兰等均以商业贸易立国，商品经济意识和契约精神主导社会，因此工程造价的核算发展较早。图 9-2 是古老的英国肯特郡的坎特伯雷大教堂。

以英国为例，16～18世纪是英国工程造价管理发展的第一阶段。这个时期，随着设计和施工分离并各自形成一个独立专业以后，施工工匠需要有人帮助他们对已完成的工程量进行测量和估价，以确定应得的报酬，这些人在英国被称为工料测量师。这时的工料测量师是在工程设计和工程完工以后去测量工程量和估算工程造价的，并要以工匠小组的名义与工程委托人和建筑师进行洽商。

图 9-2 英国肯特郡的坎特伯雷大教堂

资本主义社会化大生产的发展，使共同劳动的规模日益扩大，劳动分工和协作越来越细、越来越复杂，对工程建设的消耗进行科学管理也就越发重要。

从19世纪初期开始，资本主义国家在工程建设中开始推行招标承包商制，形势要求工料测量师在工程设计以后和开工以前就进行测量和估价，根据图纸算出实物工程量和汇编成工程清单，并为招标者确定标底或为投标者做出报价。从此，工程造价管理逐渐形成了独立的专业，1881年英国皇家测量师学会成立。这个时期通常称为工程造价管理发展的第二个阶段，完成了工程造价管理的第一次飞跃。至此，工程委托人能够做到在工程开工之前，预先了解到需要支付的投资额，但还不能做到在设计阶段就对工程项目所需的投资进行准确预计，并对设计进行有效的监督控制，往往在招标时或招标后才发现费用过高，投资不足，不得不中途停工或修改设计。业主为了使投资花得明智和恰当，为了使各种资源得到最有效的利用，迫切要求在设计的早期阶段以至在做投资决策时，就开始进行投资估算，并对设计进行控制，这是一个方面；另一方面，由于工程造价规划技术和分析方法的应用，工料测量师在设计过程中有可能相当准确地做出概预算，甚至可以在设计之前即做出估算，并可根据工程委托人的要求使工程造价控制在预期的限额以内。

从20世纪40年代开始，一个“投资计划和控制制度”就在英国等商品经济发达的国家应运而生。工程造价管理体制的发展进入了第三阶段，完成了工程造价管理的第二次飞跃。

从上述工程造价管理发展简史中不难看出，工程造价管理专业是随着工程建设的发展和商品经济的发展而产生并日臻完善的。这个发展过程归纳起来有以下特点：

（1）从事后算账发展到事先算账，即从最初只是消极地反映已完工程量的价格，逐步发展为在开工前进行工程量的计算和估价，进而发展到在初步设计时提出概算，在可行性研究时提出投资估算，成为业主做出投资决策的重要依据。

（2）从被动地反映设计和施工发展到能动地影响设计和施工。最初负责施工阶段工程造价的确定和结算，以后逐步发展到在设计阶段、投资决策阶段对工程造价做出预测，并对设计和施工过程投资的支出进行监督和控制，进行工程建设全过程的造价控制和管理。

（3）从依附于施工者或建筑师发展成一个独立的专业。例如在英国，有专业学会，有统一的业务职称评定和职业守则，不少高等院校也开设了工程造价管理专业，培养专门人才。

9.1.2.2 国外现代工程造价管理方法介绍

A 行之有效的政府间接调控

在国外，按项目投资来源渠道的不同，一般可划分为政府投资项目和私人投资项目。政府对建设工程造价的管理，主要采用间接手段，对政府投资项目和私人投资项目实施不同力度和深度的管理，重点控制政府投资项目。例如英国对政府投资工程采取集中管理的办法，按政府的有关面积标准、造价指标，在核定的投资范围内进行方案设计、施工设计，实行目标控制，不得突破。美国对政府的投资项目采用政府设专门机构对工程进行直接管理和通过公开招标委托承包商进行管理。对于私人投资项目，国外先进的工程造价管理一般都采用政府不干预的方式。政府通过定期发布信息资料，使私人投资者了解市场状况，尽可能使投资项目符合经济发展的需要。

B 有章可循的计价依据

从国外造价管理来看，一定的造价依据仍然是不可缺少的。美国对于工程造价计价的标准不由政府部门组织制订，也没有统一的工程项目造价计价依据和标准。工程造价计价的定额、指标、费用标准等，一般由各大型的工程咨询公司制订。各地的咨询机构，根据本地区的具体特点，制订出单位建筑面积的消耗量和基价作为所管辖项目的造价估算的标准。此外，美国联邦政府、州政府和地方政府也根据各自积累的工程造价资料，并参考各工程咨询公司有关造价的资料，分别对自管辖的政府工程项目制订相应的计价标准，作为项目费用估算的依据。

C 多渠道的工程造价信息

在市场经济社会中，能够及时、准确地捕捉建筑市场价格信息是业主和承包商保持竞争优势和取得盈利的关键。它是建筑产品估价和结算的重要依据，是建设市场价格变化的指示灯。在美国，建筑造价指数一般由一些咨询机构和新闻媒介来编制，如 ENR 造价指数。

D 造价工程师的动态估价

在美国，工程造价的估算主要由设计部门或专业估价公司来承担，造价估算师在具体编制工程造价估算时，除了考虑工程项目本身的特征因素（如项目拟采用的独特工艺和新技术、项目管理方式、现有场地条件以及资源获得的难易程度等）外，一般还对项目进行较为详细的风险分析，以确定适度的工程预备费，其比例并不固定，因项目风险程度大小而不同，对于风险较大的项目，预备费的比例较高，否则较小。造价估算师通过掌握不同的预备费率来调节造价估算的总体水平。

E 通用的合同文本

作为签订的契约，合同在国外工程造价管理中有着重要的地位，对双方都具有约束力，对于各方利益与义务的实现都有重要的意义。因此，国外都把严格按合同规定办事作为一项通用的准则来执行，并且有的国家还实行通用的合同文本。英国有着一套完整的标准建筑合同体系，包括 JCT（Joint Contract Trioual 联合合同化）合同系列、ACA（咨询顾问建筑师协会）合同系列、JCE（土木工程合同通用条文招标协议及保证金）合同系列。

F 项目实施过程中的造价控制

国外对工程造价的管理是以市场为中心的、动态的控制。造价工程师能对造价计划执行中所出现的问题及时分析研究，及时采取纠正措施，这种强调项目实施过程中的造价管理的做法，体现了造价控制的动态性，并且重视造价管理所具有的随环境、工作的进行以及价格等变化而调整造价控制标准和控制方法的动态特征。

9.1.3 我国现代工程造价管理体制的改革与发展

1949 年中华人民共和国成立后，全盘模仿引进了苏联高度集权的计划经济体制，项目建设绝大部分为国家投资。1950~1966 年，我国引进和吸收了苏联工程建设的经验，形成了一套标准设计和定额管理制度，相继颁布了多项规章制度和定额，初步建立了我国工程建设领域的概预算制度。

“大跃进”时期（1958~1960），“左”倾思潮泛滥，只算政治账，不算经济账。工程造价吃国家大锅饭，投资大撒手之风滋长。

“文革”时期（1966~1976 年），我国生产受到严重影响，经济下滑，工程管理制度被废止，项目建设过程浪费严重。

1976 年 10 月“文革”结束后，我国各项管理制度获得了整顿恢复。1978 年党的十一届三中全会确定走改革开放路线，中国经济走向了迅速发展的道路。

1984 年，中共十二届三中全会确认中国社会主义经济是公有制基础上的有计划的商品经济，这是全面进行经济体制改革的纲领性文献。

1990~1991 年，上海证券交易所和深圳证券交易所相续成立，成为企业融资和向现代股权制企业转型的平台。1993 年提出建立现代企业制度，企业将成为项目建设投资主体。同时，国家与地方分税制的建立，提高了地方投资建设的能力和积极性。

1993 年底，中共十四届三中全会召开，大会通过了《中共中央关于建立社会主义市场经济体制若干问题的决定》，勾画出社会主义市场经济体制的基本框架。

随着改革的不断深化和社会主义市场经济体制的建立，以及投资主体的变化，中国基本建设概预算管理的模式发生了巨大变化。在国家宏观调控的前提下，价格形成机制以市场价格为主，充分发挥市场经济“看不见的手”在社会资源配置中的调控作用。在工程造价管理方面，根据物价变动、市场供求变化、工程质量、完成工期等因素，对工程造价依照不同承包方式实行动态管理。

2000 年 1 月，《中华人民共和国招标投标法》正式实施。

2003 年，建设部推出了《建设工程工程量清单计价规范》（GB 50500—2003），建设工程计价依据第一次以国家强制性标准的形式出现，实现了从传统定额计价模式到工程量清单计价模式的转变。

2001 年 12 月，中国正式加入世界贸易组织（WTO）。互惠原则是 WTO 最为重要的原则之一，是指两成员方在国际贸易中相互给予对方贸易上的优惠待遇。中国融入世界经济体系。

2016 年 10 月，中国人民币（CNY）正式列入国际货币基金组织特别提款权 SDR 货币篮子，中国融入世界金融体系。

中国在工程造价管理体制和方法上已与国际惯例基本接轨。

9.1.4 工程造价的合理确定

工程造价计价特点之一是多次性计价，所谓工程造价的合理确定，就是在建设程序的各个阶段，采用科学的计算方法和切合实际的计价依据，合理确定投资估算、设计概算、施工图预算、承包合同价、结算价、竣工决算。建设程序各阶段工程造价确定示意图见图9-3。

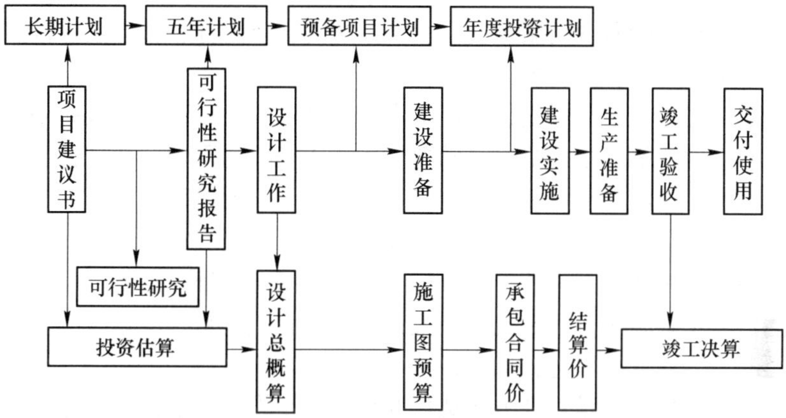

图 9-3　建设程序各阶段工程造价确定示意图

依据建设程序，工程造价的确定与工程建设阶段性工作的深度相适应。一般分为以下七个阶段：

（1）在项目建议书阶段，按照有关规定，应编制初步投资估算，经有权部门批准，作为拟建项目列入国家中长期计划和开展前期工作的控制造价。

（2）在可行性研究阶段，按照有关规定编制的投资估算，经有权部门批准，即为该项目国家计划控制造价。

（3）在初步设计阶段，按照有关规定编制的初步设计总概算，经有权部门批准，即为控制拟建项目工程造价的最高限额。对初步设计阶段，实行建设项目招标承包制签订承包合同协议的，其合同价也应在最高限价（总概算）相应的范围以内。

（4）在施工图设计阶段，按规定编制施工图预算，用以核实施工图阶段造价是否超过批准的初步设计概算。经承发包双方共同确认、有权部门审查通过的预算，即为结算工程价款的依据。

（5）对以施工图预算为基础招标投标的工程，承包合同价也是以经济合同形式确定的建筑安装工程造价。

（6）在工程实施阶段要按照承包方实际完成的工程量，以合同价为基础，同时考虑因物价上涨所引起的造价提高，以及设计中难以预计的而在实施阶段实际发生的工程和费用，合理确定结算价。

（7）在竣工验收阶段，全面汇集在工程建设过程中实际花费的全部费用，编制竣工决算，如实体现该建设工程的实际造价。

9.1.5 工程造价的有效控制

建设工程造价的有效控制是工程建设管理的重要组成部分。所谓建设工程造价控制，就是在投资决策阶段、设计阶段、建设项目发包阶段和建设实施阶段，把建设工程造价控制在批准的造价限额以内，随时纠正发生的偏差，以保证项目管理目标的实现，以求在各个项目中能合理使用人力、物力、财力，取得较好的投资效益和社会效益。

9.1.5.1 建设工程造价控制目标的设置

控制是为确保目标的实现而服务的。一个系统若没有目标，就无法进行控制。目标的设置应是很严肃的，应有科学的依据。

工程项目建设过程是一个周期长、数量大的生产消费过程，建设者在一定时间内占有的经验知识是有限的，不但常常受着科学条件和技术条件的限制，而且也受着客观过程的发展及其表现程度的限制，因而不可能在工程项目伊始，就能设置一个科学的、一成不变的造价控制目标，而只能设置一个大致造价控制目标，这就是投资估算。随着工程建设实践、认识、再实践、再认识，投资控制目标一步步清晰、准确，这就是设计概算、设计预算、承包合同价和工程结算价等。也就是说，建设工程造价目标的设置应是随着工程项目建设实践的不断深入而分阶段进行的。

具体来讲，投资估算应是设计方案选择和进行初步设计的建设工程造价控制目标；设计概算应是进行技术设计和施工图设计工程造价控制目标；设计预算或建安工程承包合同价则应是施工阶段控制建安工程造价的目标。造价控制目标是有机联系的整体，各阶段目标相互制约、相互补充，前者控制后者，后者补充前者，共同组成工程造价控制的目标系统。

目标既要有先进性又要有实现的可能性，目标水平要能激发执行者的进取心和充分发挥他们的工作能力。若目标水平太低，如对建设项目造价高估冒算，则对建设者缺乏激励性，建设者也没有发挥潜力的余地，目标形同虚设；若水平太高，如在建设项目立项时造价就留有缺口，建设者一再努力也无法达到，则可能产生灰心情绪，使工程造价控制成为一纸空文。

9.1.5.2 以设计阶段为重点的建设全过程造价控制

工程造价控制贯穿于项目建设全过程，这一点是没有疑义的，但是必须重点突出。很显然，工程造价控制的关键在于施工前的投资决策和设计阶段，而在项目做出投资决策后，控制工程造价的关键就在于设计。建设工程全寿命费用包括工程造价和工程交付使用后的经常开支费用（含经营费用、日常维护修理费用、使用期内大修理和局部更新费用）以及该项目使用期满的报废拆除费用等。据西方一些国家分析，设计费一般只相当于建设工程寿命费用的1%以下，但正是这少于1%的费用对工程造价的影响度占75%以上。由此可见，设计质量对整个工程的效益是至关重要的。图9-4是有色金属选矿厂工艺设计规范。

长期以来，我国普遍忽视工程建设项目前期工作阶段的造价控制，而往往把控制工程造价的主要精力放在施工阶段——审核施工图预算、合理结算建安工程价款，算细账。这样做尽管也有效果，但毕竟是“亡羊补牢”，事倍功半。要有效地控制建设工程造价，就要坚决地把控制重点转到建设前期阶段上来，当前尤其是抓住设计这个关键阶段，未雨绸缪，以取得事半功倍的效果。

9.1.5.3 主动控制，以取得令人满意的结果

长期以来，人们一直把控制理解为目标与实际值的比较，以及当实际偏离目标值时，分析其产生偏差的原因，并确定下一步的对策。对工程项目建设全过程进行这样的工程造价控制当然是有意义的。但问题在于，这种立足于“调查-分析-决策”基础上的“偏离-纠偏-再偏-再纠”的控制方法，只能发现偏离，不能使已产生的偏离消失，不能预防可能发生的偏离，只能说是被动控制。

自20世纪70年代初开始，人们将系统和控制论研究成果用于项目管理后，将“控制”立足事先主动地采取决策措施，以尽可能地减少以至避免目标值与实际值的偏离，这是主动的、积极的控制方法，因此，被称为主动控制。也就是说，工程造价控制要能动地影响投资决策，影响设计、发包和施工，主动控制工程造价。

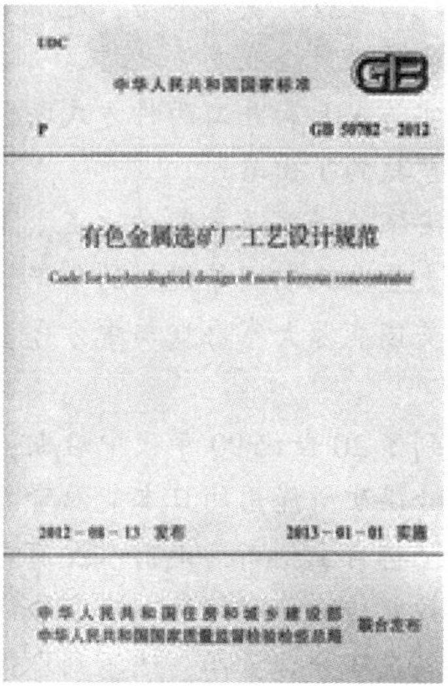

图 9-4 有色金属选矿厂工艺设计规范（GB 50782—2012）

9.1.5.4 技术与经济相结合是控制工程造价最有效的手段

要有效地控制工程造价，应从组织、技术、经济、合同与信息管理等多方面采取措施。从组织上采取的措施，包括明确项目组织结构，明确造价控制者及其任务以使造价控制有专人负责，明确管理职能分工；从技术上采取措施，包括重视设计多方案选择，严格审查监督初步设计、技术设计、施工图设计、施工组织设计，深入技术领域研究节约投资的可能；从经济上采取措施，包括动态地比较造价的计划值和实际值，严格审核各项费用支出，采取对节约投资的有力奖励措施等。

应该看到，技术与经济相结合是控制工程造价最有效的手段。对工程技术人员的技术方案研究和实施应用原则，可概括为：“技术上先进，经济上合理”。在工程建设过程中要通过技术比较、经济分析和效果评价，正确处理技术先进与经济合理两者之间的对立统一关系，把控制工程造价观念渗透到各项设计和施工技术措施之中。

9.1.6 工程造价控制与管理案例

［例9-2］ 安家岭煤矿：创新打开一片天地

身为中煤集团平朔公司安家岭煤矿的一名电铲司机，郭锐每天的工作是操作他的3006号电铲装煤。指着这台大家伙，郭锐得意地说：“这玩意儿一铲的煤量就相当于三个火车皮的煤量，一个轮胎就1万多美元。”

郭锐所操作的35m^{3}电铲在国内乃至国际的同行业中都是最先进的，需要进口。为了降低生产成本，在安家岭煤矿建设过程中，公司没有采用外委承包的方式进口，而是通过进口元件自行组装，使每台电铲节约资金50万元。

“在煤矿建设与生产中，有很多‘招儿’都是‘创’出来的。”中煤集团总工程师、平朔公司董事长张宝山感慨地说，安家岭煤矿作为我国首座露井联合开采大型煤矿项目，

能实现正式投产实属不易，是不断否定自我的创新精神让我们克服重重困难，走出一条独具特色的煤炭企业发展之路。

实施露天和井工两种方式联合开采设计；实现吨煤投资仅150多元，理念创新让安家岭煤矿找到了出路。

安家岭煤矿是我国“九五”期间利用日本政府能源贷款建设的重点项目，计划建成与安太堡露天矿同等规模的年产1500万吨煤的露天矿。安太堡露天矿是20世纪80年代初由美国能源大亨哈默与中方合资建设的，初期投资就达6.5亿美元，后来又追加16亿多元。

到了20世纪90年代中后期，建一个同等规模的露天矿大约需97.43亿元人民币。而安家岭煤矿所能用的日本能源贷款只有4亿美元。于是安家岭煤矿的建设者确定了工作思路：坚持自主创新，走前人没有走过的路。

按照传统采矿理论，安家岭煤矿的煤层赋存条件适于露天开采方式。但矿坑打开后发现：煤炭硫分含量高，达不到环保要求。这样的煤只能采一半，需要另外想办法配煤。而此时，各种原材料和土地征用费不断上涨，露天矿已投进去37亿元，剩下的10亿元不够完成后面所需投资。

中煤集团和平朔公司领导花了整整一年时间论证、研讨，先后做了16个方案，最终决定将安家岭煤矿由一个年产1500万吨的单一露天矿，改成一个年产1000万吨的露天矿加上一个年产500万吨的井工矿。设计总能力不变，但实现形式发生了根本变化。

理念的创新，为安家岭煤矿找到了出路。最终，安家岭煤矿以吨煤157元的投资标准，建成了中国最现代化的包括露天矿、井工矿、选煤厂、铁路等配套的煤炭项目。实现了投资比概算节省一半，产能有望翻番。

各项经济活动全部纳入合同管理的范畴；在国内率先实行国产设备业主厂家风险共担的反承包，管理制度创新让安家岭煤矿形成了自己的特色。

安家岭煤矿把建设期间的物资采购、工程承包、货物运输、保险、科技协作等各项经济活动全部纳入合同管理的范畴，各项经济活动均以合同为依据。在合同的发起和组织实施过程中，从技术比选、商务比选一直到最后敲定合同的综合比选，共十多个环节由不同的部门分段负责，保证了合同签订过程的公开、公平、公正。

在执行合同管理制上，安家岭煤矿真正做到了严格程序。一位负责合同管理的人员为逐页小签一份很长的电铲采购合同，用了整整9小时。

在“少花钱、迟花钱、多办事”理念的指导下，安家岭煤矿在国内率先实行了国产设备业主厂家风险共担的反承包。反承包的方式，便于厂家发挥专业技术优势更好地操作维护设备，降低了设备维修费用。安家岭煤矿通过反承包，生产能力达到了进口设备的能力，运营成本大大降低，还因此带动了国内制造业的发展。

吸收国内外先进技术自主攻关；采用综采放顶煤采煤工艺，每工效率可达120t，科技创新让安家岭煤矿实现了健康发展。

在安家岭煤矿井工矿的特殊地质条件下，采用综采放顶煤采煤工艺，国内没有先例，而进口设备每套需2.4亿元。于是，中煤集团决定集中集团力量，自主攻关制造井工矿综采设备。

经过反复优化方案，集团决定由中煤装备集团组织北京煤机厂、张家口煤机公司，联合煤科院开采所联合制造。通过吸收国内外先进技术，经过反复攻关，最终实现了千万吨级综采工作面重大装备国产化，拥有了自主知识产权，其造价仅为进口的一半。

实践证明，这套综采设备效果很好，每工效率可达到120t，已经达到国际先进水平。目前，俄罗斯已向我国订货。

如果说中美合作建成安太堡露天矿，曾使中国的煤炭开采技术实现了大幅跨越。那么，20年后，是敢为天下先的自主创新精神让我国自主设计、建设、管理的中煤集团平朔公司安家岭煤矿获得成功，并逐渐走上了一条健康发展的新型煤矿建设之路。图9-5是安家岭选煤厂（15Mt/a）。

图9-5 世界最大的选煤厂—— 中国山西省平朔矿务局安家岭选煤厂（15Mt/a）

（来源：新华网（2006年4月6日）；记者：何雨欣）

9.2 工程项目招标投标管理

9.2.1 工程项目招标投标的意义

工程建设项目招标投标亦即业主和承包商就某一特定工程进行商业交易和经济技术合作的行为过程。招标采购由于其充分的市场竞争行为可优化资源的配置，故而能给招标者带来最佳的经济利益，对投标者也起到了优胜劣汰的强大鞭策作用，所以它一诞生就具有强大的生命力。

英国早在18世纪就制定了有关政府部门公用品招标采购法律。世界市场经济国家的招标采购经过不断发展，现在已经形成一套比较完善的管理制度。许多国家以立法的形式规定工程建设项目的采购（包括相关的物资设备的采购），必须采用招标投标方式进行。

20世纪70年代末，中国进行了改革开放。中国打开国门，为实现四个现代化而努力吸取世界上先进的科学技术和管理经验。1984年国务院颁布暂行规定，提出改变行政手段分配建设任务，实行招标投标。其后颁布的《中华人民共和国招标投标法》自2000年起施行，《中华人民共和国招标投标法实施条例》自2011年起施行。

2003年，国家发展计划委等七部委发布了《工程建设项目施工招标投标办法》，并于2013年做了修订，具体规范了中国的工程项目施工招标投标过程标准和管理办法。

9.2.2 国际竞争性招标的程序

招标投标作为世界经济技术合作和国际贸易中普遍采用的重要方式，广泛地应用于建设工程项目的可行性研究、勘察设计、物资设备采购、建筑施工、设备安装等各个方面。

在国际上，影响最大的招标程序是世界银行的招标程序。世界银行的开发贷款项目资助了包括中国在内的众多发展中国家的建设。世界银行于 1985 年颁布、2004 年修订了以强化对招标采购的严密监管而著称的《国际复兴开发银行贷款和国际开发协会信贷采购指南》(Guidelines Procurement under IBRD Loans and IDA Credits)，主张工程项目的招标应尽量采用国际竞争性招标（international competitive bidding，ICB)，在实践中，世界银行的贷款总金额中国际竞争性招标也占了绝大多数，因此在此主要介绍国际竞争性招标程序。

(1) 总采购公告（general procurement notice)。及时将投标机会通知国际社会，在国际竞争性招标中是很重要的。世界银行要求，贷款项目中心以国际竞争性方式采购的货物和工程，借款人必须准备交世界银行一份总采购公告。

总采购公告应包括：项目国家；项目名称；资金来源及贷款；信贷号（如已确定的话)；有关项目的信息；采用国际竞争性招标方式采购的全部采购合同，或至少招标文件或资格预审文件、已开始准备的采购合同及其类目等。

(2) 进行资格预审。一个项目的具体采购合同是否要进行资格预审，应由借款人和世界银行充分协商后，在贷款协定中明确规定。资格预审首先要确定投标人是否有投标资格（eligibility)，在有优惠待遇的情况下，也可确定其是否有资格享受本国或地区优惠待遇。

除了确定投标资格外，资格预审的目的是为了审定可能的投标人是否有能力承担该项采购任务。审查内容主要为以下三个方面：1）经验和以往承担类似合同的成绩；2）为承担招标的合同任务配备的人员、设备和工厂设备的能力；3）财务情况。

(3) 准备招标文件。招标文件是评标及签订合同的依据。它向未来的投标人提供与所需采购的货物或工程有关的一切情况、投标应注意的一切事项和评标的具体标准。它还规定了业主与投标人之间的权利和义务，并提出授予合同后业主与供货人/承包商之间的权利义务关系，作为今后签订正式合同的基础。

(4) 具体合同招标广告（投标邀请书)。除了总采购公告外，借款人应将具体合同的投标机会及时通知国际社会。为此，应及时刊登具体合同的招标广告，即投标邀请书。

从发出广告到招标人做出反应之间有充分的时间，以便投标人进行准备。一般从刊登招标广告或发售招标文件算起，给予投标商准备投标的时间不得少于 45 天。工程项目通常为 60~90 天；大型工程或复杂的设备，投标准备时间应不少于 90 天；特殊情况长达 180 天。

(5) 开标。在招标文件《投标人须知》中应明确规定投交标书的地址、投标截止时间和开标时间及地点。投交标书的方式不得加以限制（如规定必须寄交某邮政信箱)，以免延误。应该允许投标人亲自或派代表投交标书。开标时间一般应是投标截止时间或紧接在截止时间之后。在投标截止期以后收到的标书，尤其是已经开始宣读标书以后收到的标书，一般都可以拒绝。

(6) 评标。

1) 审标。审标是先将各投标人提交的标书就一些技术性、程序性的问题加以澄清并初步筛选。例如，投标人是否具备投标资格、是否附有要求交纳的投标保证金、是否已按规定签字、是否在主要方面均符合招标文件提出的要求、是否有重大计算错误、其他方面是否都符合规定等。

2）评标。按招标文件明确规定的标准和评标方法评定各标书的评标价。评标时既要考虑报价，也要考虑其他因素。投标书如有各种与招标文件所列要求不重大的偏离，应按招标文件规定办法在评标中加以计算。有些问题则可以通过双方一同举行澄清会议，寻求一致意见，加以解决，然后按评标价高低，由低至高，评定各标书的评标次序。

3）资格定审。如果未经资格预审，则应对评标价最低标书的投标人进行资格定审。

世界银行认为：评审标书的目的是为了能在标书的评标价格基础上对各标书进行比较，以确定对借款人而言每份投标将需要多少费用，合同应授予评标价格最低的标书，但不一定是报价最低的标书。特别需要注意的是，世界银行认为：任何因标书超过或低于某一预告估定的投标报价即被自动淘汰的程序，均不允许采用。

（7）授予合同或拒绝所有投标。按照招标文件规定的标准，对所有符合要求的标书进行评标，得出结果后，应将合同授予标书评标价最低，并有足够人力财力资源的投标人。在正式授予合同之前，借款人应将评标报告连同授予合同的建议送交世界银行审查，征得其同意。

招标文件一般都规定借款人有拒绝所有投标的权利。借款人在采取这一行动之前应先与世界银行磋商，不能仅仅为了希望以更低价格采购到所需设备或工程而拒绝所有投标，再以同样的技术规格要求重新招标，但如果评标价最低的投标价也大大超出了原来的预算，则可以废弃所有投标而重新招标。或者作为替代办法，可在废弃所有投标后再与最低的投标人谈判协商，以求取得协议，如不成功，可与次低标的投标人谈判。如果所有投标均有重大方面不符合要求，或招标缺乏有效的竞争，借款人也可废弃所有投标而重新招标。

在废弃所有投标时，借款人应在重新招标前审查导致废弃所有投标的原因，并考虑是否应修改技术规格或对项目内容进行修改，或对两者都做修改，以求再度招标时不至重蹈覆辙。

（8）合同谈判和签订合同。中标人确定后，应尽快通知中标的投标商准备谈判。在正式通知授予合同后，业主就须与承包商进行合同谈判。但合同谈判并不是重新谈判投标价格和合同双方的权利义务，因为对投标价格的必要的调整已在评标的过程中确定；双方间的权利义务以及其他有关商务条款，招标文件中都已明确规定。谈判主要是确定有些技术性或商务性的问题。最后双方正式签订合同。

9.2.3 工程总承包模式及其招标投标程序

9.2.3.1 工程总承包模式

工程总承包是指从事工程总承包的企业受业主委托，按照合同约定对工程项目的可行性研究、勘察、设计、采购、施工、试运行（竣工验收）等实行全过程或若干阶段的承包。工程总承包企业对承包工程的质量、安全、工期、造价全面负责。工程总承包企业必须取得国家住建部或省市级颁发的相应资质证书。工程总承包模式可分为两大类模式：过程内容模式和融资运营模式。

（1）过程内容模式。

1）E+P+C 模式（设计-采购-施工）——交钥匙总承包。设计采购施工总承包

（EPC，即 engineering（设计）、procurement（采购）、construction（施工）的组合），是指工程总承包企业按照合同约定，承担工程项目的设计、采购、施工、试运行服务等工作，并对承包工程的质量、安全、工期、造价全面负责，是我国目前推行总承包模式最主要的一种。

交钥匙总承包是设计采购施工总承包业务和责任的延伸，最终是向业主提交一个满足使用功能、具备使用条件的工程项目。

2）E+P+CM 模式。设计采购与施工管理总承包（EPCM，即 engineering（设计）、procurement（采购）、construction management（施工管理）的组合），是国际建筑市场较为通行的项目支付与管理模式之一，也是我国目前推行总承包模式的一种。EPCM 承包商是通过业主委托或招标而确定的，承包商与业主直接签订合同，对工程的设计、材料设备供应、施工管理进行全面负责。根据业主提出的投资意图和要求，通过招标为业主选择、推荐最合适的分包商来完成设计、采购、施工任务。设计、采购分包商对 EPCM 承包商负责，而施工分包商则不与 EPCM 承包商签订合同，但其接受 EPCM 承包商的管理，施工分包商直接与业主具有合同关系。因此，EPCM 承包商无须承担施工合同风险和经济风险。当 EPCM 总承包模式实施一次性总报价方式支付时，EPCM 承包商的经济风险被控制在一定的范围内，承包商承担的经济风险相对较小，获利较为稳定。

3）设计+施工总承包（D+B）。设计-施工总承包是指工程总承包企业按照合同约定，承担工程项目设计和施工，并对承包工程的质量、安全、工期、造价全面负责。

（2）融资运营模式。融资运营模式包括项目 BOT 模式和项目 BT 模式，参见本书 5.3.2 小节。

9.2.3.2 建设项目总承包的招标投标程序

工程总承包投标，简单地讲，就是对一个建设项目的建设全过程，即从可行性研究开始，经勘察设计、材料及设备采购、施工准备、建筑施工、设备安装、生产准备到竣工验收投产的总体投标承包。国内建设项目除民用建筑及公共（用）工程外，工业交通建设项目工程总承包招标一般由初步设计阶段开始，到竣工验收交付生产（营运）后保修服务止。

建设项目总承包招投标又叫建设项目全过程招投标，在国外称之为“交钥匙”承包方式。它是指从项目建议书开始，包括可行性研究报告、勘察设计、设备材料询价与采购、工程施工、生产准备、投料试车，直到竣工投产、交付使用全面实行招标；工程总承包企业根据建设单位提出的工程使用要求，对项目建设书、可行性研究、勘察设计、设备询价与选购、材料订货、工程施工、职工培训、试生产、竣工投产等实行全面报价投标。

建设项目总承包招标投标程序为：

（1）编制招标文件。工程建设项目具备总承包招标发包条件后，由项目主管部门或建设单位编制招标文件，其主要内容有：综合说明书、工程款项支付方式、工程质量要求、合同主要条款、投标须知及投标起止日期和定标日期、地点等。

（2）投标单位报送标书。招标文件编妥后，通过公开或邀请等方式进行招标。投标的总承包单位按招标文件内容和要求拟定标书，报送招标单位。

（3）评标和定标。招标单位收到各投标单位的标书后组织定标，通过不同方法评标，选定最佳方案和相应的总承包单位。

(4) 中标单位提交可行性研究报告。中标的总承包单位在承接工程建设任务后，进行项目可行性研究，提出可行性研究报告交招标单位，经其审查同意后，由招标单位向工程建设项目审批机关报送。

(5) 总承包单位进行分包。可行性研究报告经批准后，总承包公司即可按照程序，分别组织勘察设计招标、材料设备生产供应招标和工程施工招标，并分别签订合同。

[例 9-3] **工程总承包项目招标**

五矿铜业（湖南）有限公司金铜项目渣选矿区 1500 吨/日冶炼渣综合回收工程 EPC 总承包招标公告（招标编号：0716-1440HN820581）

(1) 招标内容：建设 1500 吨/日冶炼渣综合回收工程，处理金铜项目冶炼过程中产生含铜 2.5%~4%的底吹熔炼渣及转炉渣，回收铜冶炼中的有价金属。从设计、施工、设备采购、试运行（竣工验收）、操作培训、技术文件移交、性能考核验收等全过程实行工程 EPC 总承包。提交总承包报价。

(2) 工程建设地点和工期：湖南常宁市松柏镇；2015 年 1 月~2015 年 12 月。

(3) 质量标准和保修承诺：合格；按国家相关法律法规要求。

(4) 投标人资格标准：

1) 具有独立法人资格和相应资产，具有良好的银行资信和商业信誉。

2) 投标人应具备工程设计冶金行业甲级资质，且注册资金不低于 10000 万元人民币。

3) 通过 ISO9000 系列质量管理体系认证，且证书在有效期内。

4) 投标人拟投入本项目的总设计师必须持有选矿高级工程师证书，项目组其他工程技术和经济管理人员、现场管理人员应具备相应资质证书或技术职称。

5) 具有近 5 年（从 2009 年 10 月 1 日起，以合同签订时间为准，提供合同复印件，验看原件）承担过选矿工程项目设计或设计施工总承包等相关业绩。

(5) 招标文件获取和联系方式：（略）。

(6) 投标文件递交地点和开标地点：湖南省招标投标交易中心。

(7) 投标截止日期和开标日期：2014 年 11 月 25 日上午 9：00 时（北京时间）。投标人必须在开标时提供包括但不限于以下原件：1）企业营业执照副本；2）工程设计冶金行业甲级资质证书；3）ISO9000 系列质量管理体系认证证书；4）总设计师的选矿高级工程师证书；5）类似业绩证明材料（合同或协议书）；6）法定代表人身份证。

[例 9-4] **工程施工项目招标**

金堆城钼业股份有限公司《选矿工艺升级改造项目》电信专业安装工程项目招标公告

(1) 资质要求。

1) 具有独立法人资格；营业执照、税务登记证等必须经过年检并加盖单位公章。在安防领域具有优良业绩和信誉的单位。

2) 具有技防工程施工一级资质或甲级资质。

3) 具有计算机信息系统集成资质。

4) 具有建筑智能化工程专业三级以上资质。

5) 供货商资金运转正常，财务状况良好且具有承担该项目建设能力。

(2) 项目主要内容：工业电视监控、语音通信、火灾报警、设备智能巡检系统安装工程。

(3) 报名。

1) 报名时间：2009 年 12 月 7 日起，12 月 10 日止（报名前请先电话联系）。

2) 报名地点：金堆城钼业股份有限公司经济运行部。

3) 报名时请携带：①资质要求中的所有证件、同等规模业绩合同原件及复印件以备资质预审。②单位介绍信、报名人身份证等证件。

9.2.4 工程项目的投标决策与报价

9.2.4.1 工程项目的投标决策与准备程序

投标，也叫报价，即投标者根据招标者的招标条件，以报价的形式争取拿到承包项目。是否参与某工程项目投标的决策影响因素有：

(1) 承包商自身因素。包括企业工作任务量；资金状况；人员、机具状况；对企业未来的影响等。

(2) 工程方面的因素。包括工程项目的性质、规模、复杂程度；工期要求；自然条件及工程现场条件；工程项目所在国和地区的情况等。

(3) 招标者的因素。招标者的信用、实力、背景调查。

(4) 竞争对手的情况。参与同一项目投标的竞争对手公司的情况调查，其可能报价的预评估。

决策过程的分析方法参见 7.1.4 小节。当承包商决策参与该工程项目的投标后，投标准备程序应包括：仔细研究招标文件；进行投资环境的调查；对招标者的调查；物色代理人及合作者；办理注册手续。

在标书的编制准备中，应分析招标文件，校核工程量；编制施工方案和施工进度计划；进行设备询价；选择施工机具；编制报价项目单价表，计算工程标价。

为增加中标的可能性，可以考虑与其他具备特定强项的企业合作联合投标。

9.2.4.2 工程总承包的投标报价

报价是投标最关键的环节。投标企业应充分挖掘自身潜力，在可行前提下努力降低报价，增加中标的可能性。如果评标标准包含质量资质要求，有自信和实力的承包商也可考虑优质优价的报价策略。

对不同的承包业务范围，报价的计算方式也就不同。一般承包的业务范围包括：

第一，项目前期服务；第二，设计的服务；第三，招标服务；第四，工程监理；第五，施工管理；第六，物资采购咨询服务；第七，总承包，即交钥匙工程，不仅包括第一至第六的全部内容，有时要包括试生产达设计能力。

对上面七种业务范围的承包报价可划分为两大类，即设计、监理、咨询服务类和工程施工类。

(1) 设计、监理、咨询服务类的报价。常用的计费方法有：

1) 按工程建设费用的某百分比费率计酬。采用此种方法不仅要明确服务范围，还要确定提取百分比的建设费用基数如何计算。

2) 承包商按某一固定金额收费。采用此种方法需要承包商编制报价书。

3) 按工时工资加一定比例管理费计价。采用此种方法关键要确定合理的工时标准。

4）混合报价法，即以上述三种方法为基础，不同阶段用不同的方法。如设计按1）、监理按2）、其他按3），则对承包商有利。

（2）工程施工报价法。此法的主要步骤为：

1）核算工程量。

2）计算基础单价。

3）计算分摊费用。

4）单价分解。

5）编制报价项目单价汇总表，再加入分转包出去的分项工程分包和转包价，即得出初步标价。

9.2.4.3 工程总承包合同价的确定和合同类型

A 总承包合同价的确定

总承包合同即统包合同，又称为“交钥匙”合同。确定工程总承包合同价的一般步骤为：

第一，建设单位请总承包商作拟建项目的可行性研究；总承包合同在提出可行性研究的同时，提出初步设计和工程概算所需的时间和费用。

第二，建设单位委托总承包商作初步设计，同时着手进行现场的有关施工准备。

第三，建设单位委托总承包商作施工图设计，同时着手组织施工。

统包合同每进行一个程序都要签订合同，并规定出应给中标单位的报酬金额。由于设计逐步深入，概算和预算也是逐步完成的，所以，建设单位的工作也要随着设计的进展情况来逐步进行，需要根据前一步工作的结果来决定是否进行下一步的工作。在这种情况下，只能采用成本加酬金的合同方式，具体应根据实际情况，由招标单位与中标单位协商而定。

B 成本加酬金的合同方式

成本加酬金合同也称为成本补偿合同，工程施工的最终合同价格将按照工程实际成本再加上一定的酬金进行计算。在合同签订时，工程实际成本往往不能确定，只能确定酬金的取值比例或者计算原则，由业主向承包单位支付工程项目的实际成本，并按事先约定的某一种方式支付酬金的合同类型。这类合同中，业主承担项目实际发生的一切费用，因此也就承担了项目的全部风险。但是承包单位由于无风险，其报酬也就较低了。

成本加酬金合同的主要形式有：成本加固定费用合同、成本加固定比例费用合同、成本加奖金合同、最大成本加费用合同。

C 单价合同方式

单价合同是承包人在投标时，按招投标文件就分部分项工程所列出的工程量表确定各分部分项工程费用的合同类型。这类合同的适用范围比较宽，其风险可以得到合理的分摊，并且能鼓励承包商通过提高工效等手段节约成本，提高利润。

D 固定总价合同方式

在实践中，也有采用固定总价合同的形式，总价一次包死，承包商完成招标文件规定的全部项目。采用这种合同，对建设单位比较简便，一般适用于图纸完整齐备，工程风险不大，技术不太复杂，工程不太大，工期不太长者。但对承包商来说，风险较大，所以采用得不是很多。

9.2.4.4 工程总承包合同书

2011 年，中国住房和城乡建设部制定了 GF-011-016《建设项目工程总承包合同示范文本（试行）》，规定总承包合同由合同协议书、通用条款和专用条款三部分组成，其中的合同协议书范本见图 9-6，可参照使用。

第一部分 合同协议书

发包人（全称）____________________

承包人（全称）____________________

依照《中华人民共和国合同法》《中华人民共和国建筑法》《中华人民共和国招标投标法》及相关法律、行政法规，遵循平等、自愿、公平和诚信原则，合同双方就________项目工程总承包事宜经协商一致，订立本合同。

一、工程概况

工程名称：____________________

工程批准、核准或备案文号：____________________

工程内容及规模：____________________

工程所在省市详细地址：____________________

工程承包范围：____________________

二、工程主要生产技术（或建筑设计方案）来源

____

三、主要日期

设计开工日期(绝对日期或相对日期)：____________________

施工开工日期(绝对日期或相对日期)：____________________

工程竣工日期(绝对日期或相对日期)：____________________

四、工程质量标准

工程设计质量标准：____________________

工程施工质量标准：____________________

五、合同价格和付款货币

合同价格为人民币（大写）：____ 元（小写金额：____ 元）。详见合同价格清单分项表。除根据合同约定的在工程实施过程中需进行增减的款项外，合同价格不作调整。

六、定义与解释

本协议书中有关词语的含义与通用条款中赋予的定义与解释相同。

七、合同生效

本合同在以下条件全部满足之后生效：____________________

发包人：	承包人：
（公章或合同专用章）	（公章或合同专用章）
法定代表人或其授权代表：	法定代表人或其授权代表：
（签字）	（签字）
工商注册住所：	工商注册住所：
企业组织机构代码：	企业组织机构代码：
开户银行：	开户银行：
账　号：	账　号：

合同订立时间：________ 年______ 月______ 日

合同订立地点：____________________

图 9-6 GF-011-016 规定的工程总承包合同协议书部分的范本

9.3 工程项目建设过程管理

9.3.1 工程项目建设管理的内容

9.3.1.1 项目计划

项目计划是项目组织根据项目目标的规定要求，对项目实施工作进行的各项活动做出的合理安排。它系统地确定项目的任务、进度和完成任务所需要的资源等，使项目在合理的工期内，以尽可能低的成本和尽可能高的质量来完成。任何项目的管理都要从制定项目计划开始，项目计划是确定项目协调、控制方法和程序的基础及依据，项目的成败首先取决于项目计划工作的质量。项目计划作为项目执行的法律，是项目中各项工作开展的基础，也是项目经理和项目工作人员的工作依据和行动指南。项目计划作为规定和评价各级执行人的责、权、利的依据，对于任何范围的变化都是一个参照点，从而成为对项目进行评价和控制的标准。

项目计划按其作用和服务对象可以分为四个层次，即决策型计划、管理型计划、执行型计划、作业型计划。项目计划按其活动内容分类，主要有项目主体计划、进度计划、费用计划、资源计划等。项目计划的具体内容包括：工作计划、人员组织计划、采购供应计划、资源供应计划、变更计划、进度报告计划、财务计划、文件控制计划、应急计划、支

持计划等。

9.3.1.2　合同管理

工程建设合同，包括勘察设计合同、施工合同、物资采购合同、建设监理合同以及建设项目实施过程所必需的其他经济合同，都是业主和参与项目实施的各主体之间明确责任权利关系的具有法律效力的协议文件，也是运用市场经济体制组织项目实施的基本手段。从某种意义上说，项目的实施过程，也就是工程建设合同订立和履行的过程，一切合同所赋予的责任权利履行到位之日，也就是建设工程项目实施完成之时。建设合同管理，主要是指对各类合同的依法订立过程和履行过程的管理，包括合同文本的选择，合同条件的协商、谈判，合同书的签署，合同履行、检查、变更、违约、纠纷的处理，总结评价等。

9.3.1.3　项目组织

组织是人们为了达到某种共同的目标而结成的统一体，包括组织结构和组织活动。项目组织结构设计的原则是精干高效、分工协作、责权对等、统一指挥、有效管理幅度及灵活性。组织结构形式有直线制、职能制、直线职能制、事业部制等，可以根据项目的具体情况设置。

项目的直接与主要管理者一般是项目经理。项目经理受建设公司委托，对项目实行全面领导，统一指挥，全面负责项目目标的实现。

图 9-7 为直线制的项目组织形式，图 9-8 为矩阵制的项目组织形式。

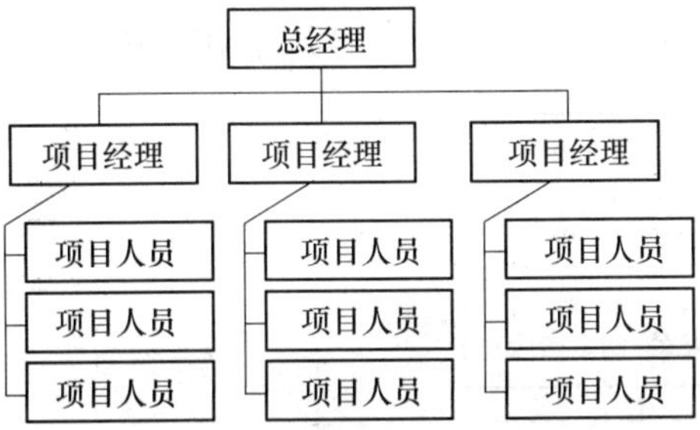

图 9-7　直线制的项目组织形式

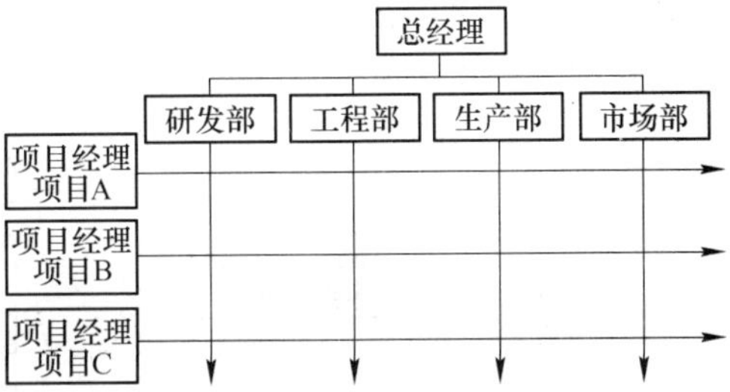

图 9-8　矩阵制的项目组织形式

建设项目组织协调活动是项目管理的职能。在项目实施过程中，各个项目参与单位需要处理和调整众多复杂的业务组织关系，主要内容包括：

（1）外部环境协调，指与政府管理部门之间的协调，如规划、城建、市政、消防、人防、环保、城管部门的协调；资源供应方面的协调，如供水、供电、供热、电信、通信、运输和排水等方面的协调；生产要素方面的协调，如图纸、材料、设备、劳动力方面的协调；社区环境方面的协调等。

（2）项目参与单位之间的协调，主要有业主、监理单位、设计单位、施工单位、供货单位等之间的协调。

（3）项目参与单位内部的协调，指项目参与单位内部各部门、各层次之间及个人之间的协调。

9.3.1.4　项目控制

目标控制是建设项目管理的重要职能，它是指项目管理人员在不断变化的动态环境中，为保证既定计划目标的实现而进行的一系列检查和调整活动的过程，也就是项目控制机构按预先设定的目标值，对被控对象在实施过程中不断进行调查和分析，将实际状况与计划目标进行比较，找出偏差，并采取措施加以调节和纠正，以使其满足预定目标的要求。

项目控制过程如图 9-9 所示，其主要环节的具体内容如下：

（1）预定目标值设定。预定目标一般用一系列计划指标值来反映，例如项目工期、成本、质量等数值。为了便于控制，有时还必须将控制目标值按不同对象、不同层次、不同内容等进行分解。

（2）信息调查和收集。这是实现信息反馈的主要步骤，是实施控制的依据，既包括已发生的项目实际状况、外部环境变化等信息，还应包括对未来事态发展趋势的预测信息。具体方法包括直接观察法、统计分析法、例会报告法等。

（3）比较和分析。通过将预定目标值与实际状况进行对比，可以找出工程实施过程中的目标偏差，从实际努力程度、客观条件变化等方面分析其产生的原因，以便进一步采取措施。

（4）纠偏与调整。根据偏差的程度，采取相应措施，以保证既定目标的实现；或者调整预定目标，重新制订新的实施方案。

建设项目目标控制的主要任务就是采用规划、组织、协调等手段，从多方面采取措施，包括组织措施、技术措施、经济措施与合同措施等，确保项目总目标的最优实现。项目目标控制的任务贯穿在项目前期策划、勘察设计、施工、竣工交付等各个阶段。建设单位必须根据各自的工程性质、任务和特点，制定详细的目标规划，明确控制要求。

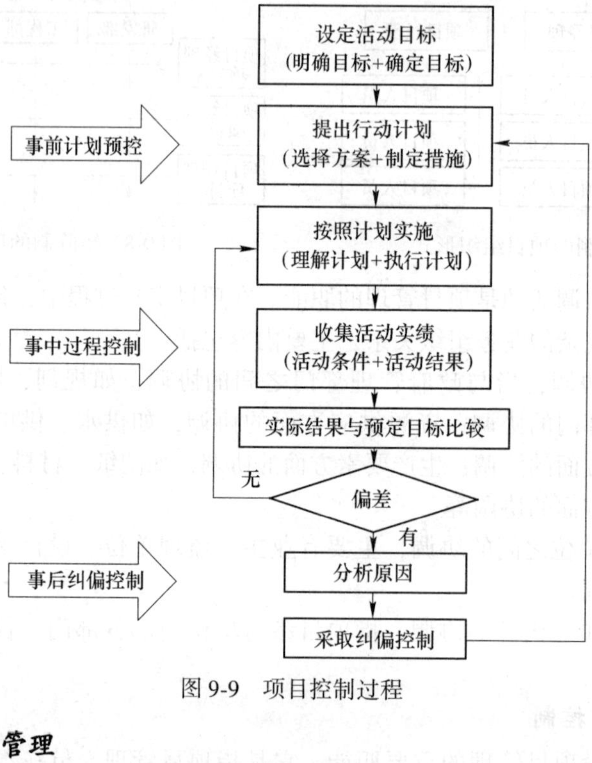

图 9-9　项目控制过程

9.3.1.5　信息管理

所谓项目信息管理，主要是指对有关建设项目的各类信息的收集、储存、加工整理、传递与使用等一系列工作的总称。信息管理是建设项目管理的基础工作，是实现项目目标控制的保证，其主要任务就是及时、准确地向项目管理各级领导、各参加单位及各类人员提供所需的综合程度不同的信息，以便在项目进展的全过程中，动态地进行项目规划，迅速正确地进行各种决策，并及时检查决策执行结果，反映工程实施中暴露的各类问题，为项目总目标服务。

信息管理工作的好坏，将会直接影响项目管理的成败。为了做好信息管理工作，需要把握以下几个环节：

（1）信息的收集，并建立一套完整的信息采集制度。

（2）信息的检索和传递，做好编目分类和流程设计工作，拟定科学查找的方法和手段。

（3）信息的采用，充分利用现有的信息资源。

9.3.1.6 环境保护

工程建设既可以改造环境为人类造福，优秀的设计作品可以增添社会景观，给人们带来观赏价值，但一个建设项目的实施过程的结果，同时也存在着影响甚至恶化环境的种种因素。因此，应在工程建设中强化环保意识，切实有效地把环境保护作为项目管理的重要任务之一。

项目管理者必须充分研究和掌握国家和地区的有关环保法规和规定，在项目可行性研究和决策阶段，必须提出环境影响报告及其对策措施，并评估其措施的可行性和有效性，严格按建设程序向环保管理部门报批。在项目实施阶段，做到主体工程与环保措施工程同步设计、同步施工、同步投入运行。在工程施工承发包中，必须把依法做好环保工作列为重要的合同条件加以落实，并在施工方案的审查和施工过程中，始终把落实环保措施、克服建设公害作为重要的内容予以密切注视。

9.3.2 工程项目建设的进度管理

按期完成项目建设，是项目建设管理的重要内容之一。项目进度表被用于组织项目中的各项工作。在项目控制阶段，它被用于跟踪并汇报需做工作的完成情况。

9.3.2.1 项目结构分解图（WBS图）

项目结构分解是将整个项目分解成互相独立、互相影响、互相联系的活动。在国外的项目管理中，人们将这项工作的结果称为工作分解结构，即 WBS（work breakdown structure）。

项目结构分解图（WBS图）是将项目按照其内在结构或实施过程的顺序进行逐层分解而形成的结构示意图。它可以将项目分解到相对独立的、内容单一的、易于成本核算与检查的项目单元，并能把各项目单元在项目中的地位与构成直观地表示出来。为了简化WBS的信息交流过程，常利用编码技术对WBS进行信息转换。WBS编码由4位数组成。第一位数表示处于0级的整个项目；第二位数表示处于1级的子项目单元（或子项目）的编码；第三位数是处于2级的具体项目单元的编码；第四位数是处于3级的更细更具体的项目单元的编码。编码的每一位数字，由左至右表示不同的级别，即第一位代表0级，第二位代表1级，第三位代表2级，第四位代表3级。

WBS图是实施项目、创造最终产品或服务所必须进行的全部活动的一张清单，也是进度计划、人员分配、预算计划的基础。

鲁布革水电站是我国首个利用世界银行贷款建设和采用现代项目管理方法的项目，对部分工程实行国际竞争性招标，在全国率先实行项目管理，以“鲁布革经验”在全国建筑行业产生了巨大影响，是我国项目管理实践的一个具有里程碑意义的成功典范。图9-10是该项目的WBS图和编码。

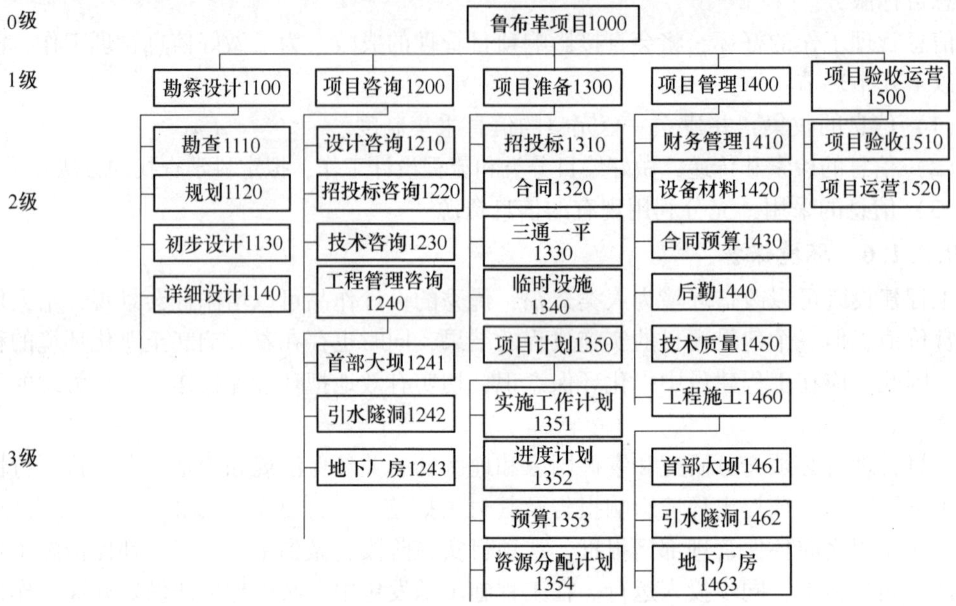

图9-10 鲁布革水电站的项目WBS图和编码

9.3.2.2 项目进度表——甘特图

项目进度表也称为甘特图（Gantt chart）。甘特（Henry L. Gantt，1861~1919），科学管理的倡导者之一，1887年结识被称为科学管理之父的泰罗（F. W. Taylor），并共同工作14年。甘特为20世纪的科学管理做出了巨大贡献，其中他发明的计划进度控制图表——甘特图，被誉为20世纪科学管理的重大贡献之一。甘特图是一种用于项目计划与进度安排的工具，由于它简单明了，至今在企业管理中仍被广泛应用。目前也有甘特图的计算机软件。

在项目管理中，甘特图是经常用来控制项目进程的一种方法。它把项目的计划和进度安排两种职能有效组合在一起。

在建立项目进度表时需要经过以下三个步骤：

步骤1：沿着纵轴列出项目中的各项工作。

步骤2：将横轴分割为适当的时间段。

步骤3：画出代表工作所需时间长度的水平线。

图9-11是一新设备安装项目的实际进度与计划进度比较的甘特图。活动在图的左侧纵向列出，每项活动预计需用的时间由表示活动完成预计延续时间长短的线段或横条表示。可在图中加入一列来表示每项活动由谁负责。

在甘特图中，绘制活动线段或横条的人必须清楚活动之间的相互关系，即哪些活动在其他活动开始以前必须完成，哪些活动可以同时进行。传统甘特图的主要缺点之一是它不

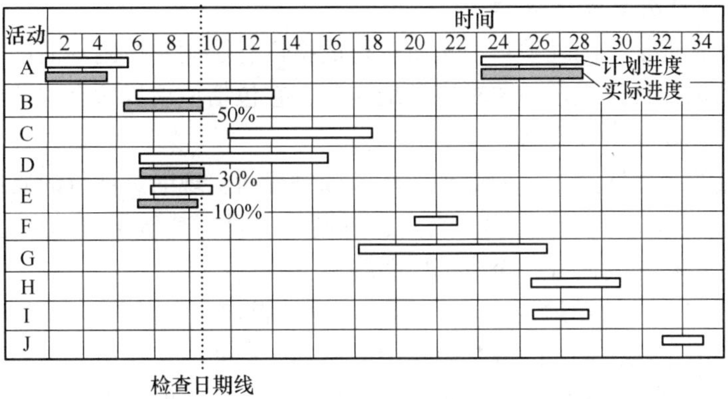

图 9-11 实际进度与计划进度的甘特图比较

以图解的方式表达活动之间的相互关系。因此，如果一项活动被延误，其他哪些活动会受到影响不能被明显地表示出来。不过，目前大多数项目管理软件可以提供应用连接箭头表示活动间相互依存关系的甘特图。

将实际进度数据与计划进度数据进行比较，可以确定项目实际执行状况与计划目标之间的差距。为了直观反映实际进度偏差，通常采用表格或图形进行实际进度与计划进度的对比分析，从而得出实际进度比计划进度超前、滞后还是一致的结论。

将甘特图用于进行项目进度控制时，一般用一道竖线表示此刻的时间（即当天），这样甘特图的使用者可以清楚了解项目目前的进程，便于项目进度控制。

9.3.2.3 项目进度控制与调整

在项目实施过程中，及时、准确地掌握项目进度的实际情况是对项目进度进行有效控制的基础。项目实际进度与计划进度的比较分析常用甘特图法。

常见的工程项目进度拖延的原因有：

（1）工程项目各相关单位之间的协调配合不足。

（2）工程变更，如设计变更等。

（3）风险因素，包括政治、经济、技术及自然等方面的各种预见或不可预见因素。

（4）工期及相关计划的失误和管理过程的失误。计划工期及进度计划超出现实可能性；管理过程中的失误，如计划部门与实施者之间，总、分包商之间，业主和承包商之间缺少沟通，工作脱节等。

当项目实际进度偏离计划进度，并对项目进度计划的总目标或后续工作产生影响时，就必须根据项目实施的现有条件，对项目进度计划加以调整，以保证进度目标的实现。进度计划调整方法主要有：

（1）调整工作顺序，改变某些工作间的逻辑关系。

（2）采取措施强化投入人力、物力、财力资源，缩短关键线路上后续工作的持续时间。

9.3.3 项目质量管理

规范工程项目建设质量管理的主要法规是中国国务院 2000 年发布的《建设工程质量管理条例》。

9.3.3.1　项目质量管理过程

项目的质量管理是指围绕项目质量所进行的指挥、协调和控制等活动。进行项目质量管理的目的是确保项目按规定的要求满意地实现，它包括使项目所有的功能活动能够按照原有的质量及目标要求得以实施。

项目的质量管理是通过一系列活动、环节和过程而实现的。项目的质量计划应对这些活动、环节、过程加以识别和明确。当然，不同的项目，其质量管理的运行过程亦有区别，但就其运行过程计划而言，至少都应明确以下几点：

（1）项目质量环。简单地说，项目质量环就是影响项目质量的各个环节，是从识别需要到评定能否满足这些需要的各个阶段中，影响质量的相互作用活动的概念模式。不同的项目，其质量环也有所不同。例如，施工项目的质量环一般是由八个阶段构成的，如图9-12所示。

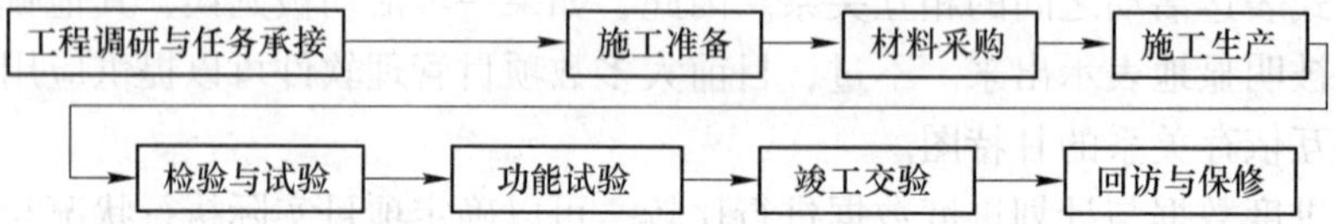

图 9-12　施工项目质量环

（2）质量管理程序。应明确项目不同阶段质量管理内容和重点，明确质量管理的工作流程等问题。

（3）质量管理措施。质量管理措施包括质量管理技术措施、组织措施等。

（4）质量管理方法。质量管理方法包括项目质量控制方法、质量评价方法等。

9.3.3.2　项目质量控制

质量控制是质量管理的一部分，其目的就是确保项目质量计划所提出的各项质量目标，如项目的性能性目标、可靠性目标、安全性目标、经济性目标、时间性目标和环境适应性目标等。质量控制是在整个项目形成的每个阶段和环节，对影响其工作及质量的因素进行控制，以保证项目最终符合所规定的质量要求。

影响项目质量的因素主要有五大方面：人、材料、设备、方法和环境。对这五方面因素的控制和保证其质量，是保证项目质量的关键。

9.4　项目建设管理案例

[例 9-5]　鲁布革冲击

鲁布革工程是我国一座普通大型水电站，位于云南省罗平县与贵州省兴义市交界的黄泥河下游河段。由于这项工程在我国率先利用世界银行外资，对工程的一些建设项目率先实行国际招标，率先采用现代项目管理方法，对当时我国工程建设在管理体制、劳动生产率和报酬分配等方面产生了重大影响，因此被称为“鲁布革冲击”。

中国在长期的计划经济年代，形成了建设投资和施工吃国家大锅饭的局面，各行业条块分割，各专业工程局往往成了各部委下属管理的事业单位，任务靠分配，资金靠拨款，报酬干好干坏都一样。这造成了大量的建设工程施工质量和进度不高，造价偏高。

1978年，中国的改革开放起步，中国开始打开国门，吸收来自海外的建设资金，同时吸取来自国外的各种先进科学技术和管理理念。

1981年6月，国家批准建设装机60万千瓦的鲁布革水电站，并被列为当时的国家重点工程。开工3年后的1984年4月，原水利电力部决定在鲁布革工程采用世界银行贷款。当时正值改革开放的初期，鲁布革工程是我国第一个利用世界银行贷款的基本建设项目。按照世界银行的要求，对引水隧洞工程的施工及主要机电设备实行了国际竞争性招标。引水隧洞工程标底为14958万元。在中国、日本、挪威、意大利、美国、德国、南斯拉夫、法国8国承包商的竞争中，日本大成公司中标，比标底价低了43%！

日本大成建设集团公司是日本最大的建筑公司和世界上最大的建筑公司之一，承担过日本国内和海外的许多著名项目的建设工作，拥有丰富的建设业绩和项目建设管理经验。大成公司的管理以质量和技术为基石，以信息化为依托，以技术和管理人才的培养为主线，从基础管理入手，夯实管理的每一环节，为建筑施工企业发展树立了榜样。

大成公司在建设过程中实行了国际通行的工程监理制（工程师制）和项目法人责任制等管理办法。在施工组织上，大成公司推行项目法施工管理，实行项目经理责任制，全面负责工期、质量、成本，统一指挥生产、劳动力及物资供应。同时，项目部与本部的组织关系是矩阵式的。在横向，项目部的所有成员统归项目经理领导，项目经理与总部领导和各职能部门随时保持密切联系，汇报工程项目进展情况和需要总部解决的问题。在纵向，项目部的每个人还要以原所在总部部门为后盾，服从原部门领导的业务指导和调遣。矩阵制组织横纵向的密切配合，既保证项目的急需，又提高了人员的效率，显示高效的优势。在项目管理上，采用各种科学管理方法，如项目控制的WBS图（见图9-10）。

在鲁布革工程施工现场，日本大成公司派出的鲁布革项目经理及下属的管理和技术人员仅30人左右，雇用我国水电十四局的400多职工，由中国工长领导施工。鲁布革项目经理对下属的中国施工队采用合同制管理，明确施工项目内容、质量、进度和造价的要求，与施工队的报酬挂钩并制定了高额的奖惩条例，通过日方技术监理人员的严格检查验收后予以财务兑现。这大大激发了中国施工队的工作潜力和施工效率，他们开挖23个月，单头月平均进尺222.5m，相当于我国同类工程的2~2.5倍；在开挖直径8.8m的圆形发电隧洞中，创造了单头进尺373.7m的国际先进纪录。1986年10月30日，隧洞全线贯通，工期比合同计划提前了5个月。工程质量综合评价为优良。包括除汇率风险以外的设计变更、物价涨落、索赔及附加工程量等增加费用在内的工程结算价为9100万元，仅为标底14958万元的60.8%，比合同价仅增加了7.53%。

相形之下，我国施工队伍承担的工程由于种种原因，进度迟缓、造价严重超标。用的是同样的工人和领工工长，两者差距为何那么大？此时，中国的施工企业意识到，奇迹的产生源于好的机制，高效益来自科学的管理。在计划经济体制下，我国基本建设战线“投资大、工期长、见效慢”的弊端在这个工程中暴露无遗，改革的理念获得了广泛认同。

此后，中国的施工企业在学习日本大成公司先进管理经验的基础上，提出实施了“项目法施工”。项目法施工是以工程建设项目为对象，以项目经理负责制为基础，以企业内部决策层、管理层与作业层相对分离为特性，以内部经济承包为纽带，实行动态管理和生产要素优化，从施工准备开始直至交工验收结束的一次性的施工管理活动。在建设过程中，原水利电力部还推行了国际通行的工程监理制和项目法人责任制等管理办法，取得了投资省、工期短、质量好的经济效果。

一石激起千层浪。鲁布革工程全面引入竞争机制和先进高效的建设实践在业内引起了轩然大波，对我国施工建设管理产生巨大震撼。党中央、国务院领导极为重视，要求国家有关部门对鲁布革管理经验进行全面总结。国务院领导同志在全国施工工作会议上，要求建筑行业推广鲁布革经验。

1987年8月6日，《人民日报》头版头条刊登了通讯《鲁布革冲击》。由此，鲁布革冲击波引起广泛关注，影响深远。鲁布革经验对我国传统的投资体制、施工管理模式乃至国企组织结构等都提出了挑战，对中国建筑业产生了冲击性的影响，对中国人的思想观念更新提供了良好的启迪，对中国的改革开放起到了巨大的推动作用。

习　题

9-1 工程造价管理的发展过程。

9-2 学习借鉴国外工程造价管理经验的意义。

9-3 如何优化控制工程造价？

9-4 为什么说以设计阶段为重点、技术与经济相结合是控制工程造价的有效手段？

9-5 你如何理解“技术上先进，经济上合理”？

9-6 评述工程项目建设招标投标的意义与相关法规。

9-7 课堂辩论：建设工程项目招标投标过程中，单纯采用最低价中标方法的利与弊。

9-8 概述项目建设过程管理的内容。

9-9 项目经理有哪些职责？

9-10 项目组织与项目控制的主要内容是什么？

9-11 使用甘特图进行项目进度控制时有何特点？

9-12 项目质量控制如何进行？

参考文献

[1] Frederick Gould. Construction Project Management (4th Edition) [M]. Prentice Hall, 2013.

[2] 郑肇经. 中国水利史 [M]. 北京：商务印书馆，1998.

[3] 梁思成. 中国建筑史 [M]. 北京：百花文艺出版社，2005.

[4] 沈括. 梦溪笔谈 [M]. 长沙：岳麓书社，1998.

[5] 尹贻林. 工程造价和管理相关知识 [M]. 北京：中国计划出版社，1997.

[6] 徐大图. 工程造价的确定与控制 [M]. 北京：中国计划出版社，1997.

[7] 龚维丽. 工程建设定额基本理论与实务 [M]. 北京：中国计划出版社，1997.

[8] 中国恩菲工程技术有限公司. GB 50782—2012 有色金属选矿厂工艺设计规范 [S]. 北京：中国计划出版社，2012.

[9] 何雨欣. 安家岭：创新打开一片天地 [EB/OL]. 新华网，2006-04-06. http://www.xinhuanet.com/.

[10] 国际竞争性招标程序 [EB/OL]. 世界银行网站，http://www.worldbank.org.cn/.

[11] 国务院令〔2011〕第613号，《中华人民共和国招标投标法实施条例》[EB/OL]. 中国政府网，http://www.gov.cn/.

[12] 国家发展计划委等七部委令〔2003〕第30号，《工程建设项目施工招标投标办法》[EB/OL]. 中

国政府网，http：//www. gov. cn/.
[13] 世界银行，《国际复兴开发银行贷款和国际开发协会信贷采购指南》［M］. 世界银行出版物，2004，https：//doi. org/10. 1596/0-8213-5829-4.
[14] 中华人民共和国主席令（1999）第 15 号，《中华人民共和国合同法》［EB/OL］. 中国政府网，http://www. gov. cn/.
[15] 建设部建施字（1999）第 189 号，建设部关于印发《工程总承包企业资质管理暂行规定》（试行）的通知［EB/OL］. 中国政府网，http：//www. gov. cn/.
[16] 铁道部铁建设〔2006〕221 号，关于印发《铁路建设项目工程总承包办法》的通知［EB/OL］. 中国铁路总公司网站，http：//www. china-railway. com. cn.
[17] 建市［2011］139 号，关于印发《建设项目工程总承包合同示范文本（试行）》的通知［EB/OL］. 中国住房和城乡建设部网站，http：//www. mohurd. gov. cn/.
[18] 胡德银. 我国工程项目管理和工程总承包发展现状与展望［J］. 中国工程咨询，2003，(2)：10～18.
[19] 汪为平. 芜湖和成矿业井巷工程建设总承包风险管理［J］. 现代矿业，2013，534（10）：180～181.
[20] 刘建玲. 金属矿山总承包工程费用控制研究［J］. 江西建材，2015，161（8）：256～257.
[21] 中华人民共和国建设部. GB/T 50326—2001 建设工程项目管理规范［S］. 北京：中国建筑工业出版社，2001.
[22] 雷绍民，陶秀祥. 矿物加工技术经济［M］. 长沙：中南大学出版社，2012.
[23] 孙裕君，刘玉国，尤勤. 现代项目管理学［M］. 北京：科学出版社，2005.
[24] 李南. 工程经济学［M］. 北京：科学出版社，2000.
[25] 徐森，段建中. WBS 方法在工程项目管理中的应用研究［J］. 建筑经济，2003，215（9）：40～42.
[26] 张华明，吴广谋. 基于工作分类的甘特图［J］. 江苏建筑，2003，90（2）：62～64.
[27] 国务院令〔2000〕第 279 号，《建设工程质量管理条例》［EB/OL］. 中国政府网，http：//www. gov. cn/.
[28] 林边. 日本大成公司在鲁布革水电站的施工经验［J］. 建筑经济，1986（1）：39～40.
[29] 日本大成建设集团官网. http：//www. taisei. co. jp/.
[30] 杨飏. 鲁布革冲击［N］. 人民日报，1987-08-06.
[31] 回眸鲁布革冲击波［N］. 中国建设报，2008-08-23.

10 矿业企业经营管理

10.1 矿业企业的经营、绿色矿山和数字矿山建设目标管理

10.1.1 企业的经营目标管理

企业一般是指以营利为目的，以实现投资人、客户、员工、社会大众的利益最大化为使命，运用各种生产要素（土地、劳动力、资本和技术等），通过向市场提供产品或服务换取收入，实行自主经营、自负盈亏、独立核算的具有法人资格的社会经济组织。

企业的最大目标就是要盈利。有盈利的企业将有可能做进一步的技术开发和扩大再生产，从而获得发展。不能盈利的企业长期来看将不能生存，会被市场淘汰。

企业盈利必须通过生产经营来实现。因此，企业应当制订合理的经营目标。企业的经营目标是企业在一定时期内预期达到的生产经营成果，它既是企业导向性的指标，又是评价检验性的指标。企业的经营目标一般具有多重性，一般包括：

（1）体现为社会提供一定数量的产品、税金、就业岗位以及资源利用和环境保护等的贡献目标；

（2）体现为市场占有率、出口增长率、市场开发与渗透等的市场目标；

（3）表现为技术创新、新产品开发、生产能力扩大、企业素质提高和规模扩展等的发展目标；

（4）表现为企业利润、股东回报和员工福利水平提高等的利益目标。

企业经营目标的确定，应该通过对企业的评价分析和发展战略研究，运用定性分析和定量分析相结合的方法结合企业发展规划和计划的编制来制订。既要有企业的长远目标，又要有近期目标；既有企业的总目标，又有各层次的分目标。制订的目标必须是可行的、科学的、可靠的，能够激发公司员工的积极性，有效地实现多层次的目标管理。

矿业企业是以矿产的开采加工和经营为主业的企业。按照开采对象的不同，一般分为石油和天然气开采业、煤炭开采业、金属矿开采业和其他矿开采业四大类。

在金属矿开采业中，按照企业生产链的延伸情况，分为采选冶联合企业（产品为金属），采选联合企业（产品为精矿）和只进行采矿的企业（产品为矿石），其中采选联合企业居多数。

矿业企业的经营目标，也具有如前所述的一般企业的共性，包括贡献目标、市场目标、发展目标和利益目标等。

10.1.2 矿业企业的绿色矿山建设目标管理

10.1.2.1 建设意义和建设管理措施

习近平主席提出："绿水青山就是金山银山。"为实现建设"美丽中国"的发展理念，矿业工作者理应尽职尽责，做出贡献。

《全国矿产资源规划（2008~2015年）》提出了发展绿色矿业的明确要求，并确定了2020年基本建立绿色矿山格局的战略目标。

《国土资源部关于贯彻落实全国矿产资源规划发展绿色矿业建设绿色矿山工作的指导意见》指出，发展绿色矿业，建设绿色矿山，具有重要意义。它是贯彻落实科学发展观，推动经济发展方式转变的必然选择。促进资源开发与经济社会全面协调可持续发展，必须将资源开发与保护放到经济社会发展的战略高度，按照国家转变经济发展方式的战略要求，通过开源节流、高效利用、创新体制机制，改变矿业发展方式，推动矿业经济发展向主要依靠提高资源利用效率带动转变。

发展绿色矿业、建设绿色矿山，以资源合理利用、节能减排、保护生态环境和促进矿地和谐为主要目标，以开采方式科学化、资源利用高效化、企业管理规范化、生产工艺环保化、矿山环境生态化为基本要求，将绿色矿业理念贯穿于矿产资源开发利用全过程，推行循环经济发展模式，实现资源开发的经济效益、生态效益和社会效益协调统一，为转变单纯以消耗资源、破坏生态为代价的开发利用方式提供了现实途径。

拟定的绿色矿山建设管理措施有：

（1）提出建设标准。国土资源部制定了国家级绿色矿山的基本条件。

（2）统筹规划绿色矿山建设工作。各级国土资源管理部门要加大矿产资源规划实施力度，指导矿山企业制定绿色矿山建设的发展规划。

（3）建设试点示范，稳步推进全国绿色矿山建设。

（4）营造良好的政策环境。包括：

1）加大财政专项资金的支持力度。

2）研究制定有利于绿色矿山建设的资源配置制度。

3）逐步完善税费等经济政策。全面落实资源综合利用、矿山环境保护、节能减排等已有相关优惠政策，通过资源税费改革和税费减免，形成矿山企业资源消耗的自我约束机制。

4）加强技术政策引导。鼓励矿山企业加大科技投入和技术攻关，研究制定矿产资源节约与综合利用鼓励、限制、淘汰技术目录，通过技术改造采用先进技术、工艺和装备，逐步淘汰落后产能，提高资源开发利用、节能减排和环境保护的水平，满足绿色矿山建设的要求。

10.1.2.2 国家级绿色矿山基本条件

（1）依法办矿：

1）严格遵守《矿产资源法》等法律法规，合法经营，证照齐全，遵纪守法。

2）矿产资源开发利用活动符合矿产资源规划的要求和规定，符合国家产业政策。

3）认真执行《矿产资源开发利用方案》《矿山地质环境保护与治理恢复方案》《矿山土地复垦方案》等。

4）三年内未受到相关的行政处罚，未发生严重违法事件。

（2）规范管理：

1）积极加入并自觉遵守《绿色矿业公约》，制订有切实可行的绿色矿山建设规划，目标明确，措施得当，责任到位，成效显著。

2）具有健全完善的矿产资源开发利用、环境保护、土地复垦、生态重建、安全生产等规章制度和保障措施。

3）推行企业健康、安全、环保认证和产品质量体系认证，实现矿山管理的科学化、制度化和规范化。

（3）综合利用：

1）按照矿产资源开发规划与设计，较好地完成了资源开发与综合利用指标，技术经济水平居国内同类矿山先进行列。

2）资源利用率达到矿产资源规划要求，矿山开发利用工艺、技术和设备符合矿产资源节约与综合利用鼓励、限制、淘汰技术目录的要求，“三率”指标达到或超过国家规定标准。

3）节约资源，保护资源，大力开展矿产资源综合利用，资源利用达国内同行业先进水平。

（4）技术创新：

1）积极开展科技创新和技术革新，矿山企业每年用于科技创新的资金投入不低于矿山企业总产值的1%。

2）不断改进和优化工艺流程，淘汰落后工艺与产能，生产技术居国内同类矿山先进水平。

3）重视科技进步，发展循环经济，矿山企业的社会、经济和环境效益显著。

（5）节能减排：

1）积极开展节能降耗、节能减排工作，节能降耗达国家规定指标。

2）采用无废或少废工艺，成果突出。“三废”排放达标。矿山选矿废水重复利用率达到90%以上或实现零排放，矿山固体废弃物综合利用率达到国内同类矿山先进水平。

（6）环境保护：

1）认真落实矿山环境恢复治理保证金制度，严格执行环境保护“三同时”制度，矿区及周边自然环境得到有效保护。

2）制定矿山环境保护与治理恢复方案，目的明确，措施得当，矿山地质环境恢复治理水平明显高于矿产资源规划确定的本区域平均水平。重视矿山地质灾害防治工作，近三年内未发生重大地质灾害。

3）矿区环境优美，绿化覆盖率达到可绿化区域面积的80%以上。

（7）土地复垦：

1）矿山企业在矿产资源开发设计、开采各阶段中，有切实可行的矿山土地保护和土地复垦方案与措施，并严格实施。

2）坚持“边开采，边复垦”，土地复垦技术先进，资金到位，对矿山压占、损毁而可复垦的土地应得到全面复垦利用，因地制宜，尽可能优先复垦为耕地或农用地。

（8）社区和谐：

1）履行矿山企业社会责任，具有良好的企业形象。

2）矿山在生产过程中，及时调整影响社区生活的生产作业，共同应对损害公共利益的重大事件。

3）与当地社区建立磋商和协作机制，及时妥善解决各类矛盾，社区关系和谐。

（9）企业文化：

1）企业文化是企业的灵魂。企业应创建有一套符合企业特点和推进实现企业发展战略目标的企业文化。

2）拥有一个团结战斗、锐意进取、求真务实的企业领导班子和一支高素质的职工队伍。

3）企业职工文明建设和职工技术培训体系健全，职工物质、体育、文化生活丰富。

10.1.3 矿业企业的数字矿山建设目标管理

矿业企业生产过程的独特性，决定了矿山信息化过程的复杂性和难度，也衍生出了矿山信息化的专有概念——数字矿山，即数字化矿山（digital mine）。

数字矿山是指以矿产资源开采过程相关数据为基础，对资源、规划、设计、生产和管理进行数字化的建模、仿真、评估和优化，并持续应用于矿山生产全过程的新型矿山技术体系和生产组织方式。

数字矿山综合考虑矿山地质、测量、采矿等生产环节的技术特点，借助地质统计学理论、最优化方法、可视化仿真技术、软件技术、网络技术和自动化技术，构建三维地质模型和资源价值模型，优化开采方案、采矿设计和生产计划，监控和管理采矿生产过程，保障矿山生产安全，降低矿山经营风险，提升矿山综合竞争力。

数字矿山是矿业企业发展的目标和方向。信息技术高速发展以及工业化和信息化深度融合，矿山安全与环保约束日益加剧，新的生产方式及管控模式应运而生，促使矿山企业数字矿山建设进程也随之加速。矿山数字化建设不仅可以革新矿山现状，带动各项工作创新，提升企业的核心竞争力，同时也是矿山可持续发展的必然选择和重要突破口。数字矿山的出现给矿山的生产技术和管理模式注入了新的活力，带动了技术规范、标准、流程和方法的革新。

数字矿山是一个庞大的系统工程，是数字化、信息化、自动化与智能化的高度融合。在此基础上，使其深度互联、协同共享以及智能分析处理，同时提供一个开放的数字矿山系统，实现技术、生产与企业管理等多系统的集成融合。

按功能划分，数字矿山包括六大类系统：数据获取与管理系统、数字开采系统、矿区地理信息系统、选矿数字监控系统、管理系统、决策支持系统。其中数字开采系统是核心系统，也是效率和效益的主要创造者，目前国内常用的是 DIMINE 三维数字矿山软件系统，由中南大学研发。

［例 10-1］ 创建中国一流井下数字矿山——玉溪矿业公司大红山铜矿数字矿山建设

玉溪矿业有限公司大红山铜矿位于云南省玉溪市新平县，日采选处理矿石量 20000t，为中国铜矿山井下开采处理量最大的采选企业，其正在开采的西部低品位矿段原矿铜品位 0.64%。

2006 年起，玉溪矿业公司全面启动了大红山铜矿数字矿山建设，主要内容包括：矿山数据中心建设、矿山技术管理系统建设、矿山生产管理系统建设、矿山集控管控系统建设、矿山决策支持系统建设。各系统高度集成与融合互通，提高了生产与技术管理工作效率，从而节约了生产与管理成本。

通过数字矿山建设实现了大红山铜矿矿区的三维可视化和数字化，建立了以综合通信平台为基础的矿山生产管理与调度、生产数据在线采集的数字化矿山管理平台。

10.2 矿业企业的组织、劳动与人事管理

10.2.1 矿业企业的组织管理

矿业企业的组织管理制度，目前均采用董事会授权下的总经理（矿长）负责制。

董事会是依照有关法律、行政法规和政策规定，按公司或企业章程设立并由全体董事组成的公司企业业务执行机关。董事会负责公司或企业和业务经营活动的指挥与管理，对公司股东会或企业股东大会负责并报告工作。股东会或职工股东大会所做的事关公司或企业生存与发展的重大事项的决定，董事会必须执行。

总经理是董事会聘任的，对董事会负责，在董事会的授权下，执行董事会的战略决策，实现董事会制定的企业经营目标；并通过组建必要的职能部门，组聘管理人员，形成一个以总经理为中心的组织、管理、领导体系，实施对公司的有效管理。总经理的主要职责是负责公司日常业务的经营管理，经董事会授权，对外签订合同和处理业务；组织经营管理班子，提出任免副总经理、总经济师、总工程师及部门经理等高级职员的人选，并报董事会批准；定期向董事会报告业务情况，向董事会提交年度报告及各种报表、计划、方案，包括经营计划、利润分配方案、弥补亏损方案等。

总经理负责制，是指矿业企业的生产指挥和经营管理由总经理统一领导、全面负责。它的最明显的特征是明确总经理在企业中代表法人行使管理职权和应负的责任，突出总经理在企业中处于中心地位，保证总经理在企业生产经营重大问题上的决策权。

为了保证总经理对矿业生产经营获得实行集中统一的指挥，必须建立一个统一的、高效率的生产指挥和经营管理系统，设置必要的组织机构。

目前，中国绝大多数的矿业企业采用了直线职能制的管理组织形式。它包括矿级、厂级（采矿、选矿）二级的行政领导人，以及作为矿级行政领导人助手的职能科室和专职人员。职能科室的设置，既要满足生产经营的需要，又要力求精简，有利于分工负责，便于统一管理，提高工作效率。此外，在我国企业中，平行地还设置有一套党委管理机构，组成为党委办公室、纪检、工会、青年团等职能科室，负责企业的干部管理、职工思想政治工作和企业文化建设。常见的矿业企业行政组织机构见图 10-1。

10.2.2 劳动定员、劳动合同和劳动组织管理

10.2.2.1 劳动定员

企业运转的基础是拥有一支高素质的员工队伍。

矿业企业通常采用连续工作制，全年生产 320~340 天。我国目前在实行八小时工作制的条件下，矿业企业一般安排三班制生产，劳动定员上安排三个生产班组。为了保证生产工人的轮休，相当部分企业在劳动定员上安排四个生产班组，采用四班三运转的模式安

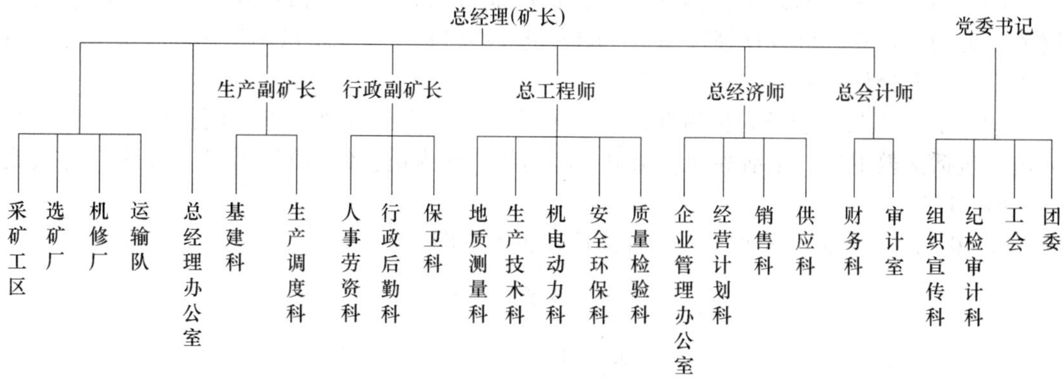

图 10-1 矿业企业行政组织机构图

排生产。

矿业企业设计的劳动定员，应根据国家有关部门制定的劳动人事政策和规定，结合具体生产特点和条件进行编制。劳动定员包括以下组成：

（1）生产工人。生产工人指在矿业企业内直接从事生产的采矿掘进工人和选矿岗位操作工，以及从事厂外供水、供热、运输、房屋维修以及生产工段中的勤杂人员，但不包括服务人员中的工人。该类人员按矿业企业的工艺路线设置相应工种岗位，并按相关规定的劳动定员定额和明细表格式定编。

表 10-1 是矿业企业生产工人劳动定员明细表，其中：

$$在册系数 = \frac{全年工作日总数}{每个职工全年实际出勤日数} \tag{10-1}$$

$$在册人数 = 出勤人数 \times 在册系数 \tag{10-2}$$

表 10-1 矿业企业生产工人劳动定员明细表

序号	工种	实际定员额定标准				合计人数	在册系数/%	在册人数	备注
		一班	二班	三班	四班				
1	2	3	4	5	6	7	8	9	10
…	…								

在册系数是根据所采用的工作制度和职工的正常出勤率来确定，与采用的工作班次无关。矿业企业的工作制度有连续工作制（一年工作 365 天）和间断工作制（休息日及法定假日停产休息）两种。在工人出勤率为 92%~94%的情况下，连续工作制的在册人员系数取 1.26~1.28，间断工作制取 1.06~1.08，在册人数均应按各个工段不同工种的定员人数分别计算。

（2）工程技术人员。工程技术人员指在矿业企业职能机构和生产工段中担负技术工作的人员，包括已取得技术职称的主管生产的厂长，车间主任以及在计划生产、工程管理、机动能源、安全技术、质量检查、运输、调度、科研、环境保护等单位工作的技术人员，约占表 10-1 第 7 栏中生产工人合计人数的 15%。

（3）管理人员。管理人员指在矿业企业职能机构和生产工段中从事行政福利、经营财务、劳动工资及人事教育等管理工作的人员，亦包括从事党群政治工作的人员，约占同表中生产工人合计人数的10%~12%。

（4）服务人员。服务人员指在矿业企业从事职工生活福利工作和间接服务于生产的人员，包括文教卫生、生活福利、保卫等部门的工作人员，约占同表中生产工人合计人数的10%~13%。

图10-2是矿业企业采矿工区工种岗位设置示意图。

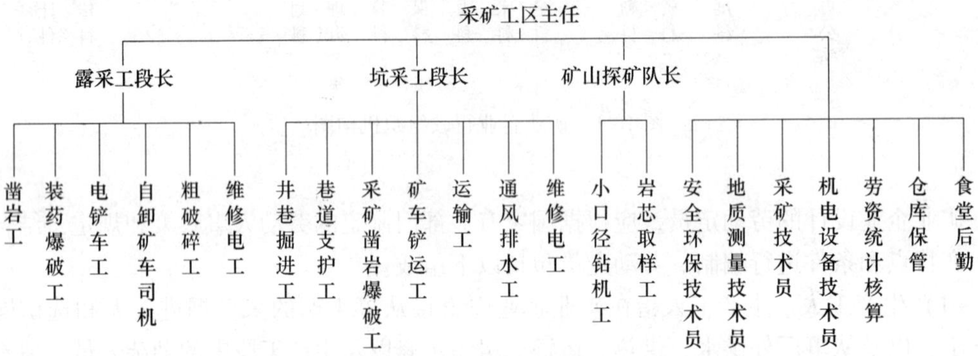

图10-2　矿业企业采矿工区工种岗位设置示意图

图10-3是选矿厂工种岗位设置示意图。一般情况下化验室归矿质检科直接管理，并同时负责地质、采矿和选矿样的化验。

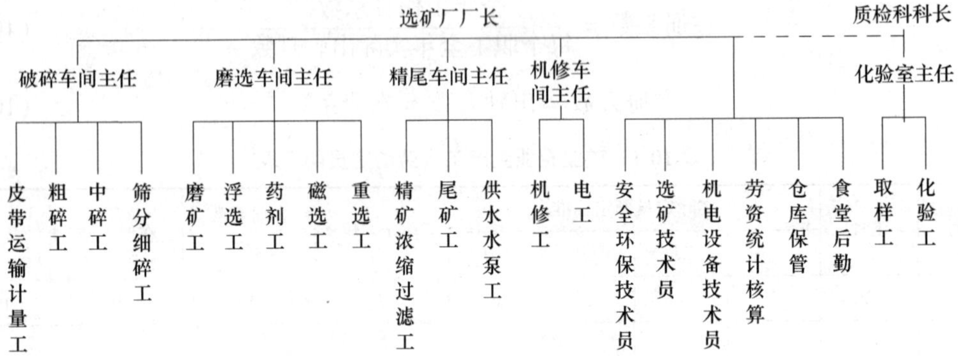

图10-3　选矿厂工种岗位设置示意图

10.2.2.2　劳动合同

劳动合同是劳动者与用人单位之间确立劳动关系、明确双方权利和义务的书面协议。依据《中华人民共和国劳动合同法》第十七条规定，劳动合同应当具备以下条款：

（1）用人单位的名称、住所和法定代表人或者主要负责人。

（2）劳动者的姓名、住址和居民身份证或者其他有效身份证件号码。

（3）劳动合同期限。

（4）工作内容和工作地点。

（5）工作时间和休息休假。

（6）劳动报酬。

（7）社会保险。

（8）劳动保护、劳动条件和职业危害防护。

（9）法律、法规规定应当纳入劳动合同的其他事项。

劳动合同除前款规定的必备条款外，用人单位与劳动者可以约定试用期、培训、保守秘密、补充保险和福利待遇等其他事项。

10.2.2.3 劳动组织

劳动组织工作的任务，在于正确处理生产过程中劳动者之间以及劳动者与劳动工具、劳动对象之间的关系，提高劳动生产率。

做好劳动组织工作的原则是人尽其才、发挥专长、互相协作、统筹衔接。

矿业企业常采用的劳动组织形式有专业作业组（队）和综合作业组（队）等。

（1）专业作业组（队）。组内成员有严格的专业分工，每个成员按照自己工种完成一道工序。专业作业组（队）适用于工序工作量较充足的情况，如露天矿穿孔组、选矿厂磨浮工段作业组。其优点是职责明确，有利于提高工人的技术操作水平；能减少工序转换时间，充分利用工具与设备，提高劳动生产率；有利于推行定额管理。

（2）综合作业组（队）。组内成员完成本专业工序之后接着干下一道工序的工作量，各工种互相配合，共同协作。它适宜于工序工作量小而转换到下一道工序时间快的条件下采用，如矿山掘进综合作业组。其优点是有利于充分利用工时，有利于培养工人“一专多能”，可促进组内成员团结协作和关心集体。但需配备组织能力较强、技术全面熟练、体力强热情大的人担任作业组长。

各作业班组配备的人数、能力要力求均衡，并建立良好的协作关系。作业班组中工人工作量应该饱满，以充分利用工时，同时要安排好工人的轮休。作业班组要做好当班生产日志记录和严格交接班制度。

10.2.3 人事管理

人是管理中最活跃的因素，也是最难保证的环节，因此，在企业现场管理中，人员的管理显得尤为重要。企业管理者应增强领导艺术，在人事管理中应注意的工作方面有：

（1）人事档案和考核管理。企业应根据聘用人员类别，如管理人员、技术干部、技师、工人等，分别逐人建立人事档案。人事档案收存员工的履历、自传、鉴定（考评）、学历和培训、政治历史、入党入团、奖励、处分、任免、职称评定、工资等方面的有关文件材料，是员工个人信息的储存库，它概括地反映员工个人全貌。人事档案是人事（劳动）部门正确使用人才、合理解决工资等问题的一个重要依据。人事档案属于机密材料，非主管部门领导和未经批准不得查阅。

企业应根据聘用人员类别，分别制定考核管理办法，一般为年度考核，并与其本人待遇和职务职称晋升挂钩。考核标准、过程和结果应公开透明。.

（2）人员安全管理。安全就是最大的效益。安全包括人身安全和设备安全两方面的内容。在现场工作的岗位工必须在保证自己和他人安全的情况下，才能更好地完成本职工作；在保证设备安全的前提下，才能生产出合格产品。因此，安全意识的提高是人员管理的基础。

岗位工人有义务定时接受三级安全教育和安全技术操作规程的培训。三级安全教育的第一级指的是矿级安全教育，第二级指的是厂级安全教育，第三级指的是班组安全教育。只有循环往复地培训，才能减少和杜绝安全事故的发生。

（3）人员综合素质培训管理。企业人员的文化、思想、技能等素质的提高，是提高整个企业管理和生产水平的前提。企业提供员工培训的制度安排和发展上升的途径，也是企业文化的体现和增强员工凝聚力的重要措施。

文化素质指的是企业人员对现有事物的认知存量和接受新事物的认知能动性。企业人员文化素质高，则对企业现有工艺技术和生产设备能熟练掌握，对新技术和新设备能迅速接受。

思想素质是企业人员对国家社会的正能量态度和对本职工作的热情度。企业人员思想素质提高，对构建积极上进的企业文化、建设和谐社会和实现企业目标具有重要的作用。

技能素质是企业人员在具体工作中对规定目标可能实现程度的度量。对各个不同岗位的技能素质的要求，是通过设定相应等级工人和技师制度，并采用“应知应会”考核定级方法来引导提高。

企业人员的文化、思想、技能等素质的提高，需要企业领导层统筹规划，通过日常教育、党团职工思想政治工作、职工继续教育培训、工会工作和企业文化建设等多方面的工作安排，以及企业人员自身的努力，获得实现。

（4）规章制度管理。企业应在各工作岗位制定各项规章制度，要求上岗员工做到“应知应会”，并设立相应的检查考核措施和奖惩制度。

与此同时，企业应加强人员综合素质培训工作。企业人员在综合素质不断提高的情况下，其对所从事工作的标准，需要遵守的制度，就会有一定的热情度和认知度。这样，企业人员在熟练掌握本职工作技能和努力完成本职工作的过程中，在遵守制度方面必然会从被动遵守发展到主动遵守。

（5）团队协作管理。每位熟练掌握本职工作技能的员工都是独立的个体，但任何一项企业工作均是团队协作的工作。只有每位员工沟通良好，团结协作，才能高质量地完成工作目标，逐步提升管理水平。因此，企业应有意识地做好员工团队协作精神教育，设计团队协作交流的制度性安排和管理措施，提高员工彼此沟通交流的水平。

做好以上诸方面的工作，就达到了人员管理的较高境界。

10.2.4 矿业企业劳动生产率和经济责任制管理

10.2.4.1 劳动生产率

矿业企业要获得较好的经济效益，必须提高劳动生产率。劳动生产率与劳动定员密切相关。

劳动生产率就是劳动者在一定时间内创造出一定数量的合格产品的能力，即产品数量与所消耗的劳动时间的比例，通常称效率。效率越高经济效益就越好，劳动生产率是一个综合性指标，它全面反映企业的生产技术水平和管理水平。

产品数量可用实物单位表示，称为产量效率，表明在单位劳动时间所生产的实物形态的产品数量。产量效率只能计算一种产品，很适合矿业企业单一产品生产的特点，故被普遍采用。

劳动时间的计量单位可用工时、工日、人月、人年来表示。矿业企业通常用工日计算产量和进尺效率，人年计算产值效率和全员效率。

采矿专业的劳动生产率表示：掘进（米/人月）、采矿（吨/人月）、原矿成本（元/吨矿）。

选矿专业的劳动生产率表示：处理量（吨/人月）、产品质量（精矿品位、精矿含杂）、精矿含量金属产量（吨/人月）、回收率（%）、精矿成本（元/吨精矿）等。

劳动生产率是由矿业企业的生产规模、劳动定员、工艺特点、工序繁简、装备水平、自动化程度、操作和管理水平等各种因素决定的。新建矿业企业应与类似选矿厂劳动生产率进行对比分析，说明其高低原因，指出提高劳动生产率的具体措施和有效途径。

10.2.4.2 经济责任制管理

提高劳动生产率的有效途径是实行劳动报酬与劳动生产率挂钩的经济责任制，简称工效挂钩。工效挂钩的具体措施包括：

（1）掘进班组工人的工资和奖金总额应与井巷掘进进尺和材料消耗挂钩。

（2）采矿班组工人的工资和奖金总额应与采出矿石量、回采率、矿石贫化率和材料消耗挂钩。

（3）选矿班组工人的工资和奖金总额应与处理矿石量、回收率、精矿品位和材料消耗挂钩。

（4）辅助工种工人的工资和奖金总额应与班组生产指标挂钩。

（5）车间管理和技术人员的工资和奖金总额应与车间生产指标挂钩。

（6）其他人员的工资和奖金总额应与其所完成相应职责的考核结果挂钩。

（7）矿业企业管理层的工资和奖金总额应与企业近年度的经营效果和企业资产保值增值效果挂钩，并由董事会或上级主管部门考核结果。

实行经济责任制，让劳动报酬与劳动生产率挂钩，可以有效地调动企业员工的劳动积极性。员工思想意识上从领导要我干转变为我要自觉干，从而努力主动地多干和干好本职工作，提高整个企业的劳动生产率。

企业领导者通过制定和实行经济责任制，其角色也可以从日常工作监督者转变为政策制定和考核者，从而有更多的时间和精力去考虑和从事企业发展的大局工作。

10.2.4.3 绩效挂钩、工效挂钩方法的设计与考核

A 工资总额和结构的核定

公司劳资部门每年年初核定各单位本年度在岗职工工资总额：

$$\text{在岗职工工资总额} = \text{工资设计水平} \times \text{核定考核人数} \tag{10-3}$$

劳资部门参照各单位上年度制定的工资水平，以及在公司生产经营中所处地位和生产环境（区分井下、露天作业），考虑工资适度增长，核定本考核年度内各单位在岗职工工资设计水平。

核定考核人数按企业定员人数制定。年初一次性核定考核人数后，除计划内定员变更或成建制划拨外，增人不增工资，减人不减工资。

工资结构的设计综合考虑其保底性和激励性两方面，一般为：

$$\text{全额工资} = \text{基础工资} + \text{效益工资} + \text{辅助工资} \tag{10-4}$$

基础工资即岗位工资。一般职工按其工资总额50%左右设计。加班工资、病事假工资等以基础工资为基数计算。效益工资是与本单位效益完成情况挂钩的工资，不含各种单项及一次性奖。辅助工资包括年功（技能）保留工资、矿龄津贴、中夜班津贴、高技能人才津贴、岗位津贴等。

B 考核指标的确定

各企业应根据本企业的具体情况和特点，结合本企业以往生产完成情况，参考类似企业的生产经济指标，制定各工种、各车间的年度经济责任制考核指标，包括产量指标、质量指标、成本指标、劳动生产率指标、安全指标等等，以及相应的工资奖金含量权重系数。

对以采选加工为主的矿山企业而言，其最终产品主要为精矿，因而能够直接反映企业经济效益的指标，主要是企业利润总额、原矿产量和回采率、精矿产量和回收率、精矿品位质量、精矿成本、综合利用率等。除此之外，还有安全和环保等指标。有关矿山企业对开采回采率、选矿回收率和综合利用率（包括共伴生矿综合利用率、尾矿综合利用率和选矿废水综合利用率）的要求，应符合《国土资源部关于铁、铜、铅、锌、稀土、钾盐和萤石等矿产资源合理开发“三率”最低指标要求（试行）的公告》（国土资源部［2013］21号）等相关法规。

在制定工效挂钩考核指标时，既要注意指标的先进性，也要考虑指标完成的可行性，以及考核方法的可操作性。一定要保证让所有职工都有保底基础工资收入，同时要提供让一线主操作岗位员工随着提高劳动生产率有获得高额奖金的机会，做到奖勤罚懒，工作指标才能循序渐进地提高。

C 考核方法的设定

(1) 公司考核车间。建立起以工效挂钩为本质的主体经济责任制，按各单位具体情况设置不同比例的权重系数，计算考核车间的利润、产量、质量、回收率、成本以及核定考核人数，考核结果与车间工资总额直接挂钩。

(2) 车间考核班组及工人。车间以车间工资总额为基数，建立起以工效挂钩为本质的专项经济责任制，对各班组的产量、质量、回收率、成本、安全环保等项目，按各班组和岗位具体情况设置不同比例的权重系数，并严格考核，考核结果作为各班组及工人奖励或扣减工资总额的依据。

［例10-2］ 贵州紫金矿业水银洞金矿选矿厂破磨浮选车间经济责任制考核办法

(1) 考核组织及分工（略）。

(2) 生产目标：全年无重大安全环保事故，轻伤事故不大于1起；月处理矿量1.35万吨以上，精矿含量黄金金属量35kg，浮选尾渣含金品位0.6g/t以下，吨矿成本300元/吨。

(3) 分配方式：根据破磨浮选车间奖金总额、各班组任务完成情况、各班组定员定岗核定各班组奖金总额。车间根据各班组奖金总额，结合各班组工作开展情况和任务完成情况，核定个人奖金。

车间总奖金=（选矿厂奖金总额×车间系数）/各车间系数之和

车间系数= 车间定员定岗总系数×任务完成系数

任务完成系数=各车间得分÷100（各车间得分按有关规定进行奖扣分）

个人总奖金=（个人总系数×车间总奖金）/车间定员定岗总系数

个人总系数=职级系数×考核系数×出勤系数×车间指标考核系数

（4）考核相关系数表及细则（略）。

10.3　矿业企业的计划管理

10.3.1　企业的计划管理

10.3.1.1　计划管理

按照计划来管理企业的生产经营活动，叫做计划管理。计划管理包括企业生产经营活动的各个方面，如发展、生产、技术、劳动力、供应、销售、设备、财务、成本等等。

一般而言，计划可分为以下几个层次：

（1）战略型计划，如企业的中长期发展规划。

（2）战术级计划，如企业的年度经营计划。

（3）工序级计划，如车间级生产作业计划。

10.3.1.2　计划制定的一般步骤

制订计划的一般步骤如图 10-4 所示。

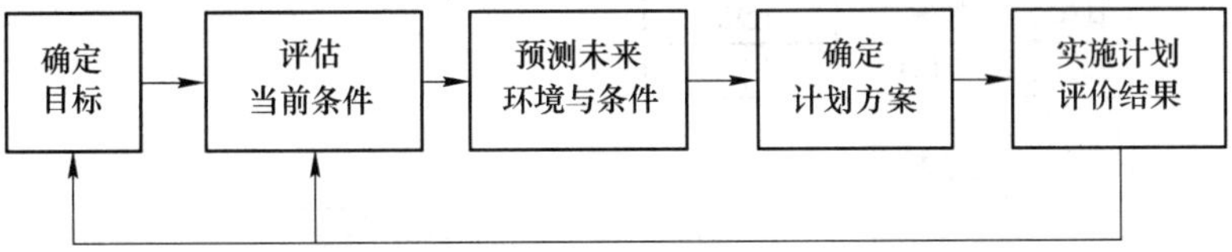

图 10-4　制订计划的一般步骤

（1）确定目标。要根据上期计划执行的结果，目标要尽可能具体，如原矿处理量、精矿回收率、精矿品位、市场占有率等。

（2）评估当前条件。要弄清楚现状与目标有多大差距。当前条件包括外部环境与内部条件。外部环境主要包括矿业市场情况、矿产资源状况、燃料、动力、工具等供应情况，以及协作关系情况。内部条件包括设备状况、工人状况、劳动状况、质量指标状况及生产技术准备状况、各种物资库存情况及在制品占用量等。

（3）预测未来的环境与条件。根据国内外各种政治因素、经济因素、社会因素和技术因素综合作用的结果，预测未来，把握现状将如何变化，找出达成目标的有利因素及不利因素。

（4）确定计划方案。包括拟定多个可实现目标的可行计划方案，并从中按一定的标准，选择一个计划方案，如在新选厂规划时，多种原则流程的对比与选择。

（5）实施计划评价结果。需检查目标是否达到，如未达到，要找出原因，决定采取什么措施，以及是否需要修改计划，等等。

10.3.1.3　滚动式计划的编制方法

考虑到主客观因素的日后变动可能较大，中长期规划或计划的编制可以采用滚动式方法。

按编制滚动计划的方法，整个计划期被分为几个时间段，其中第一个时间段计划为执行计划，后几个时间段的计划为预计计划。执行计划较具体，要求按计划实施。预计计划比较粗略。

每经过一个时间段，根据执行计划的实施情况以及企业内外条件的变化，对原来的预计计划做出调整与修改，原预计计划中的第一个时间段的计划变成了执行计划。

如图 10-5 所示，2010 年编制 5 年计划，计划期从 2011 年至 2015 年，共 5 年。若将 5 年分成 5 个时间段，则 2011 年的计划为执行计划，其余 4 年的计划均为预计计划。当 2011 年的计划实施之后，又根据当时的条件编制 2012~2016 年的 5 年计划，其中 2012 年的计划为执行计划，2013~2016 年的计为预计计划。依次类推。修订计划的间隔时间称为滚动期，它通常等于执行计划的计划期。

滚动式计划方法有以下优点：

（1）使计划的严肃性和应变性都得到保证。因执行计划与编制计划的时间接近，内外条件不会发生很大变化，可以基本保证完成，体现了计划的严肃性；预计划允许修改，体现了应变性。如果不是采用滚动式计划方法，第一期实施的结果出现偏差，以后各期计划如不作出调整，就会流于形式。

（2）提高了计划的连续性，逐年滚动，自然形成新的 5 年计划。

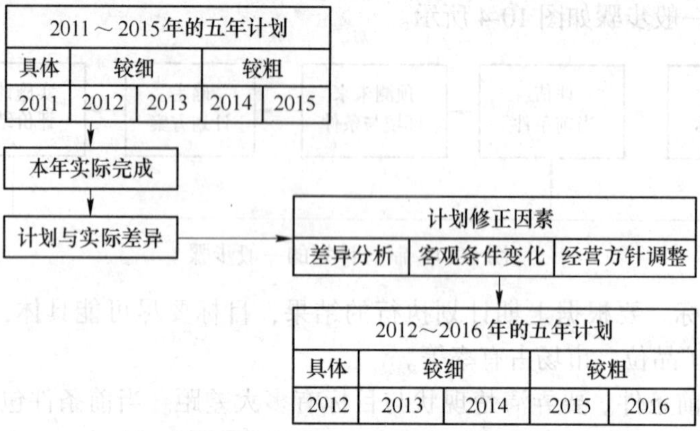

图 10-5 编制滚动式计划示意图

10.3.2 矿业企业的发展规划

企业发展规划和计划的编制，必须结合企业经营目标的制订一并进行，这是企业领导决策层的首要职责。没有科学、可行的发展规划和计划，企业经营决策将失去方向和依据，当面临经济、市场、环境和政策因素变化时，就很难做出正确的应变决策，企业也就很难盈利和发展。

矿业企业的中长期发展规划一般是指三五年以上的发展战略和纲领性的计划，其重点是根据矿业企业内外条件、市场趋势和社会环境做好发展战略决策，主要内容应包括：

（1）现有矿田周边及深部的矿山地质勘探工作规划，以期增加可采储量和延长矿业企业服务年限。

（2）矿业企业集团是否探寻或购置新矿权，保证企业未来的生存与发展。

（3）矿业企业集团是否参股、兼并其他矿业公司，横向发展。

(4) 矿业企业集团是否建设发展下游的冶炼厂和金属材料加工厂，纵向发展。

(5) 矿业企业集团是否投资其他行业领域，全方位发展，成为跨行业企业集团。

(6) 矿业企业主体矿山生产规模的发展目标、产品品种和质量发展目标和相应基本建设规划。

(7) 科学研究和技术改造规划，包含新产品研制、新工艺研究和新设备引用技改。

(8) 生产和技术经济指标发展规划，如劳动生产率、矿石回采率、选矿回收率、综合利用率、成本和利润。

(9) 工业卫生、安全设施、环境保护和绿色矿山规划。

(10) 矿区生活环境与职工福利改善规划。

10.3.3 矿业企业的年度经营计划和专业性计划

10.3.3.1 年度经营计划

矿业企业年度经营计划的作用，是依据市场情况和需求，计划安排下一年度的生产经营目标，以及执行措施，力求充分利用企业资源以获取最大效益。

矿业企业年度经营计划的编制，应该在中长期发展规划的指导下进行。所需要的资料是：中长期规划拟定的本年度目标指标，上年度计划完成情况，各种经营性合同，市场调查和预测资料，企业内部生产条件，各种技术文件和定额资料，等等。

年度经营计划的编制，首先要确定年度经营目标。目标指标主要包括产品品种、产量、质量、原矿采矿量、采矿损失率、矿石贫化率、出矿品位、选矿处理量、选矿回收率、精矿品位、劳动生产率、主要消耗、成本、税金、利润等。目标要拟定得先进合理且留有余地。

年度经营目标初拟后，应即分解下发到下属采矿场、选矿厂和职能科室，征求反馈信息和建议，通过反复审议，初步做出目标决策，确定正式计划草案。有了上述计划草案，即可以下达各有关部门具体标准各种专业性计划，如采掘生产计划、选矿生产计划、供销计划、财务计划、重点工程或技术改造计划、设备运行和维修计划等。最后经汇总和协调平衡，形成综合性的矿业企业年度经营计划。

年度经营计划经企业领导层审议批准发布后，下属各单位应即努力执行完成。

计划的执行与控制要抓住两个环节，一是根据计划确定各项工作标准、定额；二是加强信息反馈工作，及时调整偏差。计划的执行中要做好以下工作：

(1) 指标层层分解，计划落实，职责分明。

(2) 加强检查，及时发现计划与实际的偏差，分析其原因，予以调整和控制。

(3) 强化计划执行信息的记录和汇总，充分运用原始记录、凭证、台账、统计、报表等信息工具，反映实际生产经营活动，并进行分析总结，发现薄弱环节和主要矛盾，予以改进和解决。

10.3.3.2 专业性计划——以销售计划为例

专业性计划包括采掘生产计划、选矿生产计划、重点工程或技术改造计划、设备运行维修计划、供应计划、销售计划、财务计划，等等。

以销售计划为例。销售计划是根据公司中长期规划拟定的本年度销售目标指标、市场预测和与用户签订的合同编制的。销售计划的内容，主要有销售品种、销售数量、销售价格、用户对象、销售渠道、销售期限、销售收入、销售费用、销售利润等。销售计划的编制程序为：

（1）分析企业的经营销售环境现状。对本企业产品的社会需求和增长速度、近年销售额和边际收益、销售的有利条件和不利因素、产品的市场占有率和潜在销售量、销售渠道和促进工作、竞争对手等方面进行详细分析，然后进行销售预测。

（2）确定销售目标。根据企业中长期规划拟定的本年度销售目标指标，把去年计划的执行情况和预测结果结合起来，提出切实可行的销售目标。

（3）规定经营的具体策略，明确目标，提高管理水平；

（4）制定销售策略。销售策略是研究用什么办法和手段把产品销售出去，以实现销售目标和计划。其内容包括价格策略、宣传与广告、商标策略、包装及服务策略、销售渠道选择等。

（5）综合编制销售计划。把各部门制定的计划汇集起来经过统一协调后，编制企业全面销售计划，报企业审核批准。

10.4 矿业企业的生产管理

10.4.1 生产管理、生产计划和生产调度

10.4.1.1 生产管理

生产管理是指与产品生产密切相关的各项活动的管理。广义的生产管理与经营管理内容相同，包括产品生产工艺技术管理、生产过程组织、劳动管理、设备管理、物资管理和质量管理等。狭义的生产管理主要指生产过程组织与劳动管理。

矿业企业生产管理的基本任务，是在企业发展规划和年度经营计划确定的目标下，运用管理职能解决企业的生产技术活动同企业内部的人力、矿产资源、设备、物资、资金的平衡问题，使生产过程的各要素有效地结合起来，生产出市场需要的产品，满足社会的需求，获取和提高企业的经济效益。

矿业企业生产活动包括各种原矿、精矿产品生产的技术准备、生产、检验，以及为保证生产正常持续进行所必需的各项辅助生产活动和生产中的服务活动。

狭义的矿业企业生产管理主要指采掘（剥）生产计划和选矿厂生产计划的编制、执行、检查、日常生产调度和劳动组织及劳动生产率管理。

10.4.1.2 生产计划

矿业企业生产计划包括采掘（剥）生产计划、选矿厂生产计划、井下及周边补充地质探矿计划、重点工程施工组织计划等。

以采掘（剥）生产计划为例。矿山采掘（剥）生产计划是矿业企业年度经营计划的组成部分。它的编制是矿业企业生产管理的重要内容之一。其具体编制步骤为：

（1）编排矿石产品产量。按照企业下达的任务指标与市场需求，确定矿石产量。在预计作业面状况的图纸上，按照采掘（剥）方针与回采工艺，安排出矿量、采矿量，直至满足任务指标为止。

（2）安排掘进、剥离作业量，平衡矿山三级生产矿量。地下开采矿山，开拓矿量应

保有三年以上，采准矿量应保有一年以上，备采矿量应保有半年以上。本着生产矿量平衡的原则，在作业阶段继续往前安排，直至生产矿量达到保有指标为止。同时，要坚持大小贫富兼采，做好出矿品位的平衡工作；按照施工顺序和合理开采顺序，平衡采掘（剥）工作面；调整生产工艺系统，平衡工艺生产能力。

（3）计算生产矿量与地质储量保有数。根据安排的各类坑道和在具体地点完成的程度，按不同采矿方法和储量分级规范，分别计算出各级生产矿量与地质储量保有数量，并以此回调掘进（剥离）作业量，直至符合要求为止。

（4）计算填表。根据图纸上安排的作业地点与工作量，通过周密的计算调整，分别填好计划规定的表格。

（5）绘制采掘（剥）生产计划所需的全部图纸。

（6）编写采掘（剥）生产计划文字说明书。

选矿厂生产计划，其内容包括处理矿量、精矿含量金属产量、选矿回收率、钢球衬板消耗、药剂消耗、辅助材料消耗、水电消耗、设备检修安排、成本、金属平衡管理等。

井下及周边补充地质探矿计划，是延长矿山服务年限的重要举措。需列出钻探、坑探工作量及其探矿地点，并预计新增或升级地质储量。

10.4.1.3 生产调度

生产调度的任务，是按照月度生产计划的要求，及时全面地了解生产过程，依据实际情况组织生产活动，适时采取有效措施，正确处理生产中出现的各种矛盾，克服薄弱环节，使生产过程中各工艺系统协调地进行，全面完成生产任务。

矿业企业生产调度制度，概括起来大体如下：

（1）调度值班人员依据授权，对其调度决定、指示、措施、记录和日报负责。

（2）各基层生产单位如车间、班组，应做好生产原始记录，及时汇总汇报。

（3）定期（每日、隔天或每周）召开生产调度会议，通报生产任务完成情况及其好坏原因，分析生产中尚存在的问题，提出改进和补救措施。

（4）遇到不能解决的重大问题时，及时向总经理汇报，并组织有关职能科室人员共同研究解决。

10.4.2 矿业企业生产技术管理

10.4.2.1 矿山地质测量技术管理

矿山地质测量技术管理由地质工程师和测量工程师负责，其技术管理职责为：

（1）进一步查明矿床开采技术条件和水文工程地质条件，建立数字矿山模型，为采矿生产服务。

（2）在原地质勘探基础上，进一步圈定开采块段（或中段）的矿体边界，提高储量的控制程度，为矿山生产逐年确保可采矿量。

（3）利用生产巷道和沿脉探矿坑道提取生产勘探样品送化验分析，寻找分支矿体，增加储量。

（4）设计坑内小口径钻探和部分地表钻探，在采区范围内找寻主矿体周边及深边的平行矿体或其他盲矿体，以增加后备储量，延长矿山寿命。

（5）建立或利用矿区测量控制网，测绘或补测矿区地形图。

(6) 进行地上、地下各种工程的施工测绘。

(7) 填绘反映生产现状的各种采掘工程图，验收采掘充填工程量和生产量。

(8) 开展岩石移动、地压和边坡滑移的观测研究，保证安全生产。

10.4.2.2 采矿生产技术管理

采矿生产技术管理由采矿工程师负责，其技术管理职责为：

(1) 参与矿山设计的审查，编制矿山采掘计划、参与编制公司年度采掘生产计划，并监督计划实施。

(2) 主持实施采矿施工设计，选择合适的采矿方法。

(3) 采矿损失率和矿石贫化率的管理和降低。

(4) 负责矿山采掘施工现场的技术指导、监督管理及安全管理。

(5) 负责各矿山采矿生产技术管理，生产任务完成情况，技术更新改造的监督、检查。

(6) 负责矿山采矿生产成本控制、技术经济指标控制。

(7) 组织制定矿山采矿方面新工艺、新机械、新技术和数字矿山的推广运用及开发计划工作。

(8) 负责监督和控制矿山安全生产体系，落实安全生产责任书的各项指标，确保安全生产。

(9) 参与矿山采矿方面的生产、技术问题会诊，提出指导性意见。

(10) 协助处理矿山采矿方面生产技术事故，负责采矿技术资料的整理、归档。

10.4.2.3 选矿生产技术管理

选矿生产技术管理由选矿工程师负责，其技术管理职责为：

(1) 组织编制选矿厂的长期和近期的技术发展规划。

(2) 制订技术操作制度和工艺参数操作卡片，如原矿配矿、处理矿量、磨机补加钢球制度、磨矿细度、浮选矿浆浓度、浮选药剂制度、选矿回收率、精矿产品品位和含杂含水范围、尾矿排放处理和回水利用，等等。

(3) 对主要生产环节进行经常性的质量检查和技术监督管理工作。

(4) 日常金属平衡管理。

(5) 对工艺流程进行经常的或不定期的流程考查，及时发现流程中存在的问题和薄弱环节，以便采取技术措施加以改进或组织攻关。

(6) 了解和掌握各采场供矿量及矿石性质，对即将要生产的矿石提前做可选性试验，给现场生产提供合理的操作制度和药剂制度。

(7) 收集本专业科技情报和信息，有针对性地提出科研工作的规划和技术创新思路，不断提高选矿厂工艺、技术、设备装备水平。

(8) 围绕提高产品产量、质量和各项技术经济指标，实现优质、高产、低耗、安全和环保等企业生产目标。

10.4.3 生产报表和选矿金属平衡管理

10.4.3.1 生产报表

生产报表是生产过程的基础数据和直观体现，通常有日报表、月报表、年报表。

[例 10-3] 柿竹园有色金属公司东波多金属选矿厂 2017 年 6 月份生产月报表

柿竹园钨钼铋锡萤石多金属矿位于湖南省郴州市，是世界罕见的特大型多金属矿床，其钨、铋、萤石储量居世界前列。柿竹园矿已探明矿石储量 2.17 亿吨，原矿平均含 WO_3 0.55%、Mo 0.083%、Bi 0.18%、Sn 0.073% 、F 8.02%。主要有用矿物为白钨矿、黑钨矿、辉钼矿、辉铋矿、黄铁矿、磁铁矿、锡石和萤石。目前生产中采用全浮选主干浮程，综合回收铁、钼、铋、黑钨、白钨、萤石等精矿产品。图 10-6 是柿竹园有色金属公司于 2014 年建成投产的东波 3000t/d 多金属选矿厂，表 10-2 是其 2017 年 6 月份生产月报 3：主要技术经济指标。

图 10-6 柿竹园有色金属公司东波 3000t/d 选矿厂

表 10-2 柿竹园有色金属公司东波 3000t/d 选矿厂 2017 年 6 月份生产月报表 3：主要技术经济指标

指标名称		计算单位	年计划	本月			本月止累计			备注
				指标	子项	母项	指标	子项	母项	
(1) 处理原矿品位										
钨		%	0.364	0.389	375.7413	96562	0.379	1881.1928	496952	
钼		%	0.048	0.055	52.6534	96562	0.054	267.9362	496952	
铋		%	0.115	0.137	132.3131	96562	0.136	677.9423	496952	
萤石		%	20.000	20.212	19517.1697	96562	20.390	101327.9119	496952	
(2) 精矿品位										
钨		%		30.99	258.9787	835.7973	28.03	1239.0110	4420.5338	
其中：白钨		%	65.00	0.00	0.0000	0.0000	0.00	0.0000	0.0000	
低度白钨		%	30.00	30.99	258.9787	835.7973	28.03	1239.0110	4420.5338	
钼		%	45.00	46.32	43.8588	94.6929	40.68	200.1530	491.9653	
铋		%	30.00	29.26	86.0270	293.9982	30.72	439.7000	1431.2181	
萤石		%	95.00	84.00	9978.9047	11879.6150	86.36	43474.4887	50339.5774	
其中：高度萤石		%		84.00	9978.9047	11879.6150	86.36	43474.4887	50339.5774	
低度萤石		%		0.00	0.0000	0.0000	0.00	0.0000	0.0000	
(3) 选矿回收率										
1) 理论	钨	%		69.66	261.7253	375.7413	67.70	1273.5840	1881.1928	
	钼	%		84.00	44.2266	52.6534	76.15	204.0432	267.9362	
	铋	%		66.12	87.4865	132.3131	65.77	445.8535	677.9423	
	萤石	%		52.40	10226.8254	19517.1697	44.34	44930.7149	101327.9119	

续表 10-2

指标名称		计算单位	年计划	本月			本月止累计			备注
				指标	子项	母项	指标	子项	母项	
2）实际	钨	%	64	68.92	258.9787	375.7413	65.86	1239.0110	1881.1928	
	钼	%	76	83.30	43.8588	52.6534	74.70	200.1530	267.9362	
	铋	%	69	65.02	86.0270	132.3131	64.86	439.7000	677.9423	
	萤石	%	45	51.13	9978.9047	19517.1697	42.90	43474.4887	101327.9119	
（4）选矿比										
钨精矿		倍		116	96562	835.7973	112	496952	4420.5338	
钼精矿		倍		1020	96562	94.6929	1010	496952	491.9653	
铋精矿		倍		328	96562	293.9982	347	496952	1431.2181	
萤石		倍		8	96562	11879.6150	10	496952	50339.5774	
（5）磨矿机利用系数		吨/（立方米·台时）		1.39	77250	55705	1.36	397562	291668	
（6）磨矿机作业率		%		99.19	1428	1440	86.08	7479	8688	
（7）平均日处理量		吨/日	2408	2926.12	96562	33	2993.69	496952	166	
（8）全员实物劳动生产率		吨/(人·月)		327.33	96562	295	275.01	496952	1807	
（9）工人实物劳动生产率		吨/(人·月)		331.83	96562	291	278.56	496952	1784	

日报表通常采用 Excel 表格式制作，并输入设定的计算式和统计逻辑。使用时只要输入各个生产班的处理矿量，以及原矿、精矿和尾矿的化验品位，即可直接得出精矿产率、理论回收率，并同时得出该班及全厂的累计值和统计平均值。

月报表通常包含逐日累计值和统计平均值。年报表通常包含逐月累计值和统计平均值。

采用专门开发的软件自动生成生产报表，并在互联网上汇总上报，已成为各矿业企业的通常做法，见表 10-3。

表 10-3　某矿山采矿生产日报表

项　目	单位	日　　期										
		26 日	27 日	28 日	29 日	30 日	31 日	1 日	2 日	3 日	4 日	5 日
一、采掘总量												
（一）坑下采矿												
1. 矿量	t											
①采矿量	t											
②副产矿量	t											
③机车转运矿量	t											
2. 掘进量	m^3											
①开拓	m^3											
②采准	m^3											
③切割	m^3											

续表 10-3

项　目	单位	日　期										
		26 日	27 日	28 日	29 日	30 日	31 日	1 日	2 日	3 日	4 日	5 日
④生产探矿	m^3											
⑤地质探矿	m^3											
⑥其他	m^3											
⑦中孔凿岩量	m											
⑧深孔凿岩量	m											
3. 挑顶开帮量	m^3											
其中：巷道改造进尺	m											
4. 支护工程量	m											
5. 清理塌方量	m^3											
6. 修路	m											

10.4.3.2 金属平衡管理和金属平衡表

选矿生产中，金属平衡是指进入选矿作业原矿金属含量和出厂产品中的金属含量之间的平衡关系。

金属平衡是矿业企业的一项基础性管理工作。金属平衡资料可及时、准确、完整地反映实际生产情况。金属平衡工作的好坏是衡量选矿厂生产管理和技术管理工作好坏的重要标准。加强金属平衡管理工作，有利于提高矿业企业的整体管理水平。

开展金属平衡管理工作的目的是贯彻最大限度地合理利用矿产资源，减少和杜绝不合理的金属流失，如实反映金属流向，考核、考查生产中的薄弱环节，为指导生产提供可靠资料。

选矿厂的金属平衡分为两种，一种是理论金属平衡（也叫工艺平衡），另一种是实际金属平衡（也叫商品平衡）。理论金属平衡是根据原矿实际质量、产品理论质量和化验品位进行计算。实际金属平衡是根据原矿实际质量、产品实际质量和化验品位进行计算。

选矿回收率是指选出某种合格精矿金属量占处理原矿金属量的百分比。对应于理论金属平衡和实际金属平衡，相应有理论回收率、实际回收率和金属流失的概念。

理论回收率是在理想条件下（即未考虑选矿生产过程的无名损失，如浮渣、中矿水流失、精矿溢流水等）的选矿回收率。它是用来验证实际回收率高低的指标，其计算式为：

$$\text{理论回收率} = \frac{\text{精矿品位} \times (\text{处理原矿品位} - \text{尾矿品位})}{\text{处理原矿品位} \times (\text{精矿品位} - \text{尾矿品位})} \times 100\% \quad (10\text{-}5)$$

实际回收率是指选矿厂从处理原矿到选出合格精矿的全部选矿过程的总回收率。实际回收率计算见式（10-5），式中对原矿和精矿均计干量，即物料去除水分后的实际质量。

$$\text{实际回收率} = \frac{\text{精矿干量(吨)} \times \text{精矿品位}}{\text{原矿处理量(吨)} \times \text{处理原矿品位}} \times 100\% \quad (10\text{-}6)$$

金属流失是指在选矿生产过程中，部分矿石、矿粉、矿浆脱离生产流程，导致有用矿物损耗的现象。理论回收率一般都高于实际回收率，金属流失表观上体现为两者之间的差值。

金属平衡一般以一定的表格形式列出，且每月、季、年都要编制，这样的统计表称为金属平衡表。此表包括选厂处理的原矿量、出厂的精矿和尾矿量以及原矿、精矿和尾矿的品位、回收率等项，可反映一个选厂某个时期技术工作与管理工作的好坏，是评价选厂技术管理工作的基础材料。金属平衡表的编制程序按图 10-7 的规定进行。

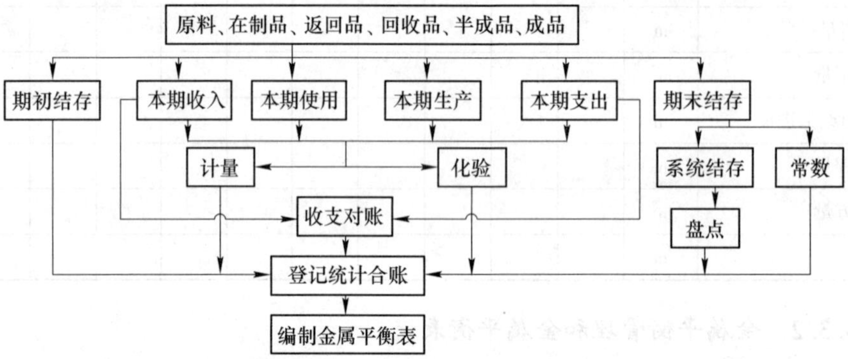

图 10-7　金属平衡表的编制程序

图 10-7 中，原料、在制品、返回品、回收品、半成品和成品的数量与品位来自计量、化验和盘点结果，每一个数据都应具有依据，准确合理。

金属平衡盘点是指在一定时间间隔内，对本企业生产过程中所涉及的生产物料，包括原料、成品、半成品、在制品、副产品、返回品、回收品等进行数量与质量的统计和结算。

中间物料是指本企业内尚未完成全部生产过程，无须办理入库手续，尚需进一步加工的产品，如中矿、半成品、在制品等。

金属平衡表的格式和内容应统一，填写的项目应齐全，使用的计量单位应一致，见表 10-4。

表 10-4　选矿金属平衡表的格式和内容

年　　月　　　　　　　　　　　　　　　　　　　　　　　　　　　　　　(t)

产物及动态		本月平衡									自年初至本月止累计		
		矿种			矿种			矿种			合计		
		数量	品位/%	含量	数量	品位/%	含量	数量	品位/%	含量	数量	品位/%	含量
矿石	期初结存												
	本期收入												
	本期处理												
	期末结存												
理论	精矿												
	尾矿												

续表 10-4

产物及动态		本月平衡									自年初至本月止累计		
		矿种			矿种			矿种			合计		
		数量	品位/%	含量	数量	品位/%	含量	数量	品位/%	含量	数量	品位/%	含量
积存矿砂	期初堆积												
	本期增加												
	本期处理												
	期末堆积												
金属流失													
其中													
实产	精矿												
	尾矿												
理论回收率													
实际回收率													

单位领导：　　　　审核：　　　　制表：　　　　填表日期：　　年　月　日

一般要求理论金属平衡表的回收率和实际金属平衡表的回收率之间的差值，对于浮选厂正差不能大于2%，不应出现负差。理论和实际金属平衡差别越小越好，差别越小，则说明工艺过程中机械损失小。两者差别的大小是衡量该企业组织管理工作是否先进、技术操作是否完善的重要标准。由于它是按班次计算指标的，也是现场生产班组进行生产评比的基本资料。

选矿厂要加强计量、取样、加工、化验等工作，实行专人定岗操作管理。每月要进行一次实际金属平衡，查清金属损失的流向及原因，采取有力措施加以改进，使理论回收率与实际回收率之差保持在规定范围之内。

10.5 安全与环保管理

10.5.1 矿业企业的安全管理和安全监测

10.5.1.1 矿业企业安全管理

安全是最大的效益。

矿业企业应遵守国家有关安全生产的法律、法规、规章、规程、标准和技术规范。

根据《安全生产许可证条例》规定，矿业企业未取得安全生产许可证的，不得从事生产活动。

根据《中华人民共和国安全生产法》和《中华人民共和国矿山安全法》，矿业企业应当设置安全生产管理机构或者配备专职安全生产管理人员，具有保障安全生产的设施，建立、健全安全管理制度，采取有效措施改善职工劳动条件，加强矿山安全管理工作，保证安全生产。

对于采矿生产过程，规范其安全生产的规程有《金属非金属矿山安全规程》（GB 16423—2006）、《爆破安全规程》（GB 6722—2011）。

对于选矿生产过程，规范其安全生产的规程有《选矿安全规程》（GB 18152—2000）、《冶金矿山尾矿设施管理规程》（冶矿字［1990］185 号）、《选矿厂安全生产标准化评分办法》（安监总厅管［2013］152 号），等等。

2014 年国家安全生产监督管理总局公布了《非煤矿山企业安全生产十条规定》，摘要列举如例 10-4：

［例 10-4］《非煤矿山企业安全生产十条规定》（国家安全生产监督管理总局令［2014］67 号）

一、金属非金属地下矿山企业

1. 必须证照齐全有效，安全生产管理机构健全或配备专职安全生产管理人员，安全生产责任制落实，外包工程安全管理到位。

2. 必须确保矿领导下井带班，全员培训合格，“三项岗位人员”持证上岗。

3. 必须按规定设置安全出口并保持畅通，严禁独头开采。

4. 必须建立机械通风系统，局部通风管理安全可靠。

5. 必须配齐自救器和便携式气体检测仪。

6. 必须加强顶板管理和采空区监测、治理。

7. 必须落实探放水制度，加强水害隐患治理。

8. 必须确保提升、运输设备安全可靠，严禁使用国家明令淘汰和未经检测检验合格的设备、材料。

9. 必须落实爆破器材库和爆破作业安全管理。

10. 必须建立专（兼）职应急救援队伍，确保救援装备和物资配备及应急演练到位。

二、金属非金属露天矿山企业

1. 必须证照齐全有效，安全生产管理机构健全或配备专职安全生产管理人员，安全生产责任制落实，外包工程安全管理到位。

2. 必须确保全员培训合格，“三项岗位人员”持证上岗。

3. 必须确保相邻的采石场采矿许可范围之间最小距离大于 300 米。

4. 必须按设计自上而下分台阶分层开采。

5. 必须落实爆破作业安全管理规定，未经批准的必须采用中深孔爆破。

6. 必须实行湿式凿岩作业。

7. 必须使用机械二次破碎和铲装作业。

8. 必须落实边坡安全措施。

9. 必须按设计排土，加强排土场管理。

10. 必须建立专（兼）职应急救援队伍，确保应急装备和物资配备及应急演练到位。

三、金属非金属尾矿库

1. 必须证照齐全有效，安全生产责任制落实，配备专（兼）职安全技术人员。

2. 必须确保全员培训合格，“三项岗位人员”持证上岗。

3. 必须按设计放矿、筑坝，确保坝体稳定性、安全超高、干滩长度、浸润线埋深符合要求。

4. 必须确保排洪、排渗设施设计规范、建设达标、运行可靠。

5. 必须建立监测监控系统并有效运行，落实定期巡查和值班值守制度。

6. 必须限期消除病库安全隐患，严禁危库、险库生产运行。

7. 必须加强“头顶库”安全管理。

8. 必须按设计及时闭库。

9. 必须加强闭库和回采安全管理。

10. 必须建立应急联动机制，确保应急装备和物资及应急演练到位。

各个具体的矿山、选矿厂车间和岗位应根据实际情况，分别有针对性地制订相应的安全生产职责，职责应细化，具备可操作性。

[例 10-5] 某企业岗位安全职责

(1) 严格遵守安全生产法律、法规和标准，安全生产规章制度、劳动纪律以及其他各项规章制度，不得擅自脱岗、离岗、串岗。

(2) 认真执行安全技术操作规程，不违章作业，拒绝违章指挥。发现违章作业、冒险蛮干的行为，要立即制止；发现隐患，自己能处理的自己及时处理，不能处理的问题要立即报告班组长或有关领导。若隐患危及自身安全时，可立即停止工作，撤离到安全地点。

(3) 爱岗敬业，应熟知本岗位生产工艺、机械设备的技术性能、安全操作规程，会使用、维护设备，并能处理常见故障。

(4) 机械设备实行专人专机，除特殊情况外，不得转借他人操作。特种作业人员必须持证上岗。

(5) 认真检查本岗位的设备、工具和作业地点，发现问题及时处理，并向班组长汇报，在设备检查时要设置明显的检修标志牌。

(6) 认真做好机械设备的维护保养工作，使设备处于良好状态。

(7) 严格执行交接班制度，认真履行交接程序，填写好各种记录，交接班必须在岗位上进行。

(8) 团结互助，积极参与事故抢险救灾，抢救伤员。

(9) 按时参加班组安全活动。

(10) 关心爱护新工人，指导新工人进行安全生产。

10.5.1.2 “三不伤害”安全工作守则和“四不放过”事故处理原则

所有员工上岗前均应接受安全教育和培训，保证在生产中遵守“三不伤害”安全生产工作守则，即做到“不伤害自己、不伤害他人、不被他人伤害”。

国务院办公厅文件《关于加强安全工作的紧急通知》（［2004］7 号）规定了对发生事故后的“四不放过”处理原则，其具体内容是：

(1) 事故原因未查清不放过。

(2) 事故责任人未受到处理不放过。

(3) 事故责任人和周围群众没有受到教育不放过。

(4) 事故指定的切实可行的整改措施未落实不放过。

[例 10-6] 某企业员工安全生产工作守则

(1) 全体员工必须坚持“安全生产，人人有责”的原则，执行“安全第一、预防为主、综合治理”的方针，保证做到“不伤害自己、不伤害他人、不被他人伤害”。

(2) 全体员工必须接受三级安全教育，定期参加本工种安全技术培训。

(3) 安全作业必须做到：

1) 自身安全防护。按规定佩戴好个人防护用品和安全用具。

2) 作业安全防护。熟悉作业环境，清除作业障碍物，确认作业危险源，熟知安全防范措施。

3) 设备设施安全防护。检查并确认本工种的设备设施安全防护装置的可靠性。

(4) 坚持文明生产，保持工作场地整洁、通道畅通，做到日清日理。

(5) 末班下班前必须切断电源、气源、熄灭火种，清理现场，严格交接班制度。

(6) 二人以上共同工作时，必须明确有一人负责安全。

(7) 消防器材经常保持良好状态，严禁挪作他用。

(8) 发生事故要及时采取紧急措施，抢救伤员，保护现场，逐级上报。

10.5.1.3 矿山安全监测

A 采矿安全监测

露天矿山安全监控系统，主要监测采场、排土场、排矸场的边坡位移情况。

井下矿山安全监控系统，主要监测矿井 CO、CH_4等有毒易爆气体浓度，以及矿井视频、井下人员定位、风速、温度、负压、顶板压力、位移变化、矿井涌水、设备状态等。

采空区沉降监测系统，主要监测地下采矿采空区造成的地面沉降危害。

B 选矿厂尾矿库安全监测

尾矿库的安全，关系到企业的正常生产、区域内人民生命财产及环境的安全。搞好尾矿库的安全监测意义重大。《尾矿库在线安全监测系统工程技术规范》（GB 51108—2015）中规定，尾矿库应监测坝体位移、浸润线、干滩、库水位、降水量，必要时还应监测孔隙水压力、渗透水量、混浊度。

图 10-8 是尾矿库安全监测系统示意图。尾矿库在线监测系统运行期间，应做好监测系统和全部监测设施的检查、维护、校正、监测资料的整编、监测报告的编写以及监测技术档案的建立。监测数据如有异常，应及时响应，当影响尾矿库运行安全时，应及时分析原因和采取对策，并上报上级主管部门。

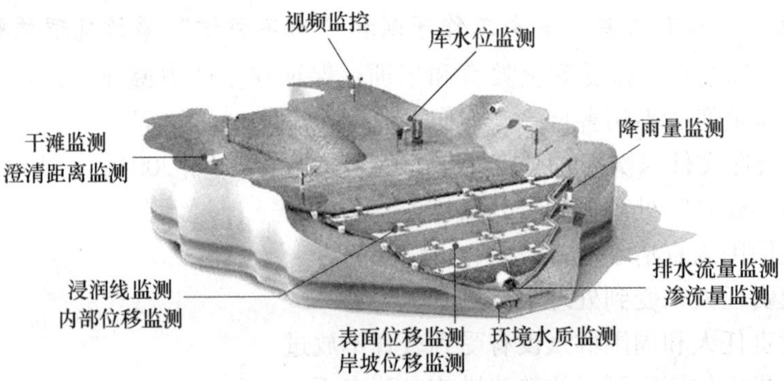

图 10-8 尾矿库安全监测系统示意图

10.5.2　矿业企业的环境监督管理

10.5.2.1　矿山环境监督管理的基本原则

习近平主席提出："绿水青山就是金山银山。"为实现建设"美丽中国"的发展理念，矿业工作者理应尽职尽责，做出贡献。

开发利用矿产资源，既能生产大量的物质财富，也广泛、直接地影响着生态环境平衡。采矿选矿过程中生成的有毒有害气体、采矿废石、选矿尾矿、废水、粉尘及噪声等因素，会污染水源和空气、挤占土地农田、破坏自然景观植被，给人类生产和生活带来不利影响。矿山环境监督管理就是要监督控制这些不利影响，保障生产合法依规正常进行。

根据《中华人民共和国环境保护法》《中华人民共和国矿产资源法》以及《矿山环境监察指南（试行）》等有关法律、法规规定，着眼于可持续发展战略，对矿山实行环境监督管理的基本原则主要有：

（1）坚持在保护中开发、在开发中保护的基本方针，促进经济建设与环境保护协调发展。

（2）预防为主，防治结合，综合治理。

（3）谁开发谁保护，谁污染谁治理，谁破坏谁恢复。

（4）全面规划，合理布局，突出重点，因地制宜。

对矿山环境的监督管理主要包括两个方面：一是对环境保护的监督；二是对矿山土地复垦的监督。包括矿山环境影响评价报告制度，矿地复垦制度，监督检查制度和履约保证金制度等

10.5.2.2　矿山环境监督管理的部门与工作制度

矿产资源开发利用过程中的每一个环节都要采取措施防治污染和保护环境。企业必须把环境保护工作纳入计划，建立环境保护责任制度；采取有效措施，防治在生产中产生的废气、废水、废渣、粉尘等对环境的污染和危害。

矿业企业在其职能部门设置中，一般均设有安全环保部，有时单独设置环保部。环保部的基本职责有：

（1）负责企业管辖范围内生态环境的监测、检查和管理。

（2）负责与上级环保部门联系，报送环境报表，严格执行上级环保部门的各项规定。

（3）负责企业生态环境保护工作的规划和实施。

（4）负责企业的环境保护宣传教育和培训工作。

（5）环境保护实用技术的引进和新技术的研究创新。

（6）检查落实各基层单位的环境保护责任和工作，并提供技术支持。

环保部应争取企业领导的支持，对各基层单位的环境保护责任落实情况，以及环保工作绩效，应列入基层单位及基层领导的经济责任制考评指标。

10.5.3　粉尘及有害气体的防护与治理

10.5.3.1　粉尘危害

粉尘对人体有害，吸入后往往沉积于人体肺部产生慢性病变，特别是游离二氧化硅含

量高的粉尘很难从肺部排出，形成硅肺病。据有关资料介绍，肺泡沉积的大部分尘粒直径在0.2~2μm。因此，一般认为小于5μm的粉尘对人体危害最大，称为呼吸性粉尘。

矿业生产过程中，由于矿石中往往含有较大数量的硅质脉石，在破碎筛分等作业中，会产生相当数量的小于5μm的硅质粉尘。因此，矿业企业必须认真重视和做好粉尘防护与治理。

空气中粉尘的浓度是衡量粉尘对人体危害的重要因素。根据卫生规范规定，车间内工作场所的容许粉尘浓度标准见表10-5。

表10-5　工作场所空气中粉尘容许浓度（摘自GBZ 2.1—2007）

序号	粉尘名称	PC-TWA 总尘/$mg \cdot m^{-3}$
1	白云石、石灰石粉尘	8
2	硅质粉尘（石英岩等）含10%~50%游离SiO_2的粉尘	1
3	氧化铝粉尘	4
4	水泥粉尘和煤尘（游离SiO_2含量 <10%）	4

注：PC-TWA为以时间为权数规定的8h工作日、40h工作周的平均容许接触浓度。

10.5.3.2　加湿作业治理

《工业企业设计卫生标准》（GBZ 1—2002）规定：放散粉尘的生产过程，应首先考虑采用湿式作业。物料加湿是防尘的一项很重要的措施。露天采矿生产和原矿运输至选矿厂的过程中，应定时在运输路面洒水，水中可添加抑尘剂以增强效果和节约用水。

选矿生产过程中如果条件允许，应尽可能把矿石加湿。对于含泥高加湿后破碎机和粉料仓易堵的矿石，应考虑预先筛分或洗矿。一般情况下，矿石进行加湿处理后，不再需要进行抽风除尘处理。

加湿物料的方法一般采用喷嘴喷水加湿。喷嘴设置的部位，一般设在进破碎机前和破碎之后的皮带机上部，见图10-9。喷嘴应尽量采用旋流雾化喷嘴。

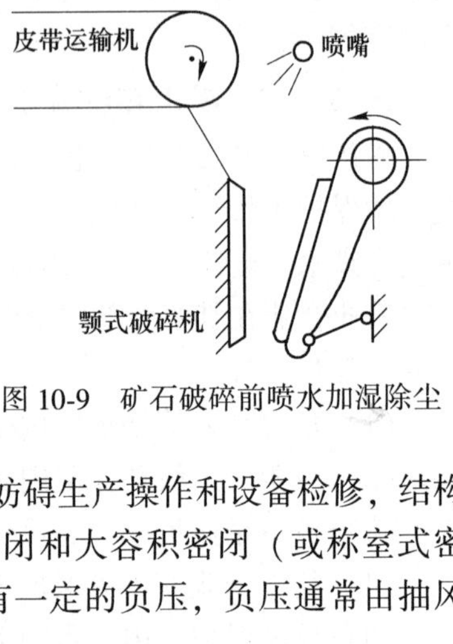

图10-9　矿石破碎前喷水加湿除尘

10.5.3.3　产尘点密闭

产尘点密闭是抑制粉尘扩散的一项十分重要的措施，可使尘源附近的空气含尘浓度大幅度下降。尘源密闭应不妨碍生产操作和设备检修，结构坚固、严密并易于拆卸和安装。密闭分局部密闭、整体密闭和大容积密闭（或称室式密闭，选矿厂的振动筛常采用此种密闭方式）。密闭罩内要有一定的负压，负压通常由抽风机产生，负压抽出含尘废气应送除尘器处理。

10.5.3.4　设备净化除尘

除尘净化设备主要分为干式和湿式两类。一般情况下，湿式除尘的效率要高于干式除尘。目前，湿式除尘已成为主流，尤以湿式冲击型除尘器为最多。

干式除尘器主要有旋风除尘器、袋式除尘器、高压静电除尘器和无动力除尘器。

湿式除尘器的型式也很多，常用于选矿厂除尘的有CLS型水膜除尘器。含尘气体由筒体下部顺切向引入，旋转上升，尘粒受离心力作用而被分离，抛向筒体内壁，被筒体内壁流动的水膜层所吸附，随水流到底部锥体，经排尘口卸出。

水浴除尘器是一种结构简单，造价低，便于维护管理的湿法除尘器。机内引进旋流机制，促进了膜化与凝聚的形成，强化了鼓泡作用，进一步提高了除尘效能。

10.5.3.5 车间的防尘

车间的防尘工作，除了有良好的通风除尘系统外，管理工作和水力清扫也是重要的环节，车间应设水冲洗地面清洗。为了防止二次扬尘，对厂房内有灰尘的地坪、墙壁、设备表面等应经常进行全面的定期水冲洗。

在车间内采用加湿器喷洒水雾的方法，可以促使空气中飘浮的微细粒粉尘团聚成大颗粒而沉降下来，有效地降低空气中的粉尘浓度。常用的加湿器有旋流式雾化加湿器和超声波式雾化加湿器。

10.5.3.6 有害气体的防治

采矿有害气体主要有一氧化碳和甲烷，可采用抽排通风的方式防治，在工作场所应设立有害气体浓度检测和报警装置。某些高气体煤矿在开采之前，应预先抽排易燃气体并合理利用。

选矿厂有害气体主要有浮选药剂挥发气体、药剂与矿物作用气体（如浓硫酸活化剂与硫化矿作用产生硫化氢气体）、浮选泡沫被冲泡水流冲击产生的含重金属气溶胶气体、化学选矿气体（如氰化浸金气体）等。防治有害气体的主要方法有厂房通风、有害气体产生点的密闭抽风外排、个人防护。

在主厂房磨矿及浮选跨间，应设有天窗，这样可以排除球磨机电机的余热气体和浮选过程的药剂气味。主厂房的大门在生产时应尽量保持开启。各作业点应设置工业电扇用以通风降温。

药剂制备车间和给药设备应设置排气扇，一般为直接外排。当采用浓硫酸活化剂与硫化矿作用方案时会产生毒性较大的硫化氢气体，此时一定要将搅拌桶密闭抽风外排或设置于室外。

浮选操作工在浮选机旁工作时，应尽量佩戴防护口罩，防止过量吸入含铜、铅、锌重金属的气溶胶气体，影响身体健康。

10.5.4 噪声防护

根据卫生规范标准，车间内工作地点的噪声声级的卫生限值见表10-6。

表10-6 工作地点的噪声声级的卫生限值（摘自GBZ 2—2002）

日接触噪声时间/h	8	4	2	1	1/2	1/4	1/8	最高
卫生限值/dB（A）	85	88	91	94	97	100	103	115

采矿的噪声污染源主要为空压机、抽风机和风钻。

选矿厂的噪声污染源主要为圆锥破碎机、振动筛、球磨机、水泵及各式大小风机等，噪声源源强在85~100dB（A）之间。长时间接触高强度噪声对人体有害。为降低声源噪声强度，减少噪声对外界环境的影响，根据噪声的产生与传播机理，可采取以下减噪措施：

（1）在设备基础上采用防振隔振装置。

（2）在球磨机内安装使用橡胶衬板取代合金钢衬板，对降低选矿厂主要噪声源的噪声污染强度有很大作用，同时还可减轻磨机负荷、降低电耗，但磨机单位处理能力会略下降。

（3）在风机、空压机的进出风口安装消声器。

（4）在管道的连接处设置柔性接头。

（5）对高噪声车间进行隔声和吸声处理，可采用夹层泡沫板。

（6）对高噪声工作场所可设置隔音操作间。

（7）厂区绿化对防治粉尘污染、减弱噪声、保护和改善环境质量具有重要作用。可在厂房周围与道路间设置绿化带，主要种植常绿乔木和灌木以吸尘阻声。

（8）对于在高噪声源地点工作的工人，应佩戴防护耳罩。

10.5.5 采矿废石和选矿尾矿的处理及再利用

10.5.5.1 采矿废石堆存与再利用

露天采矿和井下采矿均会产生大量的采矿废石。

露天采矿的剥离废石，一般运往露采坑旁边专门的废石排放场。对废石排放场的规划和安全监测，与露天采矿场基本相同。露天采矿剥离废石可考虑再利用制备碎石，用于建筑用混凝土的骨料。

井下采矿的掘进废石，一般尽量用于井下采空区的充填，多余部分才提升运往地面专门的废石排放场，并考虑综合利用作为建材骨料。

闭矿后的露天采矿坑和地面废石堆，应采取边坡覆土和表面喷草籽浆膜等工程绿化措施。

10.5.5.2 选矿尾矿的尾矿库湿式堆存

原矿进入选矿厂经过破碎、磨矿和选别作业之后，矿石中的有用矿物分选为一种或多种精矿产品。尾矿则以矿浆状态排出。尾矿数量很大，产率一般为80%~90%，甚至还要大些。以一个日处理10000t原矿的选厂为例，尾矿的产率以90%计，每日排出尾矿量有9000t，它的体积大约有5000m^3。选厂服务20年，尾矿的体积约为3.5×10^7~$4.0\times10^7m^3$。所以必须有一个很大的场地堆放尾矿。

把尾矿堆存在专门修筑的尾矿库内，这是多数选矿厂目前最广泛采用的尾矿处理方法。尾矿库的形式可以分为山谷型、山坡型和平地型。一般常用山谷型，见图10-10（a）。尾矿坝的堆筑，初期坝为土石坝，子坝为粗尾砂，一般采用上游筑坝法，见图10-10（b）。

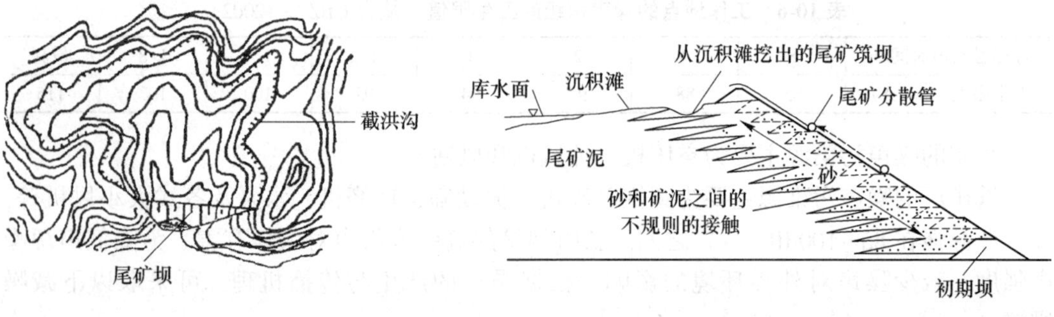

图10-10 尾矿库的形式和堆筑方法

（a）山谷型尾矿库；（b）上游筑坝法建成的尾矿库

尾矿坝是尾矿设施中最重要的组成部分，它直接关系到尾矿库的安危。坝址选择应当尽量靠近选矿厂，使尾矿的输送距离最短，自流为宜，尾矿需要扬送到尾矿库时应该尽可能减少扬送高度，坝址以下的土层和岩石结构要可靠，筑坝前应作工程地质评价。

选矿厂排出的尾矿水中常含有一定量的药剂及有害物质，尾矿库对尾矿水中的有害物质有一定的降解净化作用。

尾矿库的排水设施很重要，为了排除进入尾矿库的雨水或水溪水流，必须建有山坡截洪沟或排水管路；为了排除尾矿中的渗透水及尾矿坝底的涌水，必须建有排水管路设施，以及尾矿澄清水的排水设施，见图 10-10（a）。对于存在暴雨可能的地区，一定要加强对尾矿库山坡截洪沟和溢洪道的建设，平时定期巡查，出现可能地质灾害气象情况时需派专人坚守，绝对避免出现垮坝事故。

10.5.5.3 选矿尾矿的干式堆存

出于尾矿库的安全管理考虑，多个地方政府出台了新批建尾矿库应采用干式堆存的要求。

选矿尾矿的干式堆存处理设备包括尾矿直线振动脱水筛、带式过滤机或压滤机等。在尾矿粗粒筛分脱水过程中，还可能综合回收一部分粗粒砂用于建材原料。

10.5.5.4 尾矿再利用

尾矿综合利用率列入了国家规定的“三率”考核指标中的综合利用率。

尾矿的概念是相对的，尾矿中含有大量的其他有用成分。目前尾矿再利用的主要方式是作为采矿井下充填材料、铺筑路基材料和建材生产原料。

我国湖北省宜昌市的 63 家磷矿均淘汰了原采用的空场采矿方法，改用充填采矿方法。江苏南京栖霞山铅锌矿实现了全尾矿充填。安徽铜陵冬瓜山铜矿则采用尾矿分级后粗粒泵送井下充填。

尾矿必须妥善贮存的另一个原因是考虑尾矿将来再利用的可能性。由于以往的技术水平和经济成本的限制，一部分金属流失于尾矿，也许还有一部分稀有金属没有得到综合利用。所以尾矿有必要保存起来以备将来再利用。随着技术水平的发展，到一定时期这些尾矿可能变成有价值的矿产资源。

退役尾矿库的覆土复垦也是充分利用土地资源的方法之一。某些尾矿暂时无法利用的尾矿库，应采取表面覆土的工程措施进行绿化，以减少沙尘危害和水土流失。尾矿库表面覆土后的绿化植被在气候湿润的南方地区可采用各种本土草木；在气候较为干旱的北方地区，常用的绿化植物有刺槐、沙棘、紫穗槐、沙打旺等。

10.5.6 采矿和选矿废水处理与循环回用

10.5.6.1 矿业废水类别和废水排放标准

采矿生产过程中，露天采矿场有汇集雨水排出，井下采矿矿井有地下渗流水排出。部分硫化矿排水可能会产生酸性废水。

选矿生产需耗用大量的水，大部分的生产用水随尾矿排出。选矿厂生产废水中主要含有尾矿悬浮物和微量残余药剂。选矿厂生产排水的成分与原矿矿石的组成、品位及选别方法有关。根据选矿厂废水所含污染物，大体可分为含悬浮物废水、含氰废水及含有机选矿药剂废水三种。对选矿厂来说，不论重、磁、浮选选厂废水均含有大量悬浮物，而其他污染物质则与选别方法、矿石品种有关，如浮选厂排水含有机选矿药剂、铜、铅、锌、硫化物，黄金选厂则含氰化物等物质。

水资源是人类生存所必需的最重要资源。为避免工业生产排放废水对自然环境的危害，我国对污水的综合排放有严格的标准，见表 10-7。

表 10-7 第二类污染物最高允许排放浓度（摘自 GB 8978—1996） (mg/L)

序号	污染物	适用范围	一级标准	二级标准	三级标准
1	pH	一切排污单位	6~9	6~9	6~9
2	色度（稀释倍数）	一切排污单位	50	80	—
3	悬浮物（SS）	采矿、选矿、选煤	70	300	—
4	五日生化需氧量（BOD_5）	其他排污单位	20	30	300
5	化学需氧量（COD）	其他排污单位	100	150	500
9	总氰化合物	一切排污单位	0.5	0.5	1.0
18	总铜	一切排污单位	0.5	1.0	2.0
19	总锌	一切排污单位	2.0	5.0	5.0

10.5.6.2 采矿废水的治理和综合利用

A 一般采矿废水的治理与综合利用

一般的采矿废水，如无明显有害影响，应尽量直接用于选矿生产。

采矿废水如需排放，如果悬浮物含量高，应沉淀澄清处理；如果重金属超标，应送入选矿废水一并处理。

B 有色金属硫化矿采矿酸性废水的治理与综合利用

有色金属矿多为硫化矿。在地下采矿生产过程中必须进行抽排水作业。矿山井下排水由于受矿石中硫化矿氧化作用的影响往往呈酸性，达不到国家规定的排放 pH 值标准，必须经过处理后方能排放，处理方法多为添加石灰。

有色金属硫化矿选矿过程中，为抑制矿石中的黄铁矿往往需加入大量石灰，造成选矿尾矿废水呈碱性，达不到国家规定的排放 pH 值标准，必须经过处理后方能排放，处理方法多为添加硫酸。

将酸性的采矿废水与碱性的选矿废水相互混合，经中和反应作用，混合废水的 pH 值可以达到排放标准，可节约大量酸碱处理药剂，达到以废治废的良好效果。

有色金属硫化矿选矿过程中，为优先分离浮出硫化铜、铅、锌矿，往往需加入大量石灰抑制矿石中的黄铁矿。当浮选完硫化铜、铅、锌矿后，后继作业需要浮选黄铁矿生产硫精矿时，常规的做法是添加硫酸中和石灰至 pH 值呈中性，从而使黄铁矿重新活化上浮。此时若有酸性的采矿废水，将其用于黄铁矿活化浮选，可达到节约硫酸和治理酸性废水的双重效果。

10.5.6.3 选矿回水利用

选矿废水综合利用率列入了国家规定的“三率”考核指标中的综合利用率。

随着选矿技术的发展，选厂规模的逐渐扩大，环境污染问题的急需解决，选矿作业使用回水日益被重视。使用回水后新鲜水用量大幅度减小，水源供水不足的矛盾得到缓和，尾矿水对环境的污染也可以大大减轻。

洗煤厂对煤泥水的处理一般情况下采用“旋流器—浓缩机混凝沉淀—压滤机（煤泥沉淀池）”处理工艺，处理后的出水可回用于洗煤生产。

非煤矿山的磁选厂或重选厂，精矿和尾矿经浓密处理，浓密机溢流可作为回水循环使用。这样做不仅对选矿过程不发生不良影响，而且可以大大降低新鲜水的耗量，经济上是有利的。故磁选厂与重选厂均普遍使用回水。

浮选厂的情况就比较复杂，由于精矿浓缩溢流水和尾矿水中含有剩余药剂，可能会对浮选过程产生影响，需通过试验确定回水能否添加和添加比例。某些情况下可能还需对回水进行预处理。尾矿水如经尾矿库沉降和药剂自然降解，回用影响会减小。

使用选矿回水的方法，主要有以下两种：

第一种方法是尾矿矿浆经浓密机处理，浓密机溢流作为回水使用。在选矿厂内或选矿厂附近设置浓密机将尾矿脱水，部分或全部溢流水作为回水送回选厂使用，浓密机底流送到尾矿场。该法的优点是可以减少回水管的长度、尾矿矿浆的输送量与动力消耗，减少水的蒸发和渗漏损耗。南非的 Ergo 选矿厂应用了一台直径为 137m 的尾矿浓密机，国内最大尾矿浓密机直径为 100m。由于大直径浓密机占地面积大，现尾矿浓密机技术主要向高塔深锥浓密机方向发展。

第二种方法是将尾矿库溢流水作为回水使用。将尾矿矿浆全部输送到尾矿库以后，经尾矿库比较长时间的沉淀和分解作用，澄清水经溢流井地下沟道流出送回选厂再用。这一方法的优点是回水水质较好；缺点是回水的管路较长，动力消耗较大，经营费用较高，水的蒸发渗漏损耗大。

图 10-11 是选矿废水循环回用示意图。

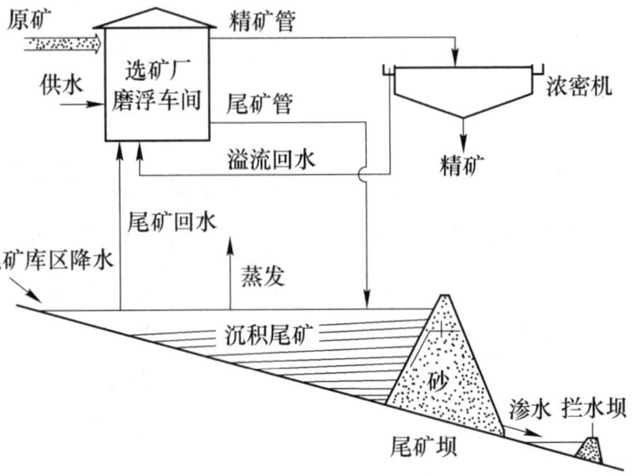

图 10-11 选矿废水循环回用示意图

10.5.6.4 选矿废水处理排放

当选矿废水不能全部回用，必须外排时，首先应向国家环保部门申请工业污水排放口，安装全套检测和监督装置。其次，现行环保法规要求所有工业污水必须处理达标后方可排放。

选矿废水处理的基本原则为：

（1）应充分利用尾矿库进行悬浮物澄清及有机药剂自然净化。自然净化的处理效果与时间、温度有关。一般情况下，硫化矿捕收剂和起泡剂经过 3 天以上的自然净化，可降解 80%以上。

（2）如自然沉淀达不到排放要求时，应采用投加絮凝剂、化学药剂或其他方法处理。

（3）如需使用化学药剂处理时，宜尽量使用单一种类药剂。

（4）所用化学药剂应选用无毒、低毒、高效或污染较轻、价格低廉和易于获得的药剂。选矿厂废水处理最常用的药剂为石灰，可中和酸性、沉淀重金属离子；其次为氧化剂，可去除有机药剂（一般用化学需氧量 COD 表示）；第三为絮凝剂，可降低废水中的泥砂含量和浑浊度。

（5）应分析研究废水的组成，利用其不同性质，做到以废治废、综合治理。

图 10-12 是柿竹园有色金属公司于 2015 年建成投产的柴山尾矿库废水处理站，处理规模为 20000t/d。

图 10-12　柿竹园有色金属公司东波选矿废水处理站

10.5.7　矿山公园的建设

在人类的历史进程中，人们开发利用矿产资源形成的矿业遗迹是人类活动的历史见证，是具有重要价值的历史文化遗迹，也是当今世界保护的重要自然和文化遗产。建立国家矿山公园，有利于有效保护和科学利用矿业遗迹资源，弘扬悠久的矿业历史和灿烂文化；有利于加强矿山环境保护和恢复治理；有利于促进资源枯竭型矿山经济转型，有利于树立典范，推动矿山企业走可持续发展的道路。

矿业遗迹也叫矿山遗迹。简单地说就是矿业开发过程中遗留下来的踪迹和与采矿活动相关的实物，具体主要指矿产地质遗迹和矿业生产过程中探、采，以及位于矿山附近的选、冶、加工等活动的遗迹、遗物和史籍。

矿山公园是以展示人类矿业遗迹景观为主体，体现矿业发展历史内涵，具备研究价值和教育功能，可供人们游览观赏、进行科学考察与科学知识普及的特定的空间地域。

矿山公园的建设应以科学发展观为指导，融人文景观与自然景观为一体，采用环境更新、生态恢复和文化重现等为手段，达到生态效益、经济效益和社会效应有机统一。

矿山公园的建设是矿山环境保护、治理和利用的一条创新途径，有较大的应用推广价值。

矿山公园设置国家级矿山公园和省级矿山公园。

我国规范矿山公园建设的相关法规有国土资发〔2004〕256 号：关于申报国家矿山公园的通知，及其附件“国家矿山公园申报工作指南”。该指南规定，国家矿山公园应具备以下条件：

（1）国际、国内著名的矿山或独具特色的矿山；

（2）拥有一处以上珍稀级或多处重要级矿业遗迹；

(3) 区位条件优越，自然景观与人文景观优美；

(4) 基础资料扎实、丰富，土地使用权属清楚，基础设施完善，具有吸引大量公众关注的潜在能力。

国家对矿山公园建设工作予以相应的政策扶持和资金资助。矿业企业应在绿色矿山目标建设的总体规划下，积极推进申报和建设国家矿山公园。

矿山公园建设应当遵循统一规划、分步实施的原则，在总体规划的框架下，制定出不同区域和不同阶段的分步建设方案与实施计划。

矿业企业应妥善处理开采矿山与矿山公园区的关系。在矿山公园及其外围应该按有关技术要求，设置标示性说明系统。矿山公园必须建设艺术水平高、科学内容丰富的矿山公园博物馆。矿山公园的矿业遗迹应得到有效的保护和利用，自然和人为景观资源得到适度的开发，生态环境质量得到明显的改善，成为所在区域重要的旅游吸引地，亦对当地区域环境保护和生态平衡起到不可替代的作用。

至2017年底，我国已有四批共计88个国家矿山公园资格获批准，见表10-8。

表10-8 中国国家矿山公园分类简介

代表矿种	主要的国家矿山公园
煤	河北唐山开滦煤矿、辽宁阜新海州露天矿、内蒙古满洲里市扎赉诺尔、山西大同晋华宫矿、黑龙江鹤岗、黑龙江鸡西恒山、江西萍乡安源、安徽淮北、安徽淮南大通、山东枣庄中兴煤矿、山西省太原西山、河南焦作缝山针、宁夏石嘴山、广西合山、吉林辽源、重庆江合、四川嘉阳、北京史家营、辽宁南票煤炭、重庆万盛、内蒙古准格尔
石油	河北任丘华北油田、黑龙江大庆油田、甘肃玉门油田、湖北潜江、广东茂名
金、银	北京平谷黄松峪、黑龙江嘉荫乌拉嘎、浙江遂昌金矿、福建上杭紫金山、山东临沂归来庄金矿、山东威海金洲金矿、陕西潼关小秦岭金矿、河北迁西金厂峪、内蒙古额尔古纳、北京怀柔圆金梦、黑龙江黑河罕达气、黑龙江大兴安岭呼玛、吉林汪清满天星、湖南益阳金银山、福建寿宁古银硐
铁	湖北黄石大冶铁矿、吉林白山板石、北京首云、江苏南京冶山、内蒙古白云鄂博、海南石碌
锰	湖南湘潭锰矿、广西全州雷公岭
铜、镍	甘肃白银火焰山、甘肃金昌、江西德兴、安徽铜陵、湖南宝山、云南东川、江西瑞昌铜岭铜矿、广东大宝山
铅、锌、锑	广东凡口、内蒙古林西大井、湖南沅陵沃溪
钨、钼多金属	湖南郴州柿竹园、广东梅州五华白石嶂、江西大余西华山、江西于都盘古山
稀有金属	新疆富蕴可可托海、贵州万山汞矿
宝石	内蒙古赤峰巴林石、福建寿山石、山东沂蒙钻石、河南南阳独山玉、湖北郧阳云盖寺绿松石
磷、钾、盐	湖北宜昌樟村坪、青海格尔木察尔汗盐湖、湖北应城、湖北保康尧治
云母、高岭土、矾	四川丹巴白云母、江西景德镇高岭、浙江苍南矾山
采石	江苏盱眙象山、广东韶关芙蓉山、广东深圳鹏茜、浙江温岭长屿硐天、浙江宁波伍山海滨石窟、河南新乡凤凰山、浙江三门蛇蟠岛、重庆渝北铜锣山

图 10-13 是中国首个挂牌开园的黄石国家矿山公园，其主要景区为已闭坑的大冶铁矿露天采矿场，始建于 1890 年，也是亚洲最大最早的钢铁联合企业汉冶萍公司的矿业遗址。

图 10-13　黄石国家矿山公园：大冶铁矿露天采矿遗址

10.6　成本与销售管理

10.6.1　成本管理

10.6.1.1　企业成本管理

成本管理是指企业生产经营过程中各项成本核算、成本分析、成本决策和成本控制等一系列科学管理行为的总称。矿业项目总成本包括采矿项目成本和选矿项目成本。企业应编制成本计划，实施成本控制，实现提高经济效益的目标。

有关企业生产经营过程中的成本详细介绍，参见本书 3.1 节。

10.6.1.2　矿业项目成本

矿业项目总成本包括采矿项目成本和选矿项目成本。

通常，对矿业项目一般汇总计算采选折合原矿石单位总成本，参见本书 3.2.2 小节。

矿业项目总成本一般可通过最终产品成本来表示，即精矿成本，参见本书 3.2.3 小节。

10.6.1.3　矿业项目成本分析

矿业项目成本分析包括采矿成本分析和选矿成本分析。常用的方法，是与类似的生产（或设计）矿山采矿成本和选矿厂成本进行对比分析，具体包括：

（1）从资源状况、工艺技术条件、经济因素诸方面对生产能力、回采率、矿石贫化率、原矿品位、产品质量、回收率、综合利用等进行综合分析，判断产品成本差别的主要原因。

（2）找出产品成本结构中有显著差别的项目，说明这些差别与哪些作业有关，采用新工艺、新设备或产出新产品时，还应阐明其成本结构特征，并与传统方法的产品成本进行比较。论证设计成本的合理性。

（3）从成本项目构成的辅助材料、燃料、动力和工资等所采用的消耗定额、指标及单价中，甄别出引起项目费用差别的主要因素。

(4) 从制造费用、管理费和销售费用消耗水平的差别中，说明生产经营管理工作对产品成本的影响程度。

(5) 指出采矿场和选矿厂投产后降低成本的可能途径和有效措施。

10.6.2 销售管理

销售管理是对所有进行销售活动实现销售收入过程的综合管理，包括对销售队伍的目标、战略、结构、规模和报酬等进行设计和控制。销售管理是企业管理的重要组成部分。

销售计划是企业销售活动的纲领，是实现企业目标的桥梁，其作用主要有：

(1) 规定计划期内的经营销售目标，减少经营工作中的盲目性。

(2) 规定经营中所需资源，预测成本和费用开支，以利于节约人力和物力。

(3) 规定经营的具体策略，明确目标，提高管理水平。

(4) 规定各有关单位的营销职责，以利于协调企业各部门和各环节的关系。

(5) 成为年度经营计划的可靠依据，以利于安排企业对各种原材料物资的采购。

销售计划的编制参见本书 10.3.3 小节。

矿产品的销售已经高度国际化。通过进出口贸易可以保障企业的矿物原料供给和产品最大获利。通过期货套期保值交易可以帮助企业提取锁定利润和分散风险。

有关基本金属和矿产品的销售、进出口加工贸易和期货套期保值交易的详细内容介绍，参见本书第 3 章。

10.7 设 备 管 理

10.7.1 设备管理与使用维修

10.7.1.1 设备管理的概念及主要内容

设备和设施是企业用以生产产品和提供服务的物质基础，对设备和设施的维护和管理的好坏将直接影响企业竞争能力和经济效益。多数矿业企业生产是 24h 连续工作制，设备多有大型化重负荷设备，各个设备之间相互关联，设备管理工作涉及整个生产线，牵一发则动全身，足见其重要性。图 10-14 是江西铜业公司德兴铜矿的 ϕ10.37m×5.19m 半自磨机和 ϕ7.32m×10.68m 球磨机。

图 10-14 江西德兴铜矿的 ϕ10.37m×5.19m 半自磨机和 ϕ7.32m×10.68m 球磨机

所谓设备管理，是指依据企业的生产经营目标，通过一系列的技术、经济和组织措施，对设备寿命周期内的所有设备物质运动形态和价值运动形态进行的综合管理工作。

设备管理的主要内容包括：依据企业经营目标及生产需要制定设备规划；选择、购置、安装调试所需设备；制定《设备管理实施细则》，建立设备档案；制定《设备安全操作规程》，对投入运行的设备正确、合理地使用；制定《设备维护维修技术规范》和《设备点检、巡检制度》，精心维护保养和及时检查设备，保证设备正常运行；适时改造和更新设备。

10.7.1.2 建立设备卡片台账

对所有设备均需建卡建账，做到账、物、卡对应齐全。

设备卡是张贴在单个设备或同组同类设备上的卡片，相当于资产卡。内容包括设备名称、编号、保存部门、责任人（保管人）、建立日期等。

设备台账包括序号、类别、名称、规格、编号、保存部门、保管人、数量、价格、购买日期等。

设备档案由机电设备科保存，包括单台设备图纸、单台设备备品备件图纸、设备台账、备品备件的计划和实际的维修周期、计划和实际的使用周期、报废设备台账，等等。

10.7.1.3 设备的使用

设备的使用指两方面而言：一方面是指设备的配置和合理的储备，防止设备的积压、闲置和不配套。因此，要求按工艺设计选择设备的型号、规格、数量、空间布置，以及配置和安装。要求合理地、经济地配备好各种类型的设备。另一方面是指设备在运转过程中正确的操作和使用。要恰当地安排生产任务，使各种设备物尽其用，严禁拼设备、超负荷违章作业。

在设备的使用中，主体设备均需列有操作规程和注意事项，配备有考核合格的专职操作人员，制定有定时巡查制度，关键设备必须设有自动保护装置。

矿业企业所有设备的开停车都遵循着一定的顺序和规律，必须明确规定每台设备开车前的注意事项，以及其在生产线中的开停车顺序。

设备的点检，是按照一定的标准、一定周期、对设备规定的部位进行检查，以便早期发现设备故障隐患，及时加以修理调整，使设备保持其规定功能的设备管理方法。

需建立健全设备运行台账，完整记录全部时间段设备的运行状态，方便工作人员及时判断设备是否正常运行，协助机电工作人员判断设备是否出现异常和异常原因分析。

对于重要和事关安全的设备，如煤矿井下的主副井提升、排水、通风设备，按国家颁布的煤矿安全规程的规定，必须设立“双回路、双电源”供电，保证电力供应不中断。

10.7.1.4 设备的维护与保养

对设备进行维护与保养是一项经常的工作，是设备自身运动的客观要求。设备在运转过程中，出于来自外部和设备本身的摩擦、侵蚀，导致设备的零件磨损、松动、脱落等，使设备的性能和效率逐渐下降。为了使机器设备保持应有的效率和精度，就必须对其在运转当中发生的不正常现象进行及时处理。

做好设备的维护保养要有一套科学的维护保养制度。保养制度是按设备实际运转时间规定各级保养周期和相应的保养业务范围。设备的保养类别分为：

（1）日常保养，或叫例行保养。它的内容是进行清洁、润滑、紧固松动的螺丝，检查零件的完整情况。日常保养的部位较少，多数在设备的外部。

（2）一级保养。普遍地进行扭紧、清洁、润滑，还要部分地进行调控。

（3）二级保养。主要进行内部清洁、润滑、局部解体检查和调整。

（4）三级保养。对设备主体部分进行解体检查和调整，对一些达到磨损限度的零件予以更换。

10.7.1.5 设备的检修

设备在使用过程中产生磨损，这是一种不可避免的自然现象。做好维护保养工作可减少磨损，但不能根除磨损。设备的修理，就是修复由于正常或不正常的原因，而造成的设备损坏。通过修理和更换已经磨损、腐蚀的零件和部件，使设备的效能得到恢复。

A 设备的小修、中修和大修

小修是一种比较经常性的修理，工作量小，要求停机时间不长，其目的是排除设备的某些不协调和微小的故障。小修的工作一般由设备操作工或专职维修工进行。

中修是设备连续工作一段时间之后，为预防招致事故的磨损而进行的主要部分的解体检修。中修比小修复杂，要由专门检修人员来进行，保证设备恢复和达到规定的精度和其他技术要求。

大修是对设备全部解体的一种恢复性修理，其目的是使设备完全恢复到正常状态，使其性能、效率和精度恢复到原来水平。设备大修带有固定资产部分更新的性质，有时还要进行小规模的技术改造，其修理工作量大，时间长，需安排专门停产时间，常安排在年终进行。一般大修理工程是由专门的修理部门施工。

在实际工作中，除上述三种修理外，还有一些临时性修理，如设备在运转中发生临时故障，或由于其他生产事故而被迫进行的检修。

B 计划预检修制度

计划预检修制，是以预防为主、计划性较强的一种比较先进的检修制度，适用于企业中对生产有直接影响的甲、乙类设备和连续生产的装置。计划预检修制的计划，是根据设备的运行间隔期制定的，所以能在设备发生故障之前就进行检修，恢复其性能，从而延长了设备的使用寿命，提高设备运转率，对生产有很大的帮助。

矿山机电设备的计划预防修理制度，是按照计划规定的时间，有计划有准备地进行修理工作。实行这种制度就要长期地搜集设备运转和检修资料，找出磨损规律、检修间隔时间和内容，安排修理工作。检修前可以做好充分的准备工作（编制计划、审定检修内容、制作各种图表、准备所需的备品配件、材料及人力、机具的平衡等），来保证检修工作的质量和配合生产计划安排检修计划。这对维护企业的正常生产、提高生产效率、保证产品质量与生产安全，都有非常积极的作用。

10.7.2 矿业设备管理制度

10.7.2.1 矿业设备

对矿业生产企业而言，矿业设备主要是露天采矿设备、井下采矿设备、选矿设备、供电供水设备和其他辅助设备。

（1）露天采矿设备。露天采矿设备包括露天牙轮钻机、浆状炸药装药机、电铲或采矿正铲挖掘机、矿用载重自卸卡车、旋回破碎机，皮带运输机，等等。

（2）井下采矿设备。井下采矿设备包括风机、空压机、凿岩机、井下钻机、天井钻机、竖井钻机、前端式装载机、抓岩机、装岩机、装运机、矿车、平巷掘进机、采煤机、弯曲刮板运输机、自移式液压支架、伸缩胶带运输机，等等。

（3）选矿设备。

1）计量设备：电子皮带秤、汽车衡。

2）破碎设备：颚式破碎机、圆锥破碎机、高压辊磨机、振动筛、皮带输送机、电磁除铁器、除尘器。

3）磨矿设备：给料机、棒磨机、半自磨机、球磨机、塔磨机、螺旋分级机、水力旋流器、细筛、砂泵、在线矿浆浓度粒度仪。

4）浮选设备：搅拌桶、浮选机、浮选柱、浮选给风空压机、药剂配制装置、浮选给药机、矿浆取样机、在线 pH 计、在线 X 荧光品位分析仪。

5）重选设备：跳汰、摇床、螺旋溜槽、重介质分选机、洗矿机。

6）磁选和电选设备：弱磁选机、强磁选机、高梯度磁选机、高压电选机。

7）化学选矿设备：回转窑、搅拌浸出机、锌粉置换装置、萃取和反萃装置、电积装置。

8）精矿脱水和尾矿输送设备：砂泵、高效浓缩机、陶瓷过滤机、压滤机、真空泵。

（4）供电供水设备。

1）供电设备：高压线路、变压器、配电室、低压线路、设备开关柜。

2）供水设施：水泵、水池、尾矿水循环处理回用设施。

（5）其他辅助设备。

1）化验仪器设备。

2）铲车、厂内运输汽车。

3）机修设备。

4）生活保障设备。

10.7.2.2 设备管理制度

矿业设备由于工作强度高、工作环境差，往往容易出现各种问题，影响生产。因此，需要制定严格的设备管理制度，具体包括：

（1）设备管理制度。对每台设备从开箱到报废规定应履行的手续，以及对所有设备的使用到维护规定的职责。

（2）设备维护保养制度。对各种设备规定维护和保养的部位和周期。

（3）设备检修制度。规定各种设备的大修、中修、小修项目及周期，计划下达的时间及实施和验收的规程。

（4）设备检修标准。规定各检修部位检修完达到的标准。

（5）设备完好标准。规定单台设备在运行中应达到的标准，在停车时应达到的可立即重新启用的程度要求。

（6）设备事故的划分标准。给设备事故划分种类，规定申报程序。

（7）设备事故责任追究制度。规定设备事故分析程序，成立事故分析小组，得出分析结论。

（8）设备事故责任惩罚制度。按发生事故的种类，结合分析结果，遵循“四不放过”的原则，对事故责任人进行处罚和教育。

有关事故处理的“四不放过”原则，参见本书 10.5.2 小节。

[例 10-7]　某选矿厂圆锥破碎机小修、中修和大修的管理制度

(1) 圆锥破碎机小修周期每半个月到一个月进行一次，其内容包括：检查碗形瓦；检查锥套和直套的磨损情况，并检查其间隙；检查圆锥齿轮啮合间隙；检查传动轴瓦间隙；检查液压装置、润滑装置及更换润滑油；主要零件清洗。

(2) 中修周期约4~6个月一次，其主要内容包括：更换衬板；修复或更换偏心轴套、锥套和直套；修复或更换圆锥齿轮、传动轴和轴瓦；修复或更换碗形瓦或防尘装置；修复调整环和支承套螺纹；对小修项目进行全部检查和处理；分解电机、吹尘除垢和检查各部轴瓦间隙；分解油开关，清洗和处理缺陷；各部电气调整和试验；检查和修复配电盘及其他电缆线等。

(3) 大修约4年一次或根据实际情况决定，其内容包括：修复或更换机架及有关出现问题的基础部分；对中修项目进行全部检查和处理，以及进行技术改造；更换电机定子线圈（根据预防性试验决定）；重新浸绝缘漆；根据实际情况决定是否要更换转子轴。

10.8 物 资 管 理

10.8.1 物资管理的意义与任务

企业物资管理是对企业所需各种物资的计划、采购、验收、保管、发放以及有关的统计分析等一系列的组织管理工作。企业在生产过程中，应该做到在保证顺利的持续生产的前提下，拥有最小量的各种物资储备，以减少企业流动资金的占有量。

企业所需的物资种类繁多。按物资的作用，可归类分为原材料、辅助材料、燃料、动力、工具等。这种分类方法便于制定各种物资消耗定额，以及计算产品成本和储备资金，因此是最常用的分类方法。

企业物资管理的任务可概括为：

(1) 编制和实施物资供应计划，按质、按量、按时、成批地申请订购、采购、验收和供应企业所需的各种物资，确保企业生产经营的顺利进行。

(2) 正确制定和执行物资消耗定额，严格物资收发和利用制度，以节约物资，降低物耗。

(3) 建立和执行各种物资的管理制度、防火和防变质等安全条例。

(4) 加强对物资供应市场的调查研究，以便掌握和选择各种物资的最佳货源。

(5) 加强科学研究，寻找某些物资库存量最优决策，减少流动资金占有量和加速流动资金的周转。

(6) 搜集某些物资的代用品的信息，以促进企业生产技术的进步。

(7) 建立物资管理系统，实行信息化管理。

10.8.2 物资消耗定额和物资供应计划的制定

10.8.2.1 物资消耗定额

物资消耗定额是在一定的生产技术条件下，生产单位产品或完成单位劳务所必须消耗的物资数量的标准。单位产品物资消耗的高低是反映企业生产技术和管理水平的重要标志。

矿业企业生产过程中的物资消耗主要是生产工艺性物耗，如吨矿炸药消耗量、吨矿磨矿钢球消耗量、吨矿浮选药剂消耗量，等等。

物资消耗定额的制定和管理是企业的一项基础工作。要组织好企业的物资供应工作，就要弄清物资的需要量。物资的需要量是由产品的产量和物资消耗定额所决定的。物资消耗定额不仅是决定物资需要量的依据，而且是计算产品成本的依据。

单位产品工艺消耗定额的确定，是一项值得重视和科学性很强的工作。制定物资消耗定额的基本方法有：

（1）技术核算法。对于机械加工企业，由设计人员设计机械产品，选择金属毛坯料，由技术员按金属加工工艺计算工艺损耗部分，得出工艺金属消耗定额。这种方法比较准确，但工作量大。对于产品较高或材料贵重的产品，通常采用此法。

（2）统计分析法。按以往同类产品物资消耗的统计资料，考虑到当前产品的特点和技术条件的变化，经过类比来制定物资消耗定额。

（3）经验估算法。根据技术人员和工人的经验，经过分析来确定物资消耗定额。

企业管理人员应当深入实际调查研究，制定、执行和不断修订科学合理的物资消耗定额。

物资消耗定额应该先进合理。先进合理的消耗定额是在保证产品质量的前提下，大多数职工经过努力可以达到的消耗定额。该定额不仅是向车间或班组发料的依据，同时也是基层经济考核和经济责任制核算的依据。

不同行业产品对象和工艺方法差别很大，制定物资消耗定额的方法也就不同。不仅如此，主要材料和辅助材料消耗定额制定的方法也不同。

10.8.2.2 物资供应计划

企业物资供应计划是对计划期内（年度）所需申请采购的物资品种、规格、数量、用途、货源以及所需金额的计划。

确定物资需要量一般采用定额计算法，即用生产计划规定的产量乘以某物资的消耗定额，便得到该种物资的需要量。这种方法比较准确，应尽可能采用。

求得各种物资的需求量后，即可提出各种物资的申请计划量，编制物资申请计划表，以便同企业的成本计划、财务计划相互协调。

物资供应计划的实施是经常性的工作，它包括以下三方面的工作：

（1）订货与采购。应注意物资供应渠道、物资市场的调研与预测、物资的价格、供货合同的签订、订货方式的选择以及物资供应人员的培训等。

（2）横向联系与物资调剂。与周围地区和企业互通有无、调剂余缺、串换品种、相互满足需求，以避免积压浪费，加速资金周转。

（3）物资供应计划实施情况的分析。及时掌握物资的收、发、存的动态变化及其平衡关系，发现物资管理工作中的问题和矛盾并加以解决。

10.8.3 物资采购

由于原材料和外购零部件的价值占产品成本的份额相当大，采购活动就显得特别重要，采购部门经理的地位也就十分重要。

10.8.3.1 采购活动的目标和责任

（1）确定原材料和外购零部件的供应地区和厂家，对供应地区和厂家进行评价，并按企业的需要寻求新的供应厂家。

（2）同供应厂家建立良好的关系，保证供货的质量、交货期和不合格品的退货和替换。

（3）寻求新的原材料和产品以及供应商。

（4）用与质量相匹配的价格购买物品，在考虑价格时同时还需要考虑使用成本。

（5）开展降低成本的活动，进行价值分析、自制或购买研究、市场分析和长期规划；随时掌握企业所需物资的价格和可获性。

（6）维持企业内各部门以及企业与供应商、潜在供应商的联系。

（7）让企业高层经理随时掌握将影响企业盈利的采购费用和市场的变化。

10.8.3.2 采购步骤

（1）从各职能部门和库存管理部门获得对各种物资的需要量。

（2）了解对各种物资的技术要求和等级。

（3）按不同的供应商将物资分类编组。

（4）对特定的物资进行招投。

（5）按质量、价格、交货期等进行评标。

（6）选择供应商。

（7）发出订货后，进行催货，掌握供货进程。

（8）检查到货进度和质量情况。

（9）随时记录价格、质量等信息，以便对供应商进行评价。

10.8.4 物资验收入库、保管和发放

10.8.4.1 物资的验收入库

仓库是存放各种物资的场所。仓库管理业务主要包括采购到货物资的验收入库、保管、发放和清仓盘点。

物资验收入库一般要经过提货、验收、办理入库手续等过程。采购物资到货后，可以到供货单位或车站、码头去提货，也可以通过专用线直接将物资运到企业的仓库。提货工作应该做到准确及时、手续清楚、责任分明。

验收包括质量检查和数量点收。质量检查可以通过直观检查、量衡、化验或试用的方式进行。需要质量管理部门检查的，应该由该部门的有关人员负责。数量点收可以是全部点收，也可以抽点。验收不合格的不得入库，并将货物妥善保管，以便同供货单位交涉。只有当数量、质量和单据都验收无误之后，才能办理入库、登账、立卡等手续，并将入库通知单连同发票、运单一起送交财务部门。

物资验收入库后应建立电脑台账。

10.8.4.2 物资的保管

物资保管的基本要求是摆放科学、数量准确、质量不变、消灭差错。为此，要对物资的摆放进行编号，以便查找。中国企业创造的“四号定位”方法，是一项好经验。“四号

定位”就是按库号、架号、层号、位号4个号决定某项物资的位置，这样便于发料、盘点、保管。为便于点数和充分利用空间，对物资要码垛。

在物资保管过程中，要按物资性能，分门别类进行维护保养，做好防锈、防尘、防潮、防震、防腐、防磨、防水、防爆、防变质、防漏电等十防工作。露天货场的物资必要时要遮盖。必须健全账卡档案。发现超储积压或缺货，要及时报告业务主管部门。

10.8.4.3 物资的发放

把生产车间所需的物资及时、迅速、准确地发放出去，是仓库为生产服务的一项重要工作。限额发料制是一种科学的发放制度。这种发料制能及时掌握物资的库存情况和车间的用料情况，加强了计划性，既有利于生产，又降低了消耗，节约了物资。物资的发放可以有送料和领料两种形式。送料是由仓库按用料单位的计划送料上门，领料是由用料单位到仓库自行提货。送料方式比较好，可以简化手续，减少领料时间，便于供应人员掌握生产情况，加强物资管理。

物质发放时应立即在电脑台账中记录。

10.8.4.4 清仓盘点

由于仓库物资种类规格繁多，数量又很大，流动性也很大，要及时掌握物资的变动情况，做到账、卡、物相符，就要进行盘点。

盘点的内容是检查物资账面数与实存数是否相符，有无超储积压，物资有无损坏、锈蚀或变质等情况。

盘点有经常盘点和定期盘点两种。经常盘点由仓库管理人员随时进行。定期盘点由供应部门和财务部门共同组织，定期进行。

盘点中发现问题要查明原因和责任。对于超储积压物资要做出处理。

10.9 质量管理

10.9.1 质量管理的任务

质量管理是指围绕企业产品质量所进行的指挥、协调和控制等多项活动，是企业管理工作的重要组成部分。

全面质量管理，是以质量为中心，对企业实行全厂、全员和全过程的管理。它是把企业管理、专业技术和数理统计密切结合起来，严格控制生产和辅助过程的各种因素，极力用最低的成本生产出满足用户要求的产品的一套科学管理体系。

项目质量管理的一般方法介绍参见本书9.3.3小节。

规范全面质量管理和质量认证体系的主要法规是2018年国务院印发的《关于加强质量认证体系建设促进全面质量管理的意见》，其部署推进质量认证体系建设，强化全面质量管理，以推动我国经济高质量发展，并明确了六个方面重点任务：

（1）大力推广质量管理先进标准和方法。创新质量管理工具，推广应用质量管理先进标准和方法，转变政府质量治理方式。

（2）广泛开展质量管理体系升级行动。打造质量管理体系认证“升级版”，拓展质量认证覆盖面。

（3）深化质量认证制度改革创新。完善强制性认证制度，提升自愿性认证供给质量，清理涉及认证、检验检测的行政许可和行业评价制度，简化规范认证机构审批、检验检测机构资质认定程序。

（4）加强认证活动事中事后监管。完善认证监管体系，创新认证监管和激励约束机制，加大认证监管工作力度，严格落实从业机构及人员责任。

（5）培育发展检验检测认证服务业。营造行业发展良好环境，促进行业机构改革发展，提升行业综合服务能力。

（6）深化质量认证国际合作互认。构建认证认可国际合作机制，提高国内检验检测认证市场开放度，加快我国检验检测认证“走出去”步伐，提升我国认证认可国际影响力。

10.9.2 矿业企业的质量管理

10.9.2.1 矿业企业推行质量管理的意义

（1）地下矿山生产，职工在井下需要有新鲜的空气和充足的照明，还受到顶板围岩、水灾、火灾的威胁，如果对这些重大灾害预防管理不善，不讲究质量，不但不能生产出矿石，而且还会对国家财产和资源造成破坏，更重要的是对工作人员的安全与健康造成危害。

（2）矿山生产特点之一是采掘工作地点的移动性。地质构造、水文、矿石品位及其可选性都是变化的，其生产条件是处于建设、修整、报废的运动过程中，是环环相扣、互为条件、周而复始不断前进。必须讲究各个环节的工程质量，才能保障安全生产，否则会中断生产。

（3）矿山生产过程是一个多环节、多工序、战线长的过程。井下采区一般分散相距较远，而且往往是多水平生产。有采、掘、运、提、装等主要环节，任一环节的工作质量不好都会造成全矿井或采区生产停滞。选矿生产中工艺流程一环扣一环，各设备和工艺参数彼此联系互相影响。因此，只有协调行动，才能正常生产。

由以上各方面可以看出，矿业企业的质量管理，不仅关系到产品质量的高低，而且关系到安全生产以及生产成本的降低。

10.9.2.2 矿业企业产品的特点

（1）矿业产品大都是大宗的原料产品。矿业企业主要生产矿石和精矿粉，为其他工业提供原料。它的计量单位是吨或万吨。

（2）产品指标比较单纯。矿业产品一般不要求外形尺寸、机械物理指标等，主要要求化学成分均匀和稳定性，杂质少，粒度适宜。

（3）一般不需要包装入库。

（4）矿业企业产品中的不合格品不容易返回处理，一般是进行质量中和，配矿出售。

矿业企业是连续性生产，操作精度不太高，指标单一，回旋余地大。因此，产品质量的事后检验不能适应生产的需要。实行全面质量管理，以预防为主，应用数理统计方法对生产过程进行控制和调节，防止不合格品的产生，对加强矿业企业质量管理具有十分重要的意义。

10.9.2.3 矿业企业产品质量和工作质量的概念

根据全面质量管理的观点，质量的概念包括产品质量和工作质量两个部分。

（1）产品质量。工业产品的质量，是指产品具有一定用途，能够满足用户所需要的那些特性。

1）适用性。适用性指产品的物理性能和化学成分，以及使用性能、维修和外形美观等。对冶金矿山产品来说适用性是指精矿品位、有害杂质含量以及有关化学、物理性能上都应达到冶炼要求的指标。

2）可靠性。可靠性指产品在规定的期限和条件下不发生故障的可能性，如品位、粒度的稳定性等。

3）经济性。经济性指对产品要求成本低。

这些特性的具体要求，是按照产品质量标准来衡量产品优劣。产品质量一般是可以测量的，可以用数量来表示。冶金工业产品标准有国家标准、部颁标准、企业标准三级。

（2）工作质量。工作质量是指企业的技术工作、组织工作和管理工作达到产品质量标准的保证程度。工作质量是保证产品质量的前提条件，所以工作质量的含义比产品质量更广泛。工作质量一般难以用定量来表示，通常是以产品质量高低、平均等级率等来间接衡量。

工作质量与产品质量是有联系又有区别的两个概念，工作质量的对象是工作，产品质量的对象是产品，是事和物的关系。例如，在同一个采矿场所，矿石质量高低是工作质量的直接反映，但当回采工作面迁移后，就有一个矿床的残存条件变化问题，自然因素的影响对产出原矿品位质量有直接的关系。与此同时，采矿产出原矿品位的变动，将会直接影响下一工序即选矿厂的工艺条件，从而对精矿产品品位质量指标产生直接影响。

区分工作质量和产品质量这两个概念，有利于重视产品质量形成的全过程，优质产品是生产出来的，而不是检验出来的。因此，把质量管理的重点应放到工作质量上。

10.9.2.4 矿业企业质量管理的任务和范围

A 矿业企业质量管理的任务

（1）搞好各采区的生产探矿，实行合理配采，以保证生产原矿品位的稳定。

（2）采取针对措施，最大限度地减少采矿生产过程中混入的废石及其他杂质。

（3）改进选别工艺，提高精矿质量。

（4）按照国家技术操作标堆，完成精矿质量指标的检验任务，并积累资料，利用数理统计方法，分析研究，找出问题，不断改进管理，提高产品质量。

B 矿业企业质量管理的范围

根据矿业企业质量管理的任务，矿山企业全面质量管理的范围，大致有如下几个方面：

（1）工程质量。工程质量是指井巷工程质量、地面工业建筑质量、设备和设备安装的质量。采掘工作面是采矿生产的第一线工作场所，它的工程质量好坏，直接关系到安全生产、稳产高产、消耗大小、成本高低和矿石产品质量好坏。

（2）机电设备维修质量。由于矿山生产战线长、环节多、移动性设备多，设备管理的好坏直接关系到安全生产、稳产高产和经济效果的好坏。

(3) 矿石（精矿）质量。加强生产管理，最大限度地提高矿石（精矿）质量，按计划要求满足用户的需要，使产品达到适用、可靠、经济。

(4) 质量管理中的组织工作。矿山企业应建立质量管理领导机构（质量管理委员会或质量管理处等），作为企业推行质量管理的组织保证。

10.9.3 全面质量管理

10.9.3.1 全面质量管理的概念和特点

全面质量管理，即 TQM（total quality management），是指在全社会的推动下，企业的所有组织、所有部门和全体人员都以产品质量为核心，把专业技术、管理技术和数理统计结合起来，建立起一套科学、严密、高效的质量保证体系，控制生产全过程影响质量的因素，以优质的工作、最经济的办法，提供满足用户需要的产品（服务）的全部活动。

全面质量管理的特点有：

(1) 它具有全面性，控制产品质量的各个环节，各个阶段。

(2) 是企业全过程的质量管理。

(3) 是企业全员参与的质量管理。

(4) 是全社会参与的质量管理。

为组织动员企业全体人员参与全面质量管理，企业推行在职工中建立 QC 小组的方法。

10.9.3.2 质量管理体系

对一般企业来讲，一个产品从研究设计到使用的全过程，可以分为四个具体过程，即设计过程、生产过程、使用过程和辅助生产。这四个具体过程的质量管理，构成了质量管理体系。

(1) 产品设计过程的质量管理。设计过程的质量管理是全面质量管理的起点。设计过程包括调研、构思、产品设计、工艺设计、试制、样品鉴定等。产品设计过程的质量管理的任务是：保证产品使用的适宜性；保证有生产效果。使用效果和生产效果，都包括技术和经济两个方面的效果。

(2) 生产过程的质量管理。生产过程的质量管理的工作重点和活动场所在生产车间。

1) 严格贯彻工艺规程。

2) 组织好技术检验工作，合理选择检验的方式方法。

3) 全面开展质量状况的综合统计和分析工作。

4) 实行工序质量控制。

(3) 产品使用过程的质量管理。产品使用过程质量管理工作的任务，一是做好对用户的技术服务工作，二是做好产品使用效果和使用要求的调查研究工作。其目的都是为了充分发挥产品的作用，并为进一步改进产品设计，提高产品质量提供信息。

(4) 辅助生产与服务过程的质量管理。

1) 物资供应的质量管理工作。要求供应的物资符合质量标准，供应及时，保证生产的需要。

2) 工具供应的质量管理工作。

3) 设备维修的质量管理工作。

10.9.3.3 全面质量管理的基础工作

A 标准化

标准化是质量管理的基础，因为质量管理，控制废品的产生应该有个标准，标准化是一门科学，是组织现代化生产的重要手段，对于提高产品质量、降低成本，都有重要作用。

（1）标准化的范围。标准化的范围包括技术方面标准化和管理方面标准化。技术方面的标准化，有产品的系列化、标准化、通用比以及图纸的标准化。管理方面的标准化，把管理经验和管理方法总结归纳成管理企业的规章制度。

（2）定期修改标准。标准一方面是衡量产品质量和工作质量的尺度，另一方面它又是企业进行生产、技术、质量管理工作的依据，应随着科学技术和生产工艺的提高而变化。因此，标准应定期修改。

B 计量工作

计量工作包括理化试验、标准鉴定、检测手段等。质量管理要用数据说话，获得数据的检测手段准确程度，对于质量管理就更重要了。在全面质量管理中，不仅对产成品有计量问题，而且对在制品、原材料也有一个检测计量问题。因此，计量工作也是质量管理的基础工作。

C 情报工作

情报工作包括两个方面：一个方面是科技情报，产品情报；另一方面是情报的原始记录。前者指科学研究、技术发展、新品种和新产品的设计动态等情报资料。后者指来自企业内部各环节的原始记录和企业外部用户意见的有关情报资料。

对于情报资料要求准确和及时。如果原始记录不准确，就不可能很好地开展全面质量管理。

D 质量管理教育工作

要全面开展质量管理，首先要进行经常性的质量管理教育。质量管理教育包括两方面：质量管理方法和“质量第一”的方针。把思想政治教育与质量管理基本方法教育结合起来，使它深入人心。

E 责任制度

加强质量管理，必须建立健全质量责任制。责任制，最主要的是明确责和职，落实到人；责任制包括厂长质量责任制、总工程师质量责任制、车间主任质量责任制、工长班组长质量责任制、工人质量责任制和职能科室质量责任制。从厂长到每个操作工人，都有明确的质量责任和要求，做到质量工作事事有人管，并且有人负责，形成一个严密的质量管理系统。

明确了从厂长到工人的质量责任之后，还必须建立严格的质量考核制度，有责有权有利。行政手段与经济手段相结合，把提高产品质量与每一个职工的切身利益结合起来，使人人关心质量，并为提高产品质量做贡献。

10.9.3.4 QC 管理

QC 是英文 quality control 的缩写，中文“质量控制”。质量控制是企业为了达到产品质量要求，获取经济效益，而采用的各种质量分析改进技术和活动。

QC 职能是对生产过程中的质量数据进行统计和分析，将相关信息提供给其他部门，从而分析找出对质量有影响的各种因素和问题，并加以解决。

QC 七大手法指的是：检查表、层别法、计数值统计图、因果分析图、散布图、直方图、管制图。

我国在企业中推行建立职工 QC 小组。QC 小组是指在生产或工作岗位上从事各种劳动的职工，围绕企业的经营战略、方针目标和现场存在的问题，以改进质量、降低消耗、提高人的素质和经济效益为目的而组织起来，运用质量管理的理论和方法开展活动的小组。QC 小组是企业中群众性质量管理活动的一种有效组织形式，是职工参加企业民主管理经验同现代科学管理方法相结合的产物。

QC 小组的活动宗旨是：（1）提高职工素质，激发职工的积极性和创造性；（2）改进质量、降低消耗，提高经济效益；（3）建立文明的、心情舒畅的生产、服务、工作现场。

QC 小组的组建，必须实事求是，结合实际。自愿参加，自愿结合是组建 QC 小组的基本原则；由上而下，上下结合是组建 QC 小组的基础；领导、技术人员和普通员工三结合是组建 QC 小组的好形式。

QC 小组在解决质量、成本、生产量等问题时，基于数据的实证式问题解决方法是十分有效的，使用的最基本方法一般有以下七种。

（1）调查表：对问题的现状进行抽样调查，不要放过任何一个细节问题。

（2）主要问题分类分析：采用层别法、帕累托图从众多的问题当中找出真正的问题。

（3）因果分析图（鱼骨图）：不要遗漏各种影响质量的原因，仔细整理。

（4）散布图：使整理的数据做到一目了然。

（5）直方图（矩形图）：掌握分布的情况，并和标准规格对比。

（6）散布图：掌握成对的两组数据的关系。

（7）质量控制图：判断流程是否稳定，产品品质是否安定，监视控制和改善流程及产品质量。

QC 小组在质量问题分析时，经常采用的是因果分析图，也形象地称为“鱼骨图”“树枝图”，它是用来寻找某种质量问题的所有可能原因的有效工具，见图 10-15。

如图 10-16 所示，质量控制图通过统计上均值 μ 和标准差 σ 的状况来衡量指标是否在稳定状态。制图中，选择 3σ 来确定一个正常波动的上下限范围（根据正态分布的结论，指标的特征值落在 $\mu\pm3\sigma$ 之间的概率是 99.73%），使用均值 μ 作为控制图的中心线（center line，

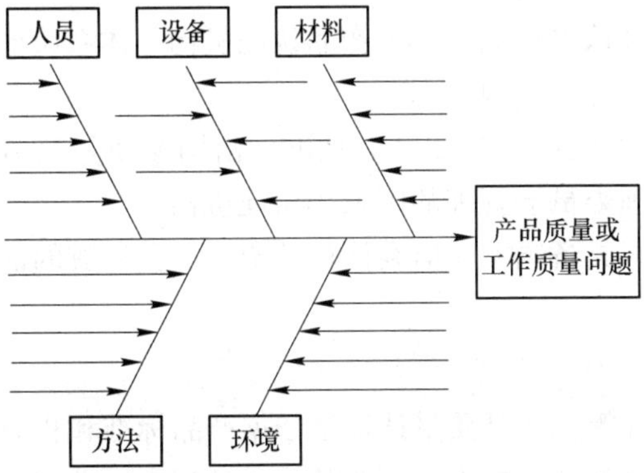

图 10-15　企业质量管理因果分析图（鱼骨图）

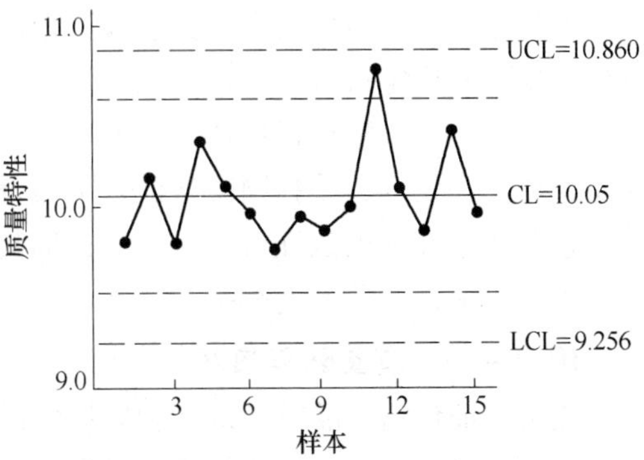

图 10-16　质量控制图举例

CL)，用$\mu+3\sigma$作为控制上限（upper control limit，UCL），用$\mu-3\sigma$作为控制下限（lower control limit，LCL）。使用时，通过对指标在质量控制图的散布点观察，分析是不是存在异常的点或异常的变化趋势。

[例10-8] 攀钢选矿厂QC成果喜获佳绩

攀枝花日报2011年6月12日讯（晏春红报道）。日前，由攀钢矿业公司选矿厂选送的QC课题《提高一段旋流器分级效率》，获得2011年度省优秀QC成果奖，并取得争创《全国优秀质量管理小组（QC小组）》推荐资格。

据悉，该厂近年来高度重视QC成果创新，每年结合矿业公司发展经营目标，以提高管理水平和成果效益为重点，设立QC成果创新奖励基金，通过实施成果奖励倾斜措施，激发全体员工的创新积极性。此次获奖的QC课题《提高一段旋流器分级效率》，针对一段旋流器分级效率偏低，不利于提高原矿台时影响生产的实际，通过对8个影响因素逐条确认，从运行操作、工艺参数优化、设备改造创新等方面入手，进行了一段泵池补加水、分矿器结构、沉砂口更换、旋流器锥度的改进，将一段旋流器的分级效率从50%左右提高至55%，原矿台时从89.41吨/(时·台）提高到91.23吨/(时·台)，为该厂铁精矿品位按54%以上组织生产夯实了基础。

10.9.4 ISO 9000质量体系和质量认证

10.9.4.1 ISO 9000系列标准的组成

ISO 9000系列标准由国际标准化组织制定，是指导企业建立质量保证体系的标准，是有关质量的标准体系的核心内容，具体包括：

（1）《质量管理和质量保证标准　第一部分：选择和使用指南》（ISO 9000-1）。

（2）《质量体系——设计、生产、安装和服务的质量保证模式》（ISO 9001）。

（3）《质量体系——生产、安装和服务的质量保证模式》（ISO 9002）。

（4）《质量体系——最终检验和试验的质量保证模式》（ISO 9003）。

（5）《质量管理和质量体系要素　第一部分：指南》（ISO 9004-1）。

10.9.4.2 质量认证机构

中国国家认证认可监督管理委员会是国务院决定组建并授权，履行行政管理职能，统一管理、监督和综合协调全国认证认可工作的主管机构。

近年来，我国也已发布相关法规，依法批准认可设立了多个产品认证机构、体系认证机构、检验和检定机构、人员培训及注册机构，并依法规管理。

例如，中国质量认证中心（CQC）是经中央机构编制委员会批准，由国家质量监督检验检疫总局设立，委托国家认证认可监督管理委员会管理的国家级认证机构。

企业在选择国内认证机构时，应查询其是否具备国家认监委认可的资质，其发放的证书可否在国家认监委网上查验。

10.9.4.3 质量认证内容

质量认证包括产品质量认证和质量体系认证等。产品质量认证是依据产品标准和相应技术要求，经认证机构确认并通过颁发认证证书和认证标志来证明某一产品相应标准和相应技术要求的活动。质量体系认证通常是通过国家或国际认可并授权、具有第三方法人资格的权威认证机构来进行。

（1）质量体系认证的依据是ISO 9000系列标准或其等同标准。目前，各国开展质量体系认证，均趋向采用ISO 9000系列标准，以利于质量体系认证工作的国际间统一交流与合作。这也正是国际标准化组织所提倡的。

（2）审核的对象是供方的质量体系。产品质量认证与质量体系审核，主要是产品形成试验加上对工厂质量体系的审核。质量体系认证范围往往与所申请认证的产品有关。

（3）供方选择资信度高、有权威的认证机构审核。一般都选择世界上先进工业国家中历史悠久、有影响的独立的第三方认证机构，如英国的BSI（英国标准协会）、劳氏船级社、美国的UL（美国安全检定所）、加拿大的CSA（ 加拿大标准学会）、中国质量认证中心（CQC）等。

（4）单独的认证体系认证采取注册、发给证书和公布名录的方式。这是对被审核单位已通过质量体系认证的有效证明，能扩大获证单位的社会影响。

10.9.4.4 质量认证步骤

ISO 9000系列标准认证有8个步骤：

（1）对照ISO 9001~ISO 9003标准，评估现有的质量程序。

（2）确定改进措施，以使现有质量程序符合ISO 9000系列标准。

（3）制定质量保证计划。

（4）确定新的质量程序并形成文件，实施新程序。

（5）制定质量手册。

（6）评估前与注册人员共同分析质量手册。

（7）实施评估。

（8）认证。

10.9.4.5 质量认证对企业管理的意义

成功企业的经验表明，推行质量认证制度对于有效促使企业采用先进的技术标准、实现质量保证和安全保证、维护用户利益和消费者权益、提高产品在国内外市场的竞争能力，以及提高企业经济效益，都有重大意义。具体表现为：

（1）质量认证有利于促使企业建立、完善质量体系。企业要通过第三方认证机构的质量体系认证，就必须充实、加强质量体系的薄弱环节，提高对产品质量的保证能力。另一方面，通过第三方的认证机构对企业的质量体系进行审核，也可以帮助企业发现影响产品质量的技术问题或管理问题，促使其采取措施加以解决。

（2）质量认证有利于提高企业的质量信誉，增强企业的竞争能力。企业一旦通过第三方的认证机构对其质量体系或产品的质量认证，获得了相应的证书或标志，则相对其他未通过质量认证的企业，有更大的质量信誉优势，从而有利于企业在竞争中取得优先地位。

（3）由于认证制度已在世界上许多国家，尤其是先进发达国家实行，各国的质量认证机构都在努力通过签订双边的认证合作协议，取得彼此之间的相互认可。企业如果能够通过国际上有权威的认证机构的产品质量认证或质量体系认证（注册），便易于得到世界各国企业和消费者的认可，有利于进入世界市场。

（4）质量认证可减少企业重复向用户证明自己确有保证产品质量能力的工作，使企业可以集中更多的精力抓好产品开发及制造全过程的质量管理工作。

习　题

10-1 企业经营管理有哪些内容？企业经营管理的目标是什么？
10-2 为什么要推进绿色矿山建设目标管理？
10-3 什么是数字矿山，其系统构成有哪些方面？
10-4 简述劳动合同的主要内容。
10-5 如何做好人员管理，提高企业劳动生产率？
10-6 矿业企业计划管理包含哪些方面，如何进行？
10-7 矿业企业生产管理包含哪些方面，如何进行？
10-8 简述选矿金属平衡管理的作用与内容。
10-9 简述安全管理的作用与法规依据。
10-10 矿业环境保护包含哪些内容？
10-11 什么是国家矿山公园？矿山公园建设对社会和企业有何益处？
10-12 设备管理的预检修制度与通常的大中小修制度有何共性与区别？
10-13 简述质量认证的标准，质量认证对企业有何用处？
10-14 试采用因果分析图（鱼骨图）分析本人从事本专业工作的就业和发展过程中的影响因素。

参 考 文 献

[1] Juan P. Camus. Management of Mineral Resources：Creating Value in the Mining Business [M]. Society for Mining，Metallurgy，and Exploration，2002.
[2] 央视财经频道，公司的力量 7 [EB/OL]. 央视网，2010-08-29，http：//tv. cctv. com/cctv2/.
[3] 国土资发 [2008] 309 号，国土资源部关于发布实施《全国矿产资源规划（2008-2015 年）》的通知 [EB/OL]. 中国国土资源部网站，http：//www. mlr. gov. cn/.
[4] 国土资发 [2010] 119 号，《国土资源部关于贯彻落实全国矿产资源规划发展绿色矿业建设绿色矿山工作的指导意见》[EB/OL]. 中国国土资源部网站，http：//www. mlr. gov. cn/.
[5] 王立磊，王李管. 依托 DIMINE 软件实现中国矿山的数字化 [J]. 现代矿业，2009，479（3）：23~27.
[6] 季现伟，罗代祺，魏仁旭. 大红山铜矿数字矿山总体规划研究及应用 [J]. 金属矿山，2018，503（5）：143~147.
[7]《采矿手册》编辑委员会. 采矿手册（第 7 卷）[M]. 北京：冶金工业出版社，1991.
[8] 胡岳华，冯其明. 矿物资源加工技术与设备 [M]. 北京：科学出版社，2006.
[9] 中华人民共和国主席令（2007）65 号，《中华人民共和国劳动合同法》[EB/OL]. 中国政府网，http：//www. gov. cn/.
[10] 何学东，赵永婷. 选矿厂管理实践 [J]. 现代矿业，2011，503（3）：107~109.
[11] 李学锋. 铁矿山企业经济责任制考核 [J]. 冶金财会，2011（6）：37~38.
[12] 国土资源部 [2013] 21 号，《国土资源部关于铁、铜、铅、锌、稀土、钾盐和萤石等矿产资源合理开发“三率”最低指标要求（试行）的公告》[EB/OL]. 中国国土资源部网站，http：//www. mlr. gov. cn/.
[13]《选矿手册》编辑委员会. 选矿手册（第 7 卷）[M]. 北京：冶金工业出版社，2006.
[14] 曾鑫波. 柿竹园公司东波多金属选矿厂投产 [N]. 中国有色金属报，2014-08-12.

[15] 侯运炳，饶运章，张福平，王炳文．矿山报表通用可视化生成方法［J］. 中国矿业大学学报，2001，30（4）：403~406.
[16] 中华人民共和国工业与信息化部，YS/T 441. 1—2014. 有色金属平衡管理规范　第 1 部分：铜选矿冶炼［S］. 北京：中国标准出版社，2015.
[17] 中华人民共和国工业与信息化部，YS/T 441. 2—2014. 有色金属平衡管理规范　第 2 部分：铅选矿冶炼［S］. 北京：中国标准出版社，2015.
[18] 中华人民共和国工业与信息化部，YS/T 441. 3—2014. 有色金属平衡管理规范　第 3 部分：锌选矿冶炼［S］. 北京：中国标准出版社，2015.
[19] 王毓华，邓海波．铜矿选矿技术［M］. 长沙：中南大学出版社，2012.
[20] 邓海波，高志勇．矿物加工过程检测与控制技术［M］. 北京：冶金工业出版社，2017.
[21] 国家安全生产监督管理总局令［2014］67 号．非煤矿山企业安全生产十条规定［EB/OL］. 国家安全监管总局网站，http：//www. chinasafety. gov. cn.
[22] 国家安全生产监督管理总局．煤矿安全规程［M］. 北京：煤炭工业出版社，2011.
[23] 国务院办公厅文件［2004］7 号，《关于加强安全工作的紧急通知》［EB/OL］. 中国政府网，http://www. gov. cn/.
[24] 安监总厅管［2013］152 号．选矿厂安全生产标准化评分办法［EB/OL］. 国家安全监管总局网站，http：//www. chinasafety. gov. cn.
[25] 中国国家质量技术监督局．GB 18152—2000. 选矿安全规程［S］. 中国标准出版社，2000.
[26] 环办［2013］14 号，《矿山环境监察指南（试行）》［EB/OL］. 中国环境保护部网站，http：//www. zhb. gov. cn/.
[27] 中华人民共和国环境保护部 . HJ652—2013 矿山生态环境保护与恢复治理方案（规划）编制规范（试行）［EB/OL］. 中国环境保护部网站，http：//www. zhb. gov. cn/.
[28] 中华人民共和国环境保护部 . HJ651—2013 矿山生态环境保护与恢复治理技术规范（试行）［EB/OL］. 中国环境保护部网站，http：//www. zhb. gov. cn/.
[29] 央视国际频道，走遍中国 大国金路 5 绿满金山［EB/OL］. 央视网，2018-08-10，http：//tv. cctv. com/cctv4/.
[30] 国家安全生产监督管理总局令［2011］38 号，尾矿库安全监督管理规定［EB/OL］. 国家安全监管总局网站，http：//www. chinasafety. gov. cn.
[31] 国家安全生产监督管理总局 . GB 51108—2015 尾矿库在线安全监测系统工程技术规范［S］. 北京：中国标准出版社，2015.
[32] 胡蔓．从破坏型开采变保护型开采 宜昌全面推行充填采矿技术［N］. 湖北日报，2018-03-14.
[33] 中华人民共和国卫生部．GBZ 2. 1—2007 工作场所有害因素职业接触限值 化学有害因素［S］. 北京：中国标准出版社，2007.
[34] 中华人民共和国环境保护总局 . GB 8978—1996 污水综合排放标准［S］. 北京：中国环境科学出版社，1996.
[35] 中华人民共和国环境保护部 . GB 28661—2012 铁矿采选工业污染物排放标准［S］. 北京：中国环境科学出版社，2012.
[36] 中华人民共和国环境保护部 . GB 20426—2006 煤炭工业污染物排放标准［S］. 北京：中国环境科学出版社，2006.
[37] 国土资发［2004］256 号，关于申报国家矿山公园的通知［EB/OL］. 中国国土资源部网站，http://www. mlr. gov. cn/.
[38] 国土资厅函［2017］1907 号，关于批准湖南沅陵沃溪等 16 处国家矿山公园资格的通知［EB/OL］. 中国国土资源部网站，http：//www. mlr. gov. cn/.

[39] Jain, Ravi . Environmental Impact of Mining and Mineral Processing: Management, Monitoring, and Auditing Stratogies [M]. Butterworth-Heinemann, 2015.
[40] 国发 [2018] 3 号,《国务院关于加强质量认证体系建设促进全面质量管理的意见》[EB/OL]. 中国政府网, http: //www. gov. cn/.
[41] 晏春红 . 攀钢选矿厂 QC 成果喜获佳绩 [N]. 攀枝花日报, 2011-06-12.
[42] ISO- International Organization for Standardization, ISO 9000-Quality management [S]. http: //www. iso. org.
[43] 中国国家认证认可监督管理委员会网站, http: //www. cnca. gov. cn.